百年中国社会学丛书

潘光旦社会学文集

潘光旦 著
周飞舟 编

本丛书由北京大学余天休社会学基金提供出版支持。

百年中国社会学丛书

总　　序

  中国社会学的发轫，起于变法维新与共和鼎革之际。先是康有为经由经学革命而提出的"大同说"，后有章太炎通过再造历史民族而确立的"正信观"，为这场现代思想变革的底色。而康、梁所倡导的"合群立会"主张，或是严复借移译西学而确立的群学思想，则是由西学东渐而来的另一层底色。

  现代中国所经世变之亟，社会学之为新学，形成伊始便承担着综合学问的角色。章太炎先生说："人类有各种学术，则有统一科学之二法。其一，欲发现一切科学之原理，而据此原理，以综合一切科学者，是为哲学之目的，此所以称科学之科学也。其二，欲测定复杂之程度，而使一切科学，从其发现之早晚而排列之，是为社会学之任务，此所以亦称科学之科学也。"（章太炎译《社会学》）严复先生主张"以群学为纲"，认为"群学之目，如政治，如刑名，如理财，如史学，皆治事者所当有事者也。"（《西学门径功用》）

  由此可见，从百余年前中国社会学发生以来，即确立了上接中国经史传统、下融西方科学观念，上识国体、下察民情的基本精神，不仅作为引入和融合各种思潮学说的桥梁，而且为各个学科提供了可资借鉴的概念和方法。百年间，社会学也曾伴随现代中国曲折前行的道路，经历有多变的命运。

从民国时期社会学的诞生，到20世纪70年代末社会学的恢复重建，北京大学在社会学学科发展上始终产生着重要影响。如今的学科体系，汇合有1952年院系调整之前北京大学和燕京大学的两大学术传统。民国期间北京大学虽未有社会学的系科建制，但李大钊、陶孟和、梁漱溟等先生一直通过课堂教学和政治实践传播社会学思想。燕京大学则学科设置齐备，前有步济时、甘博等国外社会学家的贡献，以及吴文藻、杨开道、杨堃等第一批中国社会学家的开拓性工作；后有李安宅、林耀华、费孝通和瞿同祖等学者发扬光大，由此奠定了中国现代社会科学史中最具学术创造力的"燕京学派"。改革开放以来，雷洁琼、费孝通和袁方等先生为北京大学社会学系的复建和社会学人类学研究所的成立，倾注了毕生心血，为后人留下了宝贵的学术遗产。

北京大学社会学前辈始终致力于社会学"中国化"的事业。无论是马克思主义学说的传入和践行，还是乡村建设运动的展开；无论是基于中国社会本位的社区研究及实验，还是有关中国文明传统及其历史变迁的探究；无论是对于中国边疆区域的田野考察，还是关于中华民族多元一体的理论构建；无论是对美国芝加哥学派的借鉴，还是对法国"年鉴学派"的引进，无不被纳入社会学家的视野之中，并真正为代代后学培育了立国化民的社会关怀感和学术使命感。时至今日，世界历史有了新的图景，中国文明也迎来了复兴的时代。今天的社会学家不仅需要有宏阔开放的眼光，需要细致观察社会生活变化的点点滴滴，更需要不断追溯以往，去重新领悟先贤们的智慧和胸怀。

诚如费孝通先生所说："从宏观的人类文化史和全球视野来看，

世界上的很多问题,经过很多波折、失误、冲突、破坏之后,恰恰又不得不回到先贤们早已经关注、探讨和教诲的那些基点上。社会学充分认识这种历史荣辱兴衰的大轮回,有助于我们从总体上把握我们很多社会现象和社会问题的脉络,在面对人类社会的巨大变局的时代,能够'心有灵犀',充分'领悟'这个时代的'言外之意'。"(《试谈扩展社会学的传统界限》)

为传承中国社会学的学术传统,推进中国社会学的未来发展,北京大学社会学系编纂出版"百年中国社会学丛书",通过系统整理以北京大学和燕京大学为主的前辈学人的研究成果,全面呈现中国社会学百年以来所确立的学科范式、视角、概念和方法,以飨读者。

因丛书所收篇目部分为20世纪早期刊印,其语言习惯、遣词造句等有较明显的时代印痕,且作者自有其文字风格,为尊重历史和作者,均依原版本照录;丛书底本脱、衍、讹、倒之处,唯明显且影响阅读者径改之,不出校记;数字、标点符号的用法,在不损害原义的情况下,从现行规范统一校订。特此说明。

北京大学社会学系

2018年7月

人伦与位育（代序）

——潘光旦先生的社会学思想及其儒学基础

周飞舟

在现有的潘光旦先生的出版作品中，并没有一本专门的辑录潘先生社会学论述的文集。我不揣浅陋，趁着北京大学社会学系出版"百年中国社会学丛书"的机会，将能够充分体现潘先生社会学思想的文章选编成为本书。说选编，是因为此书所收之文不能反映潘先生社会学思想的全貌，一是会漏掉潘先生社会学的专门著作，如《中国之家庭问题》《明清两代嘉兴的望族》等，二是有个别文章出于个别原因会变成遗珠，但钻研拾掇，庶几可反映潘先生社会学思想的基本精神。潘先生生于1899年，身历中国几千年未有之变局，以其对于中国文明传统的深厚学养，结合西方现代学问，蹈厉发扬，发前人之所未发，其远见卓识超越了民国的社会思潮，到今天仍然超拔于时代。今年适逢潘先生诞辰120周年，这本文选既可以作为对潘先生的纪念，也可以作为当前中国社会学学科发展之重要论题的参考。本篇代序是我对于潘先生社会学思想的一些基本认识，可以作为读者了解潘先生社会学思想的基本参考。

潘光旦先生是民国时期的社会学大家，但是他的社会学思想在学界一直没有引起足够的重视。这其中的原因可能是多方面的。一是潘先生学问弘富，除社会学外，于优生学、心理学、民族学等都有大量著述；二是潘先生的社会学著述大部分都是理论性的，这在注重经验研究的民国社会学界显非主流；第三个可能也是更重要的原因在于，潘先生的社会学"别具一格"，他并非像"燕京学派"那样将西方的社会学理论和方法应用于中国社会的研究，实现对中国社会研究的"社会科学化"（谢立中，2017；张静，2017），而是以中国传统儒学思想去理解和阐释西方的社会学，从另一个角度来看，也可以说对中国传统儒学思想进行了"社会学"的阐发。如果说民国时期的社会学是"西体中用"，那么潘先生的社会学可以说是"中体西用"，传统儒学在潘先生这里焕发着新的生命，从这个意义上看，潘光旦先生是社会学中国化真正的先驱人物（闻翔，2016）。

学界对于潘光旦先生思想的梳理和研究已经颇有成果。大部分学者是从学科入手，对潘先生涉及的诸多领域及专门论题进行了阐发，如"位育论"（吕文浩，1998；潘乃谷，2000；刘建洲，2003；沈伟，2009；徐磊，2018；谢志浩，2018）、优生学（李崇高，1999；蒋功成，2007）、教育思想（孙希磊，2002；金银，2012；海路，2012；刘易平、卢立昕，2015）、家庭与女性（吕文浩，1999，2005；张笑川，2006；杭苏红，2018a）、心理学（金其斌，2006；吕文浩，2004）、民族学（彭秀枢，1984；黄柏权，2000；潘乃谷，2012）、科学观（杭苏红，2018b），也有学者对潘先生在中国近现代思想史中的地位进行了专门讨论（吕文浩，2000，2009，2015；胡寿文，2000）。对于潘先生的社会学及其思想来源，吕文浩进行过相对零散的讨论，翟学伟专门讨论了潘先生的"伦"的思想等等，大部分研究都指出了潘先生的社会学思想一方面与优生学关系密切，另一方面又以传统儒学作为基础，是结合了二者的思想精华（李玥，2004；翟学伟，2016；吕文浩，2017a，2017b）。这其中以张津梁的研究更为全面和系统，他着力于分析潘先生在位育思想基础上对社会中的个人定位的分析，称之为"儒家自我主义"，并将其放在民国思想史背景中进行考察，一方面以此为中心梳理了潘先生的社会学思想，另一方面进一步强调了潘先生思想中的儒学因素（张津梁，2019）。

潘先生基本上没有专门的社会学著作，其社会学思想大部分散见于各种著述的章节和专门的论文中。但是这些论著散而不乱，并且构成了一个较为完整的理论体系。这个理论体系涵盖了人与自然、个人与社会的关系以及政治、教育各个方面，充满了极富启发性的真知灼见。本文是在以往研究的基础上，通过进一步整理和梳理潘先生的社会学著述，力图勾勒出潘先生社会学思想的结构框架及主要观念，尝试更为深入地探寻这些思想的儒学基础，对他如何将传统思想加以时代的阐发使其辉光日新，进行一个初步的分析。

一、天人之际

潘先生在美国留学期间攻读的是生物学学位，因此对于优生学、遗传学研究颇深。回国任教期间，他虽然以教授社会学课程为主，但是也在社会学系开设优生学等课程，出版了诸如《优生概论》《优生与挑战》《优生原理》等著作以及运用优生学研究社会现象的著作，如《中国伶人血缘之研究》《明清两代嘉兴之望族》等。生物学、优生学尤其是民国时期流行的进化论思想无疑对潘先生的社会学有着很大的影响，并且构成了他社会学思想的基础之一，但是生物进化论对潘先生的影响却与民国时期的主要趋势大相径庭，"物竞天择、适者生存"这种人人皆知的思想在潘先生那里变成了很多人不太熟悉、不易理解的"位育论"（杭苏红，2018a）。

进化论思想在十九世纪末进入中国，以严复翻译赫胥黎的《天演论》为重要标志，并得到了比在西方世界远为迅速的传播和接受（余英时，1995）。此书先后出版了30多种版本，仅商务印书馆从1905年到1927年就先后再版24次（张明国，1996）。进化论是生物学理论，之所以在中国社会被迅速接受，与中国思想中经世致用的传统有密切的关系。当时的中国，正急需破除旧观念、建立新的社会和伦理观念，进化论的到来适逢其时。虽然从理论上看，进化论实际上是一种强调"渐进"和"自然过程"的理论，但在中国当时的环境下，无论革新派还是革命派都以进化论发展出的"社会达尔文主义"作为其理论基础（王中江，2005）。在倡导社会进化论的思想家中，严复和康有为等一直坚持其"维新"的立场，而梁启超和谭嗣同则相对激进，对于优胜劣败、平等自由等观念提倡最力（王中江，2002；张曙光，2018）。当时的思想界和学术界，严复所译的"天演"一词与日本传来的"进化"一词被混用，"物竞天择、适者生存"被认为是社会演化的"公例"或"公理"，被认为是浩浩荡荡、不可阻挡的历史潮流。所谓"公理"，就是被国内的改良、维新、革命和唯物论等各种思潮所公认，并在不同程度上构成其理论基础，虽然很多人对进化论的了解并不深入而仅限于口号式的理解（王中江，2002）。潘光旦先生作为受到专业生物学训练、对进化论有着深入认识的社会思想家，虽然也将生物学及生物进化论作为其社会学思想的重要基础部分，却提出了反对"进化"的社会思想，形成了逆当时潮流而动的"新人文史观"。

在《人文史观与"人治""法治"的调和论》一文中，潘先生将人类的史观分成唯物、唯神、唯人、唯文四类。世界上各类宗教思想、中国传统中的墨家都是"唯神"论；很多地理学、经济学思想都是"唯物"论；就中国传统思想儒法两家而言，潘先生认为，儒家是"唯人"的，法家是"唯文"的。所谓"唯文"，是以世间的制度文化作为根本，所以法家强调"法治"；而"唯人"，则是以人为本，认为社会和历史的基础既非神、亦非物，更不是人创造出来的礼法和文化，而是人本身。潘先生认同儒家的这种"唯人"史观，称之为"人文史观"，并在此基础上进一步阐发，他自己叫做"新人文史观"（潘光旦，1994：327—340）。

据潘先生自己的说法，他的"新人文史观"与中国传统以儒家为核心的人文思想亦有不同，也可以说是对儒家"唯人"史观的发展。潘先生说自己不仅是一个"唯人论者"，而且变本加厉，是一个"唯好人论者"，认为社会的形成、历史的演进既从人而来又离不开人，而且是"好人"。但是对于"好人"从哪里来、如何出现的问题，潘先生与传统思想有着明显的分歧，而这种分歧就是生物进化论带来的。

潘先生认为，在中国传统儒学中，圣贤俊杰也就是杰出人物或者优秀人才的出现会被归于"天"的意志，如孟子有"天将降大任于斯人"的说法，或者出于自己的不懈努力，或者出于上几代人的"积德行善"，等等，这都不是科学而切实的解释，不是一个追求"因果关系"的解释。"好人"出现的关键因素有二，一为遗传，一为教育。实际上，教育的因素是儒家思想中最为强调的，而潘先生强调的遗传因素，则是来自于他所受的生物学和进化论的启发，这也是他致力要做的——把生物学的理论引入到社会和文化的解释中来（潘光旦，1931：327—340）。

潘先生按照一般的观念，将世界划分为理化（即无机）、有机（即生物）、心理、社会、文化五级。他认为，一般对于文化的解释，都是用文化或者心理、社会这种相邻的层级来解释，心理、社会和文化现象一样，都"太活"，不容易做出切实的解释。他主张用生物现象来对文化进行理解，庶几可以开出一条科学的研究文化的路线。若用生物现象来解释文化，那么一定是要以"人"为本的，因为人从生物演化而来又拥有一般生物没有的社会文化，所以只有"人"才是连接生物和文化之间的媒介，也是文化最为主要的载体，由此我们可以理解潘先生注重"人文史观"在方法论层面的含义。与儒家的"人文史观"相比，潘先生的"新人文史观"的身与心的地位是不同的。在"新人文史观"看来，人分为"体""用"两个部分，形态和结构是"体"，智力和性情是"用"，生物学关注"体"，由"体"而探知"用"，是潘先生优生学和社会学思想的主要方法和思路，他称之为"文化的生物学观"。（潘光旦，1930：311—326）

这种"人文思想"或"新人文史观"的核心观点是"人"，而又将人的身体看作是"体"，人的精神看作是"用"，生物进化论必然构成其思想的重要基础。但是潘先生对进化论的理解与当时的思想界很不相同。他反对"进化"这个词，主张用"演化"，生物的演化可以叫做"自然演化"和"有机演化"，社会的演化则属于"超有机演化"，不属于生物学的范围，与生物演化有明显的区别，但是也不能完全脱离生物的有机演化。（潘光旦，1939a：32—41）

严复在翻译赫胥黎《天演论》时，只截取了原书的第一、二部分进行节译，并多有所铺陈和发挥。实际上，赫胥黎在原著中认为"天行"与"人治"迥然有异，人类社会的"伦理进程"与自然世界的"宇宙进程"完全不同，明确反对当时的社会思想家斯宾塞提倡的"社会达尔文主义"。这就是严复节译《天演论》并在书中对斯宾塞大加赞赏的重要原因之一（张曙光，2018）。潘光旦先生既对"社会达尔文主义"持明确的反对态度，也不赞同人类社会的"伦理进程"与自然演化相对立的观点，而是提倡一条中间道路，他称之为"位育"。

"位育"一词是潘先生对进化论中的关键词 adaptation 或 adjustment 的翻译，他反对日本人将此词翻译为"适应"或"顺应"，认为"毛病就在太过含有物体迁就环境的意思"（潘光旦，1939a：36）。"位育"一词来自《中庸》，出处是"致中和，天地位焉，万物育焉"，朱子注云："位者，安其所也；育者，遂其生也。"意谓天地间万物各有其不同的结构性位置，在此位置上"万物相育而不相害，道并行而不相悖"。"位"，是天，是自然；"育"，是人，是文明；"位育"一词隐含了儒家对于天人关系的基本认识。潘先生用这个词来翻译，实际上代表了他将生物进化论应用于社会演化之后的新观点，这个观点的核心内容就是儒家的"天人合一"。

在《演化论与当代的几个问题》中，潘先生指出：

> 位育是一切有机与超有机物体的企求。位育是两方面的事，环境是一事，物体又是一事。位育就等于二事间的一个协调。世间没有能把环境完全征服的物体，也没有完全迁就环境的物体，所以结果总是一个协调，不过彼此让步的境地有大小罢了。（潘光旦，1939a：36）

所以，天人关系的重点就在"天人之际"的双方"协调"，协调就是不过分偏重一方，而且之所以叫做"协调"，就不是通过彼此冲突和斗争达到的平衡，而是通过你中有我、我中有你而达到的交汇感通的状态，这就是"合一"了。《中庸》开篇云："天命之谓性，率性之为道，**修道之谓教**"，是说性出于天，道因乎性，教以修道。人事养育既是根出于天，也是为了知天事天。另一方面，天也必因人而成其天，所谓"诚者天之道也，诚之者人之道也"。天人之间的这种关系正好对应了潘先生所谓的"遗传"与"环境"即 nature 和 nurture 二者之间平衡协调的关系。遗传代表先天和自然，环境代表后天和养育，潘先生借用《论语》中孔子"性相近也，习相远也"以及《孟子》中"苟得其养，无物不长"的话将两者分别译作"性"和"养"，他的《优生原理》一书的第一章就叫做"性和养"，实际的内容是遗传与环境，借此来"表示新的学术与旧的经验必有其渊源的关系"（潘光旦，1948a：245）。

潘先生的这种"协调""折中"的观点并非是一种调和论，而是一种中立不倚的鲜明立场，这可以从他对当时的两种"执一"思潮的激烈态度中看出来。这两种"执一"的思潮，一种是偏重文化的后天、环境决定论。这种观点认为:"人类自呱呱坠地而后,处处和文化接触,处处受文化的影响。我们所见人类种种方面的活动,全都是受着文化影响以后的表现",潘先生认为这就是忽视了人的遗传因素或者说"性"的作用。实际上,人的生物特性和文化影响在很多情况很难区分清楚,如人在青春时倾慕少艾是出于生物性,但是喜欢的女子是什么特征则既有共性又有特性,共性和特性中哪些出于文化,哪些出于遗传和生物性,就会变成很复杂的问题。在为费孝通《生育制度》一书所写的序《派与汇》中,潘先生就委婉地批评了费先生的文化功能主义立场,即认为生育制度除了"种族绵延的生物需要""最起码的一点而外,都算作社会与文化之赐而和自然的倾向完全绝缘了"(潘光旦,1946a:75),这是一种文化的自大狂,容易发展为"人类中心"及"物为人存"的"不自量、无根据的玄学"。"忽生物的遗传,不因势利导;重人为的环境,必强异就同",这种"人定胜天"的"玄学"必然导致人类的碰壁和失败(潘光旦,1924a:266—288)。用中国儒家思想的语言来说,这种文化决定论的倾向忽视了基于自然的、人性的力量,而将社会文化和礼法制度建立在"外铄"而非"固有"的基础上,是"蔽于人而不知天"。

潘先生着力批判的另外一种社会思潮则是由生物学而来的社会进化论或社会达尔文主义。潘先生认为这是"一部分西洋人"及"大部分中国人"对演化论的不求甚解甚至是误解所致。"自孔德以来,早就喜欢讲分期的演进,到此(演化论发现以来)更不免随风而靡罢了","社会演化,无疑的是进步的,是一条比较直线的,是线上有些分段的记号的;不是一条直线,怎会见得它有方向?段落不分明,又何以见得它在那里动?"以家庭理论为例,社会进化论会认为这条进步的直线是从大家庭到小家庭，从小家庭到无家庭，婚姻从父母之命到婚姻自主，再到自由结合和自由离异，等等。在潘先生看来，这是典型的"靠进步吃饭，如今更有人靠进化吃饭，靠有动向有阶段的进化吃饭"，这种靠进化吃饭的理论与靠天吃饭的命运主义理论，"在形式上尽管不同，在精神上有何分别？"（潘光旦，1939a：35）所以，这种思想的偏颇在于直接将生物界的物竞天择论推广到人类社会，所谓将人与动植物同等看待，犯了"蔽于天而不知人"的错误。

钱穆先生总结中国传统思想的天人观念时，用荀子批评庄子的话，认为道家思想"蔽于天而不知人"，但是荀子以性为恶，以善为伪，制天命、法后王，开启了法家"唯文"史观的滥觞，偏于另外一个极端，可谓"蔽于人而不知天"。从容中道、以人为本的天人观，仍以孔孟为尚（钱穆，2012）。潘先生对于这两种思潮的批评，正是以孔孟之"天人观"为其基本立场展开的。

建立"究天人之际"的社会理论，关键在于以人为本，通过人而知天。人与其他无机、有机现象的差别在于不但有知，而且"有觉"，即有灵明的自觉。这构成了社会的基础："全部的关键似乎端在'同异的自觉'或'人格的发见'的一层上。有了这个，就有社会，没有这个，就没有社会"（潘光旦，1948b：148）。就上述两种错误思潮而言，社会进化论的将人拟物、不以人为本的错误很明显，相比之下，文化决定论的错误则比较隐蔽——也是忽略了人的"自觉"与"自动的力量"。实际上，人受支配于自然和"天"的力量与受支配于"文化"与社会制度的力量，虽"支配的力量不同，而其为受支配则一"。在这个意义上，极偏重于自然与极偏重于文化的社会思潮犯了相同的错误，都是忽视了人本身的重要性。强调以人为本,是以同时作为生物人与社会人的"人"为本,中立不倚,所以潘先生在陈述自己的思想观念时,既不用"人本主义",也不用"人文主义",他认为只要带"主义"二字的,就有"执一的臭味"(潘光旦,1934:112—124),所以宁可说"人文史观""人文思想",他向往建立的社会学,是"人化的社会学",而不是某种主义的社会学。

"人化的社会学"必须以人为中心,而人首先是生物的,其次是社会的。所以潘先生的学问,是由生物学而至优生学,由优生学而至于社会学。在斟酌了各家各派的定义之后,潘先生也给优生学下了一个定义:

> 优生学为学科之一,其所务在研究人类品性之遗传与文化选择之利弊,以求比较良善之繁殖方法,而谋人类之进步(潘光旦,1924b:254)。

这里的关键问题是回答何为"优生"之"优"的问题,或者说"文化选择之利弊"如何衡量与何为标准的问题。在甲文化内为良善者,在乙文化内未必如此;在甲时代为良善者,在乙时代未必如此;即使在同一时代、同一文化内,从甲角度看为良善,从乙角度看则大有弊端。用潘先生自己的话来说,"同一文化势力,用同一优生眼光端详,而利弊已未可概论若此。然则种种文化势力下之权衡轻重问题,甚非片言可以解决也"(潘光旦,1924b:265)。

要寻找"优生"的权衡,就需要对社会的深入探索,需要把握住人文思想的骨干。潘先生从"位育"的理论入手,以"性"

为基础,以"养"为内容,发现了中国人文思想的骨干,也构成了他的社会学理论的骨干,这个骨干就是"伦",潘先生的研究也从"天人之际"走向"人伦之际"。

二、人伦之际

潘先生的社会研究,内含着一个从"位"到"育"的逻辑线索,这条线索连接着自然与人文、个人与社群、家庭与国家等不同的层次,而赋予这条线索以动力和活力的力量都是人,是生活中在人伦中的"人"。

古语说,"天地者,生之本也;先祖者,类之本也";朱子说,"万物本乎天,人本乎祖"。在中国的传统思想中,人之本在于祖先而非"天"或"神",祖先也是人而非神,这是中国社会被认为是人本社会或人文社会的根本。研究中国社会,必自本始,也就是自祖先始。沿着探讨"天人之际"的思路,潘先生对中国社会和中国人之"本"有着既传统、又创新的别开生面的研究。

所谓创新,指的是潘先生所做的一系列有关人才和家谱的研究。其中最为出名的是《中国伶人血缘之研究》与《明清两代嘉兴的望族》,此外还有诸如《明代以前画家的分布与移殖》《近代苏州的人才》《存人书屋历史人物世系表稿》等。在这些研究中,潘先生运用社会科学的方法,通过分析实证性的经验材料来得出结论。例如,他详细考察了一百七八十个伶人的家系,逐个分析了其"奕世蝉联"的情况,并发现其中六七十个家系显示出明确的特种脚色(戏曲中的行当)的遗传倾向,他得出的结论是除了后天的教育之外，家族的"气质"有遗传，而某些气质更适合某类脚色，便有了这种"世家"的现象（潘光旦，1941：235—236）。在对嘉兴望族的家谱研究中，潘先生驳斥了一些无法证伪的"虚说"如风水、福报等，将世家兴旺归结为移殖、婚姻和寿考三个比较实在的要素作用，其中婚姻的类聚选择效应非常明显，就连寿考这样一个传统中国人认为是纯粹由"命"和福报决定的因素，潘先生也通过研究赋予其新的意涵：

> 中国人的生活理想之一是寿，……高寿的人是人中之瑞，是儒家所称三达尊之一。……以前的人也明白寿是活力充盈的表示，活力充盈是值得歌颂的。近世自遗传学发达，我们更知道活力充盈不止是一个个体的健康的特征，更是一个血系的健康标识，并且是最可靠的标识。（潘光旦，1937：399）

从另一方面来说，潘先生的人才和家谱的研究又是极为传统的，是为"尊祖敬宗"的这棵大树在培根固本。在儒家思想及深受其影响的中国民间社会中，"本枝百世""源远流长"的家世绵延是中国人的人生理想，"在中国民族里早就成一派极坚固的信仰，其地位相当于许多宗教的灵魂不灭的信仰，而其力量要远在灵魂不灭的信仰之上"（潘光旦，1939b：9）。这样一种具有信仰力量的观念，既具有涉及鬼神、风水、福报、命运的神秘性，又有孝子贤孙尊祖敬宗、传承家业的感情和责任，是中国传统社会的基础。潘先生的研究向这棵大树注入了更为理性和科学的因素：

> 好祖宗的存在，也很可以引来做一个很实在的解释。祖

宗，尤其是中国的祖宗，代表两种力量：一是遗传，二是教育。祖宗贤明端正，能行善事，表示他自己就有一个比较健全的生理与心理组织，这种组织是他的遗传的一部分，很可以往下代传递的。他这种种长处也往往给子孙以一些很好的榜样，一些力图上进的刺激。……这样说来，好祖宗就直接成为好子孙所由产生的一个理由，直接成为世家大族所由兴起与所以维持的一种动力，不必假手于第三者的因缘果报之说了。（潘光旦，1937：388）

在民国时期，主流的社会思潮大多追求进步，认为青年是社会的希望和未来。潘先生反其道而行之，是在不停地向前追本溯源，但是其研究目的也是在于青年，他是通过研究传统而追求未来。在潘先生看来，传统是未来之本，未来是传统之新芽。若传统断裂，则未来将从何而生？这是潘先生担心的大问题，集中体现在他的家庭研究上。

在《中国之家庭问题》一书中，潘先生对《学灯》杂志征集的317份关于家庭观念的读者问卷进行了细致的分析，得到了当时青年人家庭婚姻观念的许多重要发现。其中一条发现是教育程度越高的人越将婚姻目的看作是"个人浪漫生活"而非养育子女，这引起了潘先生的极大忧虑，他称之为"大不幸"。在潘先生看来，婚姻和家庭的重心就是养育子女和种族绵延，若此功能不再重要，则家庭所附带其他社会功能亦将随之瓦解，这就更是不幸中之不幸了。

家庭是构成社会的基础单位，而中国社会的家世绵延和尊祖敬宗的基本观念最为完备地体现在家庭之中。与这种观念相配合，中国理想的家庭形态以"折中式家庭"为主要形式，它既非核心小家庭，亦非三代及以上大家庭，而是"兄弟一旦成立（成家），即各自成生计之单位，为父母及祖父母者即由彼等轮流同居侍养"，这既适应了家庭规模变小的趋势，又保留了中国家庭上有祖宗、下有子孙的赡养和抚育的"反馈"模式。另外，尊祖敬宗的观念并非只有家世绵延的意义，而且是社会伦理观念的基础，是家国之本。

尊祖敬宗在现实中的表现是"慎终追远"，即所谓"丧尽其礼，祭尽其诚"。死去的父母祖宗，已经对自己没有功利价值，仍然以极为诚敬的态度对待他们，这其中体现出的至孝伦理，不但对社会极其重要，而且能够超越时代，潘先生将其称之为"种族伦理（racial ethics）"（潘光旦，1927：1938）。冠以"种族"二字，意味着这种伦理已经成为中华民族的"遗传基因"和不自觉的潜意识；用"伦理"二字，则意味着此种意识足以与西方的权利责任观念分庭抗礼：

> 父母对于子女应为之事，每称之为曰愿；为儿女婚嫁，曰"了向平之愿"；盖显然以儿女之事为一己之事，为一己欲望之一部分，而不能不求满足者。子女之奉养父母，与父母之受其奉养，亦未尝作责任或权利观。总之，昔日国人家庭分子间之关系，芟其支蔓，去其糟粕，大率出乎情感之自然流露，而无须乎哲学观念为之烘托。自西人权利与责任观念年之传播，国人以之解释积弊已深之家庭制度，乃弥觉其可憎可厌；然张冠李戴，本不相称，憎厌之心理，徒自扰耳。（潘光旦，1927：135）

对于中国的这种"种族伦理",家庭是最为重要的培养和训练场所,中国人能够懂得孝悌忠信,能够推己及人,乃至能够上阵抗战、为国杀敌,"为民族行其大孝",归根结底要靠家庭的养育。由此潘先生质问一些当时的制度变革主张如儿童公育、国家养老、婚姻绝对自由等等,若真的将家庭功能削弱至斯,"不能老其老,而欲其老人之老;不能幼其幼,而欲其幼人之幼,天下宁有是理耶?"(潘光旦,1927:136)

在潘先生对于家庭、家谱、血系的研究中,一条清晰而明确的线索就是强调家在世代绵延和品质流传中所起的作用,世代绵延也是对家族特质的传承和保护。这些家族的品质或特质,在潘先生看来,并非纯粹出于文化养育和文化选择("化择")的结果,也与遗传与自然选择("天择")有关(李崇高,1999;蒋功成,2007)。因此,人与人之间、家与家之间流品的差别是社会存在的前提,也就是位育的"位"字的意思。只不过"位育"是用来指称万物演化的词汇,对于人类社会,与"位"字相对应的词,潘先生称之为"伦"。

从1940年潘先生第一篇关于"伦"的文章《明伦新说》开始,他陆续写了四篇专门研究"伦"的文章,包括《说"伦"字》、《"伦"有二义》、《说"五伦"的由来》等,利用中国古代文献对"伦"做了深入细致、前无古人的研究。当时的学界有不少学者对"伦"进行了探讨,包括费孝通先生著名的"差序格局"的概念也用了"伦"的含义,但是相比之下,潘先生对伦的关注和研究另辟蹊径,挖掘出了"伦"这个概念已经消失了的古义而重点加以讨论,其用意之深值得我们细致讨论。

现在的"伦"通常指"关系",潘先生认为这是受了孟子的影响，这实际上只是"伦"这个字的第二义。"伦"字更早的古义是"类别"和"差别"，如《尚书》中"八音克谐，无相夺伦"。在《"伦"有二义》这篇文章中，潘先生列举了大量文献，追寻了"伦"字之第一义消失的历史，尤其是"到了最近，一半也是因为受了西洋平等哲学的影响，我们不但把伦字的第一义忘了，并且根本不愿意提到这第一义与人类差等的种种事实"（潘光旦，1940a：25）。中国社会中通常讲的"五伦"，我们一般将其理解为五种关系，即所谓父子、夫妇、君臣、兄弟、朋友，但是在具体情景中，我们容易忽略了这些关系实际上类别之间的关系，而不是具体的一个人与另一个人之间的关系。若第一义的"类别"和"差等"不明，而只有第二义的"关系"，则这些人伦关系就容易变成个人性的功利交换而缺少伦理意涵。以君臣关系为例，若只讲"关系"，则君礼臣忠就容易被理解为交换关系，父慈子孝就容易被理解施报关系，会发展出诸如"你不仁我便不义"之类的说辞。这种个人间的、你来我往的直接关系并不是"五伦"的真正含义，因为这其中既缺少了作为类别含义的"伦"，也缺少了"明伦"的"明"。

在潘先生的社会学思想中，"关系"或者说"社会关系"是有前提条件的。交相感应、有着自觉意识的行动才能发生"社会关系"。潘先生说，社会关系至少要满足三个递进的条件："一是品性同异的存在；二是同异之辨，即同异的辨识；三是同异的辨别的自觉"（潘光旦，1948b：147）。潘先生所谓同异，就是类别或分类。万物皆有类别，唯动物可以区分之，又唯人非但可以区分之，还可以形成自觉和自我意识。对于每一类别应如何对待，包括自己的类别应如何定位，人都能形成明确的自我意识，对类别规范的理解和反应就形成了人格。在潘先生的思想体系中，类别就是"伦"，关系也是伦，自觉就是"明"，人们通过"明"类别而"明"关系，通过"明"关系而"明"类别，此之谓"明伦"。

由此我们看到，类别之伦重差别，关系之伦重沟通。差别是沟通的前提，沟通是差别的展现，而其中的关键离不开"明伦"的人。如前所述，若只有关系而无类别，则关系缺少伦理性；反之，若只有类别而无关系，则忠臣孝子会变成愚忠愚孝。只有类别与关系并重，五伦才有可能变成仁至义尽的伦理关系。潘先生的这种观念，比贺麟先生以柏拉图、康德及耶稣思想来比附三纲五伦的要义似乎更符合中国文化的精神。

需要补充说明的是，潘先生在讨论"伦"的含义时着重强调类别与关系二义，伦所包含的"条理""次序"的意思没有多加注意。事实上，"条理"和"次序"正是对"伦"所含的类别的一种关系式的理解。《中庸》中"今天下车同轨，书同文，行同伦"，朱子注曰："伦，次序之体"；《论语》中"言中伦、行中虑"，朱子注曰："伦，义理之次第也"；"欲洁其身，而乱大伦"，朱子注曰："伦，序也"。这几处的文本都显示出"伦"亦指代了类别之间的等差次序。由此可见"伦"的第一义也没有完全消失，而是隐藏在了"次序"中。实际上，费孝通先生在《乡土中国》一书中阐述"差序格局"概念时使用的"伦"字就更接近于"次序"的含义。实际上，正是由于"明伦"的自觉，各种类别和关系才构成了由己到人、由内到外的次序结构。这种次序结构是理解社会的关键所在。潘先生的社会学虽然对此次序结构的直接论述较少，但是他的社会学思想体系从祖宗、家庭、人伦到社群、国家和政治，本身就构成了一个次序鲜明的"伦"。

从"本"到"伦",从"类别"到"关系",潘先生构建了一个从个人到社会的思想体系,他自己称之为"诊断社会的尺度",并概括为"两纲六目",如下图(潘光旦,1944a:460)所示:

$$
个人\begin{cases} 通性之同 \longrightarrow 社会秩序 \\ 个性差异 \longrightarrow 文明进步 \\ 男女之分 \longrightarrow 种族绵延 \end{cases} 社群
$$

所谓"两纲",是个人和社群。每纲分为三目。个人生活中的三目包括通性,即人之所以为人者;个性,即此人之所以不同于彼人者;性别,即男女之所以互异者。社群生活也包括三目,一是静态的社会秩序;二是动态的文明进步;三是长久维持此动静两方面的种族绵延。个人的三目和社群的三目分别相呼应,即通性与秩序相呼应,个性与进步相呼应,性别与种族绵延相呼应。这种相互呼应或相互对应,隐含着潘先生的两个意思。一是个人和社会不存在根本的对立,比如社会对秩序的追求可能压抑个性的发展,但是却是基于个人中之通性的部分而来;二是个人的发展和社会的发展是可以达到协调的,这种协调是一种复杂的平衡和调节系统,例如个性的发展恰好能促进文明进步而又不过分威胁社会秩序,社会秩序的获得是建立在通性的基础上又不妨碍个性的发展,等等。这两层意思要得到展现,不只是需要两纲之间的协调,更需要两纲之内其各自三目之间的协调。按照潘先生的论述,对于个人一纲而言,人格健全的特征就是其三目的平衡发展,即能保持个性,不随俗浮沉,又能保持通性,不以立异为高,同时男又能有男的通性和个性,女又能有女的通性和个性,并行不悖;对于社会一纲而言,既要有社会秩序,又不能保守到妨碍进步,同时还要保证种族绵延。做到这三方面平衡发展的社会很少见,比如中国重秩序而无发展,美国发展快而秩序不稳,潘先生说,"历史上的中国社会与今日的美国社会都有几分病理的状态,如果美国人犯的是痉挛,我们犯的便是瘫痪。"(潘光旦,1944a:465,)而在这两方面较为健全的社会如古希腊则是昙花一现的短命的例子。我们由此可以看到,潘先生的社会观念是一个四平八稳、"中正平和"的各方协调的平衡体,要达到这种平衡,潘先生指出的要点是两个方面:

> 要个人生活与人格的健全发展,要通性、个性、性别三节目的不偏废,责任端在教育,在一种通达的教育,就是自由教育。要社群生活与群格或国格的健全发展,要秩序、进步、绵延三节目的不偏废,责任端在政治,在一种通达的政治,就是民主政治。自由教育与民主政治的相辅而行,互为因果,是我们一向认识而主张的。(潘光旦,1944a:465)

由此我们能够理解,潘先生大量的时政文章都在谈论教育问题和政治问题,而他谈教育和政治时,又带有很强的学术讨论的色彩,实际上是将其社会学思想应用于时政问题的讨论,我们可以把它们看作潘先生的教育社会学和政治社会学思想。

三、昌公道、励自强

民国时期的社会政治思潮汹涌澎湃,尤以西风东渐为主。在这些思潮中,最引起潘先生注意的是与西方政治哲学密切相关的观念,在这些观念中,尤以平等、民主、自由最为世人追随。潘先生对于这三个观念分别撰写了一系列论文进行辨析和批评,其真知灼见超越时代,卓然不群,展现了一个社会思想家的洞察力。

在上述三大观念中,潘先生批评最力的是"平等",专门著有《平等驳议》一篇长文,对主要的平等观念进行逐个驳议。潘先生对平等观念的批判基于他的"新人文思想",是生物学与儒家思想相结合的产物。孟子说,"物之不齐,物之情也",而潘先生重视的遗传、选择和变异,更是以因果关系来论证了"物不齐"论,潘先生称之为"自然不平等":"物种间最平等之一端,亦莫不平等之现象焉,而人类不再例外焉"(潘光旦,1928:356)。对于各类平等理论,潘先生将他们分为宗教、哲学、法律、经济、教育、性别、心理等进行逐个批判。

经济理论提倡的平等可以分为"分配平等"与"机会平等"两类。在潘先生看来,分配平等是最不平等的,他在本文的标题之下即引用美国最高法院法官 Frankfurter 的话:"世间不平等之事无过于不平等事物之平等待遇"(潘光旦,1928:353)。至于机会平等,机会的平均分配亦是不平等,因为人之天赋不齐,天赋高的人就浪费了天赋,天赋低的人则浪费了机会。真正的机会平等,是按人的才能与机会匹配,这种分配与其叫做"平等",不如叫做"公道"。法律平等亦是如此。不挟势挟富,不阿势徇私,这是法律的"公道"与"正义",无关乎平等。因此,在这些涉及分配和待遇的领域,"公道"一词足矣。(潘光旦,1928:358)

无论是"分配平等"还是"机会平等",其基础是哲学家提倡的"人格平等"说。与许多宗教提倡的出世平等之论类似,人格平等说承认世间之"自然不平等",但是在人格或人权方面,即作为人的基本权利方面如不奴役、不侮辱等方面,人人生而平等。这当然是没有错,人之所以为人者之大端,就在于有基本的人格意识。但对于社会而言,这种"平等"观是不足够的。把人只作为人来看待,而不区分大人小人,不区分才智德行,是有严重后果的。人之应该被当作人来对待的观念,世界各文明中固已有之,如中国儒学思想中恕人体物之原则已远尽其说。人之所以不被当作人来对待,属于政治问题而非理论问题。

在"人格平等"说之上,又有"教育平等"说。潘先生引申当时美国行为派心理学者的理论,他们认为后天的教育可以实现人与人之间的平等,愚弱者可以通过教育使之明强。这固然不错,但是潘先生认为仍然不能否认遗传的作用。人因有遗传而有流品,因材施教,方为公道之社会。平等观念泛滥之教育,"大学树人,几与工厂制物无异,其言如出模铸,千篇一律也。真能领会文化之精髓而有所发明,而同时又不为狭隘之功利主义所束缚之大学生,多乎哉?不多也。近满坑满谷举皆大学生,则其价值可想见也"。(潘光旦,1928:366)潘先生的这类见解与几十年后布鲁姆对美国大学的批判可算得上英雄所见略同(布鲁姆,1994)。

总结来看,潘先生对平等观念批判的社会思想基础是儒家思想。在"物不齐"论的基础上有流品,所谓"生而知之、学而知之"之分,重视流品又极重视教育,所谓"下学而上达",是潘先生的基本立场。虽然潘先生对孟子"人皆可以为尧舜"的议论尝加批评,认为抹煞了先天的作用,但是又对孟子的"得天下英才而教育之"的论调大加赞扬,认为这是同时承认了先天的流品和后天的教育的作用。细读《平等驳议》一文,其基本精神就是《孟子·滕文公上》之"许行"章的民国版本①，其结论深斥学说之伪足以害世，辩论风格之奋扬激烈而有失平和，亦复有神似处：

> 中国文化中未尝无平等之理论，而平等之名词与平等观念之传播，则西化东渐以后始有之。西化东渐后类是之赐赍多矣：曰自由，曰人权，曰平等，举皆一二好事者幻想之结果，不足经事理之盘驳者也。……乃国人不察此种变迁之迹，既拾人之唾余，复从而簸扬之，若唯恐其臭味之不广被者；恶劣概念之奴役人类，而人类堕性之深，甘受其奴役，抑何若是之甚耶？（潘光旦，1928：364）

潘先生对民主的认识，也是基于他对儒家政治思想的理解发展而来。民主有三个重要的方面，即民有、民享和民治，可以理解为民既为政治之基础（民有），又为政治之目的（民享），还构成了政治运作过程的主体（民治）。潘先生认为，中国的先秦思想尤其是儒家思想已经论述了民主政治的所有三个方面，与世界公认的民主政治精神并无二致。

具体而言，孟子的"民为贵"论就是"民有"的基本思想。与民相比，君和社稷都为"轻"，都可以"置换"，唯有民不可以

---

① 在反驳"职业平等"说时，直接以《孟子·滕文公上》"许行"章"大屦小屦同价，人岂为之哉"作为结论；在批评"教育平等"说时，"教员同，教科材料同，重点多寡同，授课数量同"就是直接套用《孟子·滕文公上》"许行"章中"布帛长短同""麻缕丝絮轻重同""五谷多寡同""屦大小同"的句式。

置换。因为不可以置换,所以所有的政治过程和目的都要以此为基础展开。另外,儒家的"民父母论"可以视作"民享"的中国版。民父母论的要义在于"一切为人民设想,好比做父母的一切为子女设想一样"(潘光旦,1944b:442)。潘先生认为近代官员不再自认民之父母而自认民之公仆是一种退步,因为天下的父母没有不慈的,但天下的义仆却找不出许多。最后,潘先生认为中国儒家思想里也有很完整明确的民治论,他称之为"贤人政治论"(潘光旦,1944b:445)。

"民治",重在人民参与政治的过程,而参与的核心在于代表的产生。儒家的贤人政治论的核心,就是政治过程需要从人民中选出来的"贤人"的参与。既然是"贤人",就不能是随机选出代表。所以,贤人政治论的核心就是一个人的愚贤如何确定,这构成了基本的政治过程。在潘先生看来,贤人政治的过程分为递进的三步,知人、尊贤、举善。知人是第一步,就是在"众好之""众恶之"的基础上的"必察之"[1],这属于运用理智所达成的,故谓之"智";尊贤是第二步,就是撇开自己的权势地位,撇开对方的权势地位,纯粹以贤为尚[2],这运用理智已不足够,还需要加上意志与情感的努力,故古人称尊贤为"义";举善是第三步,不但能知之、尊之,而且能举之、任之,这就达到了民治的最高境界,古人称之为"仁"[3]。有了知、义、仁这三步,就有可能造就一

---

[1] 见《论语·卫灵公》:子曰:"众恶之,必察焉;众好之,必察焉。"
[2] 见《孟子·尽心上》:孟子曰:"古之贤王,好善而忘势;古之贤士,何独不然?乐其道而忘人之势。故王公不致敬尽礼,则不得亟见之。见且犹不得亟,而况得而臣之乎?"
[3] 见《孟子·滕文公上》:孟子曰:"分人以财谓之惠,教人以善谓之忠,为天下得人者谓之仁。是故以天下与人易,为天下得人难。"

个政治局面，即从民间出来的贤人所造成的贤人政治，这就是真正的民治。潘先生说，如果孟子也像民国人士那么爱编口号的话，他完全可以编一句"民权至上，贤人至上"的八字口号作为中国民主运动的纲领（潘光旦，1944b：447）。中国没有英美民主政治的形式，但是不能说没有民主政治的真精神，而且形式可以多样，也不能说除了英美之外，天壤间就不会有其他民主政治的形式。问题的可怕在于，我们在照搬形式的时候，却丢掉了自己原有的精神。

如果说《民主政治与先秦思想》这篇文章的用意在于追根溯源地寻找中国民主政治的精神，《家制与政体》这篇文章则是在探讨民主政治制度的可能。在这篇文章中，潘先生详细考察了法国"家位学派"的观点，试图厘清家庭类型与政体类型之间的复杂关系。按照梳理的结果，家庭类型被分成父权制、不稳定与偏特制三种类型，其中父权制偏于大家庭制和家庭本位，偏特制偏于小家庭制和个人本位，而不稳定型介于二者间，偏于国家和政府本位，而后面两种类型分别构成了民主政体和极权政体的社会基础。中国的家庭是较为典型的父权制类型，而这种家庭本位的社会构成了对抗极权的重要力量。潘先生并不将中国的传统社会看作是极权社会。在他看来，极权政治是一种现代制度，"它至少仰仗着两个条件，在政术方面是科学发达后的交通与宣传工具，在社会方面是各个家庭父权的没落与夫家庭生活的一般的解体"（潘光旦，1947：94）。因此，中国社会走向极权还是民主仍是一个未定之数，决定政治走向的重要力量就是家庭的变化情况。

我们由此可以理解潘先生为何对传统家庭的解体忧心忡忡，

对"折中制"家庭的建立呼吁弥急。作为有着超越时代洞察力的社会学家，他从对社会的观察中感受到了极权政治的威胁：

> 老人可以不管，儿女尽量少生，期功亲族的休戚利害自更在不闻不问之列，其他疏远的支派可以不必说了。而事实上旧有的家庭与氏族的种种关系，又有到处掣肘，绝不容许你直截了当的做去，你又毕竟是中国人，多少是任运惯了的，多少要讲些人情，年事较长，阅历渐深，也就不知不觉的和它们周旋起来。结果是，旧的父权制固然是逐渐解体，新的偏特制并没有产生，实际所得可能是近乎不稳定的那种格局。……父权是散失了，收拾到与行使着这权力的却不是各国公民，而是假国家民众之名的一部分特殊人物。（潘光旦，1947：97—98）

东西之民主政治的理性形式有异，但是民有、民享、民治的精神则同。探索中国民主政治的关键不在形式，而在"人"或者"民"。民主政治是人们享有较好的政治环境，而这个政治环境能否实现与维持健康的态势，也端赖于特定的国民：

> 道个人而不忌社会，讲法治而不致寡情，重自由独立而不趋于肆放攘夺。这样的国民才足以掌握权力而无愧，行使权力而无弊，才是自能做主宰的民，才足以语于真正的民主政体。（潘光旦，1947：99）

要有这样的国民，唯有依靠教育。教育是潘先生整个社会学思想体系中极为重要的一部分。如果说前面的人伦和政治相当于"位",那么自由和教育就相当于"育",潘先生的教育思想的核心是"自由",其实质是儒家思想中的"明、诚"二字,是人格培养的学问。

潘先生对"自由"概念的辨析是他倡导自由教育的前提。他指出,对"自由"的误解有两类。一类是不承认限制的绝对自由,这个就是自肆,其谬误毋庸深斥。另外一类自由是西方输入的"自由"观念,潘先生称之为"外铄的"自由。这种自由观念提到的"有限制的自由"中的"限制"都是来自于自身之外,例如自己是人,别人也是人,自己要自由,别人也要自由,所以应该照顾到别人的自由,由此产生的平等博爱就是"外铄的";再例如自己的自由应以不妨碍别人的自由为原则,好比蜗牛的触角触到别的蜗牛时便应该缩回来,这更是"外铄的";至于自由是一种尽社会责任的自由,是一种法律范围内的自由,等等观念,更是"外铄的"。而外铄的限制是不会生效力的,过分责成只会导致虚假。所以这些博爱的要求、对别人自由的尊重、法律的遵守、社会责任精神的提倡等等都不是自由的真正意涵,即使勉强做到,也不会使人成为自由的人(潘光旦,1948c:177—178)。

"外铄"一词出自《孟子》。原文为:"仁、义、礼、智,非由外铄我也,我固有之也,弗思耳矣。故曰:求则得之,舍则失之。"孟子性善论的主要观点,就是认为仁义之善端皆发自于"内",而非外在的自然、神祇、礼法强我向善,故谓之为"义内"之学。这构成了潘先生自由教育理念的基础,在此基础之上的一系列自由教育的论述可以看作是儒学思想在五四之后的新生。

内发的"自由",是一种有着自我意识和自我控制能力状态下的自由,用潘先生的话来说,就是"中庸",即"从心所欲不逾矩"[①]——位育的最高境界。教育的对象不在外而在内,就是"学者为己"[②],是为了完成自我而教育自我。这个"自我",不是为了见知于人,也不是为了有用于人:

> 自由教育下的自我只是自我,不是家族的、阶级的、国家的、种族的、宗教的、党派的、职业的……。这并不是说一个人不要这许多方面的关系,不要多方面生活所由寄寓的事物,乃是说教育的主要目的在完成一个人,而不在造成家族的一员,如前代的中国;不在造成阶级的战士,如今日的俄国;不在造成一个宗教的信徒,或社会教条的拥护者,如中古的欧洲或当代的建筑在各种成套的意识形态的政治组织;也不在造成一个但知爱国不知其他的公民,如当代极权主义的国家以至于国家主义过分发展的国家;也不在造成专才与技术家,如近代一部分的教育政策[③]。(潘光旦,1944c:256)

那么,这个"自我"的标准是什么呢?潘先生在此使用的仍

[①] 见《论语·为政》。潘先生说,"孔子自己说他'七十而从心所欲不逾矩','从心所欲不逾矩'就是自由,就是自由最好的注脚,最好的界说。……我甚至可以说,中庸的难能,实就是自由的难能,可立可权的道理,事实上就等于从心所欲而不逾矩的道理,这在对儒家思想有心得的人自知之,在此毋庸多说。"(潘光旦,1943:231)
[②] 见《论语·宪问》。子曰:"古之学者为己,今之学者为人。"
[③] 《荀子》曰:"君子之学以美其身,小人之学以为禽犊。"此段可以作为这句话的新注脚。

是儒家的观念，他称之为"品格"。品是流品，格是标准和典范。品格的内容潘先生称之为"和"，是来自于社会生活，具体而言，是人们在与他人的互动中自己的"个性"与人与人之间的"通性"达到"和"的状态。"和"的概念来自《中庸》："喜怒哀乐之未发谓之中，发而皆中节谓之和。中也者，天下之大本也；和也者，天下之达道也"。在笔者看来，潘先生所谓"通性"即是"未发之中"，所谓"个性"即是"已发"之喜怒哀乐，个性在教育的作用下达到与通性的和合，做到"皆中节"，就是中庸的自由状态了（潘光旦，1940b：366—369）。所以，学者为己的"己"字或者自由教育的"自我"归根结底是社会和人伦中的"己"和"我"（张津梁，2019）。

要做到和，具体的方法有两层，潘先生称之为"自明""自强"，用儒家思想的话来说，就是明恕或者明诚。"自明"是自我认识，就是要有自觉和自我意识，有自知之明，这主要属于理智和智识的范围。《论语》中孔子曰，"不患人之不己知，患不知人也"[1]，所谓"患不知人"，正是通过"知人"而知己，获得自知之明；"自强"是自我的控制，就是要有稳定的情绪和坚强的意志，这主要属于情感和意志的范围。《孟子》中孟子曰，"强恕而行，求仁莫近焉"[2]，正是通过"恕人"而推己，获得自胜之强。自明重在"知"，自强重在"行"，知行合一，正是自由教育的真谛之所在。

---

[1] 见《论语·学而》。子曰："不患人之不己知，患不知人也。"
[2] 见《孟子·尽心上》。孟子曰："万物皆备于我矣，反身而诚，乐莫大焉。强恕而行，求仁莫近焉。"

四、余论：赞天地之化育

潘先生的社会学思想视野开阔，凡天人之际与古今之变，无不在其讨论范围之内。本文以意逆志，尝试一窥潘先生社会学思想体系的全貌及其历史渊源，浮光掠影之失在所难免，但是其思想体系的锁钥之所在却能清晰地显现出来。正如潘先生自己所言，他的思想是"新人文思想"，他的社会学是"人化的社会学"，关键就在于一个"人"字。

从人化的社会学出发，潘先生对人类的文明走向和未来忧心忡忡，其根本的原因在于人类控制物力的力量与人类自我控制的力量的差距越来越大，以至于形成了"拖宕"。人类控制物力的力量在科学的助力下一往无前，但人类对自我的认识和控制力量却如童子婴孩。那些研究人类自身的学科，或者迂阔不切、或者支离破碎，而对此最应该有所发明的社会学被潘先生呼为"有名无实"，"只晓得在人身外围兜着圈子"，对于人如何自我认识和自我控制可谓茫如捕风（潘光旦，1946b：10）。其中一个重要的原因，在于人们误将社会学当作了人类如何操控和驾驭社会的科学，而不去反思这个操控和驾驭的主体"配不配"进行驾驭和操控。所谓"配"，既不是指其能力之强，也不是指其操控之妙，而在于操控的主体"自己，必须是一个身心比较健全的人"。所以人类文明的未来，危险并不在"运用失当"或者操控失误，而在于"童子操刀"或"醉汉骑马"，是人和社会本身会出大问题（潘光旦，1946b：6—12）。

基于这种担忧，潘先生提出了"人化的社会学"的方向，使人类能够加深自我认识和自我控制的能力，即自明自强。具体而言，一是要"以人观人"，要用恕人体物的方式研究人，二是"事实上必须每一个人各自研究自己，方才清楚，各自控制自己，方才有效"，"所以真正的人的学术包括每一个人的自我认识与自我控制"（潘光旦，1946b：12—13）。所以，社会学的根本使命在于教育。

这种教育既非大众教育，亦非宣传鼓动，要真正起到教育的作用，使得人人着力于自我认识和自我控制，根本的要害又在于"人"，在于杰出的好人作为榜样。潘先生认为，近代所谓教育最大一个错误就在于侈谈各式各样的教学方法而不讲求好榜样和好楷模的授受。社会学的一大使命，就在于研究往圣先贤之嘉言善行、君亲师长之以身作则如何能够兴顽敦薄、人人之深，研究人人如何自安其所，自遂其生（潘光旦，1936：131）。

《中庸》首章末句云："中也者，天下之大本也；和也者，天下之达道也。致中和，天地位焉，万物育焉。"朱子集注云："自戒惧而约之，以至于至静之中无少偏倚，而其守不失，则极其中而天地位矣。自谨独而精之，以至于应物之处无少差谬，而无适不然，则极其和而万物育矣。盖天地万物本吾一体，吾之心正，则天地之心亦正矣；吾之气顺，则天地之气亦顺矣。故其效验至于如此。"潘先生的"位育"论，其贯穿的精神是"致中和"，即天人之间、人伦之际无不协调平衡，而无偏狭失调之虞。而要实现中和位育，其要害端在存养省察，正己而物正，乃能尽己之性，尽人之性，尽万物之性，乃能赞天地之化育。

自明自强的社会学，关键在于榜样的力量，关键在于知行合一。潘先生不但倡导之，亦以身示范之。1999年，在潘先生诞辰

100周年的座谈会上,年近90高龄的费孝通先生有一篇讲话,叫做《推己及人》。作为潘先生生前的弟子兼挚友,费先生向我们展示了潘先生社会学的自我生命实践:

> 潘先生这一代人的一个特点,是懂得孔子讲的一个字:己,推己及人的己。……他们首先是从己做起,要对得起自己。怎么才算对得起呢?不是去争一个好的名誉,不是去追求一个好看的面子,这是不难做到的。可是要真正对得起自己,不是对付别人,这一点很难做到。考虑一个事情,首先想的是怎么对得起自己,而不是做给别人看,这可以说从"己"里面推出来的一种做人的境界。……我还没有深入到这个"己"字,可潘先生已经做出来了。不管上下左右,朋友也好,保姆也好,都说他好,是个好人。为什么呢?因为他知道怎么对人,知道推己及人。他真正做到了推己及人。……他的人格不是一般的高。我们很难学到。造成他的人格和境界的根本,我认为就是儒家思想。儒家思想的核心,就是推己及人。(费孝通,1999:474)

2019年12月

参考文献

布鲁姆,1994,《走向封闭的美国精神》,北京:中国社会科学出版社。
费孝通,1983,《家庭结构变动中的老年赡养问题——再论中国家庭结构的变动》,《费孝通全集》(第十卷),呼和浩特:内蒙古人民出版社,2009年。

——，1999，《推己及人》，《费孝通全集》(第十六卷)，呼和浩特：内蒙古人民出版社，2009 年。
海路，2012，《务本的教育——兼论潘光旦先生的乡土教育观》，《湖南师范大学教育科学学报》第 6 期。
杭苏红，2018a，《性爱、家庭与民族：潘光旦新家制的内在理路》，《社会学研究》第 1 期。
——，2018b，《人的科学：潘光旦的科学观》，《学海》第 5 期。
贺麟，2011，《五伦观念的新检讨》，《文化与人生》，北京：商务印书馆。
胡寿文，2000，《潘光旦与新人文史观》，载自陈理、郭卫平、王庆仁主编，《潘光旦先生百年诞辰纪念文集》，北京：中央民族大学出版社。
黄柏权，2000，《潘光旦先生与土家族研究》，《中南民族大学学报（人文社会科学版）》第 1 期。
金其斌，2006，《欲挽横流应有术，先从性理觅高深：论意识形态对潘光旦翻译〈性心理学〉的影响》，《北京第二外国语学院学报》第 2 期。
金银，2012，《潘光旦教育社会学思想研究》，北京大学硕士学位论文。
蒋功成，2007，《潘光旦先生优生学研究述评》，《自然辩证法研究》第 2 期。
李崇高，1999，《潘光旦优生思想研究——纪念我国优生学家潘光旦诞辰 100 周年》，《中国优生与遗传杂志》第 6 期。
李玥，2004，《潘光旦的中国社会论——"位育范式"解析下的中国社会研究》，吉林大学硕士学位论文。
刘建洲，2003，《"位育论"：一条寂寞的社会学本土化路数》，《人文杂志》第 2 期。
刘易平、卢立昕，2015，《"童子操刀"：潘光旦关于青少年反社会行为的人文生物学分析》，《北京青年研究》第 1 期。
柳诒徵，1995，《明伦》，《国故新知论：学衡派文化论著辑要》，孙尚扬、郭兰芳编，北京：中国广播电视出版社。
吕文浩，1998，《玩味"位育"》，《读书》1998 年第 4 期。
——，1999，《潘光旦家庭问题研究述评》，载《中国社会科学院近代史研究所青年学术论坛 1999 年卷》。

——，2000，《再论潘光旦的自由思想》，载《中国社会科学院近代史研究所青年学术论坛 2000 年卷》。

——，2004，《潘光旦对霭理士性心理学的接受、传播与修正》，《中国社会科学院近代史研究所会议论文集》

——，2005，《潘光旦的"贞节"新解》，《天津师范大学学报（社会科学版）》第 5 期。

——，2009，《中国现代思想史上的潘光旦》，福州：福建教育出版社。

——，2015，《追索作为思想家的潘光旦》，《中华读书报》5 月 20 日。

——，2017a，《他克服了社会学"见社会不见人"的流弊》，《北京日报》6 月 5 日。

——，2017b，《以社会学方式回应"社会思潮"——以潘光旦中国之家庭问题为中心》，《家庭与性别评论》第 7 辑。

潘光旦，1924a，《西化东渐及中国优生之问题》，《潘光旦文集》（第 1 卷），北京：北京大学出版社，1993 年。

——，1924b，《优生概论》，《潘光旦文集》（第 1 卷），北京：北京大学出版社，1993 年。

——，1927，《中国之家庭问题》，《潘光旦文集》（第 1 卷），北京：北京大学出版社，1993 年。

——，1928，《平等驳议》，《潘光旦文集》（第 2 卷），北京：北京大学出版社，1994 年。

——，1929，《优生与文化：与孙本文现实商榷的一篇文字》，《潘光旦文集》（第 2 卷），北京：北京大学出版社，1994 年。

——，1930，《文化的生物学观》，《潘光旦文集》（第 2 卷），北京：北京大学出版社，1994 年。

——，1931，《人文史观的"人治""法治"的调和论》，《潘光旦文集》（第 2 卷），北京：北京大学出版社，1994 年。

——，1934，《中国人文思想的骨干》，《潘光旦文集》（第 6 卷），北京：北京大学出版社，2000 年。

——，1936，《再论教育的忏悔》，《潘光旦文集》（第 6 卷），北京：北京大学出版社，2000 年。

——，1937，《明清两代嘉兴的望族》，《潘光旦文集》(第3卷)，北京：北京大学出版社，1995年。

——，1939a，《演化论与当代的几个问题》，《潘光旦文集》(第5卷)，北京：北京大学出版社，1997年。

——，1939b，《说"本"》，《潘光旦文集》(第5卷)，北京：北京大学出版社，1997年。

——，1939c，《论"对民族行其大孝"》，《潘光旦文集》(第5卷)，北京：北京大学出版社，1997年。

——，1940a，《明伦新说》，《潘光旦文集》(第5卷)，北京：北京大学出版社，1997年。

——，1940b，《论品格教育》，《潘光旦文集》(第5卷)，北京：北京大学出版社，1997年。

——，1941，《中国伶人血缘之研究》，《潘光旦文集》(第2卷)，北京：北京大学出版社，1994年。

——，1943，《散漫、放纵与自由》，《潘光旦文集》(第5卷)，北京：北京大学出版社，1997年。

——，1944a，《个人、社会与民治》，《潘光旦文集》(第5卷)，北京：北京大学出版社，1997年。

——，1944b，《民主政治与先秦思想》，《潘光旦文集》(第5卷)，北京：北京大学出版社，1997年。

——，1944c，《自由、民主与教育》，《潘光旦文集》(第5卷)，北京：北京大学出版社，1997年。

——，1946a，《派与汇——作为费孝通〈生育制度〉一书的序》，《潘光旦文集》(第6卷)，北京：北京大学出版社，2000年。

——，1946b，《说童子操刀》，《潘光旦文集》(第6卷)，北京：北京大学出版社，2000年。

——，1947，《家制与政体》，《潘光旦文集》(第10卷)，北京：北京大学出版社，2000年。

——，1948a，《优生原理》，《潘光旦文集》(第6卷)，北京：北京大学出版社，2000年。

——，1948b，《"伦"有二义——说"伦"之二》，《潘光旦文集》（第10卷），北京：北京大学出版社，2000年。

——，1948c，《梦魇的觉醒？》，《潘光旦文集》（第10卷），北京：北京大学出版社，2000年。

潘乃谷，2000，《潘光旦释"位育"》，载自陈理、郭卫平、王庆仁编著，《潘光旦先生百年诞辰纪念文集》，北京：中央民族大学出版社。

潘乃谷，2012，《父亲潘光旦的土家族研究》，《湖北文史》2012年第2期。

彭秀枢，1984，《土家族族源新议——兼评潘光旦的〈湘西北"土家"与古代巴人〉》，《贵州民族研究》第4期。

钱穆，2012，《双溪独语》，北京：九州出版社。

沈伟，2009，《潘光旦的新人文思想》，《文化学刊》第1期。

孙希磊，2002，《论潘光旦人文教育思想》，《北京建筑工程学院学报》第1期。

王中江，2002，"进化主义原理、价值及世界秩序观——梁启超精神世界的基本观念"，《浙江学刊》第4期。

——，2005，《进化主义与中国近代的保守、渐进与激进》，《西方思想在近代中国》，郑大华、邹小站编，北京：社会科学文献出版社。

闻翔，2016，《陈达、潘光旦与社会学的"清华学派"》，《学术交流》第7期。

谢立中，2017，《论社会科学本土化的类型——以费孝通先生为例》，《江苏行政学院学报》第1期。

谢志浩，《社会科学论坛》2018.6清华校史钩沉（之八）：《潘光旦：中和位育》。

徐磊，2018，《〈中庸〉的位育思想及其诠释——兼论潘光旦的位育论》，《社会学评论》第1期。

余英时，1995，《中国思想传统的现代诠释》，南京：江苏人民出版社。

翟学伟，2016，《伦：中国人思想与社会的共同基础》，《社会》第5期。

张津梁，2019，《从"中和位育"到"明伦"——潘光旦儒家自我主义的现代建构》，哈尔滨工程大学硕士论文。

张静，2017，《燕京学派因何独特？——以费孝通《江村经济》为例》，

《社会学研究》第 1 期。
张明国,1996,《进化论在近代中国社会的传播过程、特点及其原因》,《科学技术与辩证法》第 3 期。
张曙光,2018,《"天"之重释与"仁"之重光——纪念〈天演论〉与〈仁学〉发表 120 周年》,《学术界》第 2 期。
张笑川,2006,《潘光旦的家谱学研究》,《苏州科技学院学报(社会科学版)》第 2 期。

目　录

基督教与中国
　　——一个文化交际的观察 1
生物学观点下之孔门社会哲学 24
孔门社会哲学的又一方面 73
平等驳议 122
说"才丁两旺" 142
文化的生物学观 154
人文史观与"人治""法治"的调和论 172
"位育"？ 188
忘本的教育 189
孔氏三世出妻辩 194
纪念孔子与做人 210
国难与教育的忏悔 214
再论教育的忏悔 220
家族制度与选择作用 228
过渡中的家庭制度 244
说"本" 254
论"对民族行其大孝" 264
演化论与几个当代的问题 273

明伦新说 ·· 284
说童子操刀
　　——人的控制与物的控制 ·················· 290
荀子与斯宾塞尔论解蔽 ···························· 300
派与汇
　　——作为费孝通《生育制度》一书的序 ········ 310
说乡土教育 ·· 353
人文学科必须东山再起
　　——再论解蔽 ·································· 362
正视科学
　　——"五四"二十八周年作 ···················· 377
家谱还有些什么意义？
　　——黄冈王氏家谱代序 ························ 382
评《中国之家庭与社会》 ···························· 395
家制与政体 ·· 406
老人问题的症结 ···································· 419
科举与社会流动 ···································· 424
说"伦"字
　　——说"伦"之一 ································ 444
"伦"有二义
　　——说"伦"之二 ································ 449
梦魇的觉醒？ ······································ 462
说"五伦"的由来 ···································· 468
教育——究为何来？ ································ 534
复仇与中国的父系氏族社会 ······················ 543
自由导论 ·· 554

基督教与中国

——一个文化交际的观察

"基督教与中国"是一个大题目，近来讨论他的人也很多。他们的观点各有不同，有经济的，有政治的，更有从帝国侵略主义方面下手的。作者以为这许多观点未尝不能对于本题上有所发挥，然而终究是枝节的，不是根本的。"基督教与中国"归根是一个文化交际的问题。

在甲环境之内要推行一个多少是从乙环境里移来的社会组织或社会观念，有二桩事实我们不能不先切实注意。第一，甲环境的历史与文化的背景。第二，甲环境里各式各样的人物。别人出来批评这种组织或观念的，也必须在这两桩事实上先有了相当的了解。凡是受过科学方法——尤其是历史研究法——的训练的和对于近代心理学——尤其是差分心理学（differential psychology）——有过研究的，决不反对方才提出的两个先决问题。

一个社群里的文化是一个绵续的东西，是一个有前因后果的东西；这个绵续的概念是近代史学研究最有趣味的一个结论。这个结论，初看何等浅显，然而在历史里翻不上几页我们就发见许多团体行为明明白白地和这个结论发生冲突。

有人问：文化史上的既有如许绵续中断的例子，那末，绵续的概念毕竟有甚意义？有的。一个绵续的文化是一个循序渐进的文化，是稳健的，不会出乱子的。好比一棵大树，根干枝叶，层层相因，是一个有机的结合体。绵续不时中断的文化是不稳健的，常会出乱子的。好比一个犯贫血病的人，向人借血。要是被借的人的血成分上和他自己的相似，也还可以，要是成分上另属一派，则借血的结果，不特无益，且有大害。历史上最明显的例子，我看不是别的，就是基督教传播欧洲的一段事实。我以为欧洲二千年来的历史，多少血腥，基督教的传播是一个间接的大原因了。这不一定指基督教自身是一种祸水；不过说，一个种子——也许是好种子——种得不得水土之宜，就结成恶果了。此种判断不容易绝对的证明，但读者若是研究当初犹太民族的心理、犹太文化的背景，再研究当时欧洲各民族的心理和他们的文化背景，将彼此比较一番，看有多少相同之点，有多少相异之点，便可以明白这个判断不是没有根据的了。换言之，基督教的侵入欧洲，在基督教自身一方面，在欧洲文化一方面，都是违反了文化绵续的原则的。

我们不妨鸟瞰一下二千年来基督教的历史，看他如何横断了欧洲文化原有的绵续。我们不能顾细节目了，但从大处看去，耶稣没后的基督教可分做三大时代：第一是神学时代，第二是教会时代，第三是宗派时代。这三个时代并不是连一接二，有甚严格的时间先后关系，彼此却不无掩叠之处，尤其是第一第二两个时代。但是从基督教的发育史方面看去，这个分法却也十分清楚。

第一是神学时代　神学是耶稣没后不久就发生的问题。犹太教以前只有"律法"，有"先知"，有"仪式"，却很难说有神学。

神学是希腊文化搀入后才发生的。就《新约》一书而论，研究他的人都知道上半部与下半部的精神大有不同。四福音之中，《马太》《马可》《路加》三福音很是土著的，但《约翰福音》的口吻就不同了，里面包含着不少的古希腊的形上学。传说保罗一半是希腊人，从小很受希腊思想的影响。所以最初的时候他是竭力反对基督教的；后来皈依了，就于无形之中引进不少新的观念和新的解释；后代综合起来，名之曰保罗派的神学。基督教之有神学，自保罗始。这都是尽人而知的事实；我如今引来，之所以证明神学并不是犹太宗教系统里原有的东西，乃是犹太宗教思想和希腊智慧主义混合后的结果。从此基督教的发展，大部分可以说是在神学方面。保罗派的神学经过了许多争辩，直到三二五年的宗教会议才告一段落。后来基督教和重新发见的亚里士多德一派希腊思想发生关系。于是产生了所谓亚里士多德派的神学。显而易见，又是一个混合物。

第二是教会时代　基督教积极的往西发展，始和罗马的文化系统发生接触。初看这是一个勉强的说法；因为当初基督在犹太发轫时，犹太就受罗马帝国的统治，早就有接触了。不过政治的管辖和文教的混化未必定为一事。当时的犹太，除了纳税和受罗马派来的总督监视外，文化上是绝对独立的。真正的文化接触却是基督教教会在罗马建立根据地之后。罗马教会，自西罗马末叶至宗教改革，约莫一千年的历史，很是复杂，并且变迁也不少，我们不必深究。但是有一个大节目，我们要十分注意。这个大节目就是教会组织的严整和宗教行政的统括。此种政治组织的成分，当然也不是犹太宗教系统原来有的了；犹太民族缺乏政治组织力，是向来出名的。然则从何而来的呢？经不得些少分析，我们就可以知道，偌大一副行政机关，差不多完全是向罗马政府模仿来的。所以基督教教会，好比基督教神学，也是一个混合物，是犹太宗教思想和罗马的政治主义或法治主义的混合物。拉丁民族以政治的天才名于后世，也是尽人而知的，但是这一段文化交际的重要事实，因为基督教在西方文化里地位的昭著，掩盖一切，我们反而忽略了。如今要研究当初罗马帝国的政治组织和法律制度，在在要参考罗马教会的组织和律法，就是为这个原因了。

第三是宗派时代 自马丁·路德至今日，可以说是基督教的宗派时代。犹太教里无宗派。神学时代和教会时代的基督教，宗派甚少，且大率大同小异，其异点特著的，因教会组织的严密，朝兴夕灭了。得到这第三时代，却有大批的宗派出现，竟是数不胜数，经过了多少升沉兴灭，至今还有好几十派。在中国的几宗，都是淘汰后的剩余，比较都很有势力。基督教的教旨，最讲究统于一尊，何以到近代就四分五裂了呢？我们又不能不参考当宗教改革前后欧洲的文化背景了。中古时代欧洲文化的重心在拉丁民族手里，到得后来，这个重心往北方移动，于是条顿民族日占优势。我们都知道，条顿民族和他民族有一大不同之点，就是个人主义的发达。教会的四分五裂，就因缘于此种个人主义的潜动力了。有了极端的个人主义，就有教旨上的擘肌分理，咬文嚼字，各是其是，各非其非，结果便是无数各不相能的宗派。所以宗派这样东西，是犹太民族的宗教思想和条顿民族的个人主义交际后的混合物，也不是从犹太宗教文化旧有的分子中发展出来的。

由此可知犹太的宗教文化，自保罗迄今，因为西迁了，发生了三大变化。好比一个女子嫁了一次，再醮了两次。第一次和希腊民族的智慧主义,结果是一二派的基督教神学。第二次和拉丁民族的政法主义,结果是一个硕大无朋的半宗教半政治的组织,叫做教会。第三次和条顿民族的个人主义,结果产出了一大寞的宗派。

这三种变迁,平心而论,可以算是历史上的幸福么?我看不是。基督教传入欧洲,差不多到处和当地的文化发生冲突。神学时代里,局面比较和平些,但是为了耶稣"是神"或"似神"的争辩,竟闹得不得开交,诸如此类理论上的冲突,在人类思想解放史里要算是一个大节目了。教会时代里,教会对于个人思想上的束缚,行为上的钳制,克欲的主义,出家的教规,不知流了欧洲人多少的血泪,是无可讳言的。其他教会在政治上的牵掣,经济上的垄断,更是不消说得了。最可疾首痛心的,还是强迫无数聪明才智的人为教会或寺院服务,使终老以死,不留丝毫血种;欧洲中古时代的黑暗情形,又何尝不因此种违反选择原则的宗教制度呢!宗派时代,比较开明一些了,然而初年间的倾轧和相残,较之在专制的罗马教权之下,并不减少许多。直至今日,若美国基本主义和时代主义的冲突虽未至于用武力,而无聊的教义上的积不相容,在对于人类智慧有相当信仰的人,已很可以放声一哭了。

凡此种种史实,要算是欧洲独有的了。举任何一个久历年所的文化系统若印度,若中国,若日本,其间纵有许多波澜起落,兵戈扰攘,但都不像欧洲历史的不堪卒读。这个分别决不是偶然的。后者的文化是一个十分夹杂的混合体,而且混合得绝不相宜。前者的各文化是比较不大夹杂的,比较自然发展的。这是一个大分别了。犹太的宗教文化引入欧洲,着着违反了历史绵续的原则,安得不发生冲突？论者把欧洲中古时代前后的黑暗与退化归咎于教会之不得人，真可谓知其一而不知其二；文化的成分既若是之夹杂，要使各部分能融洽起来，已是绝不容易，自然谈不到进步与光明了。英国文学家安诺德（Matthew Arnold）尝论"希腊主义"和"希伯来主义"在欧洲文化史里互为消长，不相兼并，说来很若无关紧要似的，殊不知一度消长之间，已洒却欧洲人无限的血泪了。

＊　　＊　　＊　　＊

基督教与中国，这是一个比较晚出的文化交际问题。答案如何，初看很是难说。然我们读历史的功用何在？鉴古所以知今，还不是教我们自己对于这种问题有相当的了解而自谋取舍趋避之方么？借镜欧洲史上已然的事实，我们对于基督教在中国的贡献，就不能不起一种怀疑。但我们应该就中国自己的文化系统作一番参考然后再下断语。

第一点要认清楚的是基督教的神学观念、伦理观念，在中国文化里算不得十分新奇。所以虽属外来，并不一定完全与中国民族心理格不相入。距耶稣纪元前四百年光景，中国自己产生过一派宗教哲学，内容和基督教的竟是大同小异。这派哲学大家都知道是墨子哲学了。孟子辟杨、墨说："杨、墨之言盈天下"，更可见当时墨派宗教哲学的势力。由此可知在特殊情势之下，中国民族未尝不能领会若墨翟、耶稣所提倡的一派宗教哲学。然而墨派势力的归宿怎样？好比蜉蝣朝露，来得快，去得也快，经不得儒家哲学的一番批评和攻击，就没有了。墨子的宗教观、伦理观，好比——用耶稣一个譬喻——撒种子撒在浅薄的泥土上，发芽了，但是生不住根，所以终究没有收成。

基督教的命运也不免如此么？是不可必。因为我们不明白究竟近世的社会背景与民族心理是否和春秋战国时代的社会背景与民族心理差可比拟。也许是不能比的。但只就基督教在中国已得的待遇而论，有几段事实我们不妨加以参考。基督教初次入中国，在唐太宗年间，当时朝廷为之建寺提倡，历中宗、玄宗、代宗等数代，敬礼不衰，信徒也很不少。及武宗年间，和佛教因事同被禁止；从此一蹶不振；到元代便完全消灭了。马可波罗在他的《游记》中似乎提到景教徒的末途。按景教在西方本为奈士陀宗派，推溯起来，便是当初三二五年宗教会议内辩论失败被逐出的一派。他的教义似乎比正统派合乎常识，然而依然不能在中国文化里生根结实，算是不幸了。元朝成宗年间，方济各派传教入中国，也无甚成就。明代末叶，旧教复入中国，清中叶新教亦接踵而来，然至今三百余年间，旧教招致之信徒不及二百万，新教只得六十万。进步都不能说是很快。旧教招致之法，以家庭为单位，似乎难些，也似乎容易些，因为在父权家庭之内，家主一经信奉，其余家庭分子，自然是一起加入的；因此，就真实的信徒而论，这二百万怕不免打些折扣。

土著的墨派宗教哲学犹不免昙花一现，早兴夕灭。景教有朝廷的维持，存在了，朝廷一旦加以禁止，就亡了。近代的基督教国家不加提倡，也不加迫害，任其自然发展，然而发展得并不快。有此种种事实，我们对于基督教前途的怀疑，不免更深一层。

再从别一方面作比较的观察。天方教和佛教在中国也是外来的宗教，与基督教正同。天方教的势力限于西北及西南隅，势力不大，可不必论。佛教的历史则甚可注意。佛教自东汉时入中国，直至今日，中间虽时有挫折，大体上不能不说已经在中国文化里长了根,并且长得很坚固。同一为外来的宗教,何以基督教不生根而佛教生根了呢?只是政府的提倡一端似乎不足以解释之,因为政府禁止压逼的时节也不少。根本原因,怕还在佛教的许多根本教义很合一部分中国人的胃口。我们讲基督教,就联想到墨子哲学,如今讲佛教,就不能不想到老庄一派的哲学了。如今无论我们怎样去解释佛教的哲理,说他如何积极,如何与近代种种新文化势力不发生冲突,但就其已然的社会效用而论,他和老庄哲学实在有许多相同之处。所以凡是能领悟老庄哲学的人大约也能领悟佛教的教旨。两晋南北朝之间,佛教最发达,同时道家清净无为之说,亦最风靡,怕不是偶然的符合吧。换言之,佛教虽属外来的文化势力,然因得土地之宜,其滋生发育也就比较的自然,也比较的有好结果。他和中国文化的绵续,在相当的限度以内,并不发生冲突。同一文化交际,佛教之于中国文化,较之基督教之于欧洲原有的文化,要近情得多。

我说"在相当的限度以内",却有理由。上文说佛教的教理,很合一部分中国人的胃口,这"一部分"就是一个限度了。若是佛教不顾众人的好恶,只管大吹大擂,招致人入教,势必至于引起一般社会的反动,和政府的干涉。历史上真有例子可查。例如唐朝——似乎是武宗——年间,佛教大发达,一时风靡,青年男女皈依当沙门的着实不少;政府着了急,于是一面封寺院,一面勒令僧尼还俗。这种政府方面强制的举动是很得当的。中国原有的社会哲学里,出世的观念向来不深,如今因为群众心理的一番鼓动,竟将普通健全的常识观念放弃,当然不是社会的福利,安得不加禁止。再如普通智识阶级里的人,信奉佛家教旨的甚众,但就中当居士者多,做和尚者少。佛教的散布,随处须受中国文教遗传的限制,这也是很好的一例了。若是佛教势力浑厚,竟不受此种限制,那末中国文化史上就不免要少几张干净纸,像基督教西渐后的欧洲文化史一样。

*　　*　　*　　*

佛教合乎中国局部的土宜,所以发达了。但因其与中国土著文化的大体有根本冲突之处,所以他始终没有把中国佛教化。佛教化的程度,中国反不如日本,决不因时间久暂的关系,而因文化背景不同的关系,一望而知。基督教在中国,第一次勉强迁延了若干时日,毕竟完全消灭了。近代成功的程度,绝对的,因为时间关系,自然不能和佛教相比;但相对的,也似乎赶不上佛教。佛法最初由汉明帝自动的自天竺求来,后来政府竭力为之提倡;是后四百余年内,政治上虽发生许多变迁,而佛教的势力却蒸蒸日上,至两晋南北朝而极。基督教末次来中国后,至今亦且三百余年,纵有许多陪衬的机关,如同教育机关、社会服务团体、医学卫生事业、青年会等等,又纵有外界的财源为之培植接济,将所下的肥料与所得的收成两两相较,声势实在并不算大。从这一番和佛教比较的观察,可知基督教和中国旧文物发生冲突之处似乎更比佛教要多。他所以不发达的程度就和此种冲突的多寡成正比例。用别的原因来解释基督教之不发达,我看是枝节不是根本。

然则基督教和中土旧文物的根本的冲突果何在呢?下文当作比较详细一些的分析。可分二大端讨论:一、神的观念。二、人伦的观念。观念上的冲突最是深刻,宗教仪式和戒条之类是附属品,就是有冲突,也很少,并且不难调和的。

一、神的观念　我们不必详细推敲双方对于神的观念,这是在神学院里的中国学生应做的事。我们只须指出彼此同异之点。犹太教的神是作威作福的。近世自然主义的神是无所谓威福的。基督教改犹太教之旧，却说：神是只作福而不作威的。By definition，当然我们要什么神就是什么神，然而此种虚构的神道完全经不起理论和事实的盘驳，并且也不合乎一般的常识与经验。外国学者大都承认中国民族是一个富有常识富有实验观念的民族。中国一般的人民大率承认天可以作福，也可以作威。农夫们今年收成好，就说"邀天之福""靠天吃饭"一类功成不居自己慰藉的话。要是收成不好，生活拮据起来，就不客气的破口诅咒。有时因为报施之爽，甚至根本怀疑天人之间究竟有多大的感情关系。所以好人死了，大家就说"天没有眼睛"，或"老天爷真糊涂"，文雅一些，就说"天胡愦愦"。再进一步，上等的智识阶级早把天人之间伦常关系看破了。天人之间本无所谓伦常关系，伦常关系是人群生活的独有物。换言之，以人度神的原始宗教观，在中国智识阶级里是向来不时髦的。读者想都记得"齐田氏祖于庭"一段古文，"天岂为蚊蚋生人虎狼生肉？"一句快人快语在中国思想发达史上应当用密圈密点的。其在西方，因为基督教只认"神是爱"的独断论，此种以人度神牢不可破的普遍观念直到十七世纪大哲斯宾诺莎才把他推翻。

无神则已，有神而不作福亦不作威亦已；但若能作福，当然也能作威：这实在是一个合乎常识合乎情理的看法，中国人民数千年来对天的观念，不过如此。如今基督教的福音说：上帝是爱人的，上帝就是爱，上帝爱人到了极点，竟将其独生子降世被害为世人赎罪。这不是和中国平民对天的常识大相径庭么？在中国平民的眼光里，此种片面的上帝观，姑不论其是否向壁虚造，实在完全与生活经验发生冲突。并且基督教取引为上帝的爱的绝大证据（sacrament 或 seal），或用同一眼光看去，实在是一个绝大反证。何以呢？耶稣这样一个好人，竟至被钉在十字架而死，试问上帝的公道何存？还讲什么慈爱！耶稣被害这一段事实，用中国人常识的因缘果报观念去评判，明明是一个好人受了枉死，并且死得极其惨痛，其余一大节的神话只像是一段曲解，一段好事者的借题发挥，讲些实际生活的人是决不能轻信的。

讲起因缘果报的观念，我们不妨再加一笔。要是不限于篇幅，这个观念很值得分开了讨论。如今不必了。发展得自然一些的宗教思想大都承认这是一个很基本的观念，他的效用不止是道德一端而已。犹太教讲："一只牙齿换一只牙齿，一只眼睛抵一只眼睛"毫末不爽的。佛家讲因缘果报最是深刻，不必说了。中国旧观念又何尝不是如此。孔子说："获罪于天，无所祷也"，即根据此种合情止理的观念。基督教"上帝是爱"的片面观念，后来一经引申，又成了极端的赦罪主义，极端的以德报怨主义等等，事实上虽做不到，然因此而引起的社会道德上的纠纷，已属不少。近代西方犯罪问题的无法解决，安知一部分不因借于此种失了平衡的报施观念呢？

二、**伦常的观念**　基督教的伦常观和中国文化里的伦常观的冲突是最明显的，也是最根本的。神的观念也很根本，但在日常生活里，一般人并不十分管他。伦常的观念则不然。父子兄弟的关系，是中国人生活经验里最密切的一部分。如今基督教却说：这种伦常观是不完全的。完全的是物质的父以外，另有一个在天的精神的父；一个人果然应该孝敬父母，但是孝敬在天的父究竟是要紧些。此种观念，姑不论其有多少理论的根据，一望而知不能和中国原来的伦常观相提并论。墨子宗教哲学里的天也是很有机的，但他似乎没有假定什么伦常的关系。佛教劝人出世，可以废除普通的伦常，但在佛我之间并不假设何等伦叙关系；不出世则已，出世就出一个彻底，不容丝毫名实的假借，倒也爽快。人穷可以呼天，是一个急不择路的感情表示，但并不代表何种确定的神我关系。总而言之，"天父"这个观念，在一般中国人的心目中，是绝难了解的，太不合土宜了。

西方比较开明的信徒为"天父"观念辩护，动辄说，要是人们的情感统于一尊，以天为父，则人们都是兄弟，一切社会问题可以容易解决些。此种实证主义的自圆说在理论上未始不可以成立。然而实际上究竟怎样？欧洲二千年来的政治史，近二三百年来列强的侵略史是绝好的参考了。试问这个观念究竟成就了多少。所以就使在实证主义方面看去，"天父"观念实在是徒然的。与其说是人类顽恶性成，不可卒改，毋宁说"天父"这一类但凭心理作用的观念只中说不中用。

更有进者，此种独断的虚构的天人之间的伦叙观念不特对于社会没有好处，我看更有坏处。东方人初到欧美，觉得社会状况里有一件最可注目的事，就是家庭地位的弱小。西方人近来也觉察了，并且承认他不是社会的好现象。试问此种弱小的地位从何而来的呢？此中原因当然很多，百余年来个人主义之畸形发展，工业革命，妇女解放种种新势力所负的责任当然极大。然而欧美家庭地位的微弱，固不止自近代始，以前早就如此，不过程度较好罢了。依我看来，根本原因之一还不免是基督假借的伦常观。基督教的社会理想与宗教理想是"天国"，达到这个理想的手段，就在承认 the fatherhood of God 与 the brotherhood of men。在这种理想的桎梏之下，真正生育我的父母，提挈我的兄长，自然不免退居无关紧要的地位！耶稣在庙里讲道，他的母亲和弟妹们在外边寻他，人有告诉他，他却说："谁是我的母亲？谁是我的兄弟姊妹？凡是能体行天父的意旨的，都是我的母亲，都是我的兄弟姊妹"。我看这一段教训是西方家庭势力衰颓最根本的原因了。不仅此也，教会发达之后，在在因袭世间的伦叙名目，而应用之于宗教生活。于是除了"天父"之外，教皇是"父亲"，寺院里的主僧，教堂里的祭师，无往而非"父亲"了。同做和尚的是"兄弟"，同做尼姑的就称"姊妹"，领袖这种"姊妹"的也就成了"母亲"。中国人未尝不用师父，师母，师兄弟一类称呼，而然习惯上决不直用兄弟称呼，必冠以"师"字，或在其他关系之下，则冠以"年"字，"寅"字，"宗"字之类，以示与血统之父母兄弟有别。孔门讲正名主义的应用，这是一个好例子；应用后的社会效用，看下文后更是明白。

在基督教势力下的欧美各国则不然。此种正名定分的讲究是不大顾问的。正名主义在中国文化背景里是一种极重要的社会裁制力。要是去了，则社会团体与社会分子间的许多维系力随之而去，甚至于使"民无所措手足"。西方的社会状况，虽尚不至于手足无措，然其中紊乱情形，已足以证明不讲求正名主义的害处了。基督教假借了伦序的名器，父非其父，母非其母，昆弟非其昆弟；"精神的家庭"存立之日，即是骨肉的家庭分崩离析之时；事实如此，逻辑上也不得不如此。这不过是直接的影响罢了。间接的影响还多着咧。

人是一个富有情感的动物，在在要求情感有所寄托。在彝伦攸叙的社会里，家庭是人们情感所由维系一个最大的中枢。家庭一经摧残，此种中心机关就没有了。从此人们的情感就不得不别求寄托。在中古时代的欧洲社会里，教会的势力弥盖一切；人们的情感，居然像百川朝宗于海一般，以教会为唯一的总汇。所以当时的教会确是一种绝大的社会裁制力，社会赖以相安无事。这时候的教会，效用上实在和一个大家庭一样。有"父亲"，也有"母亲"，也有"兄弟姊妹"，甚至也有"夫妇的关系"：矢志守贞的女信徒们精神上未尝不出嫁，就是嫁给耶稣，所以情感上也有了归宿。其实这些还是枝节，中古时代欧洲宗教观的一部分不早就承认基督是新郎，教会就是新娘了么？家庭间父子昆弟夫妇三伦，在当日的教会中竟是应有尽有，无怪其可以相安无事了。这一段故事对于研究社会学者有两大教训：第一就是伦常生活出乎情感之自然，要是在事实上勉强壅塞住了，他会在心理的想象方面发展，可以酿成许多反常的社会现象。第二就是正名主义之不可不讲求，基督教会因为借用了家庭的名器，也就僭越了他的效用起来，毕竟不是社会之福利。中古时代的基督教深信末日（millenium）快到，所以不惜将当时的社会组织家庭组织拆一个粉碎。末日终究没有到，而家庭的地位，已坠一个万劫难复之境了！

现在不是中古时代了。中古时代的教会，从人们情感的栖止方面论，确有好几分势力。现在西方的教会却不如是。他未尝不利用（此种利用未必是自觉的）伦序的称呼以维系人心，像从前的教会一样，然而他的实力却没有了。所以就西方目下的情形而论，人们的情感不再有可以寄托归宿的中心点。教会之兴，篡夺了家庭的地位，如今自己也立不住了，于是让人们的情感到处飘泊着，不知所止。结果：于无形之中，引起了许多社会问题，无法解决。在旧教各国的社会里，此种情形好些，因为中古时代的情形，至今还留着一些痕迹。所以旧教徒批评新教，也就在此方面下总攻击，说他因为没有了宗教的中枢机关，一任各宗派自己发展，所以社会上闹得像散沙一般，不可收拾。西方研究社会哲学的人和忧时的名流们，也动辄说西方社会目下没有 unity，没有一致的情感的维系力，其无可奈何者竟有抛弃新教改入旧教的。此种举动虽于事实完全无补，要足以证明人们情感的紊乱问题，在西方社会里是无可讳饰的了。留美学生们对于此种现象应当看得特别清楚。美国人生活熙熙攘攘川流不息的光景真像热锅上的蚂蚁一般。试问他们忙着些什么？归根还不是求一己感情生活的满足？满足而不得其相当的场合——若家庭；满足而不达其相当的程度——若家庭分子间情感之醇厚；于是紊乱以生。普通美国人的 sentimentalism 是出名的。试问如许感情从何而来的呢？我想他们的婚姻与家庭制度至少可以答复这个问题的一半。欧美各国里家庭与婚姻的维系力最微弱的是美国，而 sentimentalism 最多的也是美国人，怕不是一个偶然符合吧。孟子批评许行的学说，说要是经济制度没有了重心，可以"率天下而路"，如今可知要是情感的寄托失了重心，也可以"率天下而路"。凡此种种情感之所以然的原因，我再说一遍，当然很多；然而推本寻源起来，基督教所负的责任实在不小，尤其是基督教会常自诩说：基督教化到处，便是文化（Christianization is civilization）。

　　西方家庭的衰坠和基督教的伦常观有重要关系，再有一个旁证。试以基督教势力下的家庭与犹太教势力下的家庭相比。基督教沿犹太教之旧，亦信仰摩西十诫，然而"孝敬父母"一诫在基督教里的影响似乎远不及在犹太教里的大。犹太民族，经过了多少流离颠沛，他们的家庭生活至今要比基督教化后的欧洲各民族整饬醇厚得多，这是许多欧洲人所公认的。基督教既从犹太教脱胎而出,这种分别又从何而来的呢?令人不能不想起"天父"的观念了。犹太教的耶和华未尝无许多似人的品格与行为,他和犹太民族的关系特切,竟是犹太民族的家神一般,然而他并不是犹太民族的"父亲"。因为名分上不乱,所以犹太民族一面可以事神,而一面无须出家,而家庭生活得以自然发展而无障碍。犹太民族祖先的观念很切,和中国民族相似,亚伯拉罕,以撒,雅各……一类祖先的名字,常在他们言行中表白出来。耶和华一方面也不时向他们提醒他们血统上的来源。这些事实在基督教的系统里是完全不可能的。

中国人对于伦常的观念,我何须细说。他有许多末流之弊,是大家公认的。然其原则甚合乎天性之自然,出乎情,止乎理,久为一种极有效验的社会裁制力:也是不可磨灭的事实。基督教在中国文化里不欲发展则已,如欲真实发展,须得完全修正其对天的伦理观念,以适应中国的文化背景;要不然,则推我之论,第一步功夫,须得减少中国原有的伦常观的维系力。这二种方法却都不甚容易,因为双方的观念都是很根本的。在热心的宣教师当然不肯也不敢变通办理;在中国人自身方面,如果对于此种旧文化势力有相当的了解与尊崇,也自然不容外界文化力的剥蚀与侵占。*

基督教的伦常观和中国文化的伦常观绝难相提并论,还有一个简单的旁证。基督教徒常想在中国旧文物中觅和基督教教义偶合的种种观念或吐属。"天父"这个观念他们似乎觅不到什么可以

---

* 自"二、伦常的观念"之下文字开始至此止,曾以《基督教的伦常观》为题列作《中国之家庭问题》一书《附录》,文字有修订。

援引的名词或成语。但在《论语》"四海之内，皆兄弟也"一语里，他们以为觅得 brotherhood of men 的释义了，于是到处引用他。其实当初孔子说这句话的时候，又何尝有 brotherhood of men 的意义？有一个门生没有弟兄辈，引为憾事。孔子一时说出此语来安慰他罢了。我当初甚怪外国宣教师们何以不利用墨子哲学的材料，后来才知道他们大都并不知有墨子其人。但在墨派宗教哲学之外，要在中土旧文物里寻和基督教义吻合的观念和名词，确是不容易。即"上帝"一名词和基督教的 God 也不相称，和犹太教的耶和华怕还近似一些，然古代中国人和上帝的关系远不若犹太人和耶和华的密切；与基督教徒和 God 的父子关系，更是不能比了。旧教因"上帝"一名词之不切，另拟"天主"的名词。物质的文化比较容易混合些，然而两派意识的文化，要调和起来，真是不容易呵。

* * * *

上文开端便说，此番讨论承认两条原则：一是文化的绵续，二是人类品性的不一致，一派哲学，宜于彼者或未必合于此。根据第一条原则的议论我们大致已在上文说完了；如今再根据第二条原则，看中国文化和基督教的缘分如何。

和宣传基督教的人谈论基督教和其他宗教或迹近宗教之哲学系统比较，说到一个尽处，他也许承认：就玄学的深邃论，基督教不如佛教；就伦理的实用论，基督教更不如儒家的哲学。但就纯粹的宗教色彩论，基督教总要推独步了。这个结论对么？一时很难确定或否定。第一须得辨明白什么是宗教色彩。我们限于题目，不能往下说了。但无论如何，我们不妨下这一句断语：无论基督教的宗教色彩，玄学系统，和伦理观念如何好法或如何坏法，他决不能适应一切人的心理，更不能适应一切时代一切人的心理，跟着，他也就不能解决一切人群的纠纷。

然而宣传基督教的人的心理怎样？他们的信仰就适与此相反，就在比较通达一些的教徒亦在所不免。他们总以为基督教的系统里包罗万象，应有尽有，即使承认人们禀性不同，他们未尝不能各就其心之所安在信仰里觅幸福。这是一句自信过度的话。上文提过了，若讲出世观的绝对，基督教远不如佛教。要讲世间的生活措置，基督教也不及儒家哲学的界线分明。所以在出世思想重的人就感觉基督教的不彻底。宗派中如 Swedenborg 一派，神秘的色彩较重，然在各宗派中并不占何等重要位置。在务实际生活的人也觉得他的伦理思想很牵强，不足以解决个人行为上的种种问题，团体生活里，更是难于应用了。如此，至少已有两派人不肯轻信基督教，一是出世观念深和神秘色彩重的人，二是务实主义的人。

再进一步作观察。基督教没有特别的玄学或形上学系统。一派宗教之所以能吸引智识阶级，差不多全靠他的玄学。佛教不能吸引智识阶级出家做和尚，然而未尝不能在智识阶级里引起很深的研究的趣味，所以自来总有不少的学者以能"谈玄""参禅"为雅事，兴会所至，且以"上人""居士"自居。佛教能在中国文化里生根，而变成中国文化里重要的一部分，直接就因为智识阶级里有人领略他，间接就因为他有一个深密的玄学系统。基督教呢？他似乎只有神学而无玄学。自保罗至今日，宗派之间无限争论，大都在"神"的性质一类题目上用功夫；又因为基督教只主张有常无变，所以辩论虽多，大都为咬文嚼字一类，极不彻底。教权膨胀的结果，就是神学的研究，也成了祭师或牧师的专职，一般的信徒是不与闻的。中古时代里，教会就是社会，一个人呱呱坠地就等于坠在教会统治范围之内，所以当初的智识阶级，自然而然成了教会的一部分。及至近代,教会中央集权之势大衰,于是智识阶级乃络绎而出,教会再也笼络不住。基督教神学系统里最提纲挈领的教旨是"三位一体"说。历代智识阶级最忍耐不住的也就是这"三位一体"说,因此几次三番想退出教会,都失败了,直到十九世纪初叶,才有所谓单一宗(Unitarianism)在美国完全成立。据最近调查,美国基督教各宗派中单一宗的信徒最少,然而他所供给的社会领袖人才最多。此类事实最足以证明基督教和智识阶级是合不拢的。此类事实引来与中国的佛教相比,真是大相径庭了。

除了神秘主义派,除了务实主义派,再除了一般的智识阶级,基督教的势力范围就缩小不少。然而这种缩小只是质的而不是量的。因为这一班人的不加入,基督教就越显得平庸,其可以吸引人的特点就越少。但社会上大多数人的性情里,神秘色彩大都不浓厚,他们务实的眼光,理解的能力也不深刻。基督教对于这三方面既都是具体而微,他和这一班人的心理却很合式。西方教会,一方面没有多大宗教意味,一方面却能支撑下去,门面上似乎不很萧条,我看大原因就在此了。这在美国社会里最容易看出来。美国各派教会和资本主义的经济制度很能携手。在教会方面,不能不有资本阶级的人维持,是很明显的。然在资本阶级方面何以肯上千上万的报效呢?要知所谓资本阶级,大部分是中等人物。他们的情感并非不浓厚,但并不是一种很细致的情感,可以领会得宗教中所谓"妙"的成分,却是很粗浅,时常流为 sentimentalism。他们很能办事,常以能务实自诩,但是他们的务实主义是一种狭窄的功利主义,专在物欲方面用功夫的。他们的理解力和研究事物的兴趣很薄弱,所以凡是智识阶级所从事的事物,他们统名之曰

bunk。最近《纽约时报》出了两道题目，征求国内名流答复：第一，美国人最大的优点是什么？第二，美国人最大的缺点是什么？有一位名流答复后一题说：美国人最大的缺点就在不能领会bunk这样东西，真是慨乎言之。对于此种中流人物，基督教最合胃口。并且这种人因为物质生活顺利，大都是很乐观的，对于基督教"天国降临""灵魂不灭"一类说数，是向来不怀疑的。

　　回看中国。各色各样的人自然都有，和欧美各国相似。但各式各样人物所处的地位却彼此不尽相同。中国智识阶级的地位一向很高，至少要比在美国高许多。中国务实的观念最是广被，也很深刻，一半也是儒家教育的结果，并且此种观念并不是狭隘的功利主义的一派，是比较的健全一些。这一类人物对于基督教的内容，大都不肯轻信。在智识阶级一方面，我们早就有证明了。基督教在中国办了多少年的教育，造就出来的人才也不可谓少，然而有得几个毕业生在教会事业里终身的？真在教会里尽力的更有得几个出人头地，能在教义上有所发挥的？不要讲别的，就是神学思想，也不过拾些西方人的牙慧。基督教的宗教文学，大都鄙陋不足道，礼拜时所用的诗歌，至今尚无一首是中国人自己做的，通用翻译的诗歌，竟没有一首是通的。中国基督教事业里智识分子之缺乏，实在是极可注意的一件事。说是中国的智识阶级仇视基督教，相率不加入，确无其事；然而根本原因还在基督教的内容不足以吸引智识阶级。何以见之？头脑比较莹澈的人，早年加入了，后来思想成熟，因而退出的为数不少。

　　然基督教可以吸引的人也还不少。在经济状况紧张的中国社会里，中下的经济阶级便成了教会事业最可活动的区域，因为近代的传教事业只有三四十分是宗教的，其余六七十分实在是经济的。换言之，信徒名义上一进精神生活，实际的物质生活是不愁没有接济的了。此种经济阶级的人，除非出自世代清贫的书香门第，对于中国文化背景有相当的了解的，很容易与教会发生关系，并且一经入教，以后大都不再退出；有的真正基督教化了；有的同化的程度并不很深，但也不退出，因为饮水思源，不无留恋的缘故。有许多由教会培植出来的人，不忍退出教会事业，大都因为此种心理。

撇开经济身份不提，中国有一派人最容易和基督教发生关系。此派人办事能力大都甚好，情感也很发达，看事很乐观，做事很积极，因此种种好处，他们很能急公好义。近年来此派人物之佼佼者着实为基督教添声誉不少。然而基督教因借了这班人而赢得的声望却是不很根本的。要是推敲起来，可知他们的贡献实在和宗教本身无大关系。他们办的是教育，是社会服务，是医学卫生事业……都是一些陪衬的事物，要是没有基督教所谓宗教的动机，也未尝不可办到的。如今办到了，这些事业的根本价值，也未始没有怀疑的余地。这一派人物，并起来看，就等于上文所提美国的中流人物。他们智慧上的程度亦大致相等。在彼则认许多不能了解之事物为 bunk，在此则于本国旧文物无相当的尊崇。就是对于基督教自身，他们也不过含糊的信仰，不知底细不加批评。这一派人因为理解力和批评力薄弱，本来最容易受西方文化的影响，基督教化不过是一种特殊的西化罢了。

＊　　＊　　＊　　＊

我们根据篇首两条原则的议论完了。总结起来，我们对于基督教的怀疑不外两层：一是他根本的教义。二是此种教义和中国文化的缘分。本篇所特别注意的是后一层。对于第一层未加深究，因为教义这样东西，本来凭信仰者多凭理解者少，讨论不出多少结果来。

但在结束之前，我们不妨为基督教自身下一番考虑。要是上文种种，"虽有小疵不掩大纯"，则今后的基督教事业将何以自处？不妨分两层说：一是个人信仰方面。二是向人宣传方面。

在个人信仰方面，第一步须得打破基督教"达之天下而咸宜，传之万世而皆准"的笼统观念。世界上就没有这个东西。"虚心的人有福了"，自信过度和理解的信仰是根本冲突的。我相信一个朋友，这位朋友未必是天下第一好人，我采取一派哲学，这派哲学也未必是上下古今不易的真理；不过因为性情、志趣、习惯种种势力，因缘凑合，把我们扯在一起，未始不是促进我生活的一助罢了。许多信徒溺信基督教，我看一半也是上了历史的当。基督教在西方二千年的历史，门面上真是非常的辉煌；但若是当初罗马皇帝康士坦丁，不加以政治上的协助，从此形成政教联合的局势，试问基督教会不会有今日？康士坦丁于三一三年公许基督教，于三二五年召集宗教会议，从此正统派教会得以成立。到得四五七年东罗马皇帝竟须教主加冕，至今此种风气还在。此类宗教与政治相互利用的事实，是极明显的。若是当初墨子的宗教哲学，也有政府为之一路保镖，他的声势怕还要煊赫些咧。把此种史实认清楚了，才能在基督教教义里寻出真正的价值来。

宣传是跟着个人信仰来的。要是不胡乱信仰，也就不胡乱宣传。宣传可以两种：一种是斟酌事实的，是很自然的，好比撒种的子，一面看种子，一面看泥土，要是不适宜，他就决不勉强，免得糟蹋了种子糟蹋了地皮。一种是强制的，不管一地方的背景，人民的心理，自己也不大清楚宣传的是什么，却以为"使命"所在，不能不努力；结果就到处发生冲突；不但没有效果，有时更引起反动。当初基督教在欧洲传播,就是如此。耶稣自己播道,是很有选择的,从他的种种比喻里可以看出来,他并不以为人人可以领受他的道理。到门徒时代,传教事业就带着许多群众运动的色彩,强制的程度就深一层了。到得后来,宗教和政治一经联合,不特政府帮忙强制,政府一不如命,教会且强制政府起来。正当的宣传如儒家讲经,佛家说法,闹不出乱子来的。强制的、大团体的宣传却最足以引起社会反动。基督教会和西方文化背景,走一步,冲突一步,一半固因性质不同,没有缘分;一半也是此种挟持的手段激发出来的。如今基督教在中国的宣传,算是第一种还是第二种呢?我看是第二种。与以前的强制宣传不同之点只所用的手段罢了。以前的带政治色彩,今日的却带经济色彩。基督教在中国宣传,要是像以前佛法在中国宣传一样,完全和天竺的政治经济势力不发生关系,或者和景教一般,和波斯的政治经济势力不生关系,也就不成问题了。如今却大大的不然。再如因借了医院、学校、社会服务机关等名目而事间接的宣传,严格而论,也不相宜。有此种种强制的情形,就不能不引起国家观念较深的中国人的猜疑,甚至以传教事业和帝国侵略主义相提并论。中国民族向以忠厚和平见称,否则怕"反基督教大同盟"一类组织,就不自今日始了。一方有了强制的宣传,一方就不能无强制的限制,而文化交际就成一大问题。这个问题的归宿如何,大部分须看今后基督教徒们所持的态度和所用的宣传方法如何了。

一九二六年二月,哥伦比亚大学
(原载《留美学生季报》第 11 卷第 2 号,
1926 年 5 月 20 日)

生物学观点下之孔门社会哲学

作者前尝草《社会生物学观点下之学庸论孟》一篇[*]，目的在消极的批评孔门社会哲学。本篇则为进一步之研究，意欲在同一观点之下，对于孔门社会哲学，有所领悟而积极发挥之。

《社会生物学观点下之学庸论孟》一篇之大要，可于此处略言之。自演化的生物学发达后，历来种种社会学说自不免经过一番批评及修正。其中最受抨击而亟宜改正者为下列各端：人权观念，性善或性恶问题，平等论，及环境能力论。中国向无人权问题，梁任公先生于其《先秦政治思想史》中论之甚详。性善或性恶，平等，环境万能三端，则中西如出一辙。孟子之性善论，平等论，及环境万能论，绝肖十八世纪法哲卢梭之学说；而荀子之性恶论与基督教之"自然邪僻"论相较，亦非尽不伦。作者分析《学庸论孟》之结果，以为性善，平等，环境三论，实创自孟子而与孔子无干；社会上普通之了解讹也。《中庸》一书所载议论似不乏过渡的意味，然性善，平等，环境三种见解之得以结晶成一派社会学说者，则唯孟子是赖也。中国民族初期由人口上之变动至战国而极，社会问题之复杂，至此亦达一顶点；观察家之孟

---

[*] 此篇后以《孔门社会哲学的又一方面》为题发表于《留美学生季报》第11卷第4号（1927年5月20日）。

子既不能不受时代精神之支配，而改革家之孟子尤不能不受一己热情之驱遣：内因外缘，两相成就，于是此种不合常识不切事理之学说以起，非偶然也。[①] 十八世纪而后，法哲卢梭等之影响至巨，论者谓为百五十年来西方种种"民治运动"之原动力。然在中国，则孟子此方面之学说始终未尝得志，几与战国之时代潮流同其起落。抑又何也？《社会生物学观点下之学庸论孟》之篇末有曰：

> 孟子性善，平等，环境三论所以未能如火燎原者，有许多原因。最重要的是儒家早就成立而孟子自己亦尝再三申说之亲亲主义与尊贤主义。亲亲主义之实施为家族制度，尊贤主义之实施为选举制度。二者流弊虽多，要皆关乎二千年来中国民族之命脉，有不能不详细讨论者。

本篇目的无他，即在理论方面，引申此层拟议。亲亲尊贤之义，在当日不过一种社会经验之论，初不足奇；逮后更成儒家之老生常谈，言者谆谆，闻者藐藐；然绳以今日社会生物学之学理，则可知孔门学识独到之处，有足惊人者。二三百年来西方社会状况之日益紊乱，论者谓一由于群众之嚣张，而人才转趋消极；再由于家庭之瓦解，而感情滥用者多。果尔，则前途不欲解决社会问题则已，否则一种差分的社会哲学与社会政策若孔门所提倡者，殆为事理上所不可免矣。

本篇大致分为四段：（一）泛论；（二）亲亲之杀；（三）尊贤之等；（四）家国同理论。

一 泛论

本篇论孔门社会哲学以孔孟为主体。荀子向称孔门别派。然此第就其性恶及法后王等论耳。其再四申说之差等论则显然为孔门之旧，故当并之。且荀子之所以受歧视，未尝不因孟子先入之势；实则荀、孟二人之言性，其去孔子性近习远之说，方向虽异，距离则同。自其变者而观之，孔门社会哲学，频受时代背景之支配，其间确有多量冲突之处，已在《社会生物学观点下之学庸论孟》中详言之。自其不变者而观之，则自孔迄荀三百年间，其统系灼然可见。试合孔、孟、荀三人之社会哲理，可得一下列之表格：

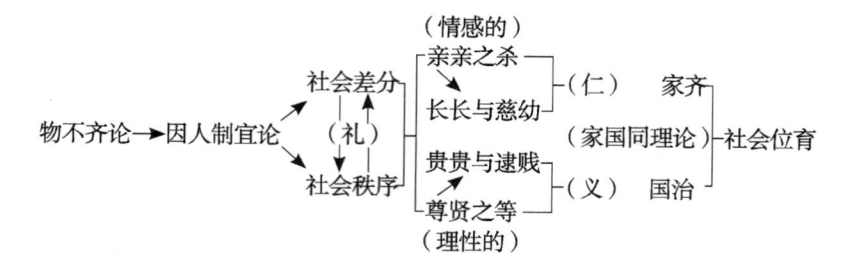

```
                                    （情感的）
                          ┌─ 亲亲之杀 ─┐
                   社会差分            ├─（仁）  家齐
物不齐论 → 因人制宜论 →（礼）  长长与慈幼                  ├─（家国同理论）─ 社会位育
                   社会秩序  贵贵与逮贱  ├─（义）  国治
                          └─ 尊贤之等 ─┘
                                    （理性的）
```

上图之作，所以便下文讨论有所遵循。孔门社会哲学，粗看若一堆不相联属之观念，实则条理井然，有近代系统哲学家之逻辑，而无其穿凿。此图虽半出作者一己综合思想之结果，要与孔门社会哲学之原旨不相背也。

孔门社会哲学之第一大特点在以人为主体，而始终以人类生活经验为理论之根据。孔子"未知生，焉知死？""未能事人，焉能事鬼？"之论，最足以代表孔门务实之精神。法哲孔德于十九世纪初叶分社会思想之进化为神鬼,形上,积极三期。以论孔门之社会思想,则二千余年前已超脱神鬼、形上而上之,谓孔德之结论不尽确耶?抑孔门学者观察周密,故其思想之综合有独到处耶?殆后一说为然矣。近人有称孔子为人本主义之先导者,自是不诬。

抑有进者。只是人本主义,不足以为社会哲学之根据也。人本主义所否认者为神本主义,或物本主义,或其他类似之说,此在人类一般思想史方面看去,固属一种进步;然设引以为整理社会生活之一种实用原则,则殊失之笼统。英经济思想者考槃脱(Wm. Cobbett, 1853)尝曰:

> 人之有类别,犹犬之有类别也。……若是之差别果尽出于教育耶?殆未必然。甲与乙,其爵位,资产,培植,无不同也;而其实际之不相类,有若狂之于狻。独于圆颅方趾者,则统名之曰人,而不再为之差别,是祸乱之源也。设取狯,猗,狗,狑,獒,狁②之名而废除之,则村居豢犬者将无所措手足!今于人,则"人"而已矣;不问差别,不定名分,不顾境地,而谋处之!(*Rural Rides*, p. 291)

挽近英人生物遗传学家贝特孙(Wm. Bateson, 1912)亦曰:

> 要认清楚人类的多形现象,实在是不容易!一个人字,即就英国社会而论,不知要代表多少不相同的品类——戏子呀,画家呀,牧师呀,农夫呀,诗人呀,散工呀,律师呀,机匠呀,科学家呀,厮养呀,兵丁呀,商贾呀。大家有大家的经验。试问这若干人物里,有多少可以易地以处的。即在

今日社会混乱的时期里，有好几种人物似乎已划成若干界限分明的支派。人类在生物界里，要算是多形现象最发达的了，就是脍炙人口的蚂蚁都比不过他。……（Biological Fact and the Structure of Society，p.16）

演化的生物学发达后，乃有所谓变异之现象，个别之现象。最近社会生物学复用同一观察方法，以观察、区分人类；乃知所谓人本主义者，具焉而不详，含混而不切实际。于是治教育学者与罪犯学者有所谓个别待遇之一类学说起；此种学说之实效近亦将次呈露。

然孔门社会哲学固不止言人本主义已也。中国古代无所谓严格的生物研究；然生物之多形现象，则大率已为观察所及，而见诸文字。《说文》及他书论稻，则有稌，穤，粳，糯……；论马则有骆，骊，駓，骏……；论牛亦如之。牛之黄毛黑唇者为犉，马之高七尺者为騋；《诗》曰："九十其犉"，又曰："騋牝三千"；则犉为牛之特殊支派而騋为马之特殊支派，可知。达尔文《物种起源》中论古代人工选择之实行，首推中国；殆即指此类事实而言耶？其于人也亦然。才过千人者谓之俊，才过万人者谓之杰，拙人谓之伹，黠人谓之偏……《礼》所谓"拟人必于其伦"之原则，盖触处可见。孔门社会哲学自非尽出创举，其必以前代之社会经验作根据，必无疑义。孔子虽重教育之力，而曰：

生而知之者，上也；学而知之者，次也；困而学之，又其次也；困而不学，民斯为下矣。（《论语·季氏》）

至其美舜之大德，则曰：

> 故天之生物，必因其材而笃焉；故栽者培之，倾者覆之。（《中庸》）

此不仅承认生物之材大有不同，而栽培倾覆二语颇隐蓄自然选择之义。及至孟子，病杨、墨、许行辈之"邪说诬民，充塞仁义"，乃重申物不齐之论，其言曰：

> 夫物之不齐，物之情也。或相倍蓰，或相什佰，或相千万。子比而同之，是乱天下也。……（《孟子·滕文公》）

又曰：

> 天下有道，小德役大德；天下无道，小役大，弱役强。斯二者，天也。顺天者存，逆天者亡。（《孟子·离娄》）

是亦不啻一语道尽物竞天择优胜劣败之义，与孔子栽培倾覆之论大同小异。至荀子，亦曰：

> 万物同宇而异体，无宜而有用为人，数也。人伦并处，同求而异道，同欲而异知，生也。（《富国》）③

人类之生而各异，孔门既已承认之。故其第二步在设法在个人方面，则使人人各得发育之宜；在社会方面，则使人与人之间，不因差异而相害，而因差异而相成。于是在个人方面，则有作者所谓因人制宜之论；在社会方面，则有作者所谓社会差分之论。

二者实为同一事物之二方面，有其一即不能无其二者也。《中庸》："君子以人治人，改而止"一语最足以代表因人制宜之论。孔子教弟子，即一本此旨，其论仁论孝，大率因人而异其趋。同一问"闻斯行诸？"于恬退之冉有则进之，于兼人之子路则退之（《论语·先进》）；孔门个别教育之发达，于此可见一斑。逮后，子游尝议论子夏教授弟子之不当，子夏驳之曰：

> 噫，言游过矣。君子之道，孰先传焉？孰后倦焉？譬诸草木，区以别矣。君子之道，焉可诬也？有始有卒者，其惟圣人乎。（《论语·子张》）

盖亦深得个别教育之真义，近代但知批发教育之教育家对之有愧色矣。

战国之际，社会问题日趋复杂，于是个人教育问题，相对的转形不甚重要。益以孟、荀二人惑于人皆可以为尧舜之理想，故于因人制宜之论，不甚顾问。然因社会秩序日益紊乱，问题日趋棘手，故于社会差分之论则提倡不遗余力。孔子固亦尝提及士农差分之重要，可于樊迟问稼（《论语·子路》）一段谈话中得之。然此说至孟子而始昌。其言曰：

> 无君子，莫治野人；无野人，莫养君子。（《滕文公》）

又曰：

> 有大人之事，有小人之事。……或劳心，或劳力；劳心

者治人,劳力者治于人;治于人者食人,治人者食于人:天下之通义也。(《滕文公》)

此种差分政策,竟成为"天下之通义",孟子对于社会差分论信仰之深,由此可见。使孟子再生于今日,不识其对于苏维埃之政治经济组织将发生何种感想,大可供好事者之猜测矣。孟子此类之议论尚多;其辟彭更"士无事而食不可"(《滕文公》)一节谈话几与孔子答樊迟语出同一口吻。

再读荀子,则得下列同似之言论:

> 人之所以为人者……以其有辨也……人道莫不有辨,辨莫大于分,分莫大于礼……(《非相》)

> 分均则不偏,势齐则不壹,众齐则不使。……夫两贵之不能相事,两贱之不能相使,是天数也。势位齐而欲恶同,物不能澹,则必争。争则必乱;乱则穷矣。先王恶其乱也,故制礼义以分之:使有贫富贵贱之等,足以相兼临者;是养天下之本也。《书》曰;"维齐非齐",此之谓也。(《王制》)

观上文所引各节,不特可知社会差分为孔门社会哲学之重要部分,并可窥其由单纯而变为复杂之趋向。春秋之际,封建之制未衰,阶级之分尚严,事实上已不乏相当之社会差分政策;故社会差分之理论的重要反不易明睹。及战国末期,封建制度之躯壳虽存,社会差分之精神已去;人欲横流,社会凌乱之象,自远胜于孔子之时代;故荀子之申说社会差分论也,最为笃切,亦最为呆板。孟子介乎孔、荀二人之间,故持论亦较中庸。

31

因人制宜之社会应用为社会差分；社会差分之实用目的为社会秩序。所以维持守护社会差分与社会秩序之物为礼。梁任公先生于《先秦政治思想史》中谓孔子言礼主"节"，荀子言礼主"分"，自是确论。顾二人之地位决非绝对的不同，第言其注重之点有出入耳。礼而因人制宜，则其功用在"节"；礼而整饬社会，则其功用在"分"。孔子非管仲塞门反坫之制为不知礼，盖亦"分"之论也。孔、荀二人之社会背景不同，故其申说之点即有轩轾。作者前论因人制宜与社会差分为一事物之二方面；孔子用力在因人制宜方面，孟、荀则在社会差分方面；此即一绝好证据也。

前列表格之第一部分，自物不齐论之出发点至礼之成立，至此大致已解释清楚。然此不过孔门社会哲学之大节目耳。试言其次。

《中庸》载孔子语曰：

> 仁者人也，亲亲为大；义者宜也，尊贤为大。亲亲之杀，尊贤之等；礼所生也。

此段文字为前列表格后半部之底本，一望可知。④ 孔门当日不知科学的心理学，顾于人类行为不出情理二字之大原则则固已见到。社会差分与社会秩序之论，自不能离人类的情感与理智而独立。情感的行为而得其当，谓之仁；而其大用在亲亲。理性的行为得其宜，谓之义；而其大用在尊贤。所谓当与"宜"者，即俗语所谓"分寸"。用情用理而有分寸，则社会不乱。故曰：亲亲之杀，尊贤之等。

推亲亲之义，乃有敬长与慈幼等用情之论序。亲亲，原则也。长幼之序，附则也。推尊贤之义，乃有贵贵与逮贱等待人之分际。尊贤，原则也。贵贱之分，附则也。亲亲之根据为血统关系，而长幼之序之应用于家族以外者则以年龄为根据；年龄者无他，亦生活经验多寡之一种指数而已。尊贤之根据为德行才智；而贵贵与逮贱之根据则为社会身份；社会身份者无他，亦德行才智多寡之一种指数而已。故《中庸》又述孔子语曰：

> 宗庙之礼：所以序昭穆也；序爵，所以辨贵贱也；序事，所以辨贤也；旅酬下为上，所以逮贱也；燕毛，所以序齿也。

此文亦为前列表格底本之一部。序昭穆，所以示亲亲之杀；燕毛序齿，所以示长幼之分。序事辨贤，指尊贤有等，序爵逮贱，指贵贱有分。礼之所以为社会差分社会秩序之一助者，于此可见梗概也。

今试观社会差分论之最后结果何若。孔门当日不能无社会之事实，而"社会"之观念则无之。今之所谓社会，昔家与国及家国间之相互关系而已。亲亲有杀，则一家之内，人人得用情之宜。长幼有序，则家与家之间，亦能推情爱之心而相安。是谓之家齐。尊贤有等，贵贵逮贱而不滥，则人才各得其用而不相倾轧，而一国之事以理。是谓之国治。家齐则社会之各部相安，国治指社会之全部有序。家齐国治，则社会问题解决。孔门人生哲学全部，自格物致知……修身……以至治国平天下，其步骤不止一端。本篇限于社会哲学，故只及齐家治国二部分；于其一端以个人为主体之修己论，或他一端以天下为主体之大同论，均置不论，盖无须也。

言生物演化者，动辄论生物位育（organic adjustment），晚近治社会生物学与社会学者，亦竞相发挥社会位育之说（social adjustment）。生物遗传学家贝特孙尝备论社会位育，因而评德谟克拉西之不适当，有曰：

德谟克拉西之社会理想和根据生物观察而得的理想不同：德谟克拉西以为阶级之分是一种罪恶，我们却以为非有阶级不可。近代人类所以能制天而用之之故，就因为他品类的不一致。所以社会进化的条件，就在维持此种不一致的现象；换言之，就在维持社会的差分政策。所以改良社会的目的，决不应在取消阶级，却应使各个人，率其子女，加入相当的阶级而安之。（同前，31—32页）

贝氏又曰：

中古时代以为国家是若干固定的阶级所组织成的——上有国王，下有小人（minuti homines），中有各级的贵族。我们已经把这个观念废除了。但此种级层的社会现象，经过了一番离乱之后，依旧要回复的。

但是上文所说的 minuti homines，他们怎肯知足呢？我们不是都想也都觉得应该使他们满足么？第一步，也是最重要的一步，即是上文所提出的人人还归其相当的阶级。目下社会上种种不知足的状况，一部分确因为应当居高的人却被制在下，应该在下的人却盘踞在上。这非有充分的时日无法平复。自社会上发生大变动以来，也不过五六十年罢了。说也奇怪，知足心毕究还不少咧。再有一种不知足，他的来源，不因为物欲上被人抑制，却因我们自己明白自己的卑劣无能；这却无法救治了。此外，只要有了相当衣食住的供给，所谓一般的 minuti homines 是很可以安居乐业的。（同前，33—34页）

试再读荀子,以与贝氏之言相较:

> 夫贵为天子,富有天下,是人情之所同欲也。然则从人之欲,则埶不能容,物不能赡也。故先王案为之制礼义以分之,使有贵贱之等,长幼之差,知愚能不能之分,皆使人载其事,而各得其宜。然后使悫禄多少厚薄之称……故或禄天下而不自以为多;或监门御旅抱关击柝而不自以为寡。故曰:"斩而齐,枉而顺,不同而一。"(《荣辱》)

在今日平等自由个人权利之说雷厉风行之际,荀子之论固不免"陈腐"之讥,即贝氏之说亦自不合一般思想界之胃口。今姑不论其合胃口与否,亦姑不论其理论之确当与否;孔门社会哲学与近代社会生物学之结论并行不悖,则显然为一宗极可异之事实也。试再作下列新旧观念之简赅比较,以示二者相似之程度:

孔门社会哲学	社会生物学
非齐(荀引《书》) 物不齐(孟)	个体变异(individual variation) 个别(individual difference)
以人治人(孔)	个别待遇(individual treatment;individualization)
伦,序,分, 等,差,叙, 杀,辨(孔、孟、荀)	社会差分(social differentiation) 社会秩序 社会阶级
人载其事,各得其宜(荀) 以群则和,以独则足(荀)	各尽所能,各取所需 社会位育(social adjustment)

作者译西文 social adjustment 为"社会位育",盖本《中庸》"致中和,天地位焉,万物育焉"之义。位育二字,某氏注曰:"位

者安其所也，育者遂其生也"。安所遂生，适与生物学家研究生态学（ecology）后所得之综合观念吻合无间。

二　亲亲之杀

亲亲之杀与尊贤之等，二者虽根同一原理，有一绝大异点焉。亲亲之杀出乎情感之自然，不强而自至。尊贤之等，则第一须辨别社会价值，第二须能守之勿失，以为待遇人物之一种原则，几完全以理智作根据，较难能矣。然情感之为物，稍纵即逝，其驾驭之方亦绝不容易。故孔门社会哲学首重情感之差分调剂。梁任公先生所谓一种"环距之差别相，实即所以表现同类意识觉醒之次第及程度"（《先秦政治思想史》，一二五页）是也。情爱之施，始于亲，达于人，终于物，谓之次第；于亲为重，于人次之，于物最轻，谓之程度。孟子曰：

> 君子之于物也，爱之而弗仁；于民也，仁之而弗亲。亲亲而仁民，仁民而爱物。（《尽心》）

此语最足以代表孔门情爱差等之说。

情爱的差分为一种根据生物的事实，自不待言。唯其为一基本的事实，常人所同具，故孔门以之觇人品之常变高下，转而定其社会效用。故曰：

> 君子务本，本立而道生；孝悌也者，其为人之本与。

(《论语·学而》)

此种务本的用情方法,尤贵乎能持久,能始终如一。故孔门每借丧礼之周密之程度,以视人务本之程度。曾子曰:

> 吾闻诸夫子:人未有自致者也,必也亲丧乎。(《论语·子张》)

又曰:

> 君子不以天下俭其亲。(《孟子·公孙丑》)

又曰:

> 亲丧固所自尽也。(《孟子·滕文公》)

孔门言孝之道亦多矣,然其最难能者亦不外此种持久功夫。故曰:

> 大孝终身慕父母。……(《孟子·万章》)
> 舜其至孝矣,五十而慕。(《孟子·告子》)

孔子释"无违"之义,则曰:

> 生事之以礼,死葬之以礼,祭之以礼。(《论语·为政》,亦见《孟子·滕文公》,但引作曾子语)

抑有进者。孔门论孝，竟视送死重于养生；此非谓养生不重要，第示善送死者必能养生，而养生者有若犬马之爱，终其生而止，未必定能送死。夫用情而不因生死异度，斯真情之至者矣，斯真不失用情之重心者矣。故曰：

养生不足以当大事，唯送死可以当大事。（《孟子·离娄》）

又曰：

慎终追远，民德归厚矣。（《论语·学而》）

童年初习四书，每不解何以孔门言孝，必要在死人上用功夫。及后略识务本之真义，复读《荀子》及《礼》：

礼有三本。天地者，生之本也。先祖者，类之本也。君师者，治之本也。（《荀子·礼论》）

万物本乎天；人本乎祖。（《礼·郊特牲》）

乃知此种功夫竟少不得。近人有极力攻击孟子"不孝有三，无后为大"一语者；今姑不论其攻击之当否，窃以为孟子此种结论，实为孔门务本哲学逻辑上所绝对不可免。有后主义，即是所以"慎终追远"最切实最可靠的一种方法。孔门当日不知有胚质不灭之事实，然而祖孙父子一脉相绳之观念则绝深。西人有自优生学方面誉此种半宗教的观念者，其言曰：

胚质不绝之旨或可于宗教中阐发之。……上逮祖宗下及裔代，人类应有比较强烈之一脉相绳观念。中国人重此观念，而基督教各国则轻之，其所失不已多乎？（P. Popenoe and R. H. Johnson, *Applied Eugenics*, p.397）

由此可知慎终追远与有后主义实为一事物之二面观。此说之社会效用与种族效用，曩在《中国之优生问题》（《东方杂志》，二十一卷，二十二号）中已略言之。其在理论方面，则显然与近代之社会生物学原理不相违反；西方治斯学者固已先我言之矣。

知本者，始可与言末；知守常者，始可与言变；知事亲而能有恒，知用情而不失其重心者，始可与言情爱之推。所谓情爱之推，不出二步。第一步为悌，居家所以事兄，出外所以事邻里乡党之长者。悌之变为慈，则爱及幼小之谓也。第二步为仁，施之于一般人。如再推之，以及于一般生物，则君子远庖厨之道是已。《论语》有曰：

弟子入则孝，出则弟，泛爱众……。

《孟子》亦曰：

修其孝弟忠信，入以事其父兄，出以事其长上。

此种老生常谈，粗看若不关紧要；实则孔子一己之自任亦不外此。弟子辈愿闻孔子之志，则曰：

老者安之，朋友信之，少者怀之。（《论语·公冶长》）

志者无他，释以今语，即是一人对于社会愿尽之最高的义务。孔子兹三愿者，第一是悌字之应用，第三是慈字之应用。应于平辈之朋友则重信，抑亦推仁之义而已。换言之，诚能自身得乎用情之正，而使他人得以"安所遂生"，得所"位育"，则一人之社会责任尽矣。是孔子也。

亲亲之杀之理论尽此。下文试言其效用。

亲亲之杀之效用可分二端言之。其对于当时的社会所发生之影响，可迳称之曰社会的效用。其对于未来的社会所发生之影响，即其对于种族之贡献或斫丧，可名之曰种族的效用。后一端前在《中国之优生问题》中尝论列一二，确以为利多而弊少。他日有缘作历史的统计研究时，当再引申其说，兹不再论。下文专论当时的社会效用。

留学西方者，大率觉察中西社会状况——尤以中美社会状况——之间，有一大异点焉。曰，用情方法之不同。大凡平日人我间之交际，或遇任何社会举动，甚至极复杂之社会问题，西人用感情之处较中国人为多。谓此为西人之优点否耶？初来西方留学者，见西人对于公益之热心，社会意识与社会服务之发达，待人接物之和蔼可亲，鲜不誉曰：西方国家之强大，此殆一大原因矣。然此种操切不成熟之结论不待久而自破。设再加以详赡之观察，可知西人之用情，有三大弊窦焉。一曰滥，言不分皂白；二曰浅，言不恳切；三曰漫，言无节制。此三弊者，西方社会而外并非无之，但远不若其显著耳。

一曰滥 处事非不可用情，有时且不能不用情；然用情而至于不顾事实，不计较价值观念，则情既滥施，而事终不理。此欧美社会中种种问题无法解决之一大原因也。请以种族成见问题作例。种族成见,并非绝对无生物学的心理学的事实根据。欲免除种族间之倾轧嫉视,第一步自在承认此种事实,而利导之。顾从事之者,着手即一笔抹杀此种事实,然后从而大倡其博爱大同之论。十余年前唯心派哲学家洛也斯(J. Royce)论美国种族问题,即采用此种解决方法。及今美国社会思想界中作同类之主张者尚大有人在。治种族问题之学者,统名之曰感情用事派(sentimental school),其无裨实际可知矣。

上文一例,所以示滥用情感而不顾事实者。其滥用而不计价值者,则更触处可见。尝见某滑稽杂志载讽刺画一则:某妇将其乳媪遣归,人问其故,则妇所畜之犬尝啮儿,而乳媪以足蹴之故也。此或非事实,然绝足以代表美国中流社会情感之滥用。不问犬之啮儿,而责媪之蹴犬,不特价值观念凌乱不可问,抑亦有伤情感之自然矣。《大学》有曰:"其所厚者薄,而其所薄者厚,未之有也";孟子亦曰:"于所厚者薄,无所不薄也",大约即为此等人而发。此不特于个人为然,其于社会行动亦莫不然。多数妇女置家庭之任务于不顾;一面从而提倡生育限制,一面竭力禁止虐待"哑不能言"之禽兽,唯恐伤及一鳞一爪,设大规模之组织而理其事;其居心未尝不佳,然与孟子所谓"亲亲仁民,仁民爱物"之义,相去奚止天壤哉!

二曰浅 试与西方普通人士交,觉其待人接物之际,勤恳之情,见于颜面,与东方人冷然不求闻问之态度复殊,然其情每不真挚,甚者流为敷衍假冒。每闻人引此为青年会及其他基督教团体出身之人士诟病者,甚非无因。然此非个人之咎也,观下文而知。

三曰漫 用情之漫,即西方社会中群众运动的心理根据也。一尚未成熟之种族学说,学者方在反复质难;一经好事者为之宣传,群众即趋之若蚁附;若辈复取固有之种族成见种族恶感而堆砌之；于是曾不终朝，而一种牢不可破之种族偶像主义成立矣。民治运动之滥觞，当初又何尝不如此。此皆漫用感情之结果也。

平心而论，感情之滥用，浅用，漫用，皆非社会之福。乱用感情，本为社会问题发生之一大原因。及其既发生，而复欲以过量之情感解决之，是袭缘木求鱼之故智也。是则目下西方种种社会问题之现状，而革新伊始之中国社会方从而师事者也。

或问，中西社会状况，何以有此分别。原因固不止一端，而其大者则：前者以家庭为重，后者以家庭为轻，故家庭者，文化人类情感之中心用武地也。初民生活无定所，其用情之法亦甚散漫。及后，文化渐进，其情感始集中于妻孥，集中于父母，而家庭得以成立，初民社会乃有秩序条理可言。目下西方社会与家庭二者之相互关系，其变化步骤适与此相反。一则由散漫而集中，而一则由集中而散漫也。孔门学者盖深悟一般人情感之易迁，乃申差等之说以维系之；于是家庭之个性得以保全，而社会之治安赖以不破。此数千年来中国之制也。

西方则不然。基督教发达之结果，既欲爱神道，又欲爱教会，又欲博爱一般人。夫一人之情爱有限，而教条之责成无穷，以有限供无穷，则其用情散漫失措；其家庭之为社会基体，远不若在中国之完密无间，抑亦无足怪已。基督教仍犹太教摩西十诫之旧，未尝不言爱敬父母，然西方社会得力于此诫者远不若中国人得力于孔门一个孝字之多；神道之力竟不及人道，则用情之量有限，散漫于彼即不能集中于此之故也。

及至近世，工业革命之结果，各种社会运动纷至沓来，在在使家庭组织日趋于风雨飘摇之境。一则有国家之偶像化，夺家庭之爱而为祖国之爱；再则有社会主义，夺家庭之爱而为阶级之爱；

三则有极端的个人主义，夺家庭之爱而为一己之爱；其在妇女方面，则一己之爱而外复形成一种属性之爱，团结一己之属性而与男性抗衡；一人之情爱，经此四分五裂，而西方之家庭体无完肤矣。同一情爱也，孔门则主亲亲有杀，所以使人人用情之际，有一共同之集中点，而此集中点即为家庭，然后分别环距之远近而推之。其他社会问题之与家庭无直接关系者，则多用理智以解决之，所谓"义以行之"是也。西方则无所谓共同之集中点；一人独有之集中点亦随时迁徙。宗教也，邦国也，种族也，阶级也，属性也，秘密结合也，特集中点之大者而已。感情集中点不一致之社会，自表面观之，未尝不熙熙攘攘声色斐然；而无形之中已酿成一绝大之社会心理问题（problem of divided loyalties），关心社会之长久治安者，正搔首不知何以自处也。

　　家庭之离析，与用情地点之失中，其影响果不止此。人孰无情感，孰不思推情于他人，孰不求情感有所附丽？家庭之团结固，则父子，妻子，昆弟，以至宗族乡党，莫不为推情之处。不固，则将何推？情感之为物飘忽，偶一失据，其势可推至一切不相干之事物。或问，西方城居妇女之畜犬者，何以若是之多？是易解耳。无家庭，无子女，而为母之天性固未尝稍减，势不能不觅相当之替物，则狗马之玩尚矣。或问，西方姑息的养痈遗患的慈善事业何以若是之发达，而从事之者又多为妇女？又问，一个走江湖的拳师，一个卖艺的妓女，何以可以博得万人空巷的捧场？又问，秘密，半秘密，称兄道弟的结合，何以若是之充斥？总之，何以不论何种社会举动，每不免多量之情感夹杂其间？诸如此类问题之原因亦多矣；而其最大者实为家庭组织之分崩离析，而常人之情感失其附丽之中枢，不知所以裁之也。

然则孔门社会哲学极言亲亲之杀之重要，诚不为无见矣。亲亲有杀，然后情感得其重心，社会得以宁贴，家庭之发展其必然之结果耳。情感既有所处，则社会问题之夹杂程度锐减，乃可推所谓仁义之道而为之解决。义为事理之宜，仁为推爱之末步；本事理之宜，而益之以适量之同情心，则问题无不解决矣。故曰：

> 人人亲其亲，长其长，而天下平。(《孟子·离娄》)

孟子于墨子兼爱之说，辟之而未详。上文云云，谓之为孟子辟墨论之一段注脚，亦无不可。"杨子为我，是无君也；墨子兼爱，是无父也；无父无君，是禽兽也"。一人之情爱，出于生物之自然，势不可兼也；如强兼之，则重心坠，分寸失，而社会乱矣。不睹西方目下之社会生活者，不知孟子此论之真且切也。

三　尊贤之等

孔门社会哲学之纲领已为《中庸》一语道尽，兹再引之：

> 仁者人也，亲亲为大；义者宜也，尊贤为大。亲亲之杀，尊贤之等：礼所生也。

亲亲有杀之论已见上文。兹进而申论尊贤有等之义。尊贤为孔门社会哲学之极重要部分，自无待言。尊贤之效用，有见诸政治者，近代所称贤人政治是也。孔门各支派之主张于此皆极一致；盖既认定人本主义为大前提，则此种结论自不可免也。

《论语》有一极概括之语曰：

> 人能弘道，非道弘人。

《中庸》论贤人政治至为确凿，曰：

> 文武之政布在方策；其人存，则其政举；其人亡，则其政息……故为政在人。

又曰：

> 优优大哉！礼仪三百，威仪三千，待其人而后行。

孟子讲尊贤之文字何止二三十起，亦曰：

> 不用贤则亡。(《告子》)

荀子贤人政治之论，全书中亦有十余起，曰：

> 君子者，治之原也。(《君道》)

又有同似之二语曰：

> 有乱君，无乱国；有治人，无治法。(《君道》)

> 故有良法而乱者，有之矣；有君子而乱者，自古及今，未尝闻也。（《王制》）

关于尊贤之文字，孔门著作中到处可见，毋庸一一论列。然尊贤有等之义，则荀子以前各家申说均有未尽。《中庸》"尊贤之等"一语以后，孔门弟子大率在贤与不肖，君子与小人之笼统类别上发挥，不复为较详之论次。荀子则不然，其言曰：

> 论德使能而官施之者，圣王之道也，儒之所谨守也。（《王霸》）

又曰：

> 尚贤使能，而等位不遗。（《王制》）

又曰：

> 谪德而定次，量能而授官；使贤不肖皆得其位，能不能皆得其官。（《儒效》）

孟子尝责墨者爱无差等，盖就用情方面而言；荀子亦谓墨家"侵差等"，似责其"尚贤"而有不到家处，要皆不失为孔门正统之论也。

荀子尊贤有等之说尚不止此。《儒效》篇之末节有曰：

> 大儒者，天子三公也；小儒者，诸侯大夫士也；众人者，

工农商贾也。礼者，人主之所以为群臣寸尺寻丈检式也。人伦尽矣。

社会分子应就其德行才能之大小而自成阶级，实践尊贤有等之义，孔门衣钵中，自推荀子此说最为笃切。读者当忆及本篇第一节《泛论》中之图表，表中以礼为维持社会差分社会秩序之一大工具，盖即荀子"寸尺寻丈检式"之论也。社会差分与社会而能维持不败，则社会位育之大目的已达，故荀子曰："人伦尽矣"。

若是以哲学家与政治家合论之政治学说，在西哲中柏拉图创之最早，然其说犹不若《儒效》篇所及之完满；《理想国》之第五篇中有曰：

及哲者为王公，或王公而有哲者之精神与权力，使文章经济之才合而为一……则不仅都市国家永无清明之日，普天下之政治亦不可卒理矣。

柏氏之说与荀子有一甚不相同之处。柏氏偏重理智，观其下文对于哲者之定义而知。然其言差等，舍尚式一端外，与荀子尚近似。

次言孔门所谓贤人之资格。孔门各家于贤人之定义殊笼统。定义本非中国古代学者所擅长；且孔门种种社会思想半由前代经验中得来，当时无切实明辨之必要。然试统观孔门著述，可知非德行才能二者具备，不能当大贤；上文引荀子所谓谪德与量能是也。孟子以德为天下三达尊之一；其"辅世长民莫如德"一语直可为近代所谓贤人政治作注脚。"德"之包含甚广，其最大之要素为"仁"。孟子曰：

仁则荣，不仁则辱；今恶辱而居不仁，是犹恶湿而居下也。如恶之，莫如贵德而尊士。(《公孙丑》)

又曰：

唯仁者宜在高位。(《离娄》)

又曰：

不信仁贤，则国空虚。(《尽心》)

《论语》亦引史实曰：

舜有天下，选于众……不仁者远矣。

执此论而推之，凡识贤人而举之者，亦得谓之仁；故孟子又曰：为天下得人者谓之仁。(《滕文公》)

此处为孔门社会哲学之一大关键，不可不察。前节论亲亲之杀，本节论尊贤之等，今兹之"仁"，即二宗观念之接笋处也。试申言之。仁者人也，其至为亲亲，及其既"杀"至一最低限度，则谓之仁，释以今语，即是一种社会的意识。社会意识十分薄弱者，自不能与言公众之治安，不能与言为政。其社会意识薄弱而不乏聪明才智者则且为社会之殃祸；历史上所谓权奸者，大率有干才而缺乏社会意识者也。其殃祸之程度，与才干之大小成正比例，与社会意识之强弱成反比例。故曰：

> 不仁而在高位，是播其恶于众也。（《孟子·离娄》）

夫贤者能用当其才，以为社会福利，则不乏社会意识，自无待言。今有人焉，能以其才智之所及，为公众物色富有社会意识之人才，使得居其位谋其政，则此人之社会意识，自更胜人一等，而千百中不得一矣。故曰：

> 以天下与人易，为天下得人难。（《孟子·滕文公》）

"才难"固也，而识才更难也。

作者以仁字作社会意识解，读者或嫌其迹近附会。是不然。"仁"为会意字，二人相处为仁，二人相处而发生社会意识。近人有以仁字作"爱"、"善意"、"同情心"等解者，皆甚牵强，且偏重感情方面，决非孔门学者之本意。试再读荀子《儒效》篇，其中有相须之论可以实我说：

> 志不免于曲私，而冀人之以己为公也；行不免于污漫，而冀人之以己为修也；其愚陋沟瞀，而冀人之以己为知也：是众人也。志忍私然后能公；行忍情性然后能修；知而好问，然后能才，公，修而才，可谓小儒矣。志安公；行安修；知通统类：如是则可谓大儒矣。

读此可知贤人之资格有三：曰公，曰修，曰才。才与荀子以前孔门各家所论同，可不再论。公，修二端，则仅见荀子。公指态度之无私；修指行为之检饬；其实即孔门德字之动静二方面；而公字则与仁字之意义无殊，均是指社会意识也。二人成仁，八厶为公，同为会意字，而所会之意亦同也。故荀子言才德而外，亦未尝不以社会意识为贤人之特性；其以社会意识之真伪多寡而定人品之次第，则更进一步矣。社会意识强烈者，其为公也一秉天性之自然，不稍假借（志安公），允宜为社会最高领袖。其次社会意识比较薄弱而能加以培植者（志忍私然后能公），尚不失为第二等领袖人物。至若社会意识十分缺乏，貌为公而实唯私利是图者（志不免曲私而冀人之以己为公），是则众人而已。荀子此论可与孔子"生而知之者，上也；学而知之者，次也；困而学之，又其次也……"一节文字后先媲美。孔子论才，荀子论才亦论德；谓此二段文字为理性方面孔门差等论之纲领，亦无不可。设再益以孟子"亲亲仁民，仁民爱物"之论，则去孔门社会哲学之全部亦不远矣。仁德一类名词沿用既久，义甚含混，荀子别所谓公修者以代之，亦见地有独到处。

复次论贤人之身份。孟子曰：

故将大有为之君，必有所不召之臣。（《公孙丑》）

又曰：

天子不召师，而况诸侯乎，为其贤也。吾未闻欲见贤而召之也。（《万章》）

又曰：

古之贤士……乐其道而忘人之势；故王公不致敬尽礼，

> 则不得亟见之；见且犹不得亟，而况得而臣之乎？（《尽心》）

孟子以前孔门学者仅言贤者之重要与其一般之社会价值，至其社会身份之确定，则存而未论。至孟子而此种高抬身价之论甚多，全书中不止七八起，上文所引，仅其特著者耳。此非谓孟子以前贤人之地位不高。是大不然。战国以前，贤人实际上之身份犹高，故无须乎再三申说。逮后社会日趋紊乱，价值观念亦凌散失次，贤人之实际身份乃因之低降；于是热情之改革家不能不作危言笃论矣。论者谓孟子个人不得志于时，故作此种高蹈之论；殊未尽然。孟子尝引当时之名言曰：

> 盛德之士，君不得而臣，父不得而子。（《万章》，咸丘蒙问）

此说较孟子尤为极端，可见当时思想界对于贤人之身份，实具同一观感也。

古代论贤人政治者有一大问题焉，曰，贤人之子孙之待遇问题。孔门社会哲学既以家族为单位，又承认酬德报功为社会正义之重要部分，故其视贤人之子孙，一主优容政策。《论语》有曰：

> 故旧无大故，则不弃也。

此种优容主义半亦承史实之旧。孟子说梁惠王，言文王治岐，仕者世禄为王政之一本。此法在春秋战国之际已废弛不行，曾试行之者，殆滕一国而已。世禄制之弛废，殆为世官制发达之一原因。

是制当春秋之际，已甚有流弊，故齐桓公葵丘之会，以士无世官为盟约之一。贤者之子孙未必贤，使有禄而无权，则不贤者亦可相安；故孟子言王政，主张恢复世禄之制。

然世官世禄一类制度，于社会正义之理论上，终难成立。世禄之弊小，世官之弊大，其为弊一也。贤人之子孙或不肖，不肖而坐食公田之所入，患甚于无劳而俸，岂得谓之公允。荀子有一比较圆满之解决法，当于结束本节时论及之。

上文云云，只就尊贤与政治之关系而论。兹再就尊贤与教育文化之关系而略言之。

孔门重模范教育。贤者之身份特殊，不论其居官或在野，在在为民众所瞻仰则一。故尊贤尽礼，即不啻提倡教育，开辟民气。《论语》有曰：

> 君子之德风，小人之德草，草上之风必偃。

孟子尝引此语以说滕世子。贤者化育力之大，孟子信仰最深，故其议论亦最极端：

> 君子所过者化，所存者神，上下与天地同流，岂曰小补之哉？（《尽心》）

荀子亦有类似之言论，兹不枚举。此种极端感化教育的理想半出于孟、荀之环境万能论，尝在他处讨论之。

贤人既为社会模范，而家族又为孔门哲学所公认之社会基体，故贤人之家族后裔在孔门学者之心目中亦有多量之教育价值。《中庸》曰：

> 故旧不遗，则民不偷。*

孟子曰：

> 为政不难，不得罪于巨室。巨室之所慕，一国慕之；一国之所慕，天下慕之。故沛然德教，溢乎四海。(《离娄》)

巨室故家不仅与一时之风化攸关，观史者且以之觇一国之文教程度焉。故孟子又曰：

> 所谓故国者，非有乔木之谓也，有世臣之谓也。(《梁惠王》)

由此以观，可知尊贤之论，自孔子以迄荀子，根本原则始终一致，所不同者惟细节目耳。差等之义，荀子发挥最力，孟子则仅就领袖与从附二等级立言与当时其他各学派无大异（例如墨子亦主尚贤）。孟子亲亲，仁民，爱物一节不愧为差等哲学正统之论，然于尊贤一端持论独有未至，何也？尝求其故。孔门大师中，民治思想最深者推孟子；故其对于贤人与众人之价值比较似不若其他各家之绝对。有足资证明者数端。

孟子论立贤，别有一条件焉，曰：绝对的公意。其言曰：

> 左右皆曰贤，未可也；诸大夫皆曰贤，未可也；国人皆

---

* 见《论语·泰伯》。——编者注

曰贤，然后察之，见贤焉，然后用之。(《梁惠王》)

《论语》固亦尝发挥是义，然其信仰众人之程度有殊矣。曰：

众好之，必察焉。

又曰：

乡人皆好之，何如？……曰，不如乡人之善者好之。

亦变迁之迹一端也。《中庸》曰："嘉善而矜不能"；《论语》亦曰："举善而教不能"；又曰："君子尊贤而容众，嘉善而矜不能"。《荀子》亦曰：

君子贤而能容罢，知而能容愚……是之谓兼术。(《非相》)

孟子无此种兼术之论。岂在孟子观感中，所谓众人者已不复为多数消极被动之社会分子，却自有其相当之尊严而无须乎君子之容忍与矜怜耶？此变迁之迹又一端也。孟子推尊贤之义，不特谓"用下敬上，谓之贵贵"，并以爵为天下三达尊之一。理论固如此，实际则孟子之藐视当时达官贵人，程度殆与人同。其言曰："说大人则藐之，勿视其巍巍然"。此亦一变迁之迹也。

作者不惮烦琐，推论孔门各家变迁之迹，甚非无故。夫观念者，反映时代背景之媒介物也。设庶民运动，西人谓之 democratization，为任何文化所不可幸免之一步骤，则中国之庶民运动，发生甚早，至春秋战国殆已达一极度，此在《泛论》中已略及之。然因其与本节尊贤学说之变迁有绝大关系，不妨再作较详之推论。社会生活初期不乏相当之自然阶级，以智力体力之程度为其分际。及自然阶级之散漫凌乱，而所谓庶民运动于以肇始。此在中国历史中果为何时，殆无从确定。逮其后期，则史实甚多，可供考证。自然阶级所以凌乱之原因不止一端，其荦荦大者，殆为古代之世袭制度。读史者不察，或以为世袭制度为维持自然阶级之必然办法。是不尽然。古代世袭权限于长子，而其他各子，所谓小宗者，五世必迁，迁则与平民等。⑤ 世袭既以生产之次序为标准，而不以贤不肖之程度为标准，则袭位者未必贤，而迁为平民者未必不肖；于是阶级之分际凭借于智能者转少而凭借于经济与政治权力者转多矣。近代治人类遗传学者有谓初胎之子女，因父母之生理关系，其竞存力每较其昆季为弱；此说尚未经大多数学者公认，然设有几分可信，则长子世官之制不特不能维持自然阶级，且从而摧残之矣。故世官之不选择，谓为后代政治阶级之所由来，无不可；世禄制之不选择，谓为后代经济阶级之所自来，亦无不可：同为阶级，而精神已不复旧观矣。此种阶级变迁之迹，在孟子时尚可辨认，故孟子尝曰：

> 有天爵者，有人爵者……古之人修其天爵，而人爵从之。（《告子》）

天爵可释为自然的智力阶级，人爵可释为社会的财力与权力阶级，上古竞争力而选择严，故自然阶级与社会阶级或完全相掩叠，甚未可知。古哲每有"黄金时代"之想象的追忆；孟子说，当不无相当之根据，不能完全以想象目之也。

小宗五世而迁为平民而所迁者未必不肖；试思此辈将安于平民之地位耶。绳以演化竞存之原则，是必不然。势必始而疑忌，再而嫉怨，终而反抗，及其声势渐大，有如锅水之将沸，而庶民运动成矣。夫所谓运动者，初不必限于实际之政治革命或经济革命。平民中有一二人焉，其聪明远出众人之上，鉴于当时有权阶级及有产阶级之专横，平民遭际之恶劣，又见所谓贵者不当贵，而贱者不当贱；乃思考及人性之自然境遇之影响，瞿然而"觉"，恍然而"悟"，卒创平等及环境大能等说，为平民争命。若是之平民思想领袖，在中国则有孟子，在西方则有卢梭、马克思之流。及此辈学说传播既广，于是平民之团体的自觉心得以形成；此自觉心之成立即庶民运动之滥觞也。

孟子，卢梭，马克思之辈拥护社会正义，于理甚当，其所攻击之社会恶劣状况，大半为一时代之事实，我辈亦承认之。然其学说有二大谬点焉。其一曰以一概百，以局部概全部之谬。小宗五世而迁，孔孟之辈皆源出贵族，然试思平民之中，才德若孔孟者能有几人；而立说者为救时淑世之热情所驱遣往往不察，以为一人如此，人人如此；及其不能概括事实，则从而取给于所谓可能性者：是自然平等说之由来，亦环境大能说之由来也。此而犹不能概括，于是所谓自由意志者乃浸假成人生哲学之重要部分（马克思学说为例外）。夫可能性，一不可知之数量也，自由意志，亦一不可知之数量也；有二个不可知之数量在，故其说愈圆，而其逻辑愈不可问矣。其第二谬点在立说者之过于主观。是恕的哲学末流之弊也。恕的哲学，在行为上应用至于极端，已有所不可通，及应用至于人我间之才智能力，则诚靡知所届，而孔子以后孔门各家在在有此倾向！荀子曰："圣人者，以己度者也"；夫既曰"以己度"而能"以己度"者又为圣人，则将无往而非可能之圣人矣。孟子以己度者也，故曰"人皆可以为尧舜"；荀子亦以己度者也，故曰，"材性知能，君子小人一也"。及与实际经验发生抵触，则不乞灵于自由意志，即乞灵于境遇；不曰、"小人可以为君子，而不肯为君子"，即曰"……是注错习俗之节异也"。

凡此皆民本主义之基本哲学，亦庶民运动之原动力也。虽然，孟、荀二家，同一言自然平等，同一言环境大能，亦同一言自由意志；而一则民本主义之色彩较浓，一则以差等主义之理论为重；一则言仁主和，一则言礼主节，抑又何也？此当于性善论及性恶论中求之。惟其性善，故可感之以仁，而扩大其社会引动之范围。惟其性恶，故当化之以礼，而约制其社会行动之范围。此其大较也。

孟子社会哲学出发点之一，曰性善。荀子社会哲学出发点之一，曰性恶。其推论则同为自由平等等说，有如上述。然此特二人一时蒙蔽之论耳。⑥ 及其最后之结论，实未尝离差等而独立，而荀子为尤甚。孟子一端欲维持孔门正统，一端又欲伸张其民本观念，故其社会哲学全部较为错综难理，其持论亦时有不彻底不一贯之患。即就其赞成世禄制一端而论，世禄制之实行，固可达酬德报功之意，然作此制之根本公允与否则孟子置不再问。世禄将禄至何种程度有何限制，庶几与民本主义不相抵触，则孟子未诏我辈。一言以蔽之曰：孟子之政治哲学犹徘徊乎贤人政治与民本政治之歧途而未识所从者也。荀子则不然，其于孔门差等之说，不特完全信仰，且从而附益之，以成一有系统有结煞之一派理论。然其所谓差等者，其标准实不为经济与社会身份而为智愚能鄙之程度；故荀子之意，以为阶级不可不有，然亦不能固定不移；其言曰：

> 虽王公士大夫之子孙也,不能属于礼义,则归之庶人。虽庶人之子孙也,积文学,正身行,能属于礼义,则归之卿相士大夫。(《王制》)

自生物学观点下读孔门社会哲学,至此叹观止矣,作者于篇首《泛论》中尝引英生物遗传学家贝特孙之论,谓"改良社会的目的,决不应在取消阶级,却应使各个人,率其子女,加入相当之阶级而安之",抑何与荀子之论吻合无间也。近人有以荀子但言原则而未论方法相责难者[7],实则原则为一事,方法别为一事,原则之是非初不因方法之难易而生变化。且荀子主张贤人政治,与孟子同谓礼义由贤者出;然则此种阶级分际之标准亦未始无法维持耳。近世自西化东渐,民族之说,流毒已深,群众之嚣张,日甚一日,荀子此段社会哲学,至今日而冀其可行,冀其行而有"满意之保障",则诚难能矣。虽然,我辈将因此而不谈社会差分论耶?作者不敏,所赞已不止一辞矣。

孔门尊贤有等之理论尽此,下文试言其实际之效用。

上节言亲亲之杀之产果为家庭地位之重要。尊贤之等之原则亦有一产果焉,曰:选举制度。读孔门著作者,可知孔门言立贤,有一原则焉,曰:无方。孟子尝美汤之立贤无方;又引"舜发于畎亩……百里奚举于市"一类史实,以示贤者之出处应完全与经济身份与社会身份无干。荀子论为政,首曰:

> 贤能不待次而举。(《王制》)

又曰:

>无恤亲疏，无偏贵贱，唯诚能之求。(《王霸》)

盖亦"无方"之义也。

此第立贤之原则耳。至立贤之方法则孔门学者不具道。汉代以前选士之风虽已盛行，然大率为从政在一己之任务，无何等组织可言。《大学》以见贤不能举为命（郑注命应作慢）；《论语》以臧文仲不举柳下惠而责其窃位。可知论史者每以得人与否觇大臣之政绩焉。汉代始为有组织之人才选择，并为之分别名号，如"孝廉""贤良方正"之类以为标识。此制相沿甚久，历代虽屡有变迁，要皆在末节上而不及原则。唐以后以科举取士，方法上虽生突变，而原则则仍旧也。统观二千年来中国选举制度，其得力于孔门尊贤有等之说，自无待言，尊崇儒家学术自汉代始，有组织之选举制亦自汉代始；殆非偶然也。

然选举制度之变迁，有足分析者数端。选士之用意本在用贤，其性质几纯粹为政治的；及后尊而不用之风气盛，而教育与文化的性质转形显著矣。此一端也。人才之中选者，畀之以名目，俾得自别于一般社会分子。此又一端也。唐以后，人才之产生，不完全与推荐，而由考试，于是人才得以自动的求社会公认，而无须乎坐待采访或征召。[⑧]此又一端也。唐制又以科目取士，有秀才，明经，进士，俊士，明法，明字，明算等名位，使于一般之人才中复为之分门别类。此又一端也。考试之制，自乡而国，中间几经步骤，多一度试验，即多一番淘汰，卒之智识阶级中又别为若干小等差。此又一端也。时人不明此种变迁之迹，有以文官考试比科举制者。文官考试亦取公开竞试之法，固与科举制相仿，与唐制尤近似，西方学者论此制之来源，固亦承认不无取法中国科举之处。然文官考试，不论其为广义的，如英国之制，或狭义的，如中国现行之制，其目的几完全为政府供给服务人员，在与试者，亦不过以一种普通职业视之，成否之间，无关荣辱；故虽中文译曰文官，然与奖励人才提倡教化之大旨实无直接关系。至文官考试无科举制之差等性质，更不待言。

选举制之社会效用何在，读中国史者类能道之。其在政治方面，教育方面，文化方面所有之贡献，虽因时地而有变迁，要不失为一代之精粹则一。夫以帖括八股取士，法至偏隘，而所务不切实用，我辈无不承认之。且若是资格上之限定，足使思想上略求进步者望而却步，而徒有强大之记忆力与忍耐性者反受拔擢，历久而发生之社会选择作用或利少弊多，有大可供社会生物学者之考虑分析者。然公开竞试而加以论次之根本原则，则始终不诬也。自西化东渐，学者骛于新奇，于旧制度之根本利害多未遑深究，攻击排斥不遗余力；甚者至以国家之积弱归咎于科举制，抑何鉴别力之缺乏也。

选举制之直接影响为社会的，而其间接影响亦最根本之影响则为种族的。因其方法之不善，科目之偏隘，末流之弊，往往甚深；然就大体而论，其所选拔不外一时代中人以上之人物，则虽无统计可知也。选举制实行下之中国社会差分情状可由下图表出之：

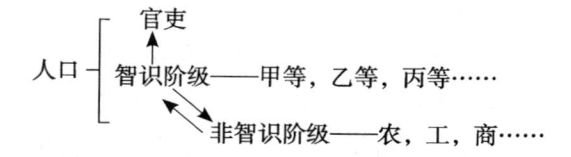

$$人口\begin{cases}官吏\\智识阶级——甲等，乙等，丙等……\\非智识阶级——农，工，商……\end{cases}$$

选举制下之社会分子不仅划为智识与非智识二阶级，智识阶级中复分别等第，自成若干小阶级。夫以聪明才智作社会差等之根据，固本论所深许者也。此种差分状况与人口之支配关系甚大，而与婚姻选择一端尤为密切。物以类聚，为生物界之普遍现象，而人类婚姻之举亦不能外是；社会生物学者因立一原则曰：类似配偶律。俗语论婚姻，所谓"高不成，低不就"者，可为此之注脚。选举制实行既久，智识阶级或士人阶级与非士人阶级通婚媾者自少，固不待言；即智识阶级中亦有因等差而趋于姻选之倾向。故自生物学观点下立论，科第之制可使社会差等之分际益彰，而其所用之一种工具则类似配偶也。差等之分际彰，即才智之积聚盛，而国家之种种人才，不患无所取给矣。是诚荀子所谓"人载其事，各得其宜"之第一步手续也。

作者前尝为门第主义赞辞，评论者非之，[9]殆第见门第主义末流之弊，而未能深究其真义者耶？门第主义无他，类似配偶律行使之自然表现而已，而类似配偶之为生物演化上一种重要条件，我辈固无不承认之。文化发达后，浅识者或徒以贫富贵贱定门第高下，于是标准失错，弊窦滋生，不特无以差分社会，而从而混淆之焉。然此岂门第主义之罪哉。然即至今日，暴富者，以赀得官者，尤为上流社会所鄙视，而"诗书继世"之家，即一贫如洗，亦不失其相当身份：是则有正确标准之门第主义犹未去一般有识者之怀抱也。

若是之正确标准，果何自来耶？饮水思源，又不能不归于孔门哲学。孔子鄙夷阳虎，然阳虎"为富不仁，为仁不富"一语，洵可千古不灭。孔子亦视不义之富且贵如浮云。可知过当之积聚实违反孔门仁义二大原则。夫聪明有智力者之生计自不难较一般人为充裕，然充裕而不足，必从而聚敛之，则其人必弛于是非之辨者也（不义）。必弱于社会意识者也（不仁）。此种贱货而贵德之学说，二千年来，深入人心，已成实用社会哲学之一部分；有识者不特不以贫贱为辱，且以为荣焉，故曰"君子固贫"。自然阶级既乱而正确之门第主义犹未消失者，此种学说为之也。近代过当之资本主义盛行，不有托拉斯，不能垄断，不用广告术，无以招徕，商化所至在在无不以利为义，于此种情势下之门第主义，则诚不可问矣。

明乎此，可知我辈论理不应废除门第主义，论势亦不能废除之，我辈所能行者亦当行者，唯在解除种种社会障碍，使有价值标准之门第主义得以维持于不败耳。

兹论社会差分论实施下之社会正义，以为本节最后之煞尾。我辈如承认社会差分之理论，即不能不承认社会阶级一事实；时论惑于西方自由平等之说，往往视阶级为大不祥之物，而差等之论为有乖情理；是于生物现象人类经验未尝深究者也。以蜂蚁之微，而其社群生活翕然以和，秩然有序，是差分之效用然也。人类自初民时代以至今日，何处无阶级之事实，即号称平等主义最发达之国家若美国，社会分子自成部落之现象实不亚于其他国家，他无论矣。或曰，是差分而非差等也，差分近乎经济学者所倡分工之论，确为社群生活所不可无。是诚知一而不知二之论已。夫其他动物乏价值观念，而人类有之，故一端自觉地承认差分之自然现象，一端又为之较论次第，为之正名定分，以成阶级之社会现象；是正人类所以异于其他生物之一大特点，初无可訾议者也。

时人论社会正义动辄以机会均等教育均等主义相号召。自近世社会生物学之发展，其绝对主张自然平等论者固已无复立足之地。然机会均等主义则尤为一般政治理想家与教育理想家所乐道，至政治野心家之引以为口号，更无论矣。窃尝疑问焉。如何始得谓之均等？有百亩之良田于此，百人分之，人各一亩，是诚均矣。然得田者之聪明不同，体力不一，甲耕十亩而力有余，乙耕一亩而力不足，今人各一亩，是在甲则废人功，在乙则废地利，是得谓之正义乎？且一方之物力有限，而一群之人欲无穷，势不能人人而均赡之；如强均之，必致优强者无以图存，而顽弱者得苟延残喘，是不特有乖正义，抑与种族演化之大原则根本冲突矣。在今日经济状况与人口状况下之中国，上流社会已有不婚，迟婚，节育之倾向，今复益以机会均等之论，是不啻绝其生活之机，则其直接影响及社会效率而间接影响及种族之治安者不更大耶？

　　持均等主义者尚别有说。甲有七十分能力，即与以七十分机会，乙能力仅五十分，则机会亦五十分；甲有甲种特殊能力，乙有乙种特殊能力，则变更机会之性质以顺应之。以百分机会除百分能力，商数得一；以五十分机会除五十分能力，商数亦得一，是谓均等。此论较可通，社会生物学者固亦主张之。顾机会与能力诚能支配对称如是，则社会正义之目的已达，必欲冠以"均等"一类名目，实为不可解。社会生物学者既承认差等之事实，然后就环境之各方面作相当之整顿，务使阶级虽分而其界限不严，务去阶级间一切外界之障碍，使贫贱而有志者得以上达，反是者得以降格，卒使智愚能鄙之分与贵贱尊卑之分吻合为一；视符合之程度而定社会正义之程度焉。

　　且社会阶级末流之弊，因缘于心理作用者实多。试以中国社会与美国社会较。中国有阶级之分，然士人阶级与非士人阶级之分际甚疏，士人可降为农工商，而农工商可跻于士林，有如化学中之可逆作用，往复不定，故上文图表中，智识阶级与非智识阶级之间如往复二天，以示此种变迁之迹。西方社会则不然，其宗教，种族，国籍，政党种种区别往往使穷贱而有志者无以自白。由是可知阶级之分为一事，而畛域之见又为一事，美国虽不承认阶级之名，而其社会分子间畛域之见殆远见于中国。此何故耶？孔门有"矜不能""容众""逮贱"之论，故从之者富贵不骄人，贫贱不自耻，即至今日，此风流被犹广。返顾西方各新进国，资产阶级则拥赀自豪，患得患失，养成一种心理状态，西人称之曰 snobbery；无产阶级，相形见绌，亦养成一种自馁的心理状态，可名之曰 inferiority complex；两种心态接触弥久，则阶级间之畛域观念弥深。是殆近代西方社会问题无由解决之一大原因也。夫不肯居差等之名，而又不能无差等之实，名实混淆，于是此种恶劣之社会心态得以乘之。于斯以言社会正义，诚戛戛乎难能已。

四　家国同理论

　　齐家治国为孔门解决社会问题之二步骤；然家所由齐国所由治之原理无大别，故《大学》曰：

　　　　其家不可教而能教人者无之……慈者所以使众也。

《论语》引或问孔子"奚不为政"，孔子答曰：

　　　　惟孝友于兄弟，施于有政；是亦为政，奚其为为政？

孟子尝引《诗》曰：

> 刑于寡妻，至于兄弟，以御于家邦。(《梁惠王》)

可知此种家国同理之观念，原非孔门所特倡，先民政治思想与经验中实早具之。推此论也，**故孔门一端则有孝悌者不犯上作乱之论，一端则有慈以使众及民父母之论**。后者于各家著述中所见尤频数。至今犹有以"老父台"称县官者，然真精神已不复存矣。

孔门社会哲学始终不脱仁义二字，本篇篇首已具言之。齐家以仁义，而所偏在仁，即在感情之调剂。治国亦以仁义，而所偏在义，在是非轻重之辨。言感情而主差等，则其间不无义之成分可知。治国而第知斤斤于礼之分际，则社会生活将尽为机械的，甚非社会之福利，故孔门言一般交际，则主推仁；言实际政治，则有民父母之论，以补贤人政治之不足。

民父母论西方亦有之，曰 paternalism，可译作严慈主义。在民治主义未发达以前，欧洲各国政治大都有此色彩不待赘论。十七世纪中叶英国政变，克伦威尔称都护，解散国会，其议论有曰：良好之政治，第求所以利民，不求投其所好。此语最足以代表民父母主义之精神。作者于政治理论未尝深究，然就社会生物学之常识立论，必以民父母主义为有乖情理，则颇不敢。我辈如不承认人类有自然差等，而此差等者又不能因教育环境之力而转移则已，否则欲求社群之真正治安，贤人政治而外，民父母主义一类相副之论实为不可无亦不可免。

近代所谓民治主义之国家，其行政措施，投民之所好则诚有之，其为民福利则未必。美国某生物学者尝评论"德谟克拉西"政治下之教育，动辄以就学识字之人数炫人，然无论方法之如何良善，教人如何读则可，教人何所读则不可。故"教育"愈发达，则坊间劣等之出版物愈充斥。游学者初至美国,见日报发达,街头车上几至人手一编,无不赞叹曰:美国教育发达之结果如是,宜其国家之强盛也。既而再作详审之观察,则此类刊物之教育效力,几等于零,甚者且于社会道德有恶影响焉。美国《国家》周报（The Nation）主笔维拉特氏尝就纽约销行极广之某小报纸作一分析,计一周之中各种消息所占之篇幅如下:外国新闻一三二寸,时评一四四寸,美女展览与比赛五五四寸,离婚与退婚二〇三寸,盗案一八三寸,奸淫案件八二寸,打擂台及其他运动、无线电音乐等一一七八寸。[10]人手一编之日报如是而已,其于社会治安果有何种良好影响,不言而喻矣。荀子《劝学》篇中有曰:君子小人学之所得各有不同。知美国城市之教育状况而信然。夫出版物所以以知识灌注国民,而民之所好不过尔尔,他复何论？评论者尝呼美国现任总统柯立志*为 world famous mediocrity,诚然,则亦投民之所好而已,醉心于民治主义者当无尤也。

推家国同理论而得政教一本论,此实出本篇范围,不具论。

五 结 论

自来言社会哲学者多矣,顾以与孔门之社会哲学较,不失之过于抽象,即失之过于偏激;抽象者不顾事实而事冥思,偏激者,十分哲学,根据事实者半,出乎情感者亦半。晚近社会哲学至称发达;其流被最广者厥有民治主义与社会主义二派。试略评之。

---

* 现译名:"柯立芝"。——编者注

民治主义一派所根据者为人权，平等，自由诸说。平等说之违反事实，上文已具论之。如不承认人生未尝不受因果律之支配则已，否则自由之说，揆诸事理，亦不可通。人权与自由互为表里，英国生物学家贝特孙氏有曰："我辈习生物学者几不识人权为何物，我辈直不识平等人权更为何物"。在醉心于民治主义者将以此为怪论。殊不知人权一类观念，实不外二三理想家劳心焦思之食果；若辈幻想所至，曰是真理也；真理而与人类生活之事实抵触，则曰，是不由经验构成，而由直觉体会，是不问已往，而问将来，是非事之已然，是理所当然。是说也，客气者谓之抽象，不客气者谓之迷离惝恍，此略事客观学问者之所以无由了解也。

社会主义与民治主义异，其患不在抽象，而在偏重。例如马克思一派，其论劳工为财富之源，非不事实也，然以劳工为唯一之富源，则偏矣。其论经济命定可以解释历史，亦何尝不是事实，然以之解释一切社会经验，则偏矣。私有财产制之流弊甚大，亦公认之事实也，然必欲全部废弃之而后快，则偏矣。资产阶级有作威福者矣，社会为正义计，与以相当之惩罚，亦是情理内事，然必欲剥削其公权，没收其财产，则又偏矣。今有社会改革家于此，于社会上种种不合正义之事，身受目睹，亟思有以彻底挽救之；狂热之来，理解有所不能排遣，则其发为偏激之论，亦未始非意计中事，此种社会学说之所由成谓其事实与情感各居半数，当非过论。

孔门社会哲学则不如是。其全部观念中有与常识抵触者乎？有与孔子以前中国先民之经验抵触者乎？有与近代社会生物学所公认之事实与原则有抵触者乎？曰无之。孟子一热烈之社会改革家也，其持论时或失之抽象，失之偏激，其性善，平等，环境，意志诸论于孔门哲学中始终未取得重要地位，孟子自身时亦作矛盾之论，足见支蔓虽多，实未出孔门正轨也。荀子之地位大致与孟子相似，二人之性质虽不同，而其与孔门之缘分则实在伯仲之间，荀子力持差等说，实较正统，此与普通之评论为殊矣。

或曰：孔门社会哲学既若是之美备精切，宜使中国社会得所位育矣，何事实之不尽然也？又问：就历史事实而论，社会位育之位（即社会静止之秩序），中国诚不可谓无，且不可谓不发达；至社会位育之育（即社会勤动之进步），则不敢知：是孔门社会哲学之应用，又何轻重不均乃尔？

一派哲学之精到合理为一事，后世从之者之解释与运用或又为一事。是不可以不辨。孟、荀去孔子未远也，其持论参差已甚，后此更无论矣。孔门社会哲学之未能收十分效果，窃以为当于此种参差中求之。

（一）推"仁"有未尽也　孔门论亲亲、仁民以至爱物，谓感情之施展应由近及远，而程度之深浅，即视远近而差。后世儒者于此义未能了然，偏听亲亲之说，故一端专在孝字上用工夫，使亲权得为无限之发展；一端复推崇敬长之义，致老寿与权威几成一物。其于二人成仁之真义则熟视无睹。绝对偏隘者且以为国君始可与言怀仁施仁之道，而一般人不与焉。不然者，即以仁字为一种口头禅，犹之近代西方基督教徒之侈言博爱，倡之愈甚，则其去实际生活也愈远。故亲亲不杀之结果，卒使家庭意识之发展有余，而社会意识之发展不足；中国人除家庭而外，殆别无团体生活可言，岂不因此故耶？社会意识不发达之结果，不特无真正之社群生活可言，即"社会""社群"之概念亦无由发生，大可慨已。

社会意识，为社会进步之原动力，欧美各国近三百年来之进步，半食社会意识之果，殆可断言。中国人至今日犹持"各人自扫门前雪，莫管他家瓦上霜"之心理不变，宜其不足与言竞争而瞠乎其后人也。

（二）释"义"有未尽也 义者宜也，尊贤为大，是义之精义，在识人之贤愚，而使其得相当之社会地位。孰为领袖，孰为随从，诚能各得其宜，斯为义举。后儒目光如豆，其释义之浅薄，不出三端。偏重一切之是非，即今之所谓正义，积久而亦成一种口头禅，与基督徒之侈言 righteousness，如出一辙。此其一。仁义为目的，而礼为手段，荀子以后儒者，第知于礼之分际上铢锱较量，一若以礼为目的，而一事之义不义则转不闻问，故女有为不义之夫守节者矣，士有为不义之君尽忠者矣；此所以取义者，不转成失义耶？此所以明是非者，不转而混淆是非耶？此其二。后世仁义二字之分界不清，慈善事业，每称义举，故世有义庄，有义塾，而近日为社会服务而不取酬劳者，辄称之曰尽义务；盖仁出感情，义出理解之根本区别不明久矣。此其三也。兹数端者，要皆使尊贤为义之精意日晦。义之精义既晦，则社会上应作领袖之贤良人物少一层保障，而社会进步之保障，亦随之被剥夺矣。

（三）后世推崇孔子过当亦失当也 孔子曰："毋意，毋必，毋固，毋我"。又曰："君子和而不同"。法自然界万物并育之义，复曰："道并行而不相悖"。其为学力主优容之精神为何如耶？后儒不然。孟、孔相去未久也，而孟与杨、墨不两立。荀子非十二子，尽网击之能事，同属孔门之孟子亦不能免；说者谓其实开李斯禁异议之源。董仲舒首创罢黜百家。韩愈力辟释、老。以此种方法推崇孔子，推崇愈甚，则去孔子之精神亦愈远，患且甚于不推崇也。

其患唯何？最大者莫如减少社会上变异之现象。上文论人类多形现象为社会进化之一大原因，春秋战国之际，中国文化最称发达，多形现象为之也。汉初儒者，渐以统于一尊之说相尚，卒罢黜百家；从此儒家之地位，有教育为之宣传，有政令为之拥护，与近代所谓党化教育者无大异。有敢标新立异者，则竭力排斥之，于是学术进步之机绝矣。春秋战国学术之盛，乃不复见于后代，岂不职是故耶？西方古代文化以希腊罗马称，逮后基督教流传渐广，卒成政教混合之局势，而学术于以中绝者垂千二百年，盖异曲同工之史实也。

尊经卫道之说养成之恶劣心理三。一曰，儒家而外无学问，前节已具言之。二曰，古人而外无师范，学者动辄曰古之人，古之人。崇儒术而黜他，其患在减少进步之途径，今则并进步之一般的可能而斫丧之矣。三曰，读书生活外无生活。盖无待解释。呜呼，此三种心理，谓非中国学术进步之致命伤，不可得也。

（四）玄学之蒙蔽也 孔子不言神鬼，亦不言性与天道，其务实之精神，最为难能可贵。孟子道性善，大言不惭，为孔门破戒之第一人。汉儒尊经宏道，不尚心性之论，顾今日认为比较客观之训诂音韵之学在当时已受歧视，统名之曰"小学"，诚不识所谓大学者果何所指，大约白首穷经泯古不化者方足以当之。至宋明理学大昌，尽穿凿臆断之能事，一变孔门原有之精神。诚江河日下矣。在此种思潮之下，求思想之正确有据已绝不容易，欲其与社会生活发生切实关系，欲其督促社会生活，使日臻进步，益不可能矣。

（五）科举制之狭隘也 孔门社会哲学之全部，未经后儒洞解，具如上述。理论上既不洞解，应用上自亦难期完密，此科举选士制之所以未尝无弊也。《周礼》大司徒三年大比，考民之德行道艺。汉去古未远，举贤良孝廉，及博士弟子。唐用三科十九目，包罗最广。宋制最狭，熙宁贡举新法，至唯经义是尚。元试四书，以《朱子章句集注》为限，尤为舍本逐末。至宋用帖括，明用八股，不仅范围局促，方法亦且机械不堪问矣。

科举制度为自来社会优秀分子自拔于社会之唯一阶梯，故其范围之广狭，方法之宽密，攸关社会选择问题者至重且大。如专以文辞取士，如隋大业时制，则专攻经义或他术者必在被摈之列；反之，如专尚经艺，如宋熙宁时制，则擅文学或他术者且不受人景仰；积久执社会之牛耳者，大多数将如出模铸，其思想相似，其观念相似，其行事操守莫不相似，而社会进步之机不绝如缕矣。不仅此也，思想操守不能完全离天禀而独立；富理想者宜理学，多情绪者宜词章，善逻辑者宜科学、宜考据；是则选举范围之广狭不仅影响一时代社会之流品，抑且波及种族之流品矣。其为祸为福，不更远大耶？宋明以降，科举方法日趋机械，使徒富于记忆力者亦得擅场，而理解力特强者或以不善记诵反遭斥黜，是选举制不特不选择，且反选择已。

总之，孔门社会哲学，一误于后儒解释之不当；再误于尊经卫道辈之拥护无方，致绝其伸缩活动之力；三误于性理派之蒙蔽；至科学选士制末流之弊，犹其应用之末节耳。然此岂孔门哲学之咎哉？孔门"人在政存，人亡政去"之理，不仅于政治为然，学说之消长亦可资征信焉。

注　释：
① 荀子言性恶，而亦言平等与环境能力，与孟子同；其所以然者盖亦大

同小异。
② 西洋近代之犬种与中国古代之犬种，皆出于人工选择，自不尽同，不能直译，此但言犬种名目之多耳。
③ 孟子言人性皆善，而有平等论与环境论；荀子言人性皆恶，而亦有平等论与环境论；二者显然与本段所引各节甚相矛盾，当于篇末附录中试为解释之。
④ 设此节果为孔子答哀公问政之语，则可知孔子言礼主"分"，其程度或不亚于荀子，但或无荀子之呆板耳。
⑤ 春秋战国期间阶级消散之象，可参看梁任公先生《先秦政治思想史》。梁先生分析当时之文化背景甚详，惜不自社会生物学观点立论，故未能尽其义。
⑥ 荀子非孟子曰："案饰其辞而祗敬之，曰：此真先君子之言也。"（《非十二子》）实则荀子自身何尝不犯此病。"性"的平等，不论其为等善，或为等恶，要非孔门正统之论则一。自然平等与差等之论实不相能，故孟、荀著作中自相矛盾之处时见；然本人未尝觉察者，则淑世拯时之热情蒙蔽使然耳。
⑦ 《先秦政治思想史》。
⑧ 竞试论次之法，汉代已有实行者，但规模狭小，且被试者似为已在官之人士。《汉书》："诏丞相御史，举质朴敦厚逊让有行者。光禄岁以此科第郎从官"。是则选拔则由丞相御史之推举；而论次淘汰，则由光禄之科第；显为一种过渡之制也。
⑨ 周建人先生：《读〈中国之优生问题〉》，《东方杂志》第二十二卷第八期。
⑩ 见本年三月《大西洋月报》(The Atlantic Monthly)。

（原载《留美学生季报》第 11 卷第 1、3 号，
1926 年 3 月 20 日、1927 年 1 月 20 日）

孔门社会哲学的又一方面

近世社会哲学中有三个不易解决的大问题：一是性善论，一是平等论，一是环境与遗传比重论。这三大问题，并不是近人的创说，中国在春秋战国的时候早就发生了。只要翻看孔门的著述，这几个问题便跃然纸上，如今先把《孟子》分析一下：

先论性善问题，性善二字，性是什么，怎样才入做善，极难解释，心理学家、哲学家至今还在辩论。为便于讨论起见，我们就暂时领受《中庸》上及《孟子》上的一定义，《中庸》上说：

天命之谓性。

《孟子》上说：

可欲之谓善。

取这两个定义，虽则因一时之便，也有一桩好处，就是以那时候的见解来批评那时候的哲学是最公允的；要是取现在的或是西方的见解作绳墨，结果不是强为附会，即瞎下攻击；我们讨论旧的东西，毁誉之间，常不免这个毛病。

何谓天命，何谓可欲，当然也得看清楚。暂时免去许多玄学的说法，我们以常识来观察，不妨有下列之假定。"天命"就是生来就有的一切品质之总名目，归根是生物学的；"可欲"释以今语便是"要得的"，不是"要不得的"，这"要得"与"要不得"之分，归根是社会学的，是社会伦理的一个判断。社会因人与人或群与群共同生活的经验觉得某事物相对地有利，即以为"可欲"，某事物相对地有害，即以为"不可欲"，准此，"性善"也者，就是说：天所命与人的本质是与人群的生活不冲突的；推而论之，使人群生活发生冲突的事物，必与天所命的本质不相干。

性善主义是孟子重要的学说之一，孟子以前和同时尚有别的主张。《告子》篇里缕述说：

一、性无善，无不善。
二、性可以为善，可以为不善。
三、有性善，有性不善。

孟子自己说：

四、性善。

略后荀卿反其说：

五、性恶。

后来韩愈作性说，也说性可以为善，可以为不善。

抛开了一切成见，理想，却根据历史的教训，及近世生物学心理学的与社会学的成绩，我们不妨把这五种说法分析一下：

"善""恶"之分，即"可欲"与"不可欲"之分，是人群底经验之谈。在有人类以前，在人类有文化以前，这种分别大概是没有的。待有分别之后，社会因其重要而申说之，申说之不已，而重之以神道的权威，这也是历史的社会学的事实。不过要是我们因其后来的发展，而迷失其固有的来源，以为善恶之分，可以离社会而独立，以为这个分别是绝对的，永久的，而非暂时的相对的，那就错了。准此，可知上文五个说法里的第一个说法"人无善无不善"是讲得通的。[1] 放大些眼界视人类为沧海一粟，置社会的经验于不顾，然后立论，可知天命的一切品性原无所谓善恶，善恶是"人"的判断，是经过社会生活的人底判断。

第二个说法"性可以为善，可以为不善"也讲得通。天命的人性自身原无所谓善恶，然而因其发展之得宜与否，行使之有益抑有害于人群，而加以褒贬，是可以的；换言之，即以社会学眼光来打量生物学的事实，好比我们因五谷可以养人而名之曰"嘉种"，因虎豹可以杀人而名之为"恶兽"。但是第二个说法有一桩困难，就是：假定人性是一个混同的东西。好比一团着水的土，因其所入的模范而异其方圆之形。又好比"入砚池"的杨花"近朱者赤，近墨者黑"；这个假定似有不合事实之处，以后别有机会论及此节。

第三个说法，似乎最近情理；不必乞灵于近代的生物学说及心理学说，我们平日的观察也觉得如此。天资有高下之分，德性有忠厚刻薄之别，有"百折不挠"的志士，亦有怙恶不悛的罪人；如根据第二个说法，说这都因后天的教养的善否所致，于理殊不可通。生物的先天的事实，决不是混同一致的，有的易于发展得宜，有的不易于发展得宜，其易于发展得宜的，发展之后，即与社会有利，社会即善之，其不易于发展得宜的，发展之后，即与社会有害，社会即恶之：第三说"有性善，有性不善"底解说，如此而已。

第四说与第五说，孟子底性善与荀子性恶可以合在一起讨论。如以上文云云为然，则不论性善，性恶，都是讲不通的。不要讲别的，孟子道性善之后，接着便有荀子道性恶，竟是南辕北辙，毫不通融，即此一端，我们便不能不疑二说之中，没有一说是一百分地合理的，否则决不会有这种极端的对峙的争执。荀子性恶不在本篇范围之内，姑不细论。孟子之性善论，则大可温习一次，温习之后，可知我们所不能满意于孟子及荀子者，趋向不同，而程度相一。

《告子》篇里，孟子答复公都子的话是性善论底最重要的一段文字。不过笔墨上也有不清楚不易索解地方，例如公都子问"今曰性善，然则彼皆非与？"之后，孟子第一句答语便是：

乃若其情，则可以为善矣，乃所谓善也。

要是没下文一大段引申之论，这一句话便不好懂。"乃若其情"，大概即是作"顺其情"讲。人性原是好的，只要顺了他的理发展出来，这个好处就可以着实地见到。大概是这个意思。② 要是这好处不实现出来，一定是因为发展得不顺理路，故曰：

若夫为不善，非才之罪也。

不是才的罪，然则是什么的罪呢，是谁的罪呢？所谓"不若其情""不顺理路"者，又作何解？"才"之外，一定有别的势力作梗，这势力又是什么？这个问题孟子接着就有答复；他说人人有恻隐，羞恶，是非，恭敬之心，与因此四心而发展之仁义礼智后，总括一句说：

> ……仁义礼智，非由外铄我也，我固有之也，弗思耳矣。故曰求则得之，舍则失之。……

后来又引孔子的话：

> 操则存，舍则亡，出入无时，莫知其乡，其心之谓与？

谈到此处，我们不能不乞灵于比较新一点的玄学名词了。"自由意志"这样东西究竟有没有，姑不具论；无论如何，这个观念在中国玄学里是不甚清楚的，这不是说中国玄学里无此观念，但是含糊些，因其含糊，故而与其对待观念之争论也少。孟子对于此言操存舍亡，求得舍失，隐隐然即指自由意志，可以推想而知。操，舍，取，予之权果谁属？当然属诸个人自己；便是与吾"欲仁，斯仁矣"同一见地。所以要是性善的底子不着实地发展出来，一半是因为我没有用心，或是误用了心，所以一半的责任是我自己负的，而"非才之罪也"。再有一半责任是谁负的呢？孟子接着说：

> 富岁子弟多赖，凶岁子弟多暴，非天之降才尔殊也，其所以陷溺其心者然也。

此处又不能不用一个较新的名词了，"其所以陷溺其心者"便指环境。所以依孟子看来，莽麦的种是没有不好的，要是结果不佳，乃因"地有肥硗，雨露之养，人事之不齐"；牛山之木本来是很美的，如今濯濯了，乃因其"郊于大国，斧斤伐之……牛羊又从而牧之"，糟蹋成的；人人有仁义之心，其所以不实现者，其故在生活之反常，养护之不得宜，所谓"平旦之气"者，每被"旦昼之所为"所梏亡，以致其人"违禽兽不远"；我们不应以收获之不佳，牛山之濯濯，人之去禽兽不远，而咎及麦之种，"山之性"，"人之情"；我们不应怀疑天赋的不善，天赋是没有不善的。

这是孟子底理论。是耶非耶？虽不尽非，亦不尽是。麦种当然有优劣；也不是个个山陵可以出木材，就是孟子同时的农业家林艺家，大约都承认的。不是人人有仁义礼智的底子，此在今日固毋庸多辩，即在春秋战国之际，人品没有现在的不齐一，社会生活没有现在复杂的时期内，早就是教育家律法家的经验，也是可以无疑的。

此外孟子辩论间，常有不合逻辑之处，应该指出来的。大凡用比论法来辩证，总是一件危险的事。上文用的莽麦、牛山还可以通，别有一处反驳告子的议论，他用水作譬说：

> 人性之善也，犹水之就下也。人无有不善，水无有不下。

接着又说：

> 今夫水，搏而跃之，可使过颡；激而行之，可使在山。是岂水之性哉？其势则然也。人之可使为不善，其性亦犹是也。

这却不可通了，水之就下的确是水的本性之一（以严格的物理学眼光,当然也不是),是内含的,不是外加的。以人性为善,乃是完全外加的,不是内含的;人性本身无所谓善,亦无所谓恶,善恶是人群有社会生活后的判断,上文已提及之。

由性善问题进论人类平等问题,是极自然的。讨论这个问题,较性善问题为难,一则因为意见绝不一致,就是一个人说话,前后便有不符之处。孔子不免,孟子亦不免。

所谓平等,可以有二种看法:一是类别的看法,一是程度的看法。真正类别的不平等,在古籍中是难得谈论到的,我们也不期望他谈论到,因为在文化比较的初期里,社会生活比较地单简,人品底不齐的确是一桩不易领会的事实;并且在那时期内,交通不甚方便,远婚的风气未开,由纯粹的生物方面看来,一个社会里的异致品性也比较地不多。

孟子说:

> 故凡同类者,举相似也,何独至于人而疑之?圣人与我同类者。(《告子》上)

这是我们可以承认的。又说:

> 人之所不学而能者,其良能也;所不虑而知者,其良知也。孩提之童,无不知爱其亲者,及其长也,无不知敬其兄也。亲亲,仁也;敬长,义也;无他,达之天下也。(《尽心》上)

这大致我们也可以承认,虽则例外很多,普通可以这样讲就是了。

又说：

> 口之于味也，有同耆焉；耳之于声也，有同听焉；目之于色也，有同美焉；至于心，独无所同然乎？心之所同然者，何也？谓理也，义也……故理义之悦我心，犹刍豢之悦我口。（《告子》上）

暂时不计较理义是什么东西，我们可以承认人人多少总有一点智慧和情感，天才与低能儿也许就是程度上的差别，所以这句话还可以通。不过若是能够把这个程度的不同明白指出来便更好了。孟子引有若曰：

> 麒麟之于走兽，凤凰之于飞鸟，泰山之于丘垤，河海之于行潦，类也，圣人之于民，亦类也，出于其类，拔乎其萃……（《公孙丑》上）

这句话便说得满意些。凤凰底有没有，其能否与其他禽兽类比，姑不具论，出于其类，拔乎其萃二语则说得恰好，以示圣人之于民，于类别虽同，于程度则异。

这个程度的不同，是无论如何不容易弥补的。要是勉强把他拉拢，说人与人底子上不特类别相同，并且程度相等，那便有新问题发生了。孟子有了性善底大前提，除极力拥护人性无有不善说外，同时便不能不主张性善底程度一致。孟子学说最牵强之处，我以为就在这里。让我慢慢地申说。

孟子论人人有恻隐善恶……之心后，结论中有一部分我保留着未在上文完全引出；他说：

> ……"求则得之，舍则失之。"或相倍蓰而无算者，不能尽其才者也。(《告子》上)

这可见人人可以做一百分的好人，如今做不到，决不是"才"底不足，乃实在因我自己无毅力，环境作对太甚，虽足而不能尽量发展的缘故。孟子接着又引《诗经》及孔子底批语以实其说；《诗》曰：

> 天生蒸民，有物有则。民之秉彝，好是懿德。

孔子的评语是：

> 为此诗者，其知道乎……民之秉彝也，故好是懿德。

"秉"即天命之谓性，"彝"通彝，训"常"，言天赋之人性大致有常，故都领会得许多大道理。这与上文"圣人与民同类"的口吻相似，是极普通的，我们可以承认；可是孟子的"……倍蓰……无算……不能尽其才"是一绝对的说法，殊不能与所引的诗相提并论。孟子这种绝对的说法不止是理论而已。他竟用以教训别人，我们简直可以说这是他的教育哲学。孟子道性善，言必称尧舜，滕文公作世子时见他请教，他就引颜渊的话：

> 舜，何人也？予，何人也？有为者亦若是。(《滕文公》上)

齐王使人瞷孟子,"果有以异于人乎?"孟子说:

> 何以异于人哉?尧舜与人同耳。(《离娄》下)

别一处又说:

> 舜,人也;我,亦人也。舜为法于天下,可传于后世,我由未免为乡人也,是则可忧也。忧之如何?如舜而已矣。(《离娄》下)

这种武断的言论至与曹交一段问答而登峰造极,从长地引在下面:

> 曹交:人皆可以为尧舜,有诸?
> 孟子:然。
> 曹交:交闻文王十尺,汤九尺,今交九尺四寸以长,食粟而已,如何则可?
> 孟子:奚有于是?亦为之而已矣。有人于此,力不能胜一匹雏,则为无力人矣;今曰:举百钧,则为有力人矣。然则举乌获之任,是亦为乌获而已矣。夫人岂以不胜为患哉?弗为耳。……子服尧之服,诵尧之言,行尧之行,是尧而已矣;子服桀之服,诵桀之言,行桀之行,是桀而已矣。(《告子》下)

真是谈何容易!以孔子之仁且智,教出来的徒弟,尚且参差不齐,其心三月不违仁的,只有一个颜回,其余则日月至焉而已。孟子既说得这样容易，曹交当场便要拜他做老师：

> 曹交：交得见于邹君，可以假馆，愿留而受业于门。

孟子却阻止他说：

> 夫道若大路然，岂难知哉？人病不求耳。子归而求之，有馀师。

看来这也是最好的收束，不然者，一年半载内，若是曹交学得不见效验，孟子才不好下场咧。总之，以我辈观之，一个普通健全的人，总有几分向上的欲望，这种欲望也可因教育、习惯之养成，而增益其效率，要是说他可以无限制地发展，到划一的理想的程度，是万万做不到的。孟子开口尧舜，闭口尧舜，尧舜究竟是什么人物，我们现在考查不出，就是孟子当时，也未必有多少把握，终究是一个理想的模范罢了。

孟子一面主张人人可以为尧舜，人人可以做一理想的人物，一面却未尝不见到人与人之间有许多不齐之点。就是日常的生活里，他也看出来有不能不应划一的所在。他批评许行底学说道：

> 夫物之不齐，物之情也；或相倍蓰，或相什百，或相千万。子比而同之，是乱天下也。……从许子之道，相率而为伪者也，恶能治国家？（《滕文公》上）

这是批评得很对的，近代学者不满意，其根本的观感也就是这一点。这是专讲"物之不齐"的，至于"人的不齐"，各有的本分，孟子也有见到之处：

> 有大人之事，有小人之事。……或劳心，或劳力；劳心者治人，劳力者治于人；治于人者食人，治人者食于人，天下之通义也。(《滕文公》上)

再有一处，他说得更是着力：

> 天下有道，小德役大德，小贤役大贤；天下无道，小役大，弱役强，斯二者，天也。顺天者存，逆天者亡，(《离娄》上)

这一段，第以字面而论，竟是一优胜劣败自然律底注解，天下有道，社会所事事的在比较精神的，无道，则所务比较物质的，然注意之事物的价值虽有不同，而优胜劣败，强存弱亡之原理则一，都是违反不得的。天下的治乱，许多哲学家都以为有循环的倾向，所以从大处看去，治果可喜，乱亦意中事，无大关系，小役大，弱役强，毕竟要比颠倒的大役小，强役弱好些，不然便有绝对的危亡之祸。孟子言顺天者存，逆天者亡，其义大率在此；这是完全近理的，下文当再及之。

至此我们可以质问孟子了。一面既人人可以为尧舜，何以一面又有如许分别，而且是分别很严的，不止说这种分别是"天下之通义"，竟是违背了，就有灭亡之祸。所谓大人小人，大贤小贤，大德小德，劳心的劳力的，治人的治于人的；别处又常说"圣人"怎样不同，"君子"怎样不同，又有所谓天爵人爵，大丈夫，贱丈夫，所谓豪杰"若夫豪杰之士，虽无文王犹兴"，所谓"天民""有天民者，达可行于天下，而后行之者也"，所谓庶民，所谓野人，竟是不一而足。请问：孟子如何自圆其说？

这是一个难题目，也许他的门徒之中从没有人参较过两方面而提出过这样的一个总题目，但仔细看去，孟子却不是完全没有准备。性善论，和善的程度一致论，始终是孟子底中坚学说，不过孟子有几桩保留，为后来地步。

"操舍存亡"，隐指着意志的自由选择力，环境有陷溺的恶影响，这二桩上文已讲过。此外还有些少可以退守的地步。我尝约略分此后退步为三部分。一是可得可失之分，二是从大从小之分，三是先熟后熟之分。

> 人之所以异于禽兽者几希，庶民去之，君子存之。(《离娄》下)

又说：

> 君子所以异于人者，以其存心也。君子以仁存心，以礼存心。(《离娄》下)

又说：

> 所欲有甚于生者，所恶有甚于死者。非独贤者有是心也，人皆有之，贤者能勿丧耳。(《告子》上)

这便是可得可失之分。好比两个贩客，下手的时候，本钱是完全一样的，后来其一中途把本钱掉了，因而失败；至于如何失落，因何失落则为孟子推论所未及。

孟子底门徒中间，看来公都子最喜欢与老夫子为难，上一次问性善，未得圆满的答复，这一次又问：

> 钧是人也，或为大人，或为小人，何也？（《告子》上）

这问得好，也是我们都想问孟子的。孟子说：

> 从其大体为大人，从其小体为小人。

这也是跟着原文上文来的，原文的上文说：

> 体有贵贱，有大小。无以小害大，无以贱害贵。养其小者为小人，养其大者为大人。

此谓每人之身，备有大小贵贱之品质若干，例如人人可以为仁义，而亦人人可以恣口腹；而有不为者，而有不恣者，则因其注意有偏倚一端的缘故，因其偏倚的趋向而有君子小人之分焉。此所谓从大从小之分。然而公都子接着又问，我们也觉得接着再要问：

> 钧是人也，或从其大体，或从其小体，何也？

这里孟子的答复竟与未答复一样，他说：

> 耳目之官不思，而蔽于物。物交物，则引之而已矣。心

之官则思，思则得之，不思则不得也。此天之所与我者。先立乎其大者，则其小者不能夺也。此为大人而已矣。

耳目不思，易蔽于物，是谓小体，心之官则思，是谓大体，所以一个人要先在心上要功夫，便不为物欲所蔽，也便不做小人了。这不是引申"从其大体为大人，从其小体为小人"一语么？何尝是进一步的解释？

可得可失之分，与从大从小之分，归根还是一个自由意志与环境的问题。可得可失，半因志气不坚定，半因境遇太恶劣；从大从小，半由自己不用"心"，半亦由外"物"所诱引。可见这两个退守之点都算不得新鲜。可是第三个先熟后熟之分，似乎完全与自由意志及环境不相干。

天之生此民也，使先知觉后知，使先觉觉后觉也。(《万章》上)

又一处说：

……至于心，独无所同然乎？心之所同然者，何也？谓理也，义也。圣人先得我心之所同然耳。(《告子》上)

观此可知人性虽同善，而其间有先知后知先觉后觉些少分别。大道理的根苗是大家有的，不过圣人发见得觉察得独早罢了。

但是我们要学公都子逼着再问：这先后之分又怎样发生的呢？是自己发奋出来的呢？是别人教育出来的呢？到这个所在，

我们可以说把孟老夫子逼得负隅了，他再也不能说完全是环境和教育的效用，也不能说是自由意志的效用了。有许多把柄可引。第一，孟子论先觉后觉之分后，即指着自己说：

> 予，天民之先觉者也；予将以斯道觉斯民也。非予觉之，而谁也？（《万章》上）

此语与孔子"天生德于予，桓魋其如予何"同一口吻，同一抱负。与"何以异于人哉，尧舜与人同耳"，似出两人口中；所谓"天生德于予"与"予天民之先觉"，显然含有先天的意味，也都含有"命"的意味。这"命"之为物却是再也不能假借的了。第二个把柄可于"得天下英才而教育之，三乐也"一语中求之。既然是人皆可以为尧舜，既然是人人有才可尽，何以孟子要有先"得天下英才"底一番挑选功夫，然后方言教育？何以孟子也讲一些效率起来？言英才而尚须教育，则此"才"与"不能尽其才"之"才"同义，都是先天的，然则又何必冠以"英"字？推孟子之论，这都是很难索解的问题。这是《尽心》篇里的一句话，大约是孟子生平将结束未结束时的一句常识话，显然与他的主义不一贯的。

这两个把柄隐含着天命不可强求，不过若是再进一步，可知孟子到万分无奈之际，也就直截爽快地把一切责任归之天。讲到大人物之产生，他说：

> 五百年必有王者兴，其间必有名世者……（《公孙丑》下）

孟子末尾说，又指着自己：

> 由孔子而来至于今，百有余岁，去圣人之世若此其未远也，近圣人之居若此其甚也，然而无有乎尔，则亦无有乎尔。（《尽心》下）

王者名世者断代而出，可见其所凭借者决不是人为的环境。去圣人时间上空间上都不算得远，教育的文物的背景不可谓不佳，然终不免"无有乎尔"。前一语言有天命而圣人出，后一语即反言无天命即圣人不出，这是很明显的。

不止圣贤之兴由天命，尚有一批人物，其生也亦由天命。读者也许记得公都子问性善的时候，引：

> 或曰："有性善，有性不善；是故以尧为君而有象；以瞽瞍为父而有舜；以纣为兄之子，且以为君，而有微子启、王子比干。"（《告子》上）

当时孟子只顾得说自己的正面话，竟没有反驳这一段；也许他觉得不容易反驳。因为在《万章》篇里，孟子自己早就说过：

> 丹朱之不肖，舜之子亦不肖……其子之贤不肖皆天也，非人之所能为也；莫之为而为者，天也，莫之致而至者，命也。

至此可以说绝对的性善论和人人有才可尽论宣告了破产，再也没有法子替孟子辩护了。

孟子对于人类平等问题的意见完了。如今不妨总括一句。孟子平等主义底大前提是人人有才可尽;其不能尽者,大率因意志力不足或环境不适当。倒过来说,意志之不足,环境之不适当,可以使原有的才中途消失,或使其人用功夫在小的物质的一方面,而忽略其大的精神的一方面。不过他也默认这个主义不能笼括一切人物。第一,大圣大贤,不在其内;第二,巨恶大憝,不在其内;那其间的责任不是个人自负,也不是社会,环境,教育所负,负责者是"天"与"命"。

上文应该已经明白指出孟子哲学很重要的一部分。平等主义,归根是他的大前提;以社会的大众作着眼点,可知因天命而所产生的人品不齐一是有限的,大圣大贤,巨恶大憝不常有;并且偶一发见,亦不能因人力而有变动。所以孟子的平等主义理论上虽然算不得绝对的,却是一派可以实用的社会哲学。

社会进化是一件极复杂的现象,其背景里底因子当然很多。但是我们可以大别之为三类:一是人的先天的本质;二是后天的环境;三是人类的"自由意志"。环境又可分做:物质的环境如一时期内的经济制度及"天时""地利"之类,及精神的环境;精神的环境又可区分为已往的文物和目前的教育二项。"自由意志",有的说可因训练宜否而有消长,所以可以算在环境里面。

社会进化 ─┬─ "个人的自由意志"
          ├─ 后天的环境 ─┬─ 精神的环境 ─┬─ 目前的教育
          │   └─ 物质的环境   └─ 已往的文物
          └─ 先天的性质

社会改革家对于上列若干因子的信仰各有不同,因其信仰之不同,其改革时的措施也就不一样。我们读了《孟子》,又根据上文,大概都承认孟子是一个十分诚恳的社会改革家,也知其所由改革的路径有二:一是政治,一是教育。我们还可以进一步问孟子对于上列的若干因子里，信仰最深是那一个或那几个。理论上，他对"先天的性质"，"后天的环境"，"个人的自由意志"，三者都有几分信仰。我们还可以分开了说。要是完全以孟子为玄学家，我们可以说他对于先天的本质信仰最深，因为命运论在当时是弥盖一切的；不过要是孟子为一社会改造底实行家，那就大不相同了，以社会改造家底资格，他就不能不将天命的范围缩小，而注其全力于后天的环境和个人的自由意志上。这的确是我们在上文已经见到的。我们因其改革家的资格而呼孟子为环境论者与自由意志论者，亦无不可。不过同时要保留一点历史的背景看法，不把这几个名称看得太死板就是了。

要是有人觉得这个结论不适当或太过火，我们不妨再把孟子的教训温一遍；我草此篇文字，在下笔作本段之前，当真又把《孟子》翻看一过，为的是提防瞎下断语。

我们现在批评孟子，不是批评玄学家底孟子，是批评社会改造家底孟子，这里要牢牢记着的。孟子承认丹朱，商均，启之同为大人之子，而有贤不肖，乃是由于"莫之为而为，莫之致而至"的天命，即不啻就真真极端的社会分子，不论其好得极端，或坏得极端，都不在人力范围之内，都在社会改造问题统治之外。所以，"待文王而后兴者，凡民也，若夫豪杰之士，虽无文王犹兴"一类的语句便等于"天之生此民也，使先知觉后知……"等语，同一与社会改造无干。先知，先觉，豪杰都是天生的，社会改造不能增损他。再有一段，足证真正的天命的人物可以超越一切时间和空间上的阻碍。

> 舜生于诸冯，迁于负夏，卒于鸣条，东夷之人也；文王生于岐周，卒于毕郢，西夷之人也。地之相去也，千有余里；

世之相后也，千有余岁。得志行乎中国，若合符节，先圣后圣，其揆一也。(《离娄》下)

粗看这种语句很可以证明孟子不是一个环境论者。细看却大不然。我现在好比一个律师，一定要坐实孟子是一个环境论者似的。确有些如此；不过我自信我没有武断，下文我还有别的佐证要说；要是真把他坐实了，也与孟子人格无损。极品的好人与极品的坏人既然是天命的，要是我是一个信命运论的改造家③，只好置之不理，因为如此人物不是不必教，便是教不了；然而我不妨用心在其余的社会分子身上，他们是可因良善的教育和环境而成为理想人物的。这便是改造家底孟子最后的地位，这也是大多数环境论者底地位。反过来结束一句：若是孟子曾经提到过，或竟讽示给我们：万一可以用人力来提高"先知"，"先觉"，"豪杰"，"名世者"之出产额，我便收回成命。

不过我们还没有把一切佐证说完。有物质的环境，有精神的环境，在这两方面孟子都有严密的教训，尤其是精神的一方面。他看出生计问题底重要，所以恒产恒心之论是他经济学说之中心点，他以为恒产之缺乏，一半虽因凶年，一半也因为支配失宜，所以他很主张"通功易事，以羡补不足"；这些主张，只要不趋极端，是无可反对的。但这是为全般的社会说的，若是为个人，他觉得要是人人可以闻"道"，生计底裕否，似乎是一个次要问题；"穷不失义，达不离道"，是不难实现的理想。

所以他就极看重教育感化力，他说：

夫君子所过者化，所存者神，上下与天地同流，岂曰小补之哉！(《尽心》上)

那时候的教育是不讲教授法的，教育如同政治——其实那一行事业不是如此——差不多完全一个人格的问题；所以"所过者化，所存者神"，便是当日教育底效用了。大人格的感化力，不限于当时，并可垂诸后世，所以说：

> 圣人，百世之师也，伯夷、柳下惠是也。故闻伯夷之风者，顽夫廉，懦夫有立志；闻柳下惠之风者，薄夫敦，鄙夫宽。奋乎百世之上，百世之下，闻者莫不兴起也。非圣人而能若是乎？而况于亲炙之者乎？（《尽心》下）

以上是为个人的教育说的，为一政治的组织也是如此；已往的文物，尤其是已往的圣君贤臣，是不可以不师的。这一点上，孟子底话真多；兹举其二：

> 今有仁心仁闻，而民不被其泽，不可法于后世者，不行先王之道也。（《离娄》上）
>
> 如耻之〔小国师大国〕，莫若师文王；师文王，大国五年，小国七年，必为政于天下矣。（《离娄》上）

时势造英雄，英雄造时势，是一个亘古不易解决的辩论题目，不过孟子是主张第一说的。他侈谈天命之际，也许不免承认后一说也有道理。然处社会改造家的地位，他始终以第一说为重。他要齐国王天下，热心之甚，说他易如反掌，因为公孙丑和他问难，他就说出一段因时乘势的大道理来；他引了一句齐谚，作他的总冒：

> 虽有智慧，不如乘势；虽有镃基，不如待时。（《公孙丑》上）

后人平心而论，孟子这一段热心过度的话，不特没有说对，竟然是说反了。何则，齐国有好机缘而始终未王，文王没有好机缘（孟子自己引作陪衬的），虽难而王，可见得两两相较，王天下似乎还是人的问题大些，时势的问题小些咧。

孟子为维持环境的重要，别有一段有趣的言论，不知用了什么逻辑方法转换出来的。他不是说大人物是天命的么？他不说天赋给他百折不回的本质，却倒过来说，天布置了许多绊马索来和他为难，所以——若大人物虽由天命，却是间接的；直接还是天命的阻力和磨炼工夫造出来的咧！这句话不能不引：

> 故天将降大任于是人也，必先苦其心志，劳其筋骨，饿其体肤，空乏其身，行拂乱其所为，所以动心忍性，曾益其所不能。（《告子》下）

孟子底环境论是坐实的了。不过再有两节话可以引来做一结煞，其一上文已提过。

> 今夫麰麦，播种而耰之，其地同，树之时又同，浡然而生，至于日至之时，皆熟矣。虽有不同，则地有肥硗，雨露之养，人事之不齐也。（《告子》上）

可怪竟完全不论到麦种本身有无问题。不过下文还要诧异，竟是

一句十分武断,十分抹杀的环境论底结论:

> 故苟得其养,无物不长;苟失其养,无物不消。(《告子》上)

到此我们可以不必再辩了。

孟子不止是一个环境论者,也是一个自由意志论者。我们暂且不管自由意志是什么一个东西。我们约略引他的几段教训就是了。

> 自暴者,不可与有言也;自弃者,不可与有为也。言非礼义,谓之自暴也;吾身不能居仁由义,谓之自弃也。(《离娄》上)

再有一处说:

> 祸福无不自己求之者。《诗》云:"永言配命,自求多福。"太甲曰:"天作孽,犹可违;自作孽,不可逭"。(《公孙丑》上,亦散见《离娄》上)

在西方,"自由意志"论是一大批玄学观念底基础,例如法律上及伦理学里抽象的"负责论",即由此产出。孟子这一段话,可以说是西方"负责论"的结晶。

于此不妨再加一小点观察所得。孟子总觉得甲与乙底不同,因为一个肯用脑筋,一个不肯用脑筋,因为一个不肯动手,一个肯动手。所以我们常见这一类的求全责备,如"非不能也,不为也","弗思甚也","弗思耳矣"。好像都是一个肯与不肯底问题。至于如何可以使人人肯想,肯做,终究孟子也没有办法。

　　孟子是一个热心的改革家。他谈改革不止是理论,并且是有机会就预备实行的。在政治一途,因为他没有权柄,他始终没有十分得手,不过在教育一方面,他却真是行其所学,毫不假借。至于他自身底修养涵养功夫,更是不消说得了。他讲自由意志,他自己就想方法来培养他的自由意志,至于他的成绩如何?别人能不能懂得这个方法?别人懂得之后能否如法炮制?却是一大问题。观下文他和公孙丑一段谈话自明:

　　　　公孙丑:夫子加齐之卿相,得行道焉,虽由此霸王,不异矣。如此,则动心否乎?
　　　　孟子:否,我四十不动心。
　　　　公孙丑:若是,则夫子过孟贲远矣。
　　　　孟子:是不难,告子先我不动心。

这不动心底功夫,可见是练得出来的,所以公孙丑就要请教。

　　　　公孙丑:不动心有道乎?
　　　　孟子:有。(《公孙丑》上)

接着孟子就引北宫黝、孟施舍底养勇法并较量其得失。用一句拳术家语,孟子是主张用内功,而不用外功的。后来公孙丑又问他和告子不同之点,

　　　　孟子:告子曰:"不得于言,勿求于心;不得于心,勿求

于气。"不得于心，勿求于气，可；不得于言，勿求于心，不可。夫志，气之帅也；气，体之充也。夫志至焉，气次焉；故曰："持其志，无暴其气。"

这是告子底长处，孟子大致赞同。

> 公孙丑：敢问夫子恶乎长？
> 孟子：我知言，我善养吾浩然之气。
> 公孙丑：敢问何谓浩然之气？
> 孟子：难言也。其为气也，至大至刚，以直养而无害，则塞于天地之间。……

以后孟子发挥如何这一股"气"和"道义"是在一条理路上的，我们可以不管了。我从长地引这一段谈话，目的不在推敲字句，有的地方竟是无法推敲。至于"志"是什么，我们似乎懂得，大概就是现在的"意志"，"气"是什么，却完全莫名其妙了，孟子自己也觉得"难言"得很。根据"至大至刚塞于天地"一段下文，也许就是梁任公先生由西方译来的"烟士波里纯"，或是自内而外的"亚士波里纯"，或是二者之和，亦未可知。④ 无论如何，不管懂得不懂得，孟子自己确有一番"养志"底功夫，养成之后，不特生活上可以不住地发展，竟是"塞于天地之间"：这层我们却已证明。

"人性本善"，"人皆可以为尧舜"，"君子所过者化……"，在孟子也不算理论，是可以引为行事底标准的。孟子生平，有一段轶事极有趣味，因为深信这几条标准，以至于闹出问题来。读过孟子的都早知道是什么轶事了。"孟子之滕,馆于上宫。有业屦于牖上,馆人求之弗得。"就有人疑心是孟子底徒弟偷的,就问孟子。

  或:若是乎从者之廋也?
  孟子:子以是为窃屦来与?
  或:殆非也。夫子之设科也,往者不追,来者不拒。苟以是心至,斯受之而已矣。(《尽心》下)

这个人底常识的脑筋竟比孟子要清楚!我们不期望孟子在招生之前,有什么心理测验一类挑剔底手续;不过他竟是一概不问;"往者不追"一语,不是作"不挽留自行告退的学生"解,乃是作"不追究来学者以前的生活"解。我们总觉得孟子把"君子所过者化,所存者神",看得太绝对了些。这一件嫌疑案子,不知如何结束的,不过"得天下英才而教育之,三乐也",倒是一句经验之谈,可知在实行教育以前,一番预选功夫是少不得的。

  现在把孟子分析完了。我们所注意的三大问题,性善,人类平等,环境论,归根是一个问题。说性善,当然是大家性善,而且善得一样,是逻辑上所不能免的。性之为因既善,那末若是有不善的行为底果时,这个应当不负责任,负责任的一定是别的势力——就是环境和自由意志:这也是逻辑上所不能免的。我们第一先指出性善主义是不能完全成立的,既然不能成立,那末平等问题,环境论等,也就跟着不能完全成立;孟子底大前提错了,所以随同这个前提而发生之一切结论,自然不会全对。我们也指出这种主义,因为于事理未顺,所以也就不利于实行,在孟子自己的经验里便有为难之处。至于牵涉及大团体的社会改革事业,能否绝对引用他的主张，我们并未讨论，可是战国时期底历史，和孟子政治生活之不得志，很有可以令人深思索解之处。

我没有把孔门的著述合在一起分析，是有原因的。孔门初年的著述，例如《大学》，《中庸》，《论语》未尝不论及性善，平等，环境论……之意见，与孟子所及似有很不一致之处。而我们以为《四书》所代表的学说——儒家学说——是一贯的。我现在觉得未必然。我先分析孟子，因为孟子对于上列各题之观念发挥得最尽致；经下文推论之后，更可知对于这许多题目，孟子实为负责之中坚人物。

如今我们不妨照上文的办法，将《学》，《庸》，《论》三书也看一遍。《大学》一书，在这些问题上，发挥最少，可不多论。看这三本书，也就等于研究孔子对于性善，平等，环境论之意见一样。

孔子说：

> 性相近也，习相远也。(《阳货》)

性善之说，大概是孟子底创举。孔子讲性底本质处不多觏。偶尔见到，于善不善之分，亦不明指。"性相近""习相远"是一个常识的观察；大凡人物初生之际，看来总是差不多的，后来日渐发育，才见得有分别。所称远近之分，未必定指善恶之分，换言之，其间未必含有道德的判断。后人不分皂白，即将此说与孟子之性善论合为一谈，却是大谬。学者既在所不免，通俗的印象更是不消说得了。从前蒙童必读的《三字经》开端便是"人之初，性本善，性相近，习相远"！

也许有人反对这种论断，说孔子终究是主张性善的，因为孔子说：

> 人之生也直，罔之生也幸而免。(《雍也》)

捏定了一两句古人的话来批评古人与其主张，是一件十分危险的事。不过"人之生也直"之生字可有两个讲法，一是"生产"，一是"生活"。此处我以为决不会是"生产"，而是"生活"，与下句"罔之生"底生字同一用法；否则解释起来便很牵强。释以今语，便是"一个人因为行直道，才能毂生活，不行直道而能生活的，乃是侥幸于万一"。我用的是《四书》白文，不晓得前辈的注脚究作何解，但若是以"人之生也直"，与后出的"性善"同一看待，便是大误。

孔子既没有明说过性善，则其于人类平等的观念也就不会与孟子底一样。这是预先猜想得到的。人类平等原有二义，如以为法律上应该平等，道义上应该平等，这也许是孔子所主张的，至于本质上是否平等，天赋上是否平等，则尚有问题。本质的不平等，也许可因"己立立人，己达达人"底功夫而减少其程度；换言之，即出发点不齐一，而目的地则一。所以说：

> 或生而知之，或学而知之，或困而知之，及其知之一也。或安而行之，或利而行之，或勉强而行之，及其成功一也。(《中庸》)

出发点不齐一，孔子既已承认之矣。然而一经出发之后，后来究否一样地"知"，一样地"成功"，其间亦不能无疑。所以别一处孔子又说：

> 生而知之者上也，学而知之者次也，困而学之又其次也，困而不学民斯为下矣。(《季氏》)

所以先天的本质要有不同，就是后天加上功夫，怕仍旧不免高下之分。

观上文所引，可知孔子虽深信教育有移人之力，却不是绝对的，却有相当的限制。这个限制从何而来的呢？是生来的，下文云云，竟是说得十分清楚：

> 唯上智与下愚不移。(《阳货》)
> 中人以上，可以语上也；中人以下，不可以语上也。(《雍也》)

上智下愚之分，明明指人类本质上是不平等的。不仅如此，这种不平等，竟是动摇不得。孔子赞美舜底大德，接着说：

> 故天之生物，必因其材而笃焉，故栽者培之，倾者覆之。(《中庸》)

这竟是自然选择论者优胜劣败底口吻，试问这与后来孟子底："'求则得之，舍则失之。'或相倍蓰而无算者，不能尽其才者也"(《告子》)一语能否勉强地拉拢？要是不能，可知人类本质平等之说，也是孟子底新见解，孔子是没有的。

教育不是万能，环境不是万能，至少不能影响到上智及下愚，是很明显的了。接着我们不妨再谈一谈孔子切身的教育经验。教育有两方面。在学生一方面当然要用一些意志力，忍耐力，才能成功，所以说：

> 有弗学，学之弗能弗措也，有弗问，问之弗知弗措也，有弗思，思之弗得弗措也，有弗辨，辨之弗明弗措也，有弗行，行之弗笃弗措也。人一能之己百之，人十能之己千之。果能此道矣，虽愚必明，虽柔必强。（《中庸》）

在教师一方面，好人格，好理想，好教材之外，也要有好耐性，所以他自己就：

> 诲人不倦。（《述而》）
> 循循然善诱人。（《子罕》）

不但要有好耐性，并且要有好胃口，着手之初，孔子与孟子一样，也是：

> 有教无类。（《卫灵公》）
> 自行束修以上，吾未尝无诲焉。（《述而》）

若是孔子的教育经验止于此，我这篇文字至少可以省去三分之一。却是不然。普通的学生大率不肯尽心，但要是真尽起心来，却也有一个限制，孔子的弟子，总可以算得尽心了，然以冉求、颜渊之特出尚不免说：

> 非不悦子之道，力不足也。（冉求，《雍也》）
> 既竭吾才……虽欲从之，末由也已。（颜渊，《子罕》）

孔门教育最高的理想，便是"中庸之道"，达到这个理想者叫做"君子"。故曰：

> 君子中庸，小人反中庸。（《中庸》）

然而理想是理想，事实是事实，孔门里面有得几个达到了的？孔子自己说自己：

> 文莫吾犹人也；躬行君子，则吾未之有得。（《述而》）

对于当时一般的社会，更是没有希望；孔子说：

> 圣人吾不得而见之矣，得见君子者，斯可矣！（《述而》）

君子中庸之道，若是之不易达到，是有缘故的，这个缘故便是：人品的每趋极端；孔子自己后来也见到。

> 道之不行也，我知之矣，知者过之，愚者不及也。道之不明也，我知之矣，贤者过之，不肖者不及也。人莫不饮食也，鲜能知味也。（《中庸》）

孟子有一次说"口之于味……有同耆",以比"心之所同然"为"理也,义也",并申言之曰"理义之悦我心,犹刍豢之悦我口";一样以口味作陪衬,用法竟大不相同,可异也。

孔子又环顾弟子之中,除了一个"择乎中庸,得一善则拳拳服膺"之颜渊外,其余性质上合格的,竟无觅处。所以他实行教育之际,就不免将就一些:

> 不得中行而与之,必也狂狷乎;狂者进取,狷者有所不为也。(《子路》)

孟子答万章问,不觉得加了一句评语:

> 孔子岂不欲中道哉?不可必得,故思其次也。(《尽心》下)

"狂""狷"都是生成的性格,释以生理学语,一指躁进派(hyperkinetic),一指恬退派(hypokinetic),易以心理学名词,亦可谓之外转派与内转派(extrovert 与 introvert),常人不属第一派,便属第二派,求属稳健的中和派(balanced type)真是不可多得。

孔子言"有教无类"。但所谓"类"者,甚是含糊,谓一切智愚贤不肖底类别耶?是殆不然。因为孔子自己讲过,要是初教而不发生效力,他是不勉强的,他说:

> 不愤不启,不悱不发,举一隅,不以三隅反,则不复也。(《述而》)

这是"自行束修以上,未尝无诲"后的话,足见"循循善诱"也有一个限制。孔子初进教育事业之际的观念,也许不如此。不过一有经验之后,他就改变他的态度。大弟子之中,宰予比较地最不长进;孔子至有"朽木不可雕也,粪土之墙,不可圬也"之绝望语。不止此,因为宰予的顽不可教,孔子并得一看人底新教训:

> 始吾于人也,听其言而信其行;今吾于人也,听其言而观其行,于予与改是。(《公冶长》)

一个道德的理想,竟尔如此摧碎,是一件可以痛心之事。然而孔子底见解为理想所蒙蔽的时候绝少。理想是理想,事实是事实,有不能相强时,则宁抛弃理想。孔子之所以为大,我看这也是原因之一了。试问这许多经验之谈与孟子"苟得其养,无物不长,苟失其养,无物不消"之十分 a priori 的理论相去几何?试问"君子所过者化,所存者神"底"化"与"神"又安在?

总括一句。孟子底自由意志观念似乎是承孔子之旧而发挥之。至于性善论,人类平等论,环境及教育万能论是孟子比较别开生面的学说,不是孟子以前的学说。无论如何,与孔子不甚相干。我们一向以孔孟为一脉相绳,如专在一般的哲理及玄学方面立论,对了;如在革新社会底学说方面立论,却是大错。在社会改革论上孔孟之所以不能相绳,是有缘故的。下文接着讨论。

上文论孔子对于性善平等环境三论之意见,大都取材于《论语》及《中庸》二书。《论语》去孔子尚近,比较可靠,《中庸》则胡适之先生认为前四纪的笔墨,且甚驳杂。所以以二书相提并论,殊不尽妥。

细查《论语》,觉孔子及其切身弟子竟无一人一语为上文三论作说客者。至《中庸》便不然。上文引用《中庸》文二段：

> 或生而知之……及其知之一也。或安而行之……及其成功一也。有弗学，学之弗能弗措也……人一能之己百之，人十能之己千之。果能此道矣，虽愚必明，虽柔必强。

此种论调与孟子之论调不同，亦与《论语》之论调有异。此中可以寻出一些学说过渡底痕迹：

《论语》——生来不平等　学去亦未必平等，故意志力有限，环境力有限。

《中庸》——生来不平等　学说可以平等，意志力无限，环境力无限。

《孟子》——生来平等　中间因意志未定，境遇不佳而不平等，可改良境遇，整顿意志而复归于平等。故意志力万能，环境力万能。

说者谓孔子而后，儒者渐分做二大派：第一派由曾子、子思而至孟子，第二派由子夏而至荀子。梁任公先生又谓孟子有唯心主义之倾向，荀子则注重物质上之调剂。此说极是。本篇分析之结果，亦颇足以助证。

第一派之线索已于上文约略见到。《中庸》果否系子思所作，不可知，但亦未始不可信。不论谁何手笔，而平等论环境论之精神已见萌蘖，则一也。

第二派拟于另篇文字中较评论列。荀子之差等说，议论至为透辟，兹不多赘。其师承子夏之论著不传，但《论语》中有二三段文字颇供咀嚼。子夏论交说：

> 可者与之，其不可者拒之。

说得很决绝，可见人我之间有不可强同之处；换言之，子夏于人格感化一类唯心的推测是无大信仰的。其论学有云：

> 虽小道必有可观者焉；致远恐泥，是以君子不为也。

上半句是子夏的本来面目，后半句是孔门专谈大道理不顾生活细节目之流病。下文云云，更见得清楚。子游批评子夏的教育方法说：

> 子夏之门人小子，当洒扫，应对，进退，则可矣；抑末也。本之则无。如之何？

子夏闻之曰：

> 噫，言游过矣，君子之道，孰先传焉？孰后倦焉？譬诸草木，区以别矣。君子之道，焉可诬也？有始有卒者，其唯圣人乎。

人的本能各有不同，有分别的必要；不是人人可以做圣人，有因势制宜分别教导之必要；自内而外的心理的驾驭，亦因人而异，所以物质生活上有调剂的必要：这是本段大致的意义。此派重礼以助教育之不及，于此亦见端倪。

春秋战国之际，最足引人注意之点，是一切社会状况之变迁，与其变迁之速率。战国而后，直至近世，其间纵有朝代上的更替，社会底根本组织可以说始终是战国之旧。要在西方历史里寻一个最相似的时期，大概要算是十七、十八两世纪了。但此是后话。

孔子是春秋时代的人物，孟子是战国时代的人物，两时代底社会状况不同；理论上后人本来不应该希冀他们发表相同的意见，实际上他们也确没有发表。这是上文已经申说明白的。然而自以为继承大统的孟子何以竟不十分师古起来，初看似不甚明了。只说是时代的精神，大家随着潮流底鼓荡于不自知，是对的；但是不够。

任何社会改革学说底来源有二，一是当时的社会状况，二是创此学说的人。所以要问孟子何以道性善，道平等，道环境与教育万能，远超出孔门原有的学说以上，我们先要问战国时代的社会状况与以前不同之处安在，又要问孟子是怎样地一个学者。答复了第一问，我们就识得孟子社会改革学说之外因；答复了第二问，就识得其内因。

依我看来，当时的外因有二，一是人口底新支配与庶民底自觉；二是教育底下逮与庶民底骚动。内因亦有二，一是学说底主义化，二是儒家"以己度"底流病。

人口底新支配有两方面，一是数量上的，一是质地上的。时代荒远，至今要觅相当的统计的征信是做不到的。不过由当时的史实推想起来，这一番新支配是一个不可逃的结论。这一番新支配可以分四端申说。第一是土著之繁殖。把春秋时候一切限制人口的因子如同战争，饥馑，疫疠承认了，我们仍不免说春秋是一个人口膨胀的时代。婚姻、生殖两大问题在古代本来是半官式的，即是一向受政府鼓励的；至周代而此风愈甚，一面有《周礼》上所载种种保险式的条例，一面又有《诗经》上所讽示的，宜室家，庆螽斯的社会教育；孟子所称"好色与百姓同之"之精神，在《诗经》上"风雅"之部触处可见。当时的经济制度亦不严酷。所以人口之繁殖是一件意中事。其实战争，凶年等事故，一半也是人口繁殖过速之结果，"移其民于河东，移其粟于河内"一类调动，是证人口与食粮支配上常有困难之处。

第二是外族之内迁。这一层不用多说。三代是中华民族底酝酿期，春秋战国即是中华民族第一次的完成期，这是大体上大家承认的。最剧烈的变化，尤在春秋战国之间，那时候便有许多蛮夷戎狄正式地或非正式地诸夏化了。土著的繁殖所引起人口上的调动是数量的；外族之内迁所引起的是数量的，亦是质地的。

第三是徙民的政策。这是一个奇异的政策。其实要是在诸侯王一方面无此自觉的政策，这个徙民的事实也是势所不免。可比之美国近一世纪以来的"州际移民"（interstate migrations），都是一个人口与食粮支配问题，可以说是莫之致而至的。徙民运动是一般的人口增长之果，亦是一地的人口增长之因。论者谓当时的移民以国君之仁暴为标准，如《诗》所谓"逝将去汝适彼乐国"，我看是冠冕话，不是真原因，至多是原因之小者，不是大者，真原因或最大的原因是经济的，是人口问题的。徙民政策所发生的人口上的新支配大半是量的，小半是质的。

第四是阶级的混和。梁任公先生在他的《先秦政治思想史》里论贵族政治之消灭，谓当封建末期，"平民之量日增，而其质亦渐变"，并谓其有四原因：

一、小宗五世则迁，迁后便与平民等。

二、当时贵族平民互相通婚。

三、各国因政变之结果，贵族降为平民者甚多。

四、他国移住之民，多贵族之裔。

梁先生续谓："此等新平民，其数量加增之速率远过于贵族，而其知识亦不在贵族之下。此贵族政治不能永久维持之最大原因也"。这第四层，阶级之混和，本篇讨论亦认为最重要，因为他所引起的人口上的调动差不多完全是质的，不是量的。

这四种人口上调动的结果，便是：庶民数量上的陡增，与庶民质地上的转换。数量的增加引起庶民一般的自觉，所谓同类意识者，因数量之扩大而随之扩大。质地上的转换同时引起局部的不安"分"，少数本质十分优良的分子，当然不甘屈服于庶民的地位，必起而有所作为，而社会乃渐呈骚扰之象。

当封建初期，执文化锁钥的是少数诸位贵族，及后政治组织渐臻完善，文化的影响就逐渐散布。文化所谓庶民底同类意识，因此而得一培植和推广的工具。再后，人口上质的调动发生之后，官式的教育而外，乃有私办的教育，庶民被动的教育而外，乃有庶民主动的教育；孔子以后，私人讲学之风盛行，便是一例。上一节所称本质优良之分子，不甘老死于牖下者，因教育的功用，便越发不安于此境遇起来。

当初平民贵族之分，去本质知愚能鄙之分不远，所以大家视之为当然的；贱者亦甘居下位，没有人出首质问。到春秋以后便不然了。平民之中贱者之中，竟生了许多头角峥嵘的分子，甚至贵族方面反相形见绌起来。这是什么缘故呢？至今读史的明知是人口上发生了质的调动，明知是阶级之例破，则婚姻之端开，于是贵者未必慧，未必贤，贱者未必愚，未必不肖。然在当时却没有人明白此种底细。勉强若寻一个解释，就有人猜想说：也许人与人本来没有分别的，都有才干，都有智慧；后来因为机会的不同，生在上流社会里的可以施展他的才智，生在下流社会里，就埋没了，或是向歧途里发展了。这个猜想，便是性善论，平等论，环境万能论的滥觞。

对于一个学者，这个猜想是一个猜想，还够不上一个假定。对于一个社会改革者，这却是一个绝大的发见，是一个固定不易的真理。要是他对于社会改革十分十二分的热心，这个真理应该受封诰——就是把他主义化！这个社会改革家便是孟子。

责备孟子见地不足么？我不敢。说孟子故意趋时，以遂其改革之愿么？我更不敢。但是孟子受了时代精神的支配于不自知，洵如上文所云，则我不能为孟子讳。

说完了外因，如今说内因。第一个内因是接着上文来的。孔子是一个改革者，他更是一个学者，这不是指他很科学的，不过指他很容任，"有教无类"，包罗很广就是了。孔子所主张的，至多是几个泛指的学说而已。"夫子之言性与天道，不可得而闻"，可见这一类玄之又玄的题目，孔子不大谈的，至少不在他弟子面前谈，为的是提防他们脚不踏实地。孟子便有些不然。他也是一个学者，他更是一个改革者，因此，学说而外，乃有主义。当时并无主义之名，而性善论，平等论，环境教育万能论却有主义之实。"孟子道性善，言必称尧舜"，便是实地的宣传。我们一面承认要讲改革，主义之宣传也许是少不得的，一面却也不能不看清楚主义有许多危险，一是易流于武断，抹杀常识与事实，二是感情用事。第一个危险我们在上文确已见到了。孟子与杨、墨如水火，若是荀子早生几年，再以性恶论及差等论与之对垒，我们还不知孟子有多少义愤咧。所以以改革家的资格看孟子，我们可以原谅他，以哲学家的资格看孟子，后生小子就不免有微词了。荀子说：

> 圣人者，以己度者也。故以人度人，以情度情，以类度类。(《非相》)

儒家"以己度"有一个很大的流弊。这是很明显的。"以己度"有两个看法，一是"推己及人"的恕道，那要是不趋极端，是很好的。一是"以自己做标准"底武断，那真危险极了。这武断二字是我的，儒家万不承认，不过他因为自己这样好法，便硬派别人也要这样好法，结果就等于武断。这硬派二字当然也是我的了。基督教有克欲的宗派，自己可以不看戏，便硬要社会不看戏（英国十七世纪）；自己可以不饮酒，便硬派社会不饮酒（美国目前），我们便要说这个宗派太垄断了。然而他是"以己度"。孟子自己是一个有才智，有毅力的人，他是一个先觉，以己度起来，别人纵不先觉，底子里的才智毅力当然是同他自己一样的，要是不一样，一定是因为"雨露之养，人事之不齐"了。如此看来，性善论，平等论，环境教育万能论也可以说至少是孟子不自觉地"以己度"度出来的，何尝是事实？这是一个心理学的问题，不宜于此处多讨论。

总而言之，人口上要是不发生调动，尤其是质的调动，孟子的性善……各论怕不会发生的，[⑤]但当时要没有十分热心的改革家如孟子,这几种论调,纵发生了,也不会结晶,不会持久。

下文是本篇的结论。

结论里面自然不免仍以性善,平等,环境三论作骨干。孔孟之分,要约略再提一提。其次要纯以社会生物学的眼光来下一个评价。最后要说若是这三论得志于天下,便会有什么害处,因便要指他们所以未得志的若干原因。至于这若干原因的详细讨论,则俟诸另篇。

性善论是孟子自出心裁之论。孔子不谈性,至少弟子们没有在这一方面受教过。在自然科学未发达以前,性与天道完全是玄学问题。孔子很是一个实验主义者,他不谈怪,力,乱,神,也不谈死;与不谈性与天道同出一种心理。孟子本来也许与孔子具同一态度的,但因战国时代的社会状况,要比春秋时候纷扰得多,孟子切心于改革事业,不能不有相当的哲学观念以为标帜,于是倡性善之说而宣传之。唯时阶级之分不严,庶民的数量日增,质地渐变,贵者未必善,而贱者未必恶,所以孟子而外,一般的社会本有同一的观感;因此,就很欢迎这种新学说。不过性善论终究是一个当时此地的产物,后人研究之者,不应忘却他的历史的背景。

古之所谓性,所谓天命,即是今日之所谓遗传,所谓生来的本质。不同之处在:遗传与本质是一个连续的生物学的现象;是以家族或宗派为单位的;性与天命是一个一定连续的玄学的观念,大率以个人为单位的。遗传既是一个生物的现象,则本身是一个非道德的东西,即无所谓善不善。但遗传各有不同,所以发展之后,有的与社会有利,有的与社会有害。因其利害关系而分别为善恶,是可以的,但决不会都是恶,或都是善。孟子以前,有人主张"性有善，有不善"，所以"以尧为君而有象，以瞽叟为父而有舜，以纣为兄之子而有微子启、王子比干"。今自社会生物学者的见地也不过如此。

平等论也是孟子的创举。但孟子讨论起来，不若其谈性善论之凿凿。他自己并没有用平等二字。不过平等的观念，在他的文字里，是非常之清楚的。即是不甚清楚，逻辑上也逃不了上文所达到的结论。既曰性善，而曰甲底性是五十分的善，乙的是七十分，当然讲不通。且所谓平等，决不专指道德上的可能性，也指智慧上的"心之所同然者义也理也"，也指体力上的"然则举乌获之任，是亦为乌获而已矣"。孟子之平等论与庄子之齐物论不同；庄子认人以不齐始，而强之以齐终；孟子则强认以齐始，而又欲勉强维持之；同为勉强，而孟子尤甚也。

孟子在别的所在，未尝不持差等之说。他反对杨、墨，反对许行。都因此故；有时且发"不揣其本，而齐其末，方寸之木，可使高于岑楼"一类的评语；都是极有道理。有时偶然谈到人品，只要他不昧于理想，不因争辩而使气，他也很说一起君子，小人，贤愚……之别，一本当时的常识与孔子之旧。然则何以正式谈起教育哲学或政治哲学来，他就大变其态度，这又不能不求诸时代底背景了。有了性善论，便不能没有平等论；平等论的由来，即是性善论的由来。

在今日社会生物学的眼光里，平等论当然不能成立。遗传因人而异，是纯粹生物学的事实；遗传有优劣强弱之不同，即是社会学取其产果而加以权衡较量后的评判。既曰权衡较量，既曰评判，则尚有何平等可言？《中庸》上所说："天之生物，必因其材而笃焉，栽者培之，倾者覆之"，是一句最近事实的话。如嫌自然的事实太酷虐，我们不妨遵"中也养不中，才也养不才"之义，下一番互助功夫，却万万不应将中与不中，才与不才底分别一笔勾销。

环境论亦是孟子别开生面的笔墨。性善论平等论是观念上的准备，环境论却是实行时的方法，二者不可缺一。第一要明白性的本来面目，第二要懂得如何维持将养这个性。当时没有环境底名目，"养"就是"环境"；性与养，即是从前西方的 nature 与 nurture，即是今日之遗传与环境，孟子承孔门之旧，底子里是很信命运论的。命运是一个因人而异的东西，至于我们听乡人说话，说某甲的命好些，某乙的命坏些；要是大家的命都是一样，那末还谈什么命不命？既是人人命定的，命又因人而异，然则任你有多少好养料，肥不了一个弱体，有多少好教育，教不了一个低能，任你有多少诸葛亮，扶不起一个刘阿斗，欲使人人为尧舜，更是难乎其难。这是信命运论后不可逃的结论。这种很明显的逻辑，何以孟子竟未顾及？这又得回顾当时的背景了。

心切于求者，目眩于视，热心过火的人常患理解上不清楚，这种理解上的蒙蔽也许大率是自觉的。然而也有不自觉的。例如一个大改革家进行之际，觉得竟有事实和他的主义冲突，照理应该把他的主义抛弃或修改，他却不如此做，他偏要用种种方法来绕过这个事实，或解释开这个事实，他在主义上，不加修改，却加附则。孟子底毛病也就在此，他何尝不知上文所提出的种种困难，同辈中如告子，后辈中如公都子、公孙丑都喜欢和他质难的。但因他切心于要教人王天下，教人做好人，就把环境论，因时乘势等一口咬住了，再也不放。彻底的命运论是和他的不相能的，不能不把他的势力缩小，至少要暂时缩小。他的法子是什么呢？

就是申说我们已经讨论过的意志论。

现在的乡人一面信命运，一面也信若是一个人存好心，行善事，下苦功夫，这个命是也许可以修改的。孟子当时的心理，恰恰如此！有了这个意志论，他暂时可以把天命忘了，而从事于改革。否则我设身处地，真觉得一步不可行。环境论等是孟子改良方策的总纲，意志论便是附则；易于几何学语，前者是 axiom，后者是 corollary，都是少不得的。

现在的乡人确信若是一个人苦心孤诣，运命是可以转换的；他始终如此信么？也未见得。要是苦心孤诣后不发生效力，他就复归到原来的信仰，觉得命运终究是一个不好对付的东西，不由得要说一声"苦命"。这又替孟子写真了。孟子的改良方策最后也只落得"则亦无有乎尔，则亦无有乎尔"一句不怨天不尤人的喘气话！

上文云云，似乎出了讨论的线索；其实并未。主要的仍在指明孟子的环境等论是一时的产物，与他原来的哲学是很不一致的。天命论与意志论之冲突，之交替，亦是哲学史初期里一段极有趣味的心理研究，故不惮烦略及之。

本篇前半有云"信命运论的改革家"是一个自相矛盾的说法，至此该已解释明白。

社会生物学者的断语是：性与养，遗传与环境，都是事实，都有其重要。遗传论环境论却都不能成立。自自然界全般看去，宇宙先于生物，亦即先于遗传；前途的推想，生物可灭，即遗传可灭，而宇宙常存；换言之，即环境为常，而生物与遗传为变。但自纯粹的生物学方面及社会进化方面看去，其关系适与此相反，生物遗传所凭的胚质，初不因普通之环境而发生变迁，可以环境就遗传，而不能强遗传就环境，换言之，即遗传为常，环境为变。以前谈本题的人，喜欢较量两方面的轻重。其实这不是绝对的轻重问题，乃是相对的常变问题。有一低能的儿童于此，不使之入普通的国民学校，而与以殊特的职业上的训练，有一青年的罪犯于此，不使之入监狱，作苦工，而与以心理上的分析疗养，此之谓不强遗传就环境，而以环境就遗传，此即相对的常变之说也。

性善论，平等论，环境论一丘之貉，可以图目前的社会改革之利，是他们；可以贻后世以种族本质之害，亦是他们。他的一时的好处是看得出的，他的永久的祸患却是三十年来社会生物学的新发见，许多泥古的学者至今还涩于承认。如今暂不举例，先循着单简的逻辑把逐步结论叙出来。

普通天演论的事实：人是兽类之一，人有优劣强弱之分，个人的生存，配偶的选择，都是优者胜，劣者败，而优者复因选择之得宜，得以绵延其血统于不替，是以选择愈严而种族之本质愈不耗。这是不烦赘言的。性善论，平等论，环境论出来之后，理论上便怎样？最明显的就是把选择的大原则打破。最初的社会阶级，便是选择后的一个表示，这个阶级之分很严的，甚至上一级与下一级的人不相通问。现在呢？这个界线逐渐的消灭。消灭后第一步，是阶级间的交际忙。第二步，当然是阶级间的婚姻忙了。读者幸勿将阶级二字看得太平常，太通俗。生物学的阶级是永远抹杀不了的。婚姻的结果，便是人品底不聚而散，由淳厚而趋淡薄。举一个比喻，才子佳人是应该结婚的，这是古今中外的通义，但适这个佳人或佳人之父母是一个性善论者，平等论者，环境论者，则理论上的新郎便不一定是一个真实的才子，也许只是一个可能的才子，是一个苗而未秀，秀而未实的才子；为这种才子玄学家可以写包票，生物学家却是不敢的。这虽是理论，事实上却是完全可能。"巧妻常伴拙夫眠"是父母贪财帛的报应，也许是太讲理想的酬劳咧。读列女传，常有女子不更字，为的是要嫁后去感化丈夫的，这是好理想，但成功十无七八耳。

归到题目上。流品因阶级间互婚的结果而日趋于混杂。于是经济上，社会身份上低微的，本领上未必低微；经济上社会身份上高贵的，本领上未必高贵。这两种人物将安于其位么？不然。外面低微而实不低微者必"自奋"，至其可奋之程度而止，例如一个穷书生，常受乡党所不齿的，竟步步上青云，不中状元不止。外高贵而实不高贵者必"自弃"，至其可弃之程度而止，例如一个富家子，不倾家荡产而终于流落不止。这两种人物的消长升降便是社会问题之起源。从前如此，现在还是如此。现在外国的工党领袖，社会主义者，要是于百十年前生在中国，就是中状元的书生。要是这种消长升降的手续容易一些也罢了。又不然。外高贵而内不高贵的必利用种种不甚高明的手段来保持他的地位，势必压制外低微而实不低微的社会分子使不能得志；此方之压制自卫愈甚，则彼方之抵抗自奋亦愈甚。而社会问题乃愈形复杂。

前二节说阶级间婚姻底结果，一是使流品散而不聚，二是使流品由淳厚化为淡薄。于是平庸、碌碌之辈乃大增。论者谓此即近代民族主义发达之主因。然否姑不具论。无论如何，一面既有十八世纪之平等主义，一面又有十九世纪因工业革命而发生之环境改进，平民人口之增益，确是不可限量；及今不特政治一方面受其影响，即艺术，宗教，道德等方面莫不渐受其支配。所谓"群众"这样东西，从前只是一个心理学社会学问题，现在究是一个文化问题。

上文只论不选择的婚姻所发生的结果。别有一个生产问题。假设有的婚姻不越界而成，上品仍娶上品，下品仍嫁下品。平等论等依然可以有反选择的效用。何以呢？既属人人平等，面子上纵不平等，又可因环境而使之平等；则不论是甲生子或乙生子，结果是大同小异的。婚姻无选择，生产亦无选择，而人口问题渐呈今日倒悬之象。生产愈不选择，则数量之增加愈速，质地之变换亦愈速。数量越多，即食料越见缺乏；质地越变，则社会中稂莠分子，愚弱分子越是充斥。于是一般的生计的紧张外，别生许多病理问题，如犯罪，卖淫，乞丐等。

在生物学遗传学未发达以前，性善论，平等论，环境论，原是一切改革家的大前提，孟子只是一个在东方的例子罢了。我们当然不能责备这一班改革家，因为当时既无遗传的学说，这种谬误而大致动听的论调也许是不可免的[6]。但无论如何，这种学说的害处如今到处可以指出来。西方基督教所负的责任始终很大，十七世纪而后则法国诸哲如笛卡尔，卢梭又在学理上为之推波助澜，又尤以卢梭为甚，他的《人类不平等之起源及基础论》(*Discours sur l'origin et fondements de l'ineglité parmi des hommes*)完全可与孟子相提并读。中国历史尚未经社会生物学的分析，目下的人口状况亦未经统计家的研究，我们至多只可以说这个害处似乎没有西方厉害就是了。文化选择别为一大题目，将来应该特别讨论的。

在社会生物学未发达以前，社会问题是一个兜不出的恶圈子。改良环境，推广教育，而问题不易解决如故也。越不易解决，便越觉得人事有所未尽，越吃力而越不讨好，越要拯救而越是水深火热。宗教家归罪于人心不古，经济学家归罪于支配不均，都对的，却都不尽对。我们承认人心确有陷溺的地方，我们也承认经济的支配上确有很多的不公允，然而同时我们也不能不承认人类生来即有流品之分，应当把这种流品设法分别出来，因其流品之不同而差别其应得之训练，轻重其应有之责任，古人之所谓用当其才，人称其职，今人之所谓各尽所能，各取所需底理想才有达到的希望。总之，目下混同，划一，不分析的，不选择的倾向是社会问题无由解决的主要原因。

孟子性善，平等，环境三论所以未能如火燎原者，有许多原因。最重要的是儒家早就成立而孟子自己亦再三申说之亲亲主义及尊贤主义。亲亲主义之实施为家族制度，尊贤主义之实施为选举制度，二者都关乎二千年来中国民族之命脉，不佞不揣谫陋，已于本报本卷第一与第三期中*从详论列，读者如不嫌琐屑，请赐参考。

注　释：

① 性无善无不善是告子底主张，不过他所举的比论，绳以逻辑，似乎错了，他好像是替第二说"性可以为善，可为不善"说话。他说：
　　　性犹湍水也，决诸东方则东流，决诸西方则西流，人性之无分于善不善也，犹水之无分于东西也。(《告子》上）
② 这是对的，因为《告子》篇开首孟子所反驳告子杞柳桮棬底比论；因为孟子觉得杞柳为桮棬，须先戕贼杞柳，以人性为仁义是无须戕贼的，即是"乃若其情"。
③ "信命运论的改造家"，似乎是一个自相矛盾的说法，然而实有其事。有许多基督教徒（尤其是加尔文 Calvin 一派），一面坚信定命论（predestination），谓一人的生活，步步都经上帝预定了的，然而一面

---

* 指《生物学观点下之孔门社会哲学》一文。

唯恐袖手旁观。
④ 西人有将"浩然之气"译作 vast-flowing passion-nature 者，令人念及柏格森之 elan vitale；不过我们不必强为附会，古今中外这一类名词大都不好懂就是了。
⑤ 西方批评环境论及平等论者，谓与质的调动未必相干，量的调动一端亦足以发生之；原因在才智薄弱者亦不能安分，乃作此横逆之论，以耸观听而自文其短；乃完全出乎一种自卫心理（defense mechanism）云。此说殊属过当。
⑥ 我说"也许不可免的"，因为先哲希腊之 Theognis, Plato，希伯来之摩西（Moses）等，都懂得一些优生学的原则。

（原载《留美学生季报》第 11 卷第 4 号，1927 年 5 月 20 日）

平等驳议

"世间不平等之事无过于不平等事物之平等待遇。"(There is no greater inequality than the equal treatment of unequals.)

世无平等之事实,世仅有平等之理论。然世人不加思考,动辄以平等二字相号召,一若实有其事者。名之不立,祸变随之,是不可以不辨。

平等之理论果何自来乎?初民去自然未远,其生活一循优胜劣败之公例,故有权位者大率为社群中比较优秀健全之分子,其顽弱者则依次递降,各成阶级。是阶级之为物,近代醉心民治主义者所视为洪水猛兽者,初不特非人力之威福所强致,且有充分之生物事实以为依据焉。斯时之阶级,谓为生物阶级可,谓为自然阶级亦无不可。及文化日进,社群生活去自然日远,所谓贵族阶级者生齿日繁,除大宗百世不迁永为贵族外,余宗则积世而迁,卒与平民为伍,自兹阶级之组织乃脱离生物之事实而独立,以成后世所称之政治阶级、经济阶级或综名之曰社会阶级。真正之生物阶级,则散处社会阶梯中,其界限日趋混乱,浸淫至顽弱者得以际遇之佳而尸位弄权,优秀者转以环境之恶劣而侘傺以死焉。

在此种阶级组织下:社会能持久耶?能保其不发生问题耶?

曰，不能。优秀而卑贱贫困之社会分子目击或身受阶级间种种不公允不平衡之情状，目击处同一地位之他人奄忽而死；于是消极者则强作乐天知命之论以慰人自慰；不然者则必置疑曰：是岂事理之当然哉！彼巍乎踞高位者岂真愈于我哉，殆遭际之优异为之也；我之郁郁不得志，又岂劣于彼哉，殆遭际之恶劣为之也。由一己推而至他人，由境遇之不一致，推而至天赋之一致，终乃形成一种社会哲学。是曰平等哲学。其大旨曰：生民之初，天赋无有不同，及营养有不齐，机会有不一，教育之方有不尽，而不同之端见焉。贫富之分，贵贱之等，甚至智愚能鄙贤不肖之类别，无非物力人力所形成，非生物自然固有之现象也。

创平等哲学者在中国则有孟子、荀子[①]，在西方则有卢梭、霍布斯、渥温之流。其议论大率为通人所共晓，可不征引，卢、渥二氏之说，为近代社会运动与政治运动之重要张本，更无烦赘述。我辈姑不论其学说之根据若何与几何，我辈不能不首求解答者即优秀分子若孟、荀、卢、渥，在平民阶级中果否为代表人物，抑为例外是。我恐千百人中犹不得一二焉。以一二人而绳千百人，其已深蹈主观之弊，与以己律人之弊，不待智者而后知。夫愤社会之不公道，思有以拯救之，正有志力者之分内事；然必武断曰：人人有为尧舜之可能性，而此可能性者实为彻底改造社会之张本，则不特与科学事实相抵触，且亦为常识所不容许已。

自然平等论在事实上之不能成立，今日已为有识者所公认。是生物演化论发达之效果也。生物演化论之原则，如不经学者之公认则已，一经公认，则其适用之范围自不能强为限制，而人类亦循演化公理之说尚矣。生物演化论根据之一曰，变异现象。设取此现象而废除之，则竞争之机绝，而竞存之实无由确立；竞争之机绝，则生物夭寿存亡耦独之间，将无所谓淘汰，无所谓选择，亦即无所谓演化，终至所谓生物界者，将无由形成矣。就人类论，变异现象者，人类之所由发生，亦人类之所由进化。谓人文进化为变异现象之赐，无不可也。

或曰，变异之论仅适用于人类体质上之种种差别，其与精神方面或心理方面之品性则不相干。为此论者，必惑于心物二元之说也无疑。夫心与物，犹之用与体也；心为物之用，物为心之体。生物学者谓体为结构，谓用为作用。生物个体之结构，演化至某种复杂程度时，即发生相当复杂之生理作用，心理作用不过生理作用之一部分耳。结构与作用既若是其息息相关，既为生物之动静二方面，则决无结构既有参差，而作用独无参差之理。是本属逻辑上所可推论而得，而近十年来心理学之发见，又在在与此推论翕然符合。

有无端偶合之多数人于此，设依其身材之高矮而排比之，最高与最矮者居两端，余居中，则见如量断愈严，偶合之程度愈甚，则个别之情形愈显著；又见无论偶合程度之深浅如何，量断之疏密如何，大率愈趋两端则人数愈少，愈趋中心则人数愈多。试举量断 25815 人之实例如下：

英寸	人数
59—60	50
60—61	526
61—62	1237
62—63	1947
63—64	3019
64—65	3475
65—66	4054

续表

66—67	3631
67—68	3133
68—69	2075
69—70	1485
70—71	680
71—72	343
72—73	118
73—74	42

人类体质之不相等，身材一端如是，其他亦莫不如是，无一一胪举也。今试观心理方面果有此种变异不平之现象否。

心理测验测儿童之智慧，谓儿童之年龄与智力之发育未必相当，故于事实上之年龄外，别定一抽象之智识年龄，或简称曰智龄。以真实年龄除智龄，则得一商数，为免小数便计算计，复以100乘此商数，则得数即为量断智力之标准：是曰智商。例如一八龄之儿童，其智龄亦为八，则其智商适得100；不然者，如其智龄较八为高，则其智商亦高，甚者或为天才焉；如较八为低，则其智商随之而低，甚者为低能或白痴焉。今有多数之儿童于此，试一一加以测验而依智商之高下而排比之，则见智商100者居最多数，其较高与较低者各递减，至天才与白痴而竭。普通举行之测验，每因人数过少，此种极端之智力每不及见焉。试举一测验905儿童之实例如下：

智商	儿童数
60	3
70	21
80	78

续表

90	182
100	305
110	209
120	81
130	21
140	5

由是可知不平等之自然现象不仅于体质之品性为然，于所谓心理品性亦无不然，所不同者因性质有殊而量断有难易耳。故生物学者有曰，生物界最不变者莫如物种变异之现象，换言之，物种间最平等之一端，亦莫不平等之现象若，而人类不在例外焉。

* * * *

自然平等之说为科学事实所反证，既如上述。然平等二字之喧传于我辈耳鼓间，至今日而弥甚，抑又何也？其为时髦政客之口头禅，其为无知群众啸聚之口号，用意显然，不待深究。顾亦为多数略事学理之搜讨者所乐道，则殊不易索解。兹就各派对于平等二字之见解逐一评断之。

一、基督教伦理学派之"平等"　读耶稣"交银与仆"之喻[②]，可知略识经典之基督徒决不信人类天赋平等之说。然是特教徒在世之论耳。其出世之论则反是。其言曰：人人为天父之子，人人在精神上为昆弟，故无论生活之事实有何差别，在上帝宝座之前则人人平等。此种平等观念，果能完全出世，与在世之社会生活无干，则亦已矣。顾以在世之人言出世之事，居人群之中而虑出天国之上，难免不影响社会生活；故一种宽泛尚同之论，每为宗教家所乐道。尚同之流弊滋甚，时人已有详论之者[③]。此平等观念之不能不驳者一也。

二、政治学者之"平等" 不主张"德谟克拉西"之政治学者，十九绝对不言平等，无论矣。主张"德谟克拉西"之政治学者，十九不主张自然平等，亦无论矣。顾后一派未尝不主张所谓法律平等者。其言曰：法律一视同仁，不因人因势而异其行使之效力；法律当前，不徇私情，不阿权贵，唯是非曲直是辨：故曰平等。我窃疑焉。我不疑法律之应否若是行使，我疑平等名词之当否。法律之目的，公道而已，正义而已，行使而当，即合乎公道，不当，即有乖公道，舍此无他义也。且自有社会生活以来，游惰时或暴富，力田不得温饱；残废而妻妾盈庭，健全而终身怨旷，诸如此类不公道之经验亦夥矣；我辈欲一一匡正之，亦将别立资财平等与婚姻平等之名目乎？是必不然。法律之经验何以异是？法之不行，犯法者或挟势挟富而免刑，执法者或阿势徇私而尸位，其无势可恃或刚果以阿附为耻者反惨遭涂戮，甚或沉冤莫雪焉。凡此皆社会正义社会公道沦丧之著例耳，强乎之曰不平等，无乃不伦。谬以法律公道为法律平等，是不可不驳者二也。

三、经济改革家之"平等" 此辈动辄曰经济机会平等。自社会主义发达后，此说乃绝有势力。国内盛行之三民主义之民生主义即以是为出发点。然持此说者有不同之二派。其一为绝对的。有百亩之土地于此，百人分治之，人各一亩[④]。此派如此绝对，亦即绝对不可通，盖究其逻辑，虽不居主张人类自然平等之名，而未尝不默认其实。其真作此种默认者，我侪可搁置不论。其一端否认人类自然平等而一端犹持此种机会均等之主张者，则应自察其矛盾之处与其主义实行后或然之危害。夫以不平等之人享平等之机会，势必至在甲则废人才，在乙则废物利，是徒夸平等之名，而收不经济不公道之实，又岂熟权利害者所忍为哉？且人口论者谓人口之增益速于物力之增益，愈久则二者增益率之相差愈甚；洵如斯也，则以比较有限之物力赡比较无限之人欲，已有不应之势；赡不应求而强赡之已不可，况从而均赡之乎？赡之愈均，则公道愈不可问矣。是经济机会平等之一说，我辈所不能不驳者三也。

四、第二派经济机会平等之言曰：甲有五十分才能，即与以五十分机会，乙有七十分才能，则其机会之大小亦如之；以五十除五十，七十除七十，商数各得一：斯为真平等。我辈于此种立意，自无不赞同，顾于其命名则否。夫以五十分机会发展五十分本领，七十分机会发展七十分本领，以言个人权利，则才能与机会相当，以言社会经济，则人无弃材，物无废利：天下公道之事，更有甚于此者乎？明明求公道，明明得公道，乃舍公道不名，而强以平等名，犹之法律公道之以法律平等名；其不可通一也。名不正则言不顺，是不可驳者四也。

五、教育理想派之"平等" 此派所尽力主张者曰：教育机会平等；其理论大致与上文经济机会平等之第二说同似，特所适用者为别一生活方面耳。有三分天资，受三分教育，八分天资，受八分教育；立意甚佳，无可訾议，所憾者，公道其实，平等其名，名实不相副而已。作此论者大率仅仅着眼在教育平等四字，故舍命题之不当外，它无大谬。然教育理想派中别有专在机会二字上着眼者，则有类经济机会平等说之第一派，其议论真横冲直撞矣。其言曰：人人应有受小学教育之机会；又曰：人人应有受中学大学教育之机会；一若小学中学大学教育，人人得而受之者，一若机会当前，无人不知攫取而尽其利者，何其溺于理想而昧于事实也？或辩曰：天资之不齐、智力之不一、可教性之不同，固为事实，然我既无法以确定其高下与高下之程度，则舍据"与其杀不辜，宁失不经""与其挂漏，不如滥发"之原则行事，以求机会之遍及外，实无它道。是论固亦未可厚非；心理测验之学，今尚未臻美备，尚不能确定一人之智力而无遗误。虽然，我犹未见"平等"一名词之用意果何在也。就同一之教育机会而言，例如中等教育，其自身固无所谓平不平，及真与利用之之人发生接触，于是平不平乃显，而不平之例十居其九焉。中等教育之卒业生，其造诣每因人而异，欲求二三人绝对相平者竟不可得。质言之，机会之平不平，胥视众人利用机会之能力之平不平而定，利用机会之能力既人各不平，则徒以机会平等相呼号奔走，亦无意识甚矣。美人达文包氏尝曰：机会，外铄也，善用机会之能力，固有也，不图增益固有之能力而唯外铄之机会是务，是近代作社会研究者之大惑也[5]，信矣。持教育机会均等之论者，如目的唯在教育机会之扩大与普及，则从而力争教育机会之扩大与普及可矣，其平不平固非若辈能力所可过问也。

　　教育机会扩大与普及之说固我辈所绝对赞同者也。近年来教育心理学之论断曰：教育之机会愈充溢，则人与人间不平等之现象愈显著。何则？人人得为尽量之发展，而量之不同，得以完全呈露；换言之，人类变异之倾向得如春花之怒放而无顾忌也。目下之教育机会，艰窘特甚，使有百分才能者发展至六十分，使有七十分才能者，或发展至五十分，成就之相差仅十分耳。他日教育机会扩大，百分者乃得为百分之发展，七十分者乃得为七十分之发展，成就之相差且为三十：是则非变目下已然之不平等现象而加厉之乎？提倡教育机会平等者，其目的如在减少人类之不平等，则诚不免心劳日拙矣。我为此言，非有喜于不平等之现象也，特人事既尽，使自然得所位育，无有余不足之病，则不能不认为文化之进阶而引以自慰已耳。

总之，我辈欲求教育之发达，当首求教育机会之公道，如能求才能与机会相当，则效率自高；设不能者，则当本宁滥无阙之旨，求教育机会之扩大与普及，俾穷而有志者得上达而不沮丧。欲求教育机会之扩大，更当求诸社群中生计能力之提高。今教育理想派不是之图，而唯空洞之平等主义是务，是不能不驳者五也。

六、经济理想派之"职业平等" 美国经济学家卡富尔氏[⑥]有曰："试从事于某项职业者之经济的成功，平均与从事其他任何职业者相同似，是不妨谓为职业之平等。"又曰："设此种平等而可以力致，则甚善矣。"真可以力致耶？我窃疑之。属于公共卫生之职业，有清道夫焉，有卫生工程师焉；经济报酬上二者之不平，固人人能言之；其天赋能力之不平，则辨认者盖寡。然辨认固不难也：工程师于必要时未尝不能作清道夫之事，而工程师职分内事，则清道夫无论如何不能胜任愉快；工程师之于清道，不为也，非不能也；清道夫之于工程，不能也，非不为也。卫生工程之职业，社会所不可无，清道夫之职业，亦社会所不可无，固矣；然一则社会分子中十之八九类能为之，又其一则十不一二焉。兹一二者将与彼八九者受同等之经济酬劳乎？揆诸供求原理，我恐百世之下犹不可能！

可习为工程师之人不多也。然此种人才原料多寡之象，每为一班提倡社会改革者所漠视，或熟视而无睹，大可怪已。英哲学家与社会主义者罗素尝曰：

"以医业论。医学之训练，甚费时日，亦甚繁剧；以不识生理不谙解剖之人谬作医师，是以我辈之生命作孤注之一掷，我辈固不能甘心也。就目下之状况而论，医业之预备期愈久，则习医者之社会身份愈提高而合格者愈少。使社会主义得行于世，则形势将一变。病者延医治病，将与延普通工人等，其酬资无特别增益之必要。何则？目下作普通工人者届时或舍工而习医，医师既多，则其值自降，而与普通工值等。……于斯时也，医师之身份将与普通工人之身份同；二人之间，我辈将不谓其高下有分，而谓其嗜好有别。二者于社会生活，既均属必需，即应受社会同等之礼遇"⑦。

罗氏此论，正我辈所亟欲评论者。工人之所以为工人，医师之所以为医师，舍绝少数外，恐非经济能力、社会地位与意志肯定等原因所可完全解释，最重要之因子仍不外天赋能力之不平耳。此其比较，与上文清道夫工程师之比较正同；欲求其经济价值之相等而无害于公道，我恐任何主义之政治下所不可能。不可能而强之，行见社会上价值标准日趋紊乱，而公道日即于沦丧而已。大屦小屦同价，人岂为之哉！是平等观念之不可不驳者六也。

七、女权运动者之"男女平等"　种种平等声浪中以此为最高；此无它，同一作呼声，而此则情感之成分最浓也。两性之间，结构不尽同，心理亦甚异，其不同之程度实深，生物学者至谓可以两个物种目之。唯其不同，乃得收分工合作之效；人类文化之演进，其仰仗于此种分工合作者实多。此段分工而合作与相反实相成之因缘，今乃岌岌然有不能维持之势，而其朕兆厥为"男女平等"之呼声。

或曰：男女间之历史关系特深，本不应有平不平之争持。今不得不尔者，良以前此共同生活之经验甚有令女子失望者。昔日之女子，职业，不与焉；教育，几不与焉；政治，绝对不与焉；举凡男子可以加入之社会活动，女子均不与或几不与焉。反是，家庭经济，唯女子是问；性道德，唯女子是问；生男育女，传宗接代，唯女子是问；举凡役使隶属之事，男子所不屑为甚或不屑措意者，唯女子是问。权利之不与享者如彼，而义务之不能不尽者又如此，宜女子之积不能平，而奔走呼号以自求解脱也。解脱之术唯何？曰，首立男女平等之论是。是乌尔斯登克拉夫脱以来，女权论者一致之口吻也。

然主张男女平等者亦有二派。其一主张绝对平等，其气焰不可一世，几欲举"生殖之不平"而铲除之。此辈之狂热较之主张人类自然平等者犹且过之，我辈可不屑论。第二派曰：男女活动，有其共通之点，有其互异之点，可以共通而强之不共通，可以不必互异而强之必互异，而持此强制之权者复为男子，是妇女问题之所由起而平等论之不能不创也。此派颇近情理，且足为第一派下一针砭：盖第一派之趋势，将尽反历史之所为，强男女间不可以共通者而共通之，强本应互异者而使不互异；前途危害，或不亚于历史之所为也。虽然，我犹未明平等二字之用意也。因贵贱不同，而法律之行使异势，因贫富不一，而教育之成就殊形；若是者，我辈通常名之曰不公道。及至因男女有差，而发生类似之结果，乃独不以不公道目之何耶？是谬以不公道为不平等之又一例，而我辈不能不驳者七也。

八、人生哲学家之"平等" 平等观念之最不可究诘者，当推此派。此派所标榜者曰人格平等。平等为一不可知之数，具如上述，而人格又为一不可知之数，宜其不可究诘也。何以知人格为一不可知之数？胡适之先生《中国哲学史大纲》中，尝为孟子之平等论辩护,其意谓:孟子非谓人人之才智德行皆平等,第言人格平等耳[⑧]。将一人之才智德行除外后,我诚不知我侪所谓人格者果为何物。我所识于人格者,举一人一切品性之和而言也;人我之间,单个品性既有不平,则其和之不能平,自无待言。

或曰:人格平等者谓,同属人类,则人我之间,应有相互之尊崇,而不奴使人,不畜视人,不物玩人而已。是固社会伦理之基本观念而未可或非者。顾尊崇之程度不一;社会伦理亦尝诏人曰:尊崇者社会价值观念之实施也;甲应受几何,乙应受几何,胥视其人对于社群生活之有无贡献与贡献多寡而定,有未可一概论者。英经济学者考槃脱氏尝曰:"人之有类别,犹犬之有类别也。……甲与乙,其爵位、资产、培植,无不同也;而其实际之不相类,有若犴之于狃。在动物则分而别之,独于圆颅方趾者,则统名之曰人,而不再为之差别,是祸乱之源也"[⑨]。斯而可信,则所谓人格者,格以圆颅方趾而已,所谓平等者,同是圆颅方趾而已,别无深长之意义也。所谓不役使,不畜视,不物玩人之道,则恕人体物之原则已尽其说,无须别立人格平等之概念以括之也。总之,人格平等之说,论事则不切,论义则过泛,徒供愿人以一种新口头禅,而无裨社会伦理之实际,是不可以不驳者八也。

九、行为派心理学者之平等思想　行为派心理学者未尝直言平等,顾其所持关于婴孩心理之议论固极有平等论之臭味。作者曩在纽约社会研究新校[⑩]时,得聆行为派领袖华生氏之言论,私心深致疑焉。兹略述华氏与听讲员之问答一二段,以示其说之大有不能自圆者。

华氏曰:与我以一初生或生不逾二月之婴孩,而使我躬任教育之责,我可使成"天才",若数理家、若乐师、若画师,唯我所欲。座中有人问曰：先生何术以致此？氏曰：是理之至显者，无论何种复杂之行为，一经分析，实不外百余单纯之反应之集合与变互，而此百余单纯之反应，固尽人而具者也；今使调剂环境中种种刺激，使反动之变互与集合各得其当，则相当之复杂行为唾手可得矣。座中又一人问曰：然则先生反对桑达克与推孟等之才能心理学派乎？曰然。又问：先生亦反对智力遗传之说乎？华氏唯否不定，不解答者移时；既而曰；我辈治心理学者仅能以呱呱坠地之顷为研究之出发点，后此种种，即我辈研究之原料，前此种种，则生物学区域内节目，我辈不暇过问矣。问者显然不以答案为满意，续曰：先生以心理学者之地位，不以遗传为重，亦自有理，然我闻不论何种单纯之反应或反射作用，发生之际，亦因人而有迟速利钝之别，此迟速利钝之别殆不能不以天赋之不同解释之，先生亦恝置不过问耶？先生支吾其辞者又移时，卒未解答。

越二三星期，华氏演讲时对智力遗传之说又下攻击，并再申说任何婴孩可成世人所称天才之理。座中又有人致问曰：先生于智力遗传因人而异之说深致不满；虽然，先生亦认人类形态因人不同，而此不同者可以遗传乎？曰然。先生认神经系、内分泌腺、肌肉、韧带为形态之一部分乎？曰：是不待问。先生认脑部之组织有精粗、肌肉韧带之结构有弛劲、内分泌之作贮有丰损、与其周行有畅滞、而此精粗弛劲丰损畅滞之分亦由遗传授受乎？华氏曰，然。然舌较涩矣。问者最后乃曰：先生既承认此种种，乃谓智慧之心理作用可离遗传之变异现象而别论耶！华氏于此亦卒未解答。

行为派虽未尝以平等之名相标榜，然其议论纵横，足为上文种种平等之说作强有力之护符。社会学者不明生物遗传之真相，近颇有引用其说者，以其貌若不乏充分之科学根据也。虽然，观上文华氏之辞穷，可知行为派对于教育学之基本假定，尚大有不能差强人意者在[11]。我辈既列举平等各说而驳之，则对此种议论不能不略述之以解惑焉。

* * * *

上文种种平等观念或思想，非于事实不切，即于事理未当；而主张之者不惜竭全力以拥护之，真令人百思而不得其解。抑尝闻之，一概念一名词之发生，不经公众之认可则已，否则即根深蒂固，不可卒拔，初不论其根据之合乎事理否也。常人视之若家珍，若私业，若自我之一部分，不肯遽废，无论已。即在有识见者亦每守护之惟恐不力，即明知其不洽事理，亦不惮强为诠释，以求圆通。此于一般之社会哲学名词为然，而迹涉理想者为尤甚。是平等概念虽不能成立而其名称则至今未废，不特未废，且变本加厉之一大原因也。至政客及其他宣传家口吻中之平等，其旨在博民众之欢心而求自逞，其始终不肯放弃之故，更显而易见也。

中国文化中未尝无平等之理论，而平等之名词与平等观念之传播，则西化东渐以后始有之。西化东渐后类是之赐赍多矣：曰自由，曰人权，曰平等，举皆一二好事者幻想之结果，不足经事理之盘驳者也。降至今日，西方社会已由此类不健全之概念渐求解脱：论者谓七十年来西方社会进步之动力已不复为人权平等各说，而为社会效率之说[12]，自是确论。乃国人不察此种变迁之迹，既拾人之唾余，复从而簸扬之，若惟恐其臭味之不广被者；恶劣概念之奴使人类，而人类堕性之深，甘受其奴使，抑何若是之甚耶？

且上文种种曲解平等之说固未经一般人了解也。略事学问者尚知作条件上之限制，故一则曰法律平等，再则曰人格平等……。

一般人不暇问此种条件,则直曰平等而已。夫一般人之智力中下,故不暇问者,无能力问也,问且不解。然一般人之欲望,一经有相当之自觉,则每不肯让人,其顽劣者甚或嫉人之胜己;故不暇问者,亦不欲问也,问且识己之不若人而自馁。故一般人心目中之平等犹卢梭创论时之旧,即自然平等论是也。

何以知一般人之平等论为自然平等论?曰,观近百年来各新进国之社会组织与社会价值观念而知之。以言政治组织,有所谓均平选举制者。政治领袖之产生由公民投票,而投票之数不因资格地位而有多寡之分。美国实行此种制度者也,故杜威博士投一票,其寓前日事洒扫之清道夫亦投一票,曾无稍异,而若杜威博士者,又时或适潜心于学问,并此一票而不及投焉。谓此非自然平等论之实施不可也。一国之中,平庸之人居大多数,而中上者居少数,今既人投一票,而中上者或因事冗,不克投票,或明知其意见之寡不敌众,不欲投票;于是平庸之政治主张充塞社会,而一乡之愿人,得因风云际会,一跃而执政治之牛耳矣。美国舆论界之严格者至呼现任总统柯立志为"天下驰名之庸人",近代美国政治之趋势,于此可见一斑。谓此非自然平等论实施后之效果,亦不可也。

以言经济组织。上文尝论职业平等说之不当。究其实,职业平等亦自然平等之引申论也。罗素似以为在社会主义政治之下,始有真实之职业平等,殊未必然。今日略有民治色彩之国家大率有此种倾向,且有矫枉过正之势。中国昔日士农工商之社会价值不等,今亦议论纷纭,局势大变矣。职业而真能平等,诚如卡富尔之定义,则亦已矣;实际上则近代职业每视人数之多寡与一时风气之方向为差。故今日美国社会中,商之地位与势力居第一,工似次之，农又次之，而经济上最受打击之职业之一，当推中小学校教员，大学校中资望未深之教授，生活亦常患艰窘。夫教师、商贾、工人三者对于社会国家之责任与贡献，孰轻孰重，原不待较量而后知；今商则利如山积，工亦方日争资金之增加与工期之减缩以自高声价，而从事于文化与教育者则终日孜孜，仅得温饱；此其社会公道为何如，亦不待较量而后知也。一人经济之所入不与其社会价值等比，自昔已然，顾未有如今日之甚者也。此亦自然平等论实施后之效果也。

再言教育与文化组织。美国之大学教育，最称发达，就数量论，大学何止数百所，学生何止数十万人。然二三十年来，大学一般之程度日低[13]，其故安在？教育理想派之言曰，人人应受大学教育以启发其"无尽藏之天赋能力"；于是人人欲受大学教育，人人欲其子弟受大学教育；卒之，大学教育成一种利前程、光门第之不二法门：社会之要求既扩大，办大学教育者自不能不降格以相从矣。比其末流，大学教育几与职业教育不分；大学树人，几与工厂制物无异，言其如出模铸，千篇一律也。真能领会文化之精髓而有所发明，而同时又不为狭隘之功利主义所束缚之大学生，多乎哉？不多也。今满坑满谷者举皆大学生，则其价值可想见矣。是又自然平等论效果之一部分也。

是犹大学教育耳。以言小学教育，则机械之形迹尤著。一教室中，学生多至四五十人，教员同，教科材料同，钟点多寡同，授课数量同，课余游戏同；所不同者，各人之天资耳。犹之体操，有落伍者，而捷足者不能不为之止步；有蹒跚者，而捷足者不能不为之缓步：一班一级进行之迟速，一视大多数平庸之学生为依归。若是"鹅步"式[14]之小学教育，固维新后我辈所身受目击，不必征诸异国者也。近年来，个别教育之说渐昌，德美诸国乃有天才儿童分别教育之举。德人创办者规模较大，迳名之曰天才儿童学校⑮；美国者较小，名曰"机会班"，或曰"推孟班"，不指明天才儿童者，不欲忤社会大多数人平等之心理也⑯。个别教育之不早发轫，及其发轫而不能得社会之同情：是自然平等论之又一赐也。

总之，今日之政治、经济、文化与教育种种组织之基本哲学，在在无不有自然平等论之踪迹也。有不经之社会哲学，斯有谬误之社会组织，其源不清，其流斯浊矣。今日中外社会问题之日亟而不可理者，岂不以是耶？夫平等论为求社会效率与社会公道而发者也；及其结果，平等之观念愈深遍，则社会效率愈低降，而社会不公道之迹愈显著，诚非卢梭、渥温之辈梦想所及也。不考生物事实、不据人类经验而妄立社会学说之殃祸，我于平等论见之矣。

或曰：当平等论发轫之初，世无生物学，无人类学，更无社会学；学者为学之方法，重臆想，不贵事实，尊直觉，不尚经验；性伪问题之研究方法固不能外是也；今子以今日之眼光，责千百年前之方法，无乃不于其伦？此说我承认之。虽然，我所深怪者，不为孟、荀、卢、渥之辈，而为今之号称学问家者。历史之常识，若辈熟视无睹；百年来生物学人类学发见之种种原则与事实，若辈置若罔闻；生物变异与人类多形之原理流行且五十年，而若辈犹乐道平等论弗衰，甚或作科学原理不适用于人类与文化之说以自封，若则甚可怪已。人性果平等或否，孟、荀之辈所不能不求诸臆想与直觉者，今则生物、生理、心理诸学已能断定之，奈何不一参考之也？

* * * *

驳斥平等之议论尽此。将何以善其后？有二端焉：一曰，昌公道，二曰，励自强。

公道之说上文已再三及之。兹再酌为补充。公道自在人心一语虽不尽确，然公道者，实不乏多量客观之是非标准，使人人得取以衡物，则古今中外同之也。社会进化，社群生活日繁，初则形成若干浮动之舆论，及其固定，乃成所谓"社会良心"者，举凡事物之利弊，人我之是非，莫不以"社会良心"为准绳而定进止取舍与褒贬焉⑰。公道者，社会良心之一部分而已。然则"自在人心"之说，设假以外铄而非固有之条件，不可谓为过当之论也明矣。世之欲求公道者，乃不就固有之社会良心加以提挈，而必创平等、自由、人权一类不经之论，惟恐其不行，又从而润以学理之色彩，蔽何甚也？

上文种种平等之说几无一不可以公道代释之。已往之社会经验：法律之待遇、经济与教育之机会、男女间事权与利益之分配，固未能合乎公道之原则而无间也。视其间而纠正之，则舍提倡真正之公道无由。真正之公道何在？曰，人人认定人类多形之现象，各视其性质与程度之不同而异其权利与义务之支配，达荀子所称"人载其事，各得其宜"之至理，则庶乎其可矣。

平等之哲学，消极之哲学也。不求己之自同于人，见贤而不思齐，而私心唯冀人之降格以同于我；即不冀人之降格，而大声疾呼，徒争平等之名，而不图祛不平等之实；若是者，我徒见其自馁心理之日益扩大而已，于实际生活之促进无裨也。今日中国之社会生活，小之如人己之交谊，大之如国际之关系，几无处不呈露此种不健全之心理。只求人之不出奇制胜我，而我得苟安周旋于其间，相形不十分见绌者，则于愿已足，若是者，固比比也。团体生活中领袖之难产，为今日中国社会习见之现象；或曰，是亦此种顽劣之心理为之厉阶。人人有不肯后人之欲望，而未必人人有可以胜人之能力，平等哲学正所以济此辈之穷者也。其济之之法唯何？曰，人之彦圣，违之俾不通，使同于我而已！世间此辈既不能令又不受命之人本不在少数，今益之以圆通之哲学若平等论，宜领袖之难产也已。

今欲举一比较健全之心理而代之，有道乎？《易》曰，君子自强不息。演化论之大原则亦曰：竞则进，苟安则退；竞则存，苟安则亡。竞与争不为一事。争者求胜，必先损人，故胜则自肆，败则自馁；竞者以损人而胜为耻，故胜不自肆，败不自馁；故领袖者不骄人，服从者知安分；自强之至意，其在斯乎？君子无所争，而竞固不宜废也。人与人以自强相竞，群与群以自强相竞，而社会不进步者，未之有也。

注　释：

① 孟、荀之平等论不一贯，矛盾之处甚多，尝在他处论列之。*
② 《新约·路加福音》第十九章第十一节。
③ 《太平导报》第三十六与三十七期。
④ 是特例举一种机会云尔，非真谓社会主义者有此建议也。且事实上正与此例相反。最近尝有人谓革命政府俄顾问鲍罗廷主张保留中国固有之私产制，但土地则宜收归国有。
⑤ 美国优生学者 C. B. Davenport 之演讲词。
⑥ T. N. Carver，哈佛大学经济教授。
⑦ Socialism and Education，*Harper's Magazine*,1925.
⑧ 且此项辩护亦不能成立，尝在他处详论之。**

---

* 参见《生物学观点下之孔门社会哲学》，《留美学生季报》第 11 卷第 1、第 3 号，1926 年 3 月 20 日、1927 年 1 月 20 日。

** 参见《孔门社会哲学的又一方面》，《留美学生季报》第 11 卷第 4 号，1927 年 5 月 20 日。

⑨ W. Bateson, *Biological Fact and the Structure of Society* 引 W. Cobbett, *Rural Rides* 中语。

⑩ The New School of Social Research.

⑪ 此非对行为派全部而言；行为派之研究方法，极合科学原则，自不待言，此第言其假定之一部分有不当耳。

⑫ 此为美国达茂大学 Dartmouth College 比较文化教授为我言者。

⑬ 见 L. S. Hollingworth, *Gifted Children*, 1926, p.286.

⑭ 美人 U. Sinclair 尝作 *Goose Step* 与 *Goslings* 二书，专刺美国大学与小学教育之机械性，尽嬉笑怒骂之能事。

⑮ Begabtenschule.

⑯ 见 L. S. Hollingworth, *Gtfted Children*, 1926, pp.296 与 304.

⑰ 英之 L. T. Hobhouse 与美之 J. M. Mecklin 推阐此说最详。

（此篇原稿见《苦茶》周刊）

说"才丁两旺"

前几天坐了长途汽车到乡间去，倚窗眺望，田野间只有两种有颜色的东西有力量在你心上留下一些深刻的痕迹，打动你一些思潮：一是绿色的稻田和花田，极目数里皆是，一是白色的长方形的小殡舍，星罗棋布似的散在田里，几乎没有一块田是向隅的。稻田和棉花田的绿色以绵续性制胜，教人不由得不留下一些印象；殡舍的白色却以重复性制胜，也不由人不留下一些印象。

小殡舍或厝舍是江南人浮厝的一种方法，十有九个只容得下一具棺材，大约以松、太一带为特多，向西到苏州或向南到杭州一带，便多大殡舍，可以容好几具或好几十具的棺材。小殡舍的浮厝方法虽不及大殡舍，却较浮厝在家里或随地浮厝不加荫蔽的好些。大约中下人家，死了人，家里既限于面积，不能安放，一时又因风水或经济关系，觅不到相当的坟地，便借祖坟的一角，权寄一时；但时过境迁，往往穷年累月，永不安葬；日久由权宜而变为经常之法，浮厝的愈积愈多，就成为陇亩间最显著的一种点缀品了。

我倚了车窗出神（reverie），小殡舍不知如何就成了出神的一个中坚部分。小殡舍是按着棺材的形式和尺寸筑成的，在形式上自然千篇一律没有什么可以引人入胜的地方。但是通气的方法却略微有些不同的花样，浮厝的地方若是特别低下，过于潮湿，小殡舍便不宜直接从地上筑起，要提空一些；这类的小殡舍约占当时视线所及的总数四分之一。但无论提高砌筑与否，十有九个另外有一种通气的方法，就是在殡舍前后两头，砌的时候，留出两三块砖头的空隙。这个空隙，不要小看了他，便是浮厝人家用一些眼光的所在，也就是本篇谈话的缘起了。正合着老子说的"当其无，有器之用"的一句话。

这个空隙不外取三种形式。比较简单的是一个"十"字，前后一样；除非教基督教徒看去，似乎没有什么深长的意味。在皖北，听说又有圆形的，也有作金钱式的。但在这一带，通常都是，前头是一个"才"字，后头是一个"丁"字。这却有很深长的意义了。中国人对于死去的祖宗最尊敬，但是对于他们的希冀也最大，责成他们的任务也最重；才丁两字，一壁自然用作宣泄水分，一壁却是子孙辈对于棺中人的祈求、期望：要他保佑子孙辈"财丁两旺"。才字在这里自然是财字的简写，财字笔画太多，不容易砌，就是砌出了也未免太露痕迹。这是中国通俗文字里常有的变通办法。

"财丁两旺"，可以说是中国中等社会的一种信仰，一种处世守身的哲学。一地方的人口中，当然中下阶级占最大多数；中下阶级，上文已经说过，多采用小殡舍的浮厝方法；而小殡舍的两头一百个中有九十九个砌着丁字和才字：如此逐步推想，可见财丁两旺的信仰在民间有很普通的势力。一种处世的信仰，要实现他，居然要仰仗死人的臂助，也足见他的深刻和迫切。

在今日的我们看来，有钱财，多子孙，居然可以做人生的理想，实在有些奇特。尤其是多子孙。然而平心一想，摆脱了教育与文化所给我们的蒙蔽，然后再想，这种理想不是绝对容易了解的么？谁教我们把财字看得太死？财是保障个人生活安全的最大权威，广义言之，他就是代表个人生活安全的一个符号。又谁教我们把丁字看得太死？难道真期望子女众多，尤其是男子众多，来做官家征兵收税的工具不成？当然不是。一家人丁兴旺，至少可以教这家的血统不至于中断，推广言之，就可以教种族永久绵延，换言之，丁字就是代表种族生命安全的一个符号。人是生物的一种，任他有挟山超海换斗移星的大本领，他逃不了生物的根性，免不了生物原则的支配，试问生物的欲望，生物的原则更有大于个人与种族的安全的么？财丁两旺的意义在此；外此更没有别的意义。"财丁两旺"的信徒自然也有极端拘执的，他们也许是守财奴，也许以蜂窝般的大家庭为荣，但归根也无非是这两种欲望畸形发展的结果。

但财丁两旺始终只是一个理想，一个信仰，要全部现为事实是不可能的。财可以旺，丁也可以旺，但要二者兼容并蓄，同时都旺，却为事理所不许可。这是一个旧见解，斯宾塞尔发挥得最是详尽，所谓个育与群育不相能（individuation versus genesis）的议论便是。不过斯氏所论是极端广义的。狭义讲来，在这里便是人口与物力的调剂问题。人口太多，物力便不能赡给，要家给户足，可以维持相当的生活程度，人口便不宜过多，也不会过多。丁旺便财不旺，近几百年来的中国社会便始终在这个局面中。财旺便丁不旺，近代西洋社会里的资本阶级便很吃丁口不旺的亏。至于劳动阶级却又丁旺而财不旺了。财富与生殖量恰恰成反比例的统计材料，在西方很不少，姑引一例如下：

贫富程度	每女子千人所生的子女数			
	巴黎	柏林	维也纳	伦敦
很穷	108	157	200	147
穷	99	129	164	140
下等小康	72	114	155	107
上等小康	65	96	153	107
富	53	63	107	87
很富	35	47	81	63

这不是极有趣味么？有位著作家说过一句话，来表示财丁不两旺的现象，他说：大房子里住小家庭，小房子里住大家庭。说得干脆极了。

财丁不能两旺，我们大概说清楚了。财旺丁不旺，或丁旺财不旺，都是可能的，却都是不相宜，都是要不得。这一点还要申说一下。丁旺财不旺的不相宜，中国人是吃过它一些小亏的，并且现在继续的吃着，自然不用我多说。但财旺丁不旺又何尝要得呢？了解这层的人却不多，尤其是在那些醉心于生育限制方法的人。要晓得财浮于人，可以引起种种淫靡奢侈的恶习惯，小之可以杀身丧家，大之可以亡国灭种；罗马帝国的末年便有这种情形，今日的美国也有这种情形的趋向。我只记得有两个美国的学者，关于这一点，发过一些议论，一位是心理学家麦克图格（Wm. McDougall），他是一个热烈的国家主义者，危言耸听，也许不免，我们不去论他；还有一位是人口统计家特白令（L. I. Dublin），他以为目下美国生活程度的畸形高涨，是因为财浮于人；生育限制的推广，在今日的美国，适足以助长这种不健全的状态，所以他不大赞成；可称见地独到。革命以来的上海，成了内地殷富者的集中点，便也有这种倾向的表示。

总之，财丁两事的问题，不在旺不旺，而在彼此能不能通力合作，相互调剂。在某种经济能力之下，应当有多大的人口；已有了某种数量的人口，应当有多大的经济能力才可以使人人享受相当的幸福。能够在这问题上通盘筹算、因地因时制宜的人，便是未来的大政治家，便是人类真正的救星，已往的政治家未尝不能富民，庶民，但是富与庶之间，谈不上什么调剂的功夫，所以民生问题之未解决如故！

财丁两旺虽不可能，财丁相旺却是可能的；相字有彼此参考而加以调剂的意味。有了调剂的旺，便不会过火，便入了民生进展的正轨。

*　　*　　*　　*

才丁两旺的意义深长，似乎还不止此。才字通常以为是财字的简写，是不错的。但我们不妨把它曲解一下，把它认作才字本字。才与材通，财与材亦通，孟子不尝说过"有达财者"的一句话么？所以曲解了，在文字上尚有可以自圆之处；无论如何，不曲解便不会再有文章做。只得暂时曲解一下。

研究人口问题的动辄讲人口问题有二大方面，一是数量，一是品质。如今丁才二字岂不恰好合上这两个方面？丁即是数量，才即是品质。谈起人家的家世来，我们往往要问：这家人家"出秀不出秀"？这便是出人才不出人才的意义。以前人不明白血统遗传的道理，把一家人家丁口的多少，人品的才不才，或者推溯到祖宗为善或为恶身上，或者推溯到风水身上。在今日的我们看来，第一种的推溯自然误在把两个同因之果认为前因后果，第二种误在把二个偶然连续发生的事件认为前因后果。

这两种原因的推溯法是很普遍的，上等些人家自然二者兼信，中下人家大都偏信风水一端；不信风水，只信善恶果报的人家，自然居绝少数。相传范文正公觅葬地，既得一地，有堪舆家告诉他说，这是"绝地"，葬了子孙传不下去；范文正公想既是"绝地"，不如由范家占去葬了，免得别人家上当；后来范氏子孙绳绳继继，到乾隆年间，范氏的家谱竟有四十大本之多，可见是"当绝不绝"的结果了！由此可知像范文正公一般的人才才不信风水，但也可以说文正公未尝不信风水，但是他更信一个人若能行善，便可以挽回造化，范氏今日的绳绳继继，又安知不是"深怕他人绝嗣"的一念所感化出来的呢？

我们的话也许离题太远了。但无论如何，小殡舍前方的才字是兼具果报与风水两种意味的。殡舍的里面不就是行过善或作过恶的祖宗么？殡舍的外面不就是风水么？我们既曲解了才字，又何尝不可以作如是观呢？

财丁两旺，上文已说其不可能。才丁两旺，又可能么？根据了近代西洋的统计事实说话，这似乎又是不可能的。大凡一国普通的丁口愈多，人才的产生，似乎是愈受压迫，多不起来。换一种说法，就是，不才的丁添丁多，才的丁添丁少；并且丁与才似乎也成了两种反关联的现象，就是，越才便添丁越少，越不才便添丁越多。试看下面的统计：

1911年英国人口生育量的职业的支配		
职业	出生数	生存数
一般人口	100.0	100.0
煤矿工	126.4	120.3
佃工	113.4	119.6
锅工	110.1	107.3
农夫	110.5	109.1

续表

木匠	95.3	98.7
纺工	91.9	86.7
织工	81.2	76.9
非圣公会牧师	79.8	85.0
圣公会牧师	72.0	82.0
教员	70.3	76.1
医生	64.7	67.1

大体讲来，职业是和人们的才力有相当的关系的，大约所谓上等些的职业，就是多用一些脑力的职业，惟有多量脑力可用的人才加入这种职业，加入了也不轻易退出来。要是如此，上文的数字岂不恰好证明才与丁是不能并旺的么？

今日的世界，一般讲来，可以说是一个丁旺而才不旺的世界。这自然是要用相对的眼光看的，要是绝对的看去，古往今来，便从没有过真正才旺的世界，就在将来，任他一知半解的优生学家说得如何天花乱坠，也是不会有的。这是一个丁旺才不旺的世界，我们也未尝没有统计的佐证，英国有一位统计大家，叫做皮耳逊（Karl Pearson）的曾经根据了英国、丹麦和澳洲新南惠尔斯的人口统计，算出一个公式来。他说，大凡一代里的人口，对于下一代有子女的贡献的，就是能够留下子息的，百人中只有三四十人。这三四十人的贡献也不一致，有的很少，有的平常，有的很多；这子女很多的人家却了不得，一起若有一百家人家，他们只要二十五家就可以负责生产下一代人口全数的一半！其余一半是不大会生产的人家勉力凑足的。这种善于生产的父母，在全部人口里算来，百人中只有十二个半或最多不过十六个又三分之二人。这不就等于说：下一代的人口的半数，是这一代里八分之一或六分之一的男女所贡献的,其余的八分之七或六分之五不是没有贡献,便是无大贡献?那八分之一或六分之一是什么品性的人?那无大贡献或毫无贡献的人里面,又包含着些什么人物?恐怕前者里面,十九谈不上一个才字,后者里面,真正的人才却占很重要的一角:只要看上文英国的统计,就可以料想到这一点。其余的国家,分数上也许很有些参差,但大都有同样的局面,或正向着这副局面走去。所以我们说:这个世界是一个丁旺才不旺的世界。

中国一国的局面又怎样?谁都不能说。能说的无非是模糊隐约的话。我们还没有相当的统计材料,也没有在这方面脚踏实地用一些心思才力。丁旺一层,自然是不成问题,外国人估三万万,小学生嘴里说四万万,本国的人口学者说五万万,中东路上的俄国人说也许是八万万(见英文《北满与东省铁路》一书),万万之数不同,其为旺也则一;以目下的物力,养二万万的人口,还怕说不上一个赡字,遑论不止二万万?

至于才呢?上文既说过才丁不能两旺,中国恐怕不是例外。就一般而论,中国今日人才缺乏,是谁都承认的,至于中国缺乏哪一种的人才,或为了什么才感到人才缺乏,这就议论纷纭,不衷一是了。关于第一点,有一位许仕廉先生依据某君的调查(某君何人,许先生未说,无从复按)说:"论智力,在西洋,五级中以第二级(即平常级)占大多数。在中国,第一级(即特优级)的人,比西洋分数高;而第二级的人,则大不如西洋;第三级至第五级(即下等的、鲁钝的、最愚的)的人,比西洋多。一国的兴衰,靠中等社会人;今中国上智下愚多而中等少,无怪乎

149

中国社会，呈一种非常神经状态"(《国内几个社会问题讨论》，页94—95)。这也许都说对了。但不知某君和许先生果何见而云然。又不知所谓"非常神经状态"又是什么一种状态。据我看来——反正一样的缺少根据——要是分了级层说，中国今日所缺少的却是第一级，而第二级，所谓中等阶级的，却独多。我们至少在今日社会生活的二大方面上，可以看出来：

一是在智识生活方面，缺少出类拔萃的发明家或学问家，而喜欢弄弄学问或借了学问的幌子来号召的人却真不在少数。要是真如某君所调查，第一级人比西方分数高的话，试问何以时至今日，中国人在文化生活上，依然在在仰人鼻息。比日本如何？中国人与西化接触，不在日本后；日本人文化背景里种种势力，若封建，若宗教，若阶级，要比中国更陈旧，更顽固，何以他们摆脱得却快？若说日本地狭人少，改革的设施容易普及；那末中国土地虽广，因为人口多，第一级的人物自然也多，分配起来，岂不一样？这一类俗语所谓"生姜汤自暖肚"的话，我们近来耳朵里灌得几乎发痛，但于事实何补？

第一级的人，不但为数少，而且似乎太少变化。几千年的选举和科举制度替中国保养了不少的人才，这是到了今日谁也不能轻易否认的。现在所有的第一级的人才，怕大部分还是科举制度保障得力的结果。但这种人才是不是多方面的人才，是不是凡属人才，都已经被甄别选拔出来，因而一同得到保障的好处，那却不敢说了。数理的天才、音乐的天才、机械的天才、对于自然界有特殊兴趣的科学天才……都已经受科举的甄拔么？唐代开科最多，甄拔的人品也许比别的时代要多；但是其余所甄拔的无非是文章经济的长才，最多不过再讲上道德二字，便一切可以概括了。其他特殊的人品，既不受甄拔，日久便渐归淘汰。美国哈佛大学有一位教授，叫做伊士德（E. M. East）的，讲起中国人口统计的缺乏与不可靠，不禁说：中国人对于数学一道是不擅长的。我恐不擅长的，还不止数学一道咧。

今日中国第一级人才的缺乏，更可以从团体生活上看出来。大凡上级的人品善领袖，下级的人品善服从；中级的人品，则依违两可，视当时当地人口的成分和教育的程度而定。所以若是上级与下级的成分比较相对的大，一个社会里的团体生活便比较稳定，政治组织等等比较巩固。若是中等人物特多，而又未经过什么特殊的训练，社会里便多许多"既不能令，又不受命"的人；这种人对于团体生活，不但不能帮忙，反添一种障碍。我以为今日中国就吃这种人的亏，上自国家政府，下至学校里的学生组织，或商人合组的公司，都因为谁都想坐第一把交椅而又坐不稳的缘故，常要发生问题。我说这段话，并不是说中等人多了一定坏事；将来团体生活的经验比较丰富之后，他们也会陈力就列的；现在美国的中等阶级就是这样，他们人数未尝不独多，但因为第一级的人不算少，他们自己也有了相当的训练，便可以相安无事了。中国目下团体生活的不健全，一半也是家庭生活畸形发展的结果（对于家长或主人的服从而外，不识服从为何物；家长式主人式的命令与指挥他人而外，不识领袖为何物）；但一半却因既不能令又不受命的人太多。西洋人说，音乐队里谁都想吹第一管笛子，却又吹不大好，这音乐队就得散了。今日的中国很像这个音乐队。

至于第二点，为什么中国感受到人才的不旺，一时也无从多说，因为事实的证据太少。天然淘汰要负一些责任，读者如已看过拙译亨丁顿氏的《自然淘汰与中华民族性》，对于这一点，便不难领会。文化的选择或淘汰当然也有它的分，但怕不多，我希望将来有机会从详讨论这一点。上文讲的科举制度便是文化选择的一派有力的势力。还有第三种原因，就是把具有十九世纪以前的旧背景的中国骤然放到二十世纪的世界里，要教他立图适应，自然要感觉到扞格不入的痛苦；好比教中国式的学究先生越过纽约的第五街，即不压死，也要闹一个神经错乱，这并不说他没有脑筋，不过因为四肢五官的神经筋肉一向舒泰惯了，急切紧张不起来罢了。我有一位亲戚和一位父执，都是六十多岁的老先生，有一次要从先施公司越过南京路，到永安公司一边去，据说足足走了两点钟，岂不吃力？不过我们不宜把这第三种原因看得太重，上文不提过日本么？他不是一样走过车水马龙的闹街么？他却用不到两点钟就走到了。由此可知才字的精意不但在能适应，而且在适应得要有效率。即使我们迟早终会适应，效力却已太差了。这总是人才不旺的表示。

  财丁不能两旺，才丁也不能两旺。要一般的人多，又要有才的人多，是不可能的。事实上可能，也是今日的世界尤其是今日的中国所亟亟需要的，是有才的丁口要相对的加多，无才的丁口要相对的减少。这就不叫做才丁两旺，却可以叫做才丁偏旺了；才与丁在这里不是两种对待的人物，却成为一种了。优生学家说：我们要提高优秀分子的生育率，要扩大优秀分子生存与发育的机会。这就是才丁偏旺四字的注脚。

      *   *   *   *

  才丁两旺的信仰是过去的了。才字如当作财字讲，便应该作才丁相旺。才字如作本意讲，便应改作才丁偏旺。几百个小厝舍，二十分钟的出神；从死人想到活人身上；从一个通俗的信仰想到一个当代最迫切的社会问题：结果如此如此。

（此篇原稿见《新月》第 2 卷第 4 期）

文化的生物学观

从我们人类的眼光看来，文化是演化过程中最后的一步。要是这过程是自上而下的——因为人类有价值的观念，总喜欢有高低，上下的比较——文化就要算最登峰造极的一步或一级了。如下图：

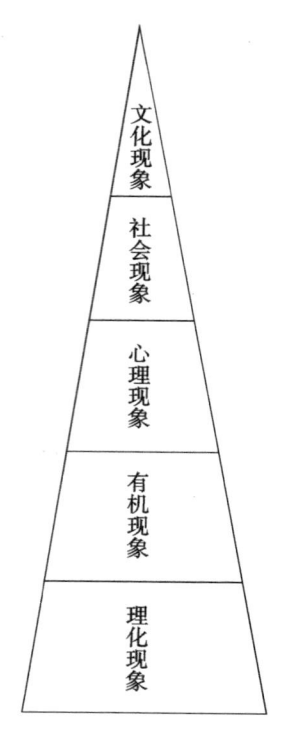

文化现象
社会现象
心理现象
有机现象
理化现象

社会学家和文化学家的确把演化的过程看作一条梯子，或是一座塔，或金字塔，可以历级而升，走到文化现象的时候，我们就到了塔尖了。

这座塔一起有五层，下面的级层产生上面的级层，产生的那个手续就叫做演化。越下的级层越基本，地盘越大；越上的级层，依靠以为根据的级层越多，在现象界里所占的部分却越小。这种种是略知社会科学的人的常识，无须多说。

什么叫做"文化的生物学观"？就是站在生物学的立脚点来观察文化，观察的结果，自然不能不继以解释。所以普通所谓这个观那个观的"观"字，原来兼具"观察"与"解释"两重意义，而解释似乎更加重要。

什么是解释？哲学与玄学的解释是一种。科学的解释又是一种。科学家的解释说起来很单纯。原来他只会把甲批的现象来做乙批的现象的注脚；注清楚了就算解释清楚了。所谓甲批乙批又逃不出刚才所说那个金字塔的范围，所谓"批"又往往就是塔上的级层。最普通的自然是拿下一级层或数级层的现象来解释在它们上面的一级，例如以理化现象解释有机现象，或以二者共同来解释心理现象。反是，在上级层里的现象也未始不可以拿来解释在下级层里的现象，因为演化的过程既经走遍了这几个级层，而各级层又同时存在，它们中间包括的现象自然不免来复的相互的发生影响。例如文化现象也可以引来解释心理现象，心理现象也可以引来解释有机现象。此外同级的现象也有其前因后果的关系，所以彼此也可以引作解释之用。例如理化现象就不能不在同级的现象中自寻解释，因为我们假定它们的级层是最基础的级层了。最近几年来在别的级层里也有"自谋解释"的运动，例如行为主义派的对于心理现象与文化学派的对于文化现象。他们认为这种"自谋"的"不求人"的解释是最科学的。这种见解和毅力我们不能不佩服。但是我们要记得宇宙间的现象原是错综的绵续的，级层原是人类为便于了解起见的一种看法，并不是现象界真有什么划分的领域。要比较圆满的解释一种现象，要比较完全指出它的因缘来，势不能不多方的顾到，不宜局守一隅。

文化现象演化出得最迟，所以它所凭借的因子也最多最复杂，比较最接近的是社会因子，次为心理的，再次为有机的或生物的，最疏远的是理化的因子了。这种种因子都可以引来解释文化；再加上文化现象自身的解释；这种综合的解释才算比较圆满。完全按照上文金字塔的说法，"文化的……观"至少可以有五种。但目下学问界所流行的实在可以归纳为三种，一是文化的地理观或自然环境观，二是文化的生物学观，三是文化的文化学观。余如别的"文化的……观"，例如思想观、种族观、唯物史观等等大都可以归纳在这三个里的一个或一个以上。能够把这三大观法三大解释法统统顾到，结果也就不能不算圆满了。

用生物的现象或原则来解释文化，原是片面而不圆满的，然则这一篇讨论又何以单单的讲"生物学的解释"呢？这里有三层不得已的理由。一是现象无涯涘，因果关系无穷期，一人尽一手一足之烈，绝难面面俱到，我们不能不分别的观察或解释。一个人求学问，在今日的情势之下，不能上知天文，下识地理，中通人事；学问越发达，分工越细到，其实也不过这个原因，就是，能力有限。只要我们求学问的时候，作观察与解释的时候，不把自己的一种学问当作唯一的学问，自己的观察法与解释法当作唯一的观察法与解释法，也不把别种学问、别派解释与观察忘记了、抹杀了或小看了，我们便算尽了人事。

第二个理由是：生物现象比较基本而也是比较可以用人力来左右的。用社会现象与心理现象来解释文化，固然很方便，因为它们与文化现象最接近，要利用它们的势力来左右文化，也很容易，也是因为彼此接近的关系。但是这种解释，这种人力的支配比较要缺少基本性与固定性。例如改变社会组织，提倡教育，自然可以教文化有一度的兴奋，但是要是聪明才智的程度有限，这种兴奋是不会持久的。反过来，理化的现象自然是最基本了，但是它们比较的最不受人力的左右，寒带的奇冷、热带的酷热、日本的地震、中国西北方的沙漠化，是绝对没有多大办法的，人类生活只有迁就它们，很难教它们来迁就人类。在一切现象之中，能够比较受人力的转移的，同时也具有充分的基本性的，是生物学的现象。也许有一天，人类的知识发达到一种程度，可以教后天获得性遗传，也可以用理化的方法自由的唤出精质的突变，到那时候，不但社会现象、心理现象和文化现象自己，要取得多量的基本性，就是理化现象也要比较的变为可以用人力来左右的了。到那时候，我们便可不必在"生物学观"上多发议论了。

第三个理由是：文化的种种解释中，生物学的解释比较最不受人注意，尤其是在科学幼稚的中国。即就近数百年来中国的国势问题而论：中国的积弱，自然是一种文化的现象，但是国人多方的解释，总是逃不了政治不良、外交失败、生计穷困、教育不普及、帝国主义压迫，几个方面——没有一个不是文化级层以内的。偶有以中国地势、气候、交通不便等等比较地理的现象来解释的，但已属少数。至于根据了生物现象与原则出来说话的，几乎没有。以前翻译赫胥黎《天演论》的严几道先生在他给朋友的书信中偶然提到一二，后来却也没有嗣响的人。但是即使自因推果而言，一国的积弱，一国文化的衰落，决不是一二原因或一二种原因所可圆满的解释；我们又怎样知道没有很严重的生物原因在后面活动呢？关于这一层，这一篇讨论里谈不到；读者如有好耐性，请就拙作《人类学家对于中国问题的观察》(《中国评论周报》一卷三期)，和下文中的《说"才丁两旺"》，《人文选择与中华民族》，以及本书的其它两辑，加以参考。

生物学家观察文化与解释文化，有一个假定，就是：文化盛衰由于民品良窳，而民品良窳由于生物的原因。这个假定还可以逼进一步说，就是：文化盛衰由于人才消长，而人才消长由于生物原因。这两种说法原是差不多的，大凡人口一般的品质好，特殊的人才就容易产生，否则便不容易产生。所谓生物的原因有三：一是变异，二是遗传，三是选择或淘汰。选择有两种，因了自然势力而发生的叫做自然选择，因了社会与文化势力而发生的叫做文化选择。选择所由发生的途径有三：一是生产，二是婚姻，三是死亡。如限于某一地方或时代说话，我们还可以加上一个第四个途径，就是人口的流动或移殖。

变异现象是生物现象里最基本的，大率一种生物在演化过程里的地位越高，变异的品性就越多，每一种品性的变异性也越大，造成生物学所称的"多形现象"（polymorphism）。多形现象的发达，到了人类而登峰造极。许多带有社会性的昆虫，例如蜜蜂，也是很"多形"的。但是蜜蜂只有蜂后、雄蜂、工蜂三种，并且三种中间，有两种的地位——蜂后与工蜂——是彼此可以交换的。人类便远不止三种，诗人、画家、医生、政客、牧师、建筑师、各种的科学家……说之不尽，试问他们任何两种的地位能不能随便对换。人类的多形现象，不比别的动物，一半自然是文化环境的势力所造成的，这谁都不能否认，但是生物学家也相信诗人、画家、科学家等等，无论你怎样利用教育功夫和训练功夫，决不是人人可以做到的；一定要一个人的变异的倾向中间，有可以做诗人、画家或科学家的基础因子，再加上文化环境启发的效能，这个人方才可以成为诗人、画家或科学家。这种基础的因子当然不容易证明，但是这种因子的不容易证明和物理、化学领域内电子和原子的不容易证明差不多。

一个民族的变异品性（variations）和每一品性的变异性（variability），往往因为历史的背景和地理的环境关系，和别的民族不同。品性有多少，而每一品性的变异性有大小，品性多，各种人才也多，而文化的表现也就多变化，不拘泥于一二方面。例如中国二千余年来的文化和二千余年前的文化，在这一点上就很不同，春秋战国时代的文化是多么的陆离光怪？秦汉以来的文化是多么的一成不变？难道这种相反的局面完全没有生物的背景么？我相信不会没有。

品性多固然可贵，尤贵乎每种品性的变异性大；因为除了人才的种类加多以外，每种人才的才力要加强，而文化每一方面的造诣要更加未可限量。一种品性在一个人口或民族里的变异可以用一条曲线表示出来，如下文第一图，大率中等的人最多，越趋中下中上两个极端人数便越少。这种曲线的曲法，自然又要看一种品性在一个民族中分布的特殊情形。要是中庸的少，而趋极端的多，则曲线的中段要扁平，而两端所被的地面要广大，否则反是。假设有两个民族于此，讲起他们智力——就是聪明的程度——的分布来，一个是中庸的少，极端的多，一个恰好相反，如第二图。算起平均来，这两个民族也许没有分别，但是双方在文化的造诣上也许有惊人的差异！为什么？生物学者的答复是：文化原是人才所产生的，人才在统计的分布上占的总是中上的地位，中庸的人和中下的人是没有多大贡献的。如今乙民族的中上的人就要比甲民族的为多，文化的成就自然更要可观了。不但如此，中上的那个极端伸出得愈远，杰出的人才便愈多，而文化的发扬光大越是了不起。这种极端的人才自然不会多，但是一个民族只要能产生指头上数得清的几个，他的文化也就可以压倒其它民族了。近代的西洋文化其实就靠几个这种极端的台柱子，例如里奥那陀、筏克拿、莎士比亚、奈端、达尔文、赫胥黎、爱因斯坦。生物学者不相信这种人可以完全用文化的力量栽培出来。

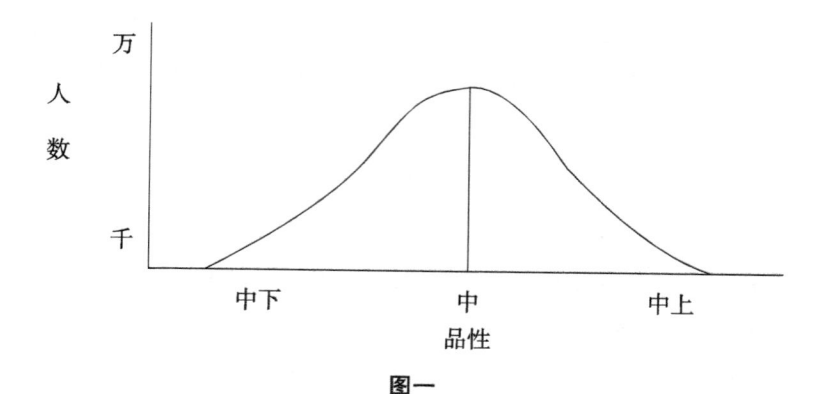

图一

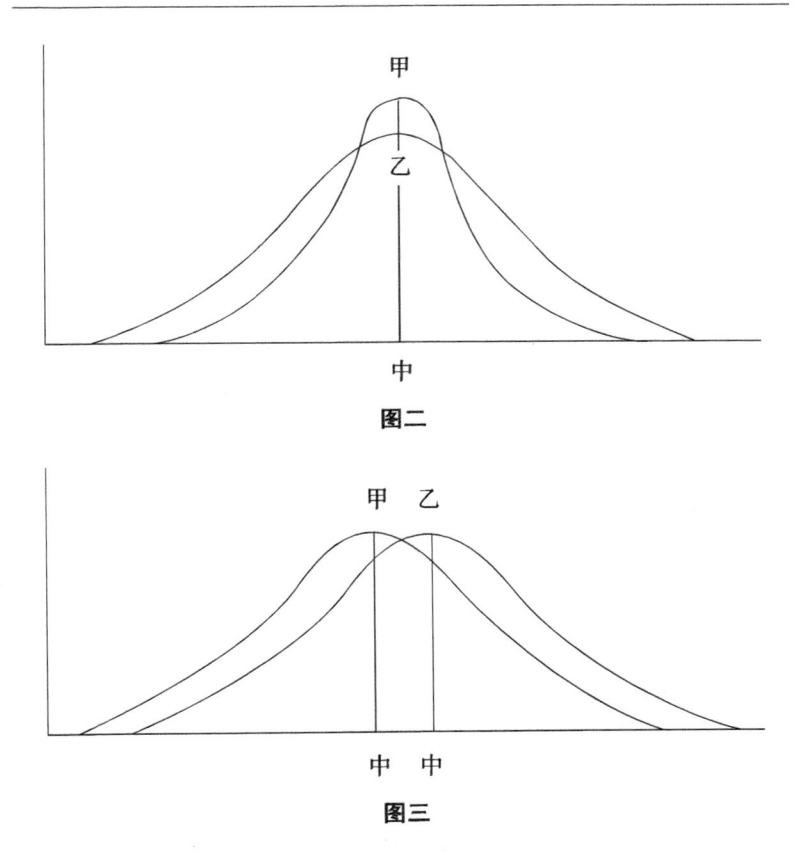

图二的图示：两条钟形曲线，甲曲线较高较窄，乙曲线较低较宽，中心标"中"。

图二

图三的图示：两条钟形曲线，甲、乙分别位于不同的中心位置，各自标"中"。

图三

据一部分生物学者的观察，上面第二图所示的两条曲线也可以代表男女两性的分别，就是，男性的变异性大，女性的小。这个看法要是可以成立，就可以局部解释为什么女子对于文化直接的贡献向来没有男子的一般大。

到此也许有人要说：第二图所示的变异性的大小也许是完全由于环境激发出来的。这话不错，但是未尽然。生物界的变异固然有两种，一是遗传的，一是环境激发的。上面第二图里的两条曲线所代表的生物倘若是一种纯系动物的两派，那末，变异性大小的不同，的确是完全环境所唤起的了。但是不论任何民族是不知多少纯系所错综结合而成的一个"庶众"或"人口"；两个"庶众"间的变异性的大小却不能完全用环境势力来解释。

第二图里两条曲线的中庸点是共同的：这也许是引起上面有人误会的一个原因，因为一个纯系的两派，不论生长在怎样不同的环境里，他们的中庸点总是一致的。但是就民族间的差别说来，第二图所示实在是很理想的；至于实际的情形，并且可以说是很普遍的情形，则如第三图所示。上面关于第二图的种种推论自然也可以用到这个图上，并且要更加有力，因为这个图里所示变异性的大小比较不容易拿环境势力来解释开。

上面关于两个民族比较的话，不论依据第二图或第三图，也可以适用到一个民族的前后两个时代上，根据第三图的说法也自然比较要实在。我相信若是可以把春秋时代中国人智力的分布和秦汉以后的比较起来，也可以得到像第三图中所示的两条曲线。

关于遗传这一点，我们不预备多说。遗传的几条原则，什么韦思曼的精质绵续与精质比较独立说、孟特尔的三律、跟了韦氏的理论而发生的新达尔文主义或后天习得性不遗传说、杜勿黎的突变说、约杭生与摩尔更的"基因"遗传说——是大多数生物学家已认为有效，而且在生物学教本中已经数见不鲜的。人类既然是生物之一，他当然逃不了这许多原则的支配。比较不适用的也许是杜勿黎氏的突变一说，因为突变的发生似乎与一个种族的寿命有关，一个种族在青年精壮气旺的时候突变多，过此就少。人类也许已经过了这血气方刚的时期，不会产生许多突变了。但是对于这一点我们不敢断定。有人说，伟大的天才是一种突变，但安知他不是变异性趋极端的一个表示呢？但无论突变或变异性趋极端，要都不能无遗传的根据，也都有继续往下遗传的可能。不论天才或普通一些的人才，都不能没有遗传的张本，这是全部生物学家所公认的，至于心理学家与社会学家，大多数也承认这一点。

看了刚才说的几句话，可知生物学者讲起人类的遗传，不但顾到形态与生理方面，连智力、性情、脾气也都牵入范围。这是他们直认不讳、居之不疑的。他们的理由是：形态与结构是"体"，生理、智力、性情是"体"之"用"，"体"的变异既可以遗传，"用"的变异自然同样的可以遗传，所不同的，体既在前，用既在后，前者的遗传比较直接，不容易受环境势力的转移，后者比较间接，比较似乎容易被环境所左右罢了。

近五六十年来西洋文化里有种种活动，就拿这一点"体用"共同遗传的假定做根据，而寻到它们所以存在的理由（raison d'etre）。例如：

英美两国的优生运动；

德、奥、捷、瑞典、挪威、瑞士的种族卫生运动；

才能心理学派与智力测验运动；

天才及各种特殊才能的研究；

德美英诸国的天才儿童教育；

低能教育；

生育限制运动的一部分；

移民与移民禁止运动的一部分（美国、澳洲、新西兰）；

工业管理用人新法；

医学界对于体气之重新注意；

一部分的弭兵运动；

罪犯的待遇（局部）；

新史学运动中的"史量学派"；

德谟克拉西与社会主义的新评价。

拉杂说来，已经是十多种有组织的文化活动了。不说别的，就是优生与种族卫生两种其实类似的活动已经在最近三十年的西洋文化界与学术界里起了轩然大波，现在还在不住的动荡震撼（参看拙作《优生概论》中《二十年来世界之优生运动》章）。关于这一类活动的事实，因为介绍得不多，国人还没有十分注意到，所以不感觉到它们影响的远大。但是在西方思想界里，即素以怀疑派著称的人，最近也改变了他们的态度。例如美人孟根，向来是攻击智力测验最有力的一人，现在却接受了它的结论了，并且自己还认了错。罗素在《人类往那里走》那本讨论集里讨论到科学的前途，结论中竟把优生认为最主要的保障和出路。西方文化的时代精神，德人所时常称道的 Zeitgeist 要是真有的话，于此也可以窥见一斑了。

现在说选择。上一代种种品性的支配情形，到了下一代发生了变动，有的加多了，有的减少了；上一代某种品性的变异性，到了下一代也发生了变动，或是加大，或是缩小：这便是选择作用的结果，就叫做选择。品性附丽在人身上，所选择的也就是人，不过根据了品性的说法似乎细密一些。可以发生选择作用的势力有两派，而两派势力所由凭借的支点，好比象棋里"炮"的"炮架子"，有三个或四个，上面都已提过，现在要说得略微仔细些。

生物学家既认为后天获得性不能遗传，那末人类的遗传还有别的发生变动的机会么？有。一是突变，突变是遗传的，他所表现在外的便是一个新品性的产生或旧品性的失落。这一层在人类比较不易捉摸，我们不去多说。二就是选择，也是影响到遗传的本质的，但是他所引起的变动不是品性的质地上的调换，而是各个品性在人口中数量上前后不同的支配。例如智力是一个品性，上一代因为选择得当，聪明的人多，并且聪明的程度也高，下一代因为选择得不得当，结果也许相反；上下两代之间，接得很近，也许不会有这种相反的选择局面发生，但是这种相反的局面，在任何民族的历史里很容易指摘出来。选择的局面一有变动，文化的局面也就跟着变动：这又是生物学者观察文化的一个基本假定。

　　自然界的势力，可以使有某种品性的人死亡得迟，结婚得早，生产得多；也可以教缺乏这种品性的人恰恰有相反的行为，这就是自然选择。凡是懂得演化论的人，这一点是无须解释的。自然选择的结果，若用人类带有价值意识的眼光看来，未必都是好的。例如中国民族自私心自利心的畸形发展，据美国耶鲁大学亨丁顿教授的观察，便是二千年来历届荒年所选择出来的（参看拙译《自然淘汰与中华民族性》，现入本书第三辑*）。以前严几道先生曾经说过，中国人有许多恶劣根性，须经自然淘汰的势力，层层挞伐，然后可以澄清。现在读了亨氏的议论，可见严先生的眼光也不尽然了。

　　文化选择的原理的发见，比自然选择的要迟二三十年，就在今日西洋的思想界里可以说还没有长下根。其实是很简单很容易

---

*　指《人文生物学论丛》第三辑：《民族特性与民族卫生》，商务印书馆，1937年7月。

承认的。自然而外，人类也未尝不受社会与文化的种种势力的支配，使死亡率、婚姻率与生产率发生轩轾的局面。所谓轩轾的局面，就指社会人口中各部分的死亡、婚姻、生产，并不是一般多少，或一般快慢，乃指因为各部分的品性的分布有差别，生死婚嫁的频数也就有差别。简言之，轩轾的局面便是经过选择后的局面。可以产生选择作用的文化势力，有的是人类自己觉察的，有的是不觉察的，但是在近代以前，可以说都是不受理性的控制的。不受理性所控制的文化选择与比较无法控制的自然选择一般，结果是未必好的。例如欧洲中古时代的基督教，实在产生了不少不好的选择影响，或称反选择的影响。它一面禁止宗教领袖和僧侣的婚嫁，一面又压迫和杀戮它所认为异端的人，又一方面它又无限制的鼓励慈善事业，教顽劣游惰的人可以生存传种，论者说这种势力合起来，便是中古时代所以局部成为黑暗时代的一大原因，并且在今日的西班牙、葡萄牙等国，还可以见到他们末流的影响。关于天主教提倡独身主义一端，我在下文最后一篇*里说过几句话，如今引在下面，以见文化选择力所及的远且深：

> 旧教把凡是性情温良、比较能毁损己利人的分子，一批一批的吸收去当神父、尼姑、和尚；他们是照规矩不能结婚的，所以日子一多，教会越发达，社会上温良恭让的分子越少；到得今日，只落了一句优生学家不胜感慨系之的话：The Church has brutalized the breed of our fore-fathers（教会把我们祖宗的血统兽化了）。我们总觉得奇怪，欧洲人自己也觉

---

* 指《人文选择与中华民族》。

得奇怪，为什么基督垂教二千年，人们的社会行为，不但不见进步，反见退步，历届的战争、帝国侵略主义的膨胀、劳资和其他阶级间的攘夺嫉妒，无非是损人利己违反教义的行为；我们又安知这不是基督教自身的选择作用所帮同酿成的呢？

可以产生选择作用的文化势力正多着咧。战争的选择作用是可以不言而喻的，大致古代的是比较好的，近代的却很坏。以前中国的重农、今日美国的重商、近代的都市运动、妇女运动、高等教育运动，甚而至于医学卫生运动，因为缺少理性的控制，因为没有充分参考生物演进的原则，从选择的眼光看来，对于文化的前途，多少都有几分不利。

死亡、婚姻、生产三端之所以为选择的途径或支点，一望而知，无须多说。但何以移殖也是一个途径或支点呢？移殖的选择效用，有直接间接两种。大批人口移动的当儿，总有一部分不耐风霜跋涉、因而死亡的；这种选择作用是间接的，因为直接还是死亡的功劳。游牧民族的易于强大而一发不可制，甚而至于能够征服文化远比它自己高的民族，例如辽、金、蒙古、满洲等的入主中国，便是受了这种选择作用之赐。但是讲起有直接的选择作用的移殖，我们心目中先得存着两个不同的区域，一个是吃选择作用的亏的，一个是托了选择作用的福的。若把全世界或全国总看，那就无所谓选择了，因为失之于彼的，即得之于此。

自然势力和文化势力都可以引起有直接的选择作用的移殖。中国北部及西北部常有水旱之灾，不断的把比较能进取、敢冒险的分子驱逐到别省去，以前向南，近年来大都向东北，到东三省。

这种移殖便是自然势力所唤起的。甲地频年战争，把能够安居乐业的良民都驱逐到乙地或丙地去，五代十国时候的吴越便是当时避兵的乐国。十七世纪初年英法各国的宗教倾轧把许多富于毅力而能特立独行的教徒迫出国外，来到新大陆的加拿大、新英伦。这种种移殖行为，便是文化势力所激发出来的。

把可以命定文化的生物因子说完之后，我们接着要讲几个实例。我们要看历史上几个已经衰落或灭亡的和现代正如春花怒放着的几个文化，能不能根据生物原则加以具体的概括的解释。我预备举出希腊、罗马、犹太、美国、日本五个例子。

一、希腊　希腊文物的繁荣，是谁都承认为了不得的。自公元前五三〇到四三〇，一百年间，大约六万七千多成年的自由人里，竟产生十四名第一流的天才，平均不到五千人里有一个，这实在是人类文化史里空前绝后的成绩。但是过了这一百年，希腊文化便突然降落，不久就完全消灭，正应着中国史家"兴也骤亡也速"的六个字。为什么？原来希腊半岛当地中海要冲，当时为各方移民麇集的区域；当时的政治与社会组织，既严自由人与奴隶之分，当时都市国家的人口政策又往往主张严格的限制，不肯轻易接受外邦人，所以移民的行为自由人的大都是严格选择的结果。当时自由人的婚姻生殖，又多少要受国家法令的制裁，很有一些近代优生行政的意味。但到了后来，法令废弛，移民加入日滥，迟婚与独身之风盛行，自由人与奴隶亦可随意通婚，有能力的女子往往以娼门为最高尚的职业，因而不事生育。总之，希腊文化之兴，便兴于有选择的移殖、婚姻与生产，希腊文化之亡，便亡于反选择的移殖、婚姻与生产。（参阅戈尔登氏《遗传的天才》，页340—343）

二、**罗马** 自颉朋作《罗马的衰亡》以至今日，替罗马文化的衰落寻解释的人很多，寻出的解释也不少。德人塞克（Otto Seeck）作《古代世界的衰落》，胪列的解释有十个之多，中间倒有好几个是生物学的，或有生物的含义的。第一便是"优秀分子的淘汰"，第二是"频年的征伐"，第三是"人口的减少"，第四是"移民的杂遝"。第五到第十个解释便不是生物学的，而是文化的，但它们中间有的可以看作文化选择的结果，有的本身便是有选择效用的文化势力。最近英国人文主义派的哲学家歇雷，又就这许多解释，加以仔细的分析，大致很赞同塞克的说法，并且加以发挥，但是他并不承认"人口的减少"是一个适当的解释。（参看歇雷《优生与政治》，页169—196）

三、**犹太** 犹太文化是最奇特不过的。犹太教的文化，远在古代，不去说他，且说近数百年来犹太人对于文化的贡献。自从公元后七〇年到今日，犹太人散处各国，不成国家，但是民族存在，文化也存在，不但存在，并且极有光荣。近数百年来犹太人里出了不少的第一流的人才；在思想界与金融界，都能够取得盟主的地位，自斯宾诺莎以至爱因斯坦及马克斯[*]，无非是思想界的代表人物。世界第一等的富人里以犹太人为多，是谁都晓得的。上海外国寓公里最富的便是几个犹太人。这都因为什么？我们又不能不谈到选择的作用了。犹太人在欧洲是到处受压迫与侮辱的；基督教徒不许他们住乡间买地，种田，他们便只好住在城里，挤在一个狭小的特殊区域以内，干基督教徒当初所不屑干的勾当——商业，尤其是银钱兑换——于是年去年来，层层剥削淘汰，

---

[*] 即马克思。

终于产出一派，我们不妨说，"持筹握算锱铢必较"的天才来。同时他们因为身体不能像基督徒一般自由走动，又因为受到了欺侮不能自由发泄，逐渐养成一种极严厉的批评态度，和富有革命性的思想习惯；其不能抱这种态度和思想力薄弱的，在当日颠连困苦的情形之下，也就无法维持，终归淘汰。这种淘汰后的局面至今还保留着，正合着《旧约》里一句话：凡是上帝喜欢的人，上帝要教他受灾受难。

四、美国 美国文化的勃兴，实得力于最初到新英伦的几批移民；即在今日，在文化各方面做领袖的大部分还是他们的子孙，并且，彼此之间，往往可以寻出血缘的关系来。这些移民，当时的生殖力又很大；人口激增的结果，逐渐把中部西部也都开拓了。那种情形和今日中国吉黑两省的情形大同小异。从事于开拓的人大都是勤俭耐劳、不避艰险、富有朝气的人。但是最近几十年来，美国人口的情形很起了些变化，早批移民的子孙，比较有能力的，大都成婚迟而艰于生育，所以数目不见增加，而后来的移民，不但品质杂遝，并且结婚早而生产多。所以凡有生物眼光的人都觉得美国文化目下的繁荣，决不能长久保持；他们说：美国人生物的资本确是很大，但近年来的费用，已经靠本钱，不靠利息，因为没有利息。这恐怕不是耸动听闻的议论，实在是慨乎言之。

五、日本 说到我们的近邻，也是很有趣的。近六七十年内日本的勃兴，在人类文化史上是不能不大书特书的。一个文化能够改头换面得这样快，这样精到，在文化史里恐怕也是绝无仅有的事。对于这一点，近人提出的解释很多，但是几乎没有一个是生物学的。但是我以为日本的勃兴有很明白的生物学的根据。从自然选择方面看来，日本是一个岛国，天惠又并不富厚，所以顽劣分子被淘汰的程度比较我们大陆的"地大物博"的中国要深。从文化选择方面看来，日本到今日还沾受封建制度的余泽。真正的封建制度，不管他在别的方面的种种功罪——其实我们研究史实原不应讲功罪的——实在有保障人才的力量，日本的藩臣武士，在封建制度之下，也许只知讲武仗义，比较的吃粮不管事，但是后来在维新的当儿，各方面的领袖，就从他们中间产生出来，到今日长、萨诸藩的子孙犹足以左右国势。从封建文化变为工业文化易，因为双方都靠严密的组织，都仰仗强有力的领袖；从以家族为中心的农村文化进入工业文化难，因为以家族为中心的农村文化是最散漫最不依靠强有力的领袖的一种文化。这是近代日本所以不落伍而中国所以至今还落伍的一大原因。很多人口口声声骂封建势力，我看中国所吃亏的，就是缺少真正的封建势力，这种势力在二千年前就消灭了呀。（关于此节，参看拙著：《日本德意志民族性之比较的研究》）

对于中国文化的盛衰消长，也未尝不可以用生物的原则来帮同解释。中国的历史很悠久，各方面的因子异常繁复，要从生物学方面来妥为解释，自非熟研历代掌故的人不办。我在下文末章*里曾略加探讨，所得的结果还很有限，不过我相信越探讨得进一步，便会越感觉到生物因子的不可轻视。

（此篇原稿见《东方杂志》第 12 卷第 1 期）

---

* 指《人文选择与中华民族》。

人文史观与"人治""法治"的调和论

史观的变迁或方面虽多，可以有一种归并的看法，就是不外唯神、唯人、唯物三个范围。各派宗教的史观，自然是唯神的。中国以前墨子派的哲学，因为动称天志，也有不少唯神史观的意味。儒家议论很一致，显而易见是唯人的。唯物一派，古时并不发达，道家的史观很杂，无为论当然与唯人论不相容；法天法道法自然的说数则兼具唯神唯物的色彩。这三端以外，再不妨添一个唯文史观，以前中国法家的史观属之。此外又有所谓适然史观或机遇史观等史观。

到了近代，唯神史观的地位自然日就减削。但是唯人、唯物、唯文的三派都维持着，并且都有新的进展。彼此责难攻讦的文字，时常可以见到。大率生物学者与种族学者是唯人的，地理学者与经济学者是唯物的，文化学者与哲学家是唯文的。一个完全圆满的史观自然是这种种派别之和。但是因为学科的门类既多，内容又日趋复杂，一人精力有限，只能专注到一二种的学问，结果，方面越多，顾此失彼的机会越大，于是党同伐异的态度与偏激固执的议论就不能免了。晚近讲种族史观和经济史观的人犯偏狭武断的弊病最深。

人与文原是不可须臾离的，有了人，接着就有文，然则何以唯人史观与唯文史观又要截然分为二说呢？这里有一层道理。通常我们说，"有人斯有文"，唯文论者说，不错，但是文教一经开端之后，便无须乎特出的人才，他自己就会生生不已，继长增高，变做"有文斯有文了"。不但如是，文教对人，有模铸熏陶的大力量，究其极，我们可以得到"有文斯有人"的结果。唯文论者大约可以分做两三个小派别：侧重制度法则的可以称为唯法派；极言思想观念的重要的可以称为唯识派；总论文化的各方面的才是唯文论的正式代表。但他们都承认文化势力处的是主动的地位，而人处的只是比较被动的地位。

作者是一个人文论者。人文论者在以人为前提，以人为重心。他相信"有人斯有文"，以为不但在生人之初，文化的发轫，要靠少数人的聪明智慧，到了后来，文化能继续维持，或代有累积，继长增高，也得靠少数人的聪明智慧，这少数人也许在鱼盐版筑陇亩之间，但其为聪明智慧的人则一。这样一说，一个人文论者不止是一个唯人论者或人本论者了，并且是一个好人论者了。人文论者虽未尝不主张好人须得好的文化来维持、将养，但是他始终以人为出发点，以人为归宿。

人文论者有这种见解，一定要受人唾骂。不谅的人要说他食古不化，违反潮流。比较谅解一些的人至少也要质问他两个问题。第一，人文史观和历代相传的伟人史观或"英雄造时势"的旧说究竟有什么分别？第二，在近日"法治"与"人治"的争论中，人文论者是不是完全左袒人治之说，完全否认"法治论"的地位？人文论者对于这两个问题不能直截爽快的答复。容先分别加以讨论。

人文史观和伟人史观的对象是很相同的：彼此都看重人才的产生。但是，以前伟人史观里有很重要的两点，在人文论者看来，是绝对不可通，或是极不圆满的。

第一，伟人史观论人才的产生，往往不讲因果律；所以不讲因果律的缘故，是因为太注重意志论。意志原是一个不受因果律支配的东西。以前的意志论又可以分做三层说：一是天的意志，二是他人的意志，三是一己的意志。

前人论人才的勃兴，开口便讲"天地钟灵，山川毓秀"一类笼统的现成话。所谓"钟"，所谓"毓"，自然是天志的一部分，法则所不能支配、人力所不能左右、理智所不能分析的一种手续了。一样是这块天地，何以这里不钟灵，而偏在那里钟灵？一样是这幅河山，何以以前毓过秀，而如今不毓秀？这一类的问题，自然是无人提出，因为一切一切既出乎天的意志，人类当然莫测高深了。

在宗教信仰比较发达的人，或比较普遍的地方和时代里，人才的产生自然更归功于天的意志了。繁庶之区，富贵人家，出了人才，当然是天降百祥的结果，所以，人说，既富且贵之后，又笃之以人才，以维持其地位于不替。穷乡僻壤，贫贱人家，也出了人才，当然更是上天之赐了。但是何以在出人才以前，天却教这家人家贫贱，甚至于到一个很不堪的地步？关于这一点，愚陋一些的人便不求甚解，聪明一些的便有一种极婉转动听的自圆之词，例如：

> 故天将降大任于是人也，必先苦其心志，劳其筋骨，饿其体肤，空乏其身，行拂乱其所为：所以动心忍性，曾益其所不能。

这谁都认得是孟子的话。孟子当时那种"生于忧患，死于安乐"的议论，原是一片大道理，并且有不少的教育价值；至于说这都是天所预先替人规划定当的,那就教我们无从领悟了。

讲起孟子,真是教人高兴。他是中国古代讲伟人史观讲得最热闹、也是最精彩的一个学者。我们在下文还有好几处要仰仗他的议论。

上文说天的意志是不受任何法则的支配的。这也许是过甚之词。大凡相信天志的人,都以为天志虽不受外界的法则制裁,他自己总守着几分规矩,决不会颐指气使的。所以人才的产生,也不是胡乱的,而有相当的时期性,《旧约》时代的犹太人就深信经过了多少年,就有一位弥赛亚降生,后来居然出了一个耶稣(犹太人承认不承认他,为别一问题)。至今耶稣教里有好几派相信耶稣要第二次降临人间,他们推定了几个黄道吉日,但都失望了,他们深怪自己信心不坚。

孟子也深信天生圣贤,是有时期性的,他说:"五百年必有王者兴,其间必有名世者。"他在全部《孟子》的煞尾里又说:"由尧舜至于汤,五百有余岁……由汤至于文王,五百有余岁,由文王至于孔子,五百有余岁……由孔子而来……";孟子以孔子比"王者",以自己比"名世者",但说到这里,他忽然未能免俗起来,仅仅的叹着一口气说:"然而无有乎尔,则亦无有乎尔!"读《孟子》的如以此为孟子最后不再信仰天生人才有时期性的说数,那就上他的当了。

自堪舆之说盛行,天生人才的意志,又往往借了"地理"表现出来。这一类的故事很多,尤其到了科举的时代,姑举一例如后:

苏城吴氏始祖茔,明时葬在胥门外桐泾,与七子山相对。有术者过其地曰:"此吉壤也,逢壬戌当发,惟先旺女家耳。"

> 嘉靖壬戌，申文定公时行中状元，申为吴婿。天启壬戌，陈文庄公仁锡中探花，陈为吴甥。康熙壬戌，彭太史宁求中探花，彭为吴婿。乾隆壬戌，陆明府桂森中进士，陆为吴甥。嘉庆壬戌，吴裔孙棨华殿撰廷琛始中会状。道光壬辰，廷琛堂侄钟骏又中状元。（钱泳，《履园丛话》）

这种故事，读来很像神话，人的脑筋能不能窥其秘奥，留待下文再说。

其次，除了神道或天的意志之外，人的意志也未尝不能产生人才。所谓人，也许是别人，也许是自己。先说别人的：这便是旧派教育的基本信仰之一。自胎教、家教以至于一般的师道，向来以为都有绝大的力量。胎教是做母亲的在胎期里善于运用意志的结果。《大戴礼》、《列女传》、《博物志》都讲胎教之法，教凡为孕妇的须要聚精会神，把持得定，不为外邪所感，生儿自然聪明良善。二百多年以前有一位日本人（稻生恒轩）说得最精警：

> 儿在胎内，与母一气，母之意态，其影响深印于儿心。是以母心正直无邪，则胎生之子亦与之为无邪。凡自怀胎之日始，即应整躬定虑，诸恶勿为，静待分娩：是谓胎教。（下田次郎，《胎教》）

要是世间的孕妇都能这样的善用其意志，岂不是普天之下莫非人才么？文王的母亲太任据说是如此的。可惜我们不晓得后来"野合"而生孔子的徵在，天使感梦而生耶稣的马利亚是不是如此。好在这些超等的大人物五百年内总得生一次，数中注定，也就无须乎胎教了。这一番话并不是拿先圣昔贤来开玩笑的，不过借此可以晓得胎教既是意志的产物，当然也是不受因果律的支配的了，不受因果律支配的事物，人文论者只好置之不论。

事实上近代生物家就不承认胎教这样东西，他们只承认"胎养"。孕妇与胎儿的关系实在是很隔膜的，营养物从母亲的血管传入胎儿体内，尚且得经过一层薄膜，其他生理作用的各不相干，以至于心理交感的绝对不可能，更无须说得了。

胎教所凭借的是孕妇的意志，一般教育所凭借的便是教师的意志了。以前师道的尊严大部分就建筑在意志力的伟大上。"君子所过者化，所存者神"，凡属君子意志力所及的，"顽夫廉，懦夫有立志"，顽懦的既可廉可立，又何往而不是人才呢？

第三种产生人才的途径是一人自己的意志。一般人听从了孔孟之教，也很信这一点。孔子所谓"我欲仁，斯仁至"，孟子所谓不思而已，思无不得，都是责人运用一己意志之论。孟子自称不动心，又称善养浩然之气，都表明他自己确是一个在意志上善用内功的人。不善用意志因而失败的人，是"自"暴的，是"自"弃的。

但我辈用今日的眼光看来，个人的自由意志，和天的意志、孕妇教师的意志，是一样的不可捉摸。人才如孟子，动辄以"养志"的大道理训人，殊不知有孟子之聪明毅力则可，无孟子之聪明毅力则不可。并且到了真正有人向他们请教实地"养志"用什么方法的时候，他们也支吾其词，从来没有说一个清楚。公孙丑问浩然之气，孟子只说得一句是"难言也"。曹交很想做尧舜，情愿做孟子的及门弟子，孟子却说，"夫道若大路然，岂难知哉？人病不求耳，子归而求之，有馀师。""病不求"，"归"而"求"，都是教曹交自用其意志的意思。后来曹交的成绩如何，我们不得而知，我们只晓得除了《孟子》里有这一段关于"大人物速成法"的谈话而外,在别处再也没有遇见这位"九尺四寸"大饭量的曹交先生。

这三种产生人才的意志论之间,实在有几分演化的关系。最初人类对于生存尚没有多少把握,故一切委诸神道、委之天命;后来文化日臻进境,始信人们的意志可以彼此互感,于是才发生英雄的崇拜,才明白教育的效能。最后,再进一步的信任自己的意志可以转换环境,可以左右一己的前程。中国春秋战国时代的文化是一种过渡的文化,所以这几种"意志可以产生人才"的论调交光互影的同时存在。

* * * *

佛教文化加入中国之后,人才产生的解释又多了一个——并且是极端重要的一个——就是因缘果报之说。果报之说,在中国古代本有相当地位。"作善降之百祥,作不善降之百殃"一类的话,是很早就深入人心的。但佛教输入之后,有了有组织的宗教为之后盾,果报之说才到处在人的行为上发生影响。人才的产生是行为之一,自然也受他的制裁。

因缘果报与人才产生的关系极切,以前是绝对没有人否认的。尤其是在科举时代。千余年来,科举几乎是产生人才的唯一途径,所以一人在科举上的成败,往往向一己或祖宗的行为善恶里去觅解释。祖宗积了德,子孙才可以"出秀",出秀的数量自然又和功德的数量成正比例。清朝初年昆山徐氏弟兄出了三个鼎甲,当时传诵一时的解释是这样的:

<blockquote>昆山徐健庵司寇之祖赠公某,于明时尝为常熟严文靖公记室。时三吴大水,赠公代具疏草请赈,文靖犹豫未决,筮</blockquote>

之；因嘱卜者第曰，"吉"。乃请于朝，全活无算。生子开法。于鼎革时，有镇将某寇掠妇女数百人，锁闭徐氏空宅大楼，严命开法监守。开法悉纵之，送还其家，遂将空宅焚烧。及某来索取，曰："不戒于火，俱焚死矣"；某默然而去。开法连举三子，元文中顺治己亥状元，乾学中康熙庚戌探花，秉义中康熙癸丑探花。（《履园丛话》）

在科举时代，这一类的故事极多。因为一己或祖宗的行为失检，因而功败垂成的，也很多。果报论发达的结果，似乎把意志论的地位攘夺了。其实不然。果报论原来就建筑在意志论之上，不过后来的意志论比较以前的要多几分伸缩性罢了。怎么说呢？在以前，天的意志和人的意志似乎是各不相谋的，天要怎样，就得怎样。果报论发达的结果，天的意志至少有一部分可以受人的意志所左右，所以即使素来作恶的人，一旦能自新起来，改邪归正，广行功德，也可以把天的意志转变过来，到了子孙手里，也可以出几个人才。由此可知意志论的深入人心，牢不可破，以前解释人才产生的人，始终不能不仰仗着他。这里说天的意志可因人力转变，所谓天，并不一定指什么特殊的神道势力，而是指以前士大夫动称"冥冥之中、冥冥之中"那种不可思议的势力。

说到这里，我们又想起一两段有趣的故事来。相传范文正公觅葬地，既得一地，有堪舆家告诉他说，这是"绝地"，葬了子孙传不下去；文正公想既是绝地，不如由范氏占去葬了，免得别家上当。后来范氏"当绝不绝"，并且出了不少的人才。在文正公当初，也许是一种不信风水的托辞，但是深信"人力回天"——即人的意志可以转变天的意志——的人，便把他当做大把柄，来劝

人为善。又有一段故事，比较的更是凿凿有据。清初，

> 吴门蒋宪副公改葬贞山；堪舆云，大不利于长房。公冢媳盛夫人谓其子荣禄公之遽曰：子姓至多，若仅不利于我，无妨也。荣禄素孝，闻母命，即以言达于各房，为宪副公改葬焉。时盛夫人弟御史符升曰：此一言已种德，堪舆之说，且将不验……。（《履园丛话》）

后来果然不验，蒋氏长房科甲名宦，几世不绝。"一言种德"，"人定胜天"，有如此者！

*　　*　　*　　*

不过果报论总要比纯粹的意志论略胜一筹。意志论完全不讲因果，果报论似乎还讲一些。所谓因缘果报，中间就包含着因果二字。因果律的译名原是从佛学中得来的。我们至少可以承认这一点，就是，在果报论势力之下，人们对于人才的产生，至少承认有前因后果，并且以为可以受几分人力的左右；若在纯粹的意志论势力之下，就完全不可捉摸了。

人文论者讲人才的产生，当然连果报论都不能接受，因为因缘果报论所讲的因果，仅仅有因果之名而无因果之实；它所认为有因果关系的两件或两件以上的事物，实际上碍难发生因果关系。例如上文所举一门三鼎甲的例，三鼎甲的祖父全活了无数灾民，他们的父亲又放走了不少的妇女，当然都是事实，但人文论者看不出来这二桩好事究属用什么法子，经什么手续，来产生那三位鼎甲。

人文论者了解一些近代科学的原则，他略加思考，便知因缘

果报论者所指的前因后果，实在无一不是果，并且是同出一因的果。这个因，在果报论者固然无从了解，人文论者却知道不是别的，就是"遗传与教育"。试再引昆山徐氏的故事来说，三鼎甲的祖，因为遗传与教育良好，才会用急智和权宜的方法来纾人于难，他们的父亲也是如此；到了三鼎甲的一代，时势太平了，遗传与教育的良好就在科举上表现出来；"果"的表现虽因时势而有不同，而"因"的蕴蓄，则三世如一。这种解释和果报论的大有出入，可以用简单的图式表示出来：

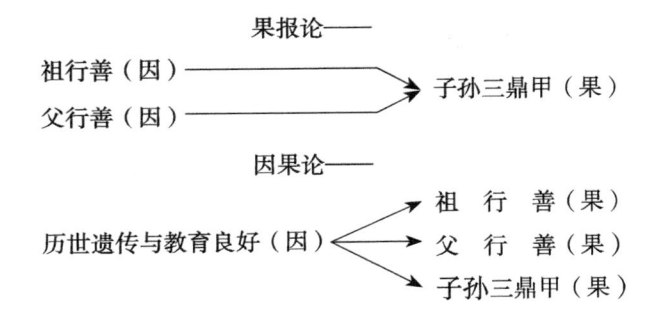

果报论——

祖行善（因）———————↘
　　　　　　　　　　　　　　子孙三鼎甲（果）
父行善（因）———————↗

因果论——

　　　　　　　　　　　　↗　祖　行　善（果）
历世遗传与教育良好（因）←—→　父　行　善（果）
　　　　　　　　　　　　↘　子孙三鼎甲（果）

上文所引苏州吴氏和蒋氏的故事，岂不是也可以用同一的方法解释？遗传与教育既良好，门第的婚姻又把良好的程度一代一代的加笃提高，自无怪其科举人才的层出不穷了。至于吴氏的先旺女家，逢壬出秀，也许是偶然巧合，也许是讲故事的人，因为深信了堪舆家言，不自觉的把少数在其他年份内出秀的吴氏本家忘掉了。这是蒙蔽的心理常做的事，不足为奇。至于蒋氏盛夫人的那种见识，几乎等于完全否认堪舆之说，岂不超出寻常女子万万？这种见识的智力根据，自然可以遗传，有这种女子做一家之主，家教自是蔚然可观。这种人家不出人才，谁家出人才？又何必乞灵于果报之说呢？一言以蔽之，果报论者的错误在把同出一因的两个或两个以上的果,认为前因后果。

人文史观不能与伟人史观或贤人史观苟同之处,这是第一点。

＊　　　＊　　　＊　　　＊

第二点是跟着第一点来的。意志论者或果报论者既把一切一切都归于天命、祖宗、鬼神、自由意志,对于人才的形成,自然不遑仔细推敲,亦无须仔细推敲。"圣人生而知之"一类的语气,最可以代表他们不求甚解的精神。

人文论者则以为形成人才的因缘是极复杂的,归纳之为三类,一是属于生物遗传的,二是属于文化背景的,三是属于平生遭际的。上文不说过遗传与教育么?把教育劈分为二,其一便是过去的文化遗业,又其一是临时的意识与物质环境,也就成为三类了。西洋人文学者所称生命的三边形,就是指此。

一人成才的程度当然视这三种因缘结合的程度而差。如以上中下为每一种因缘的等差,则自上上上始至下下下终,可得二十七级,上智下愚中庸各色的人物,不论成功失败,都可以包括在内。(说详美人莪尔特的《遗传学引论》)

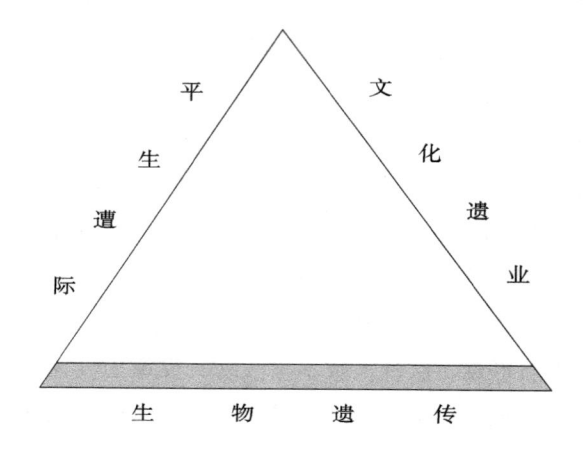

平生遭际　　文化遗业

生　物　遗　传

三种因缘之中，遗传比较的最为基本。他是成器的玉，铸刀的钢，玉不琢，钢不铸，固不成任何工具，但原料若不是玉不是钢，怕就琢不起，铸不成，勉强琢起铸成了也是不经用的。这是极单纯的一点事理，而历来侈言教育的人大都未能体认。近来教育事业的浪费、不经济，一大部分是因为不能体认遗传的重要所致。

真正的人才，第一靠遗传的良好。但他可以成才到什么程度，局部也要看他所处的社会有多少文化遗业，有什么文化遗业。把初生的婴孩，置之羲皇而上，任他有多么好的遗传，长大了最多也不过发明了钻木可以取火、烧土可以成陶器罢了。当代最大的发明家爱迪生，倘若早生五六十年，他的成绩怕就不会像现在一般大，因为电学里有若干先决条件，那时候还没有具备。

不过有一点要注意。常人只能受文化遗业的笼络限制，在人才，却往往能彀不受他的羁绊，能跳出范围之外，而作一番客观的端详评论，结果，他们能够对于已成的遗业，加以损益纠正。文化的所以有进境，全靠这种损益纠正的工夫。至于何以在同一情势之下，他们能如此，而常人不能，这就怕不能不推论到遗传的有高下了。

遗业与遭际都是供给刺激的东西，不过一是纵的而有时间性，一是横的而有空间性。遭际之论，充其极，就变为"时势造英雄"的旧说。时势虽不能真正"造"英雄，却有力量教人才走上什么途径。有人说，达尔文若生在中国，怕就不会成为演化论的集大成者。这话是不错的，因为在当时的中国文化里可以说丝毫没有教人研究演化论的刺激和机会；同时也没有多少演化学说的遗业。些少有一点，又多隐没在春秋战国时代诸子的学说里面，早失其刺激的效力。

这种楚人楚语齐人齐语的议论，谁都不能否认。不过有两点要注意。长才如达尔文，到了中国之后，虽不成演化论大师，至少在别种当时流行的学问上，可以有博大精深的贡献，像顾亭林一般，因为遭际所能上下其手的只是造诣的方向，而非造诣的程度。这是一点。当时英国文化的背景，相对的固然比中国的好，但绝对的又何尝适合于演化论的发展呢？达氏倡论之初，基督教统治思想的能力还很大，当时反对演化论的空气与论调要比赞成的不知大多少倍。然而达氏、赫胥黎一班人居然成功了。这也算时势造英雄么？若说时势可以供给一种阻力，更引起人的挣扎奋斗，那末，何以世间因阻力而失败的人又到处皆是呢？这又不能不教我们推论到遗传的有高下了。

说到这里，我们再回头解释昆山徐氏的成功，就越发明白了。昆山徐氏原是有根柢的旧家，所与婚媾的也是旧家，例如顾氏。三鼎甲的父亲开法，娶的便是顾亭林的姊妹，所以三鼎甲就是顾氏的外甥。两个有根柢的血缘，合在一起，产的果实总要比通常的肥大些。以前用果报论来解释此事的人，竟会把顾亭林的关系都忘了，真可谓心切于求目眩于视了。中国人以前对于血统传授的道理，并非完全不明白，但因为深信了因缘果报之说，原有的常识反至受了蒙蔽。

徐氏兄弟既有了优越的遗传，再加上当时科举文化的遗业，清朝初年，天下大定，朝野都能以文教相尚，所以际遇又比别的时代要强——种种因缘凑合的结果，一门就出了三位鼎甲。这样说来，此事也就不足为奇，不必诉诸神道果报之说以求解答了。

人文史观和伟人史观不同之处，最重要的，就是这两点，前者论人才的产生，以因果律为根据，后者则以意志论；前者论人才的形成,认为因子很复杂,而后者则错认为很单纯。

凡属根据因果律的现象,便可供分析;人们可以借果知因,因因造果,因而取得几分驾驭控制的力量。这又是人文论者较胜一筹的地方。

人才既经形成之后,他们供给组织的领袖、发明的科学家、审美的艺术家、综合的思想家,只要有物质的环境相副,他们到处,便是文化到处,这种看法,人文史观和伟人史观没有什么大分别,人文论者所不敢苟同的,就是伟人史观看得太浪漫、太抹杀武断、太犯英雄崇拜的嫌疑。英人卡腊尔说任何时代的历史是大人物的传记之和;中国一部二十四史,把列传部分除去之后,几乎等于没有历史,这种说法办法,人文论者是不肯随声附和的。人文进步固然靠少数人才的反应,但反应的启发则靠适当的刺激。刺激又从何而来的呢,还不是阓群所供给的么?况且,社群的分子,才具虽有大小,却决不能分为人才与非人才两种,才大贡献大,才小贡献小,又怎能把一切功勋都算作少数领袖的专利品呢?

*　　　*　　　*　　　*

现在要答复第二个疑问,就是,在今日人治与法治的争论中,人文论者究属处什么一个地位?中立呢?还是偏袒一方呢?我们觉得都有一些,但在确切答复以前,也要略加讨论。

人文论者以为人治法治缺一不可,人与法的关系,犹之人与文的关系,彼此处的是一种互感共发的关系,这是中立的说法。但上文说过有人斯有文,法是文的一部分,就等于说"有人斯有法",所以虽重法,而始终以人为归。这是偏袒的说法。

历来法治与人治的争论,总是愈烈而愈不得结果。为什么?病在争论者眼光太近,只就目前的或一时代内横断的局面看,只就同一世代以内的人物制度看。法治论者口口声声要好的制度，而不知没有好人，好制度就不会产生，勉强产生了，或从外国借来了，也未必能维持久远。人治论者口口声声要好人，而不知没有制度的保障，好人就产生不出，勉强产生了也未必能传宗接代，绵延不替。双方只要把眼光放远一些，争论自息。

怎样的放远？法治论者须得进一步的推寻人才所由"产生"的原因，人治论者须得进一步的推求人才所由"消灭"的原因。前者进一步，就明白遗传的重要；若是人们的遗传本质日趋下流，任你有什么好的制度，终不免于破坏。后者进一步，就知道社会制度的势力，和自然界的势力一样，有选择淘汰的效用，就是，教"适者生存，不适者死亡"的力量。若是一种制度有反选择的影响，即淘汰人才的影响，那末，任你的人才怎样轰轰烈烈，盛极一时，数世之后，他的血统也许就靡有孑遗了。

遗传的重要，上文已言其梗概。至于选择的意义，作者在下文《人文选择与中华民族》里另有比较详细的讨论。大意是这样的。人的流品不同，他们在文化——包括制度在内——生活里的竞存力，也就有高下。一种制度盛行的结果，可以把甲派的人维持扶植，而把乙派的人自觉的或不自觉的逐渐淘汰。这是古今中外历史里常有的事。例如欧洲中古时代的基督教，因为武断、不容忍、严领袖们独身之戒，便断送了不少聪明的、能独辟蹊径的与富有同情心的人。汉武帝以后的中国儒家文化也很有几分反选择的影响。他和君主政体携了手来推行二大制度。选举制度因为标准狭窄，推崇古人太甚，无形之中——要比基督教无形得多——也许淘汰了不少有科学头脑、能标新立异的人才。家族制度之下，个性的发展受了钳制，一门之内，自成天地，也许又牺牲了不少富有社会意识与组织能力的人才。今日的中国在在需才孔殷，尤其是科学家与政治领袖，而竟不可得，又安知不是吃了制度畸形发展所引起的反选择作用的亏呢？

唯文论者与法治论者动讲"有法斯有人"或"有文斯有人"；要是他们能够看得这么远，人文论者，也就不再有微词了。可惜今日之下，他们还不能。

总之，"才难"。产生固难，维持也不易。法治论者知二而不知一，人治论者知一而不知二。人文论者惩前毖后，乃知好法虽须赖好人而产生与执行，好人尤须赖好法的保障而生存，且所保障的不止是一二个好人，而是好人的血统。保障了好人的血统，好法的维持与进步也就得了保障。可以保障好人血统的法始终存在，好人也就生生不已，且得继续的提高其好的程度。世间虽不能有郅治的一日，到此，至少法治论者与人治论者的争讼可以告一段落了。至于怎样才是好法，好法怎样保障，都是狭义的优生学范围以内的问题，在此无须答复。

（此篇原稿见《人文》第2卷第2、3期）

"位育"？

本刊第一卷第一期出来之后，许多读者垂询"助少壮求位育"的"位育"究竟作何解释。

"位育"，不错，是一个新名词，但却是一个旧观念。编者要在此引经据典，证明这个观念和"位""育"两个字的出处，也许要挨迂腐陈旧的批评。但自所谓新式的学校教育发达以来，许多大学生连《大学》《中庸》都没有读过，却也真令人失望！《中庸》上说："致中和，天地位焉，万物育焉"；有一位学者下注脚说："位者，安其所也；育者，遂其生也"。所以"安所遂生"，不妨叫做"位育"。

西洋自演化论出，才明了生物界所谓 adaptation 或 adjustment 的现象。我们很早（好像是跟了日本人）把它译做"适应"或"顺应"。适应的现象原有两方面，一是静的，指生物在环境里所处的地位；二是动的，指生物自身的发育。地位和发育的缩写，便是"位育"。生物，尤其是进入文化的人类，尤其是今日适当中西新旧之冲的中国青年，往往有不能安其位不能遂其生的，这种现象以前叫做"顺应失当"，如今我们叫做"位育失当"。助少壮求适当的位育，而避免失当的位育，或从失当的位育里解放出来：这是本刊所由发起的一些微意。

（原载《华年》第 1 卷第 2 期，1932 年 4 月 23 日，署名：编者）

忘本的教育

> 日前有金山之行，金山中学约作演讲一次，讲题为"忘本的教育"，兹就是日所言大意推演之。　　　作者识

一切生命的目的在求位育，以前的人叫做适应，教育为生命的一部分，它的目的自然不能外是。我们更不妨进一步的说，教育的唯一目的是在教人得到位育，位的注解是"安其所"，育的注解是"遂其生"，安所遂生，是一切生命的大欲。

所位与所由育的背景，当然是环境，环境可以大别为二，一是体内的环境，一是体外的环境。体外的环境，就人而论，又可以分为两种，一是横亘空间的物质的环境，二是纵贯时间的文化的环境。教育的目的又当然在设法使我们和这两种或三种环境打成一片，使相成而不相害。

环境是与生俱来的一种东西，体内的环境不用说，体外的环境自然也自呱呱坠地之顷，和人发生了关系。个人如此，民族也是如此。民族有它固有的土地、气候、物产，是物质的环境；有它固有的文物、典章、制度，是文化的环境。一个人或一个民族要安所遂生，自然第一得先和固有的各种环境发生相成而不相害的关系。一棵橘子树，不能强勉移到淮河以北，否则不是不生长，也许会成为变种；普通的一条草狗，你不能教它打猎；一只鸡，

你不能教它学泅水——一切生物都有它固有的环境，它们的位育，就得时时刻刻参考到这种环境；人类当然也不是例外。所不同的，人类的位育力比较大，比较要有伸缩，他多少有一些左右环境、甚至于环境选择的力量。但这也并不是说可以把固有的环境完全放弃，或置若罔闻；最多他只能把固有的环境逐渐的加以修改与整理罢了。

这种一个民族与固有环境的关系现在的人有一个新的名词来称呼它，就是"绵续性"三个字。在文化的环境方面，这绵续性是最明显的，叫做历史的绵续性，在物质环境方面，这特殊关系可以另外叫做联带性，或呼应性；局部如有变迁，全部必然的要受影响，要是变迁得十分急剧的话，全部也许要受震撼以至于破裂；这便是联带性或呼应性所必然要引起的现象。所谓民族性这样东西，可以说是生物的绵续性（遗传）与文化的绵续性（历史）所合作而成的一种复体的绵续性。物质环境的势力，不断的在遗传和历史方面发生影响，好比波浪之于海岸线的地形与地质一般，自然也有它的贡献。

绵续性的名词虽新，它的观念却旧，至少在中国是很有一些来历的。这观念便是"本"的观念。在中国旧日的文化生活里，几于随时随地可以看见些"务本"与"不忘本"的表示。我们不必举许多圣经贤传上的话来证明这一点，这原是大家该知道的。所谓不忘本，就是要大家随在参考到固有的背景和环境，所谓务本，更是要大家在做事的时候，要从固有的事物做起，不要好高骛远，见异思迁。

三十年来所谓新式的学校教育的一大错误就在这忘本与不务本的一点上。新式的学校教育未尝不知道位育的重要，未尝不想教人生和各种环境打成一片；但是他们所见的环境，并不是民族固有的环境，而是二十世纪西洋的环境。二十世纪西洋的环境未尝不重要，对它求位育的需要未尝不迫切，但是因为忘却了固有的环境，忘却了民族和固有的环境的绵续性和拖联性，以为对于旧的如可一脚踢开，对于新的，便可一蹴骤几，他们并不采用逐步修正固有的环境的方法，而采用以新环境整个的替代旧环境的方法——结果，就闹出近来的焦头烂额的一副局面。

　　上文说环境有三种；新式的学校教育对于民族固有的三种环境，可以说都没有发生关系，遑论打成一片。不但没有发生新的关系，并且把原有的关系、原有的绵续性给打断了。就物质的环境而论，中国的教育早应该以农村做中心，凡所设施，在在是应该以百分之八十五以上的农民的安所遂生做目的的；但是二三十年来普及教育的成绩，似乎唯一的目的是在教他们脱离农村，而加入都市生活；这种教育所给他们的是：多识几个字，多提高些他们的经济的欲望，和消费的能力，一些一知半解的自然科学与社会科学的知识和臆说，尤以社会科学为多，尤以社会科学方面的臆说为多；至于怎样和土地以及动植物的环境，发生更不可须臾离的关系，使百分之八十五的人口更能够安其所遂其生，便在不闻不问之列。结果，这百分之八十五的人口便变做相传下来的越过了淮河的橘子，即使不成变种，终必归于澌灭。目前甚嚣尘上的农村破产，便是澌灭的一种表示。百分之八十五的人口原是在农村里长下很好的根了的，如今新式的教育已经把他们连根拔了起来，试问这人口与农村，两方面安得不都归于衰败与灭亡？农村的破产到现在已经很明显；但是农村人口的或因疾病流离而直接死亡，或因麇集都市而间接归于淘汰，还不过是一种模糊的印象。

到现在总算还有人在那里大声疾呼"到民间去""到乡村去"。但我们可以窥见,就在这些大声疾呼的人,也已经忘了他们的本源之地,忘了他们的本来面目。他们为什么不说"回民间去""回乡间去"？原来几十年的忘本教育的结果,已经教他们忘记自己原是乡村里出来的人,教他们把都市与城镇看作自己的老家。把都市看作老家、看作主体的观念一天不打破,农村的复兴,便一天没有希望。

在文化的环境一方面,新教育的错误也正相似。它也是忘了本的。凡所设施,好像唯一的目的是要我们对于已往的文物,宣告脱离关系,并且脱离得越决绝越好似的。那些在在把一切的罪过都推在"礼教"与"封建思想"身上的人,我们固然不必说；就在比较心平气和的批评家也时常会把一种错误或一种弱点推溯到孔二先生身上；以二千五百年后的事归罪到二千五百年以前的一个个人的身上,无论本末原委说得怎样清楚,我们总觉得太把一个问题看得单纯了些。此种"罪人斯得"的心理,最多不过教孔二先生在棺材里面翻一转身,实际的效用是没有的。但实际的坏处却有。就是在教育上养成了"古旧"与"恶劣"变做通用名词的一种风气。凡是古旧的一定是陈旧的、一定是恶劣的。经书这样东西,自然也是不堪寓目的了。经书里确乎有现在人不必寓目的地方,但中间也记着不少的先民生活的经验,生活的常道,可以供后人参考。所谓经,所谓常道,就是一种有绵续性的事物。以前民族的文化与教育,惟恐离"经"背"道",失诸一成不变,不能有新的发展；今日民族的文化与教育,唯恐不离"经"背"道",失诸无所维系,飘忽不定。

最近几年以来，因为少数学者的提倡，有所谓国学一门者出。但结果最多不过把先民的遗业，提出来成为一门学问，可以和别的学问并跻于学校课程之列。办新教育的人，也未尝把这种遗业认为和民族所以生存与立之道息息相关。读书的青年，既唯此种教育领袖的马首是瞻，平日选读一门国学，好比选读一门文学或化学一般，目的不在装门面，便在求实用，自然更不了解这一层意义了。

（原载《华年》第 2 卷第 43 期，1933 年 10 月 28 日）

孔氏三世出妻辩

孔氏三世出妻，有讳之者，有存而不论者，有从而坐实之者，有分别为之说辞者。曰三世者，其说亦不一，一谓叔梁纥、伯鱼[①]、子思，孔子不与焉，说见《家语·后序》；一谓孔子、伯鱼、子思，而不及叔梁纥，例如曹庭栋《婚礼通考》所引之《从先维俗议》。二说并举，则孔氏盖四世出妻。叔梁纥初娶施氏，生九女而无子，乃出妻而婚于颜氏，此为后世所比较公认者。[②]此姑不辩，今第以孔子、伯鱼、子思三世，为本篇讨论之对象。

曰孔氏三世出妻者，其依据盖尽出《礼记·檀弓》：

一、子上之母死而不丧。门人问诸子思曰："昔者子之先君子丧出母乎？"曰："然。""子之不使白也丧之何也？"子思曰："昔者吾先君子无所失道，道隆则从而隆，道污则从而污；伋则安能？为伋也妻者，是为白也母，不为伋也妻者，是不为白也母。"故孔氏之不丧出母，自子思始也。

二、伯鱼之母死，期而犹哭。夫子闻之曰："谁与哭者？"门人曰："鲤也。"夫子曰："嘻，其甚也！"伯鱼闻之，遂除之。[③]

三、子思之母死于卫，赴于子思。子思哭于庙；门人至，曰："庶氏之母死，何为哭于孔氏之庙乎？"子思曰："吾过矣，吾过矣！"遂哭于他室。

右三节中，第一节兼及孔子与子思两世；第二节只涉及孔子一世；第三节则为伯鱼亦尝出妻之说所本。

兹三节者是否足以为孔氏三世出妻之论据，前贤议及之者不止一家，姑就读书所见，依其时代先后录引数例：

一、郑玄（康成）于上文所引第一节下注曰："子上，孔子曾孙，子思伋之子，名白，其母出"；又曰："礼为出母期，父卒，为父后者不服耳"；又于第三节下注曰："嫁母也，姓庶氏"；又曰："嫁母与庙绝族。"

二、孔颖达（仲达）于上文所引第一节下作疏，始则详叙子为出妻应有之丧服，次就子思与门人之问答加以引伸，复次，则曰："伯鱼之母被出，死；期而犹哭，是丧出母也。"于第二节下又疏曰："时伯鱼母出，父在，为出母亦应十三月祥，十五月禫，言'期而犹哭'，则是祥后禫前；祥外无哭，于时伯鱼在外哭，故夫子怪之，恨其甚也。或曰：'为出母无禫，期后全不合哭。'"第三节下，孔氏未作疏。

三、程颢（伯淳）曰："或问，妻可出乎？曰，妻不贤，出之何害？如子思亦尝出妻。今世俗乃以出妻为丑行，遂不敢为，古人不如此……"（《程子遗书》）。

四、张载（子厚）曰："出妻不当使子丧之，礼也。……孔子使丧出母，乃圣人处权，子思自以为不敢处权，唯循礼而已。"（徐乾学：《读礼通考》引）

五、朱熹（元晦）之见解与张氏相同，其言曰："孔子令伯鱼丧出母，而子思不使子上行之者，盖……出母既得罪于祖，则不得入祖庙，不丧出母，礼也。孔子时，人丧之，故亦令伯鱼丧之；子上时，人不丧之，故子上守法，亦不丧之。其实子上是正礼，孔子却是变礼也，故曰，道隆则从而隆，道污则从而污。"朱氏门人以此为问者不止一人，朱氏先后所作答词大意皆不外此。（引书同上）

凡此皆承认孔氏累世出妻为事实者也。他若宋之陈祥道、方悫、杨时、马晞孟、叶梦得、元之陈澔、吴澄、清之梅枝凤、吴肃公、姜宸英、李惇，所论无不公认孔氏累世出妻为一历史之实例，其所争者，由本文之观点言之，不过一支节耳，即子思之不使子上丧出母究为合理否也。李氏并尝作论驳顾炎武（宁人），见《群经识小》（顾氏之说见后）。

至近人中，其对此种实例作有力之承认者，则有范皕诲（子美）氏。范氏近作《演孔》一书，其中载有附录一节，题曰《儒家不幸之家庭遭遇》，有曰：

> 孔子真是一个家庭伤心的人啊！他所说的"妇有七去……"是不是述当日现行的法律，我们已无可考了。但是初不料这种法律的执行，要实现于圣人家庭中，真是无可奈何的事啊。《家语·后序》说："自叔梁公[纥]纥始出妻，及伯鱼亦出妻，至子思又出妻，故称孔氏三世出妻"。为什么出妻之风大盛于孔氏，或者因圣人之门执法尤严么？
>
> 上文所举的，是孔子父与子若孙，更不料孔子本身，也免不掉演一出家庭惨剧，有什么证据呢？……

范氏于此即引《檀弓》之文，以实其说，于引文后，续曰：

> ……那末，孔子也是出妻的，更无疑义了。

顾范氏所引《檀弓》仅为上文所引三节中之前二节，其于伯鱼之出妻经验，则但凭《家语·后序》中之一语，别无论据。

然对于《檀弓》之记载，发为怀疑之论者，清初以还，亦颇不乏人，兹举所知之例如次：

一、顾炎武曰："伯鱼之期而犹哭，自父在为母之制当然，〔孔氏〕疏以为出母者，非。"（《读礼通考》引）

二、万斯大（充宗）曰："旧说伯鱼死，其妻改适于卫，此妄说也。伯鱼之死年几五十，其妻亦既衰，况上有圣舅，下有贤子，岂比穷民无告者，而至有改适之事乎？故知妄也。谓孔子、子思皆出妻，亦然。"（《礼记偶笺》）

三、徐乾学所见与其舅氏（顾炎武）相同，尝遍引宋元诸家之说而综论之曰："大抵《戴礼》所记多驳杂，如孔氏再世出妻，子思母嫁，孔子殡五父之衢，不知其父墓处，皆诞妄不可信……"（《读礼通考》）

四、甘绂（驭麟）曰：《檀弓》子思门人所问之先君子丧出母与否，"殆指夫子之于施氏，非谓伯鱼之于并官④也。初叔梁公〔纥〕娶施氏，生九女，无子，此正所谓无子当出者，《家语·后序》谓叔梁公〔纥〕始出妻是也。"（狄子奇：《孔孟编年》引）

五、江永（慎修）深然甘氏之论，尝援引之，并曰："此说甚有理，施氏无子而出，乃求婚于颜氏，事当有之。伯鱼母死，当守父在为母期之礼，过期当除，故抑其过而止之，何得诬为丧出母乎？"（狄子奇：《孔孟编年》引）

江氏又曰："按子之先君子丧出母，谓孔子也。孔子之父先娶施氏，无子而出，后娶颜氏，生孔子。其后施氏卒，孔子犹为之服出母之服，盖闵其无子也，所谓道隆则从而隆也。旧说皆谓伯鱼之母出,伯鱼犹为之服,误矣;此因'伯鱼之母死,期而犹哭'一章,遂传误。期而犹哭,夫子谓其甚,乃是裁其过礼耳。伯鱼之母,未尝出也。近世丰城甘绂,始为辩明。"(《礼记训义择言》)

惟江氏于子思之母嫁,则以为事或有之,不便臆断,其言曰:"子思之母嫁于卫,此事似未可臆断也。伯鱼卒,孔子又卒,子思尚幼,其母不能安室而适人,宜亦有之,母欲嫁,虽有贤子能御之乎?观《凯风》可知矣。"(同上引书)此论与上文所引万充宗者恰相反。

六、赵翼(瓯北)亦尝引《檀弓》"伯鱼母死……"之词而驳之曰:"《疏》以为出母,此最舛也。《礼》,父在为母服期,是期本服母终丧之候,而伯鱼犹哭,故夫子甚之也。出妻之子为母期,若为父后者,则于出母无服,是并无期之丧矣。伯鱼固为父后者也,不服于期之内而反哭于期之外乎?即此可见孔氏出妻之说之妄也。"(《陔馀丛考》)

七、清代学者,于孔氏三世出妻之传说致疑最深而辩驳最力者当首推崔述(东壁)。兹从详加以征引。崔氏曰:"解《檀弓》者,皆以'先君子'为伯鱼,由是遂谓孔子尝有出妻之事,伯鱼乃出妻之子,为母当期而除,故孔子甚之。余按,《书》云:'观厥刑于二女',《诗》云:'刑于寡妻,至于兄弟,以御于家邦。'古之圣人,未有不能先化其妻,而能治国与天下者也。孔子之圣,不异于舜、文王,何独不能刑其妻,使有大过,以至于出乎?孔子能教七十子皆为贤人,而不能教一妻使陷于大过。七十子之服孔子也,皆中心悦而诚服,独其妻不能率孔子之教,以自陷于大过,天下有是理乎?孟子曰:'中也养不中,才也养不才,故人乐有贤父兄也'。夫妇之道亦然,若无大过而辄出之,孔子之于夫妇必不若是薄也。《檀弓》之文本不足信，而期而除丧，亦不必其母之出始然；父在为母期，孔子既在，伯鱼为母期而除之，亦有何异？而解者必委曲迁就之，以蕲合乎丧出母之说；然则伯鱼必何如服而后可谓其母之非出耶？《史记·孔子世家》亦无出妻之事。《史记》之诬，且犹无之，后儒何得妄以加圣人乎？至于'道污则从而污'之语，尤大悖于圣贤之旨。出母之称，古亦无之，其非子思之言明甚。且其所称先君子者，亦未明言其为何人，后儒过于泥古，又从而附会之，遂致孔氏顿有再世出妻，三世无母之事。伯鱼之母出，子思之母嫁，子上之母又出，岂为圣贤妻者，必皆不贤，而为圣贤者必皆不能教其妇，抑为圣贤妻者，本不至于出且嫁，而为圣贤者，必使之出且嫁，而后美也？又按《左传》，士大夫之妻出者寥寥无几，而贤人之妻无闻焉。然则不但孔子必无出妻之事，即子思之出妻，亦恐未必然也。余宁过而不信，不敢过而信之以诬圣贤。"（《洙泗考信录》卷四）

崔氏于子思之母未尝改适，亦有一段驳论，亦尽录之于后。按《檀弓》于子思母之丧，前后有两节不甚相符之记载；后一节云云，颇若子思母确曾改适，篇首已加征引，前一节云云，则又若子思母始终为孔氏之妇，兹先补引之："子思之母死于卫，柳若谓子思曰：'子，圣人之后也，四方于子乎观礼，子盍慎诸。'子思曰：'吾何慎哉？吾闻之：有其礼，无其财，君子弗行也；有其礼，有其财，无其时，君子弗行也，吾何慎哉？'"崔氏之驳论即以此先后不符之两节文字为依据，其言曰：康成郑氏本后一节以解前一节，"谓柳若见子思欲为嫁母服，恐其失礼，戒之。余按，女子所重者节，中人之家，少自爱者，犹知勉焉，况圣人之妇，贤者之妻乎？且子思之母，如果嫁于他氏，则凡棺椁衣衾之备，自有其夫若子主之，子思所谓'有其财无其财……'者，欲何为乎？郑氏无以自解，乃以赠襚之属当之。赠襚之事微矣，四方何至遂于此观礼哉？孟子葬母于鲁，充虞回，'木若以美然'；孟子曰'不得不可以为悦，无财不可以为悦'——正与子思之言相类。然则子思所指，亦谓棺椁衣衾之属，明矣。若子思治其棺椁衣衾，则伯鱼之妻，固未尝嫁也。子思尝仕于卫，或者其母从宦而遂卒焉，是未可知；恶知非后之人，闻母之卒于卫，而遂误以为嫁于卫，因附会而为此说乎？大抵《檀弓》一篇，采摭颇杂，是以两章自相矛盾如是，本不足信，而注之者不知，而强为之说以合之，是以费辞伤理而卒于抵牾也。"（《洙泗考信馀录》卷三）

传说亦谓曾子亦尝以蒸梨不熟出妻，故崔氏又为之辩曰："道之传也，孔子授曾子，曾子授子思，子思传之孟子，而三人皆以出妻闻，孟子之妻，亦几于出。岂为圣贤妻者，必皆有大过，抑为圣贤者，必求全责备，一不当意，即出之乎？……此皆必无之事。"（《洙泗考信馀录》卷一）

八、狄子奇《孔孟编年》，既引甘氏与江氏之说，曰："愚按此条有功圣门，录之，《檀弓》谓伯鱼、子思皆出妻，俱不可信。"

上文所引各家驳论，其辩驳之方式不出五种。一曰根本否认传说之依据，即否认《檀弓》之史的价值：为之者有徐健庵与崔东壁。二曰揆诸道德的情理，以为传说不足信：崔氏在此方面之议论最详，但约言之，亦不外"圣贤决不会做此等事"一语而已。万充宗、狄叔颖云云，亦同此意味。三曰就事理别寻解释：为之者最多，顾宁人、万充宗、甘驭麟、赵瓯北、崔东壁，皆与焉。父在子为母期，本为丧服旧例，四氏皆议及之，唯崔氏更逼进一步，问设为出母服期，则为不出之母将何服，甚有理解，大可成立。唯甘、江二氏以先君子为孔子而出母为施氏之解释,尚有疑问,近人范子美曰:"孔子自己有母,岂有为非所生的已出之母毫无情谊的施氏服丧的道理?倘然这样,是孔子不承认其父的出妻,而反奉以为嫡母,更将置所生的亲母于何地?那有这种无母无父的圣人啊?所以甘氏之说,大不妥当,要说圣夫人没被出,倒难为了圣人的自身哩。"此论虽不是以坐实孔子之确尝出妻,顾在甘、江二氏读之,亦正无以解答。江氏"闵其无子"之论,尤属牵强太甚,几于辞费。惟万氏与崔氏于子思母生前死后分别所作之解释,则甚合事理,无可非难。四曰,旁证或旁的反证之搜求:为之者只崔氏一人,所云《史记·孔子世家》未言出妻,与《春秋》士大夫阶级出妻之例甚少,姑不论其可信与否,俱旁证之类也。五曰,文字上的反证:齿及之者亦只崔氏,其言曰:"出母之称,古亦无之,其非子思之言明甚。"

兹五种驳论之方式中,第一种比较最方便,不废挥手之劳,而对方已无立足之地;然究非辩论之正轨,《檀弓》虽驳杂,究不能完全指为向壁虚构之作。第二种以道德的情理为依据,虽若有几分力量,实有二大危险。第一曰过于回护圣人。圣人人伦之至,固若万不能有出妻之事,然情理所不许可而实际上竟发生之事物,世间亦不为少矣。第二危险曰以今度古:士大夫家出妻,在今日视为极不冠冕者,在当日容为比较寻常之事,正未可知,是则强为之辩,名为考订史事,求其正确明晓,实适以见后人之少见多怪,故作解人耳。议者往往以刑于之化为言,然责难者方且曰,刑于之化,理论而已,若就实际之生活经验而言,孔子不尝有女子小人并皆难养之语乎?不有再世出妻之惨劣经验,圣人之于女子,又何必深恶痛绝乃尔?是则道德的情理之论,适所以授责难者以进逼之机缘而已，于实际无裨也。第三种别寻解释之方式自较妥善，然亦未能尽其说，父在为母期之论，固属极是，然于《檀弓》三节文字中，其所可击破者，只三之一耳；至何以曰"出母"，何以曰"庶氏之母死"，则始终未沾丝毫解释之实惠也。第四种之旁证，亦只有普通旁证之价值，揆诸法律惯例，不能据以定谳。

最有价值之驳论应以反证为凭。孔氏三世出妻之传说，今欲求事实上之反证，固不可得，而文字上之反证则非无望。崔氏不云，"出母之名，古亦无之"乎，惜其未能竟其说也。不佞之为此文无他，亦欲拾崔氏之馀绪，以竟其说而已。若曰以尊经卫道之心，为孔氏一洗二千五百年来之冤狱，则非其初志也。

不佞为此文之动机，虽如上述，而其终于动笔为之之机缘，则在得读周亮工（栎园）《书影》一书以后。孔氏传说之有无虚实，关键全在二字，上文已影射及之，一曰"出母"词之出字，二曰"庶氏之母死"一语之庶字。而"出"之一字，则《书影》一书中固赫然早经论列之者！栎园有友曰张孟常，名世经，江西南城人，尝语之曰：

> 世传孔氏三世出妻，予窃疑之，以为孔子大圣，子思大贤，即伯鱼早夭，亦不失为贤人，岂刑于之化，皆不能施之门内乎？或曰：古者七出之例甚严，有一于此，则圣贤必恪行之，岂孔门数世之妇，皆不能为前车之鉴乎？夫汉宋诸儒，其致辩于五经多矣，而此独阙如；或谓《礼记》，皆汉儒附会之说，语多不经，不必深辩；然此颁之学官，传之后世，而致使大圣大贤冒千古不白之冤，此读书明理之士，所不敢安者。

间尝反复取《檀弓》之文读之，忽得其解。其曰"昔者子之先君子丧出母乎"，夫出母者，盖所生之母也。吕相绝秦曰："康公我之自出"，则出之为言生也，明矣。其曰"子之不丧出母何居？"即孟氏所谓"王子有其母死者，其傅为之请数月之丧"是也。盖嫡母在堂，屈于礼而不获自尽，故不得为三年之丧耳。其曰："其为伋也妻者，则为白也母，其不为伋也妻者，则不为白也母"，夫所云"不为伋也妻者"，盖妾是也，意者白为子思之妾所出，而子思不令其终三年之丧，故曰："孔氏之不丧出母，自子思始也。"由是言之，子思且无出妻之事，而况于伯鱼乎？况于孔子乎？其曰"子之先君子"，非指孔子、伯鱼也，犹曰子先世之人云尔。读者不察，遂讹为孔氏出妻，致使大圣大贤负千古不白之冤。即谓汉人皆谬，亦未有无故而毁圣贤者。此非记《檀弓》者之过，乃读《礼》者之过也。

栎园引此论后，续曰："孟常此论大有关系，故附记之。"

张孟常之言固未尝不犯上文所述驳论之各弊，栎园所云"大有关系"，亦颇病未能摆脱回护前修细怀风教之一念。张氏所论丧服各语，细节目处亦有未合，庶子为所生母服三年之丧，乃后世之制，未见经传，张氏殆未之深考耳。然以"出"字作"生"字解，以"不为妻"作"妾"解，则不失为一大发明。今试就"出"字之意义，出妻与出母之名称，为出母之丧期三端，分别引伸其说。

一、出，《说文解字》只载一义，曰："进也，象草木益兹上出达也"。以言乎物，则《易·说卦》有"万物出乎震"之语，以言乎人，则《尔雅·释亲》谓"男子谓姊妹之子为出"，出犹甥也，甥既由"生"得声，恐亦由"生"得义；《左传》庄公二十二年，"陈厉公，蔡出也"，又僖公七年，"初申侯，申出也"，又公、谷二《传》文公十四年，"夔且，齐出也"；张氏所引吕相绝秦之语，特一例而已。

二、出字后引申为"外出"之义，与"内入"之义相反。再后又引申为"去"为"离"之义。故出妇或出妻之词，即在春秋战国以前，已数数见之，《礼记》有曰："子妇未孝未敬，勿庸疾怨。姑教之，若不可教而后怒之，不可怒，子放妇出，而不表礼焉"，又曰（《内则》）："子甚宜其妻，父母不悦，出……"《杂记》中亦有一二节论诸侯以次出夫人或妻之礼；《左传》哀公十一年"孔文子使〔卫大叔〕疾出其妻"；《国策·秦策》，"薛公入魏而出齐女"——凡此皆出妻之实例或理论，所以示去妻之举即在春秋前后，即往往称出，而无可否认者。然"出母"一词，则仅仅于《檀弓》"子之先君子丧出母乎？"一语及《丧服子夏传》中见之而已。"出母之名，古亦无之"，崔东壁之言是也。意者，彼时"出母"一词之用途，盖与"生母"无殊，后人一壁耳熟于古代关于出妻之论述，一壁又渐昧于出字之原义，因缘附会，终乃以出母与出妻同科，康成郑氏作俑于先，后之专食注脚之儒者从而附和之于后，转辗传讹，至于今日，乃有不可究诘之势。

三、再就丧期一端论之。设出母而真为父之出妻，则自来所传之丧期，于理大有不可通者。《仪礼》言父在为母期，而出妻之子，父在为母亦期（传说而确，则伯鱼即于父在时尝为出母服期者之一例），我侪诚不知出与不出之间，究有几许分别，岂古之出妻，亦犹今之出妻，与停妻再娶曾不稍异欤？是必不然。然设我辈接受张孟常之见地，以为出母即为生母，即为妾，而子上之辈实为庶子而为父后者，则不特无此难题，即《檀弓》之记载，亦顿可索解，无须以驳杂不经斥之矣，周代嫡庶之分极严，"毋以妾为妻"见诸桓公葵丘之命，然此种分际虽严，而丧期一类礼制问题，则既在春秋以后，亦不能谓已有固定不易之程式，即就三年之丧一端而论，前则有宰我以为过甚之问（《论语》），后则又有子思贵贱如一之言（《中庸》）。为庶子者，丁此典章制度繁琐有余固定不足之日，而自身又受嫡庶与为父后不为父后种种身份上之限制，及遭大故，自不能不引起问题而作有道之就正。孟子言王子母死，傅为其请数月之丧者，以此，子上母死不丧，致门人不能不向子思发问者，亦以此也。庶子之于生母或出母，其服亦至繁变矣，士之庶子为其母齐衰三年，为父后则降，此一也[⑤]；大夫之庶子，父在为其母大功，父没则得伸，此又一也；庶子为父后者为其母，缌麻三月，此又一也；孟氏所云傅为王子请数月之丧者，又一也；而一部分传统之论方谓父母之丧。贵贱如一，嫡庶亦贵贱之分之一种，又若不应有如何之分别也者，我辈诚不知当日为庶子者，无论其为父后不为父后，将如何行事而于心始安，于理始顺。然则"子之先君子丧出母乎？"之一问，亦人情上大有不容已者矣！释以今语，亦曰"君子先辈对于庶子生母之丧，果尝如何应付，或尝有何种应付方法之主张"而已。

右所辩者仅为孔子与子思果否出妻之一问题，于伯鱼之妻子思之母之果否改嫁，则犹未暇计及也。今试为之，而其所取之方式亦以文字之反证为限。

传说以孔子三世同出妻，然伯鱼之妻之例实较馀二世为复杂，馀二世出而已，而伯鱼之妻则若曾出而改嫁者。故今作辩论，亦应分两步，一明其未尝再嫁，二更明其且未尝出。于第一步，则俞正燮（理初）尝为之说曰：

> 子思之母，盖卫庶氏女，《檀弓》上，"子思之母死于卫"，注云："伯鱼卒。其妻嫁于卫。"《檀弓》下，"子思之母死于卫"，注云："嫁母也，姓庶氏"。以下正文云："庶氏之女死"，故郑知是庶氏女。《晋书·礼志》，太康元年尚书八座引此文云："昔子思哭出母于庙，其门人曰：'庶氏之女死，何为哭于孔氏之庙？'"又申之云："异族之女，不得祔于先姑，藏其墓次。"合之郑注，知汉晋时经文，俱作"庶氏之女"；既云"女"，则郑云改嫁非也。郑以伯鱼卒时，子思或未有门人，故疑其归久当嫁；实则经言庶氏之女如宋襄公母及杞叔姬，均未改嫁也。王安石得唐《石经》，女字中误作两乳，乃为说云："似嫁庶氏，而郑言母姓氏，非也"。盖安石以其儿妇庞氏于子雱在时改嫁，欲自比孔子，因以其子比伯鱼，故言伯鱼妻改嫁，且质之以嫁庶氏，证成其事。其妄如此。宋人所谓荆公六艺学妙处端不朽者，皆有为为之；元人陈澔，无所为，乃亦依之作说云："伯鱼卒，其妻嫁于卫之庶氏"，则经文亡矣。（《癸巳类稿》）

俞氏所言而确，则子思母再嫁之旧说，自难成立，所可成立者，子思母尝大归而已。然以我辈度之，即大归之说，亦有不易定谳者。盖"庶氏之女也"一语中，以女易母，事实上尚不无困难。俞氏引《晋书·礼志》云云，然遍查今日通行本之《晋书》，则无不曰"庶氏之母"，与今日通行之《檀弓》本同，岂皆早经好事之校勘者窜改耶？此困难一。《石经》之文，误母为女易，误女为母难，即两乳之文，误以为无易，而误以为有则不易也。此困难二。"庶氏之女也"一语亦颇不类古文口吻，古人谓女儿曰子，与男儿同，若所以示别于男子子或丈夫子，则曰女子子，如女字单用，则指妇人，所以别于男子。故《诗》曰："齐侯之子，卫侯之妻"；《论语》亦曰："以其子妻之"与"以其兄之子妻之"。设子思之母诚为庶氏之女，则文应作"庶氏之子"而不应作"庶氏之女"。王应麟（深宁）《姓氏急就篇》庶氏下曰："子思之母，庶氏之女也"，盖亦因袭其误而未察。此困难三也。

然即仍《檀弓》今日通行之文而言，我辈以为大归之说，亦非为不可逃之结论。其说安在？曰，"庶氏"二字不必为姓氏也。今日辑补本之《世本》，无庶氏，《元和姓纂》亦无庶氏，即北宋之邵思《姓解》，亦第有周官掌除毒蛊之庶氏，其为姓氏，亦只推论而无实据。至南宋以后人所为姓氏书，始凿凿言之，邓名世《古今姓名书辩证》曰："庶，本出卫之公族，以非正嫡，号庶氏。"王应麟《急就篇》亦云，并举例曰："《礼记》，子思之母，庶氏之女也。"可知以庶为氏者，举得诸《檀弓》郑氏之注，非别有所本也。曰，卫之公族者，更出臆断，郑注第云"姓庶氏""嫁于卫"而已，固未尝言庶氏之由来也。近人罗振玉著《玺印姓氏征》，列有庶氏，并引庶律，庶胜，庶步安，庶充国四人印文，然其言庶氏由来，亦即得诸《急就篇》，别无引证。总之，我辈虽不能证明春秋前后必无庶氏，文献之可征者，亦不能证明当时必有庶氏也。

不佞以为最直截了当之解释为不以"庶"为姓氏，亦且不以"氏"为氏姓之"氏"。曰"庶氏"者，犹之"母氏""舅氏""仲氏""伯氏"，亦一种便利之称谓，所以示不为嫡长而已。《诗》曰："母氏劬劳"；又曰："我送舅氏，曰至渭阳"；又曰："仲氏任只，其心塞渊"；又曰："仲氏吹埙，伯氏吹篪"，皆以宗族戚邮之叙次或关系直接为称谓之对象者也。曰"庶氏之母者"，即非嫡母而已，既非嫡母，则子思之哭于庙既有未合，而柳若四方观礼之戒，亦自有为而发。且子思或即为庶出而为父后者，而此母即为彼之生母；相传孔氏数世单传，然《檀弓》有子思哭兄之事，则其以庶出而为父后之说，尤若差近事理。然则其不能不谨慎将事之故，更昭然若揭也。孔氏世世以礼昭示天下，以孔子之周旋中矩，而乡人尚有"孰为鄹人子知礼"之吹求，于子思之世亦然，故"何为哭于孔氏之庙"云者，亦不外求全责备之意，以示孔氏万不应有此失礼之举，非以孔氏为"庶氏"之对待名词也。

庶母之丧，盖为当时礼制之一大问题，上文已加论列。曰"丧出母"，庶母之丧也；曰"庶氏之母死"，亦庶母之丧也。其问题之症结，盖在礼制之公与情爱之私不能为适当之调和。即在后世，此问题亦随在发生，未由解决。《晋书·礼志》有曰："《丧服礼经》，庶子为母缌麻三月；《传》曰，何以缌麻，以尊者为礼，不敢服其私亲也。此经传之明文，圣贤之格言。而自顷开国公侯至于卿士，庶子为后，各肆私情，服其庶母，同之于嫡，此末俗之弊，溺情伤教，纵而不革，则流遁忘返矣。"二千年纠纷迭起之结束，卒于明代初年，改缌麻三月为斩衰三年焉。若此之改制，其激烈性盖为全部中国法制史上所绝无仅见，然终于实行者，亦所以示私情之至，亦有不容抑制者在耳。然此犹后世之情形也，若在子思之世，庶母之丧之所以为难题者，窃以为犹且什倍于此。春秋前后，固中国礼制真正之孕育时期也，唯其正在孕育之中，故其流动性必大，唯其流动性大，故一则曰："道隆则从而隆，道污则从而污"，再则曰："有其礼，无其财，君子弗行也；有其礼，有其财,无其时,君子弗行也。"我辈为子思设身处地,以为此固当时应有之议论,亦且为前后一贯之议论,而后儒不察,既误解"出"字与"庶"字之意义于前,又从而责其失言与失礼于后(例如宋之陈祥道,方悫,马晞孟);若辈殆以《仪礼·丧服》经传于春秋之世即已为一种一成不变之物,而若子思者,亦必为熟读其条文之一人欤?迂何甚也?

注 释:

① 伯鱼之妻传说为嫁而非出,然伯鱼五十始殁,则亦出后始嫁,与寻常再醮不同,故仍得称三世出妻焉。

② 叔梁纥尝出妻,宜若可为定论矣,然辩难者曰,古称无子去妻,子为男女之通称,完全无出之妻可去,已生有女子子者则于理不可去,是则《家语·后序》所云"叔梁纥始出妻"一语全部且有问题,不止"始"字而已。庸讵知叔梁纥之于施氏别无安顿之法乎?

③ 此节亦见《家语》第四十二篇,《曲礼子贡问》。

④ 孔子取于亓官氏,或作并官氏,自来姓氏书无定论,近人罗振玉作《玺印姓氏征》,始确定为并官氏,今从之。

⑤ 此不见经传正文,实出注疏。

(原载《光华大学半月刊》第 2 卷第 8 期,1934 年 4 月 15 日)

纪念孔子与做人

二十年来的孔子，和二十年来的中国一样，地位很不稳定。记得民国最初成立的时候，有一部分人很拥护他，甚而至于想把他的教训立为国教。同时也发起种种组织，例如孔教会与孔教青年会之类，真想把孔子之教，像宗教一般的宣扬光大起来。但这种活动却不大受人理会。大多数的人总觉得孔子已经是一个过去的人物，是另一个时代与文化背景的产物，他的教训，无论在那时候怎样的好，到现在当然不很适用，不适用而勉强的替它宣传，不是徒劳无功，便是引出许多矫揉造作的行为来。还有少数的一部分人更进一步的认为中国今日的积弱，推原祸始，却是孔子的错误。要是以前开罪于孔子的人是名教的罪人，那末，他们以为，孔子便是中国民族文化的罪人，所以应该打倒。这种主张打倒的人又可以分做两派，一派是明火执仗的，一派是冷讥热嘲的，他们言谈之间，总是孔二先生长，孔二先生短。这好几种人，当然没有一种对于孔子的地位是有利的。后面两三种人不用说，就是第一种，像《孔门理财学》的作者之流，也可以教孔子受宠若惊，望而却步。

经过这二十年的风雨飘摇的经验之后，孔子的地位近来似乎又有转趋稳定的倾向。照前几年的形势，全民族的模范人物，除了孙中山先生以外，几乎加上了一位耶稣。要是那个现在在北京做寓公的将军不失势的话,耶稣也许得把这第一把交椅让给老子。再照一二年来各种法会盛极一时的情形而论,又像宗喀巴快要从西、青入主中国本部,做各大模范人物的盟主。不想在这个模范人物互争雄长的时候,中央政府第一二三次会议竟会把八月二十七日的孔子诞辰定为一个"国定纪念日",并且还颁布了好几条的纪念的办法。所以我们说,孔子的地位有重臻稳固的趋势,不过在孔子自己看来,经过了多少年的不瞅不睬以及冷讥热讽之后,突然接到此种待遇,怕也必有些惊疑莫定咧!

一个民族不能没有模范的人物,这是谁都不怀疑的。不过我们对于一个模范人物,究应发生一种什么关系,却是一个值得考虑的问题。把他奉做一个神明,高高在上的,可仰望而不可几及,当然是不妥当的。以前为了"孔教"的建立而奔走于国会之门的人,便犯了这个毛病。只是到了他诞生的日子,一年一度的举行一种纪念的形式,也似乎没有多大的意义。只是纪念的形式,不要说一年一度没有用处,就是一星期一次也未见得会发生什么效力。

要教一个模范人物在今日的社会生活里发生效力,只有两条狭路可走。一是明白了解他的教训,二是效法他的个人的生活。智力在中上的人这两条路都得走,不在中上的至少也得被引导了走上第二条路。我们一面承认一个人的思想和见解往往受时代与环境的支配,但同时我们也承认这其间也有比较能超越环境与比较能不受时代限制的部分。我们一面承认人生的经验随不同的时地的影响而变迁,但同时我们也承认在变迁之中,也有比较不变迁者在。一个模范人物之所以能为模范人物,历久而不失他的地位,就是因为他比别人更能代表这种比较不变的经验,也就是因为他的思想与见解能够超越一时代一地域的限制。我们要了解的就是这些超越与不受限制的部分。一个模范人物也是一个对人、对己、对天地万物都比较能够有一个交代的人。换言之，就是他在宇宙之中，在社会生活里面，在自己的种种欲望之间，都有一个比较能周旋中矩的方法，都能够"位育"，能"无入而不自得"。话再换回来说，就是都有交代。一个人在生活的各方面，要有交代不难，要都有交代却不易。我们把古今中外的圣哲比较一下以后，就不能不承认孔子的思想确乎有颠扑不破的地方，孔子的个人的生活，确是一种对各方面都有交代的生活。所以他的模范人物的地位，我们也是不难承认的。

孔子的思想的最大的特点，是拿人做一切的重心。他要一个囫囵的人。这个人对宇宙万物，一面自己要假定一些地位，一面却也不宜把这地位假定得太大。太没有地位了，自然生活不能维持，例如宗教文明或物质文明太发达的国家；地位太大了，把形上形下两界可以福利人生的事物都置之度外，生活也必至于一天比一天逼窄，例如二千年来中国的文化。对一个囫囵的人，个人主义与社会主义的争论是不会有的，"群己权界"议论是大可不必的，因为他没有承认社会生活是一个静的物件，他只承认社会生活是一个动的过程，所谓格、致、正、诚、修、齐、治、平，就是这个过程的由近及远由小及大的八个阶段。这个囫囵的人，又充分的承认他是一种生物，有他的情欲，应付这些情欲的原则是一个节字，不是放字，也不是禁字。假若一种情欲的表示可以影响到第二人的福利，这节字就可以有"发乎情，止乎义"六个字的注解。这些都是就一个囫囵的人在一时代的空间以内的关系而言，假若就时间方面的关系而论，他一面尊重前人和前人所遗留下来的经验的精粹，引为自己生活的一部分，一面又缅怀未来的人，想把这些精粹连同他自己的贡献一并交付给他们。这样一个囫囵的人，才真正是一个人，他同时是一个家属的一员，社会的一分子，公民、党员、专家，但最要紧的他是一个人。目前最大的弊病是我们只有这些在各方面活动的分子，而没有人。

　　孔子就是要教我们做一个人，做人而有余力，再向各方面做活动的分子去。例如做一个专家吧，一个人总得先做了人，然后再做专家，人是主体，专家是副体。说到这一点，我们对于最近邵元冲氏在中央纪念周所报告的说话，就不敢苟同了。他说："只求各人各向自己本业方面或专长的部门内，尽量发挥其力量，为国效劳，民族复兴之道，即在于此。"是么？要是的话，欧美日本各民族该没有什么问题了，然而它们问题之多，正不亚于我。它们的毛病，以至于世界的毛病，正坐只有专家，只有国民……而没有人。

　　孔子不但有这种做人的教训，他自己就是这样一个人。所以于了解他的教训以外，我们更有仿效他的生活的必要。读者骤然看见"仿效"两个字，也许不免失笑，以为近代的教育最重自动的创造，却忌被动的模仿。不错，近代的教育确有这样一个绝大的错误。提倡了这几十年的新教育，我还没有看见过完全创造的新行为，完全不受榜样所支配的新动作。就是那几位教育家的"自动创造"之论，据我所知，也是拾的外国人的牙慧！我始终以为教育生活当前最大的问题，还是一个榜样的问题，教育行政以至于其它政治工作最大的任务，是拿榜样出来给大家看。有了好榜样、学像了好榜样以后，再谈"自动的创造"不迟！

（原载《华年》第 3 卷第 34 期，1934 年 8 月 25 日）

国难与教育的忏悔

近代所谓新教育有许多对不起青年与国家的地方。自国难一天比一天的严重,而此种对不起之处才一天比一天的无可掩饰,至最近且到一完全暴露的地步。这种对不起的地方可以用一句话总括起来说:教育没有能使受教的人做一个"人",做一个"士"。

近代中国的教育没有能跳出三个范围:一是公民、平民或义务教育,二是职业或技能教育,三是专家或人才教育。这三种教育和做人之道都离得很远。第一种目的在普及,而所普及的不过是识几个字,教大众会看简单的宣传文字;说得最好听,也无非教人取得相当的所谓"社会化",至于在"社会化"以前或"社会化"之际,个人应该有些什么修养上的准备,便在不论不议之列。第二种教育的目的显而易见是专教人学些吃饭本领;绳以"衣食足而后知荣辱"的原则,这种教育本是无可厚非的。但至少那一点"荣辱"的道理应当和吃饭的智能同时灌输到受教育的脑筋里去,否则,在生产薄弱,物力凋敝的今日,也无非是教"不夺不餍"的风气变本加厉而已。第三种所谓人才教育最耸人听闻,其实充其量也不过是一种专家教育以至于文官教育,和做人做士的目的全不相干:弄得不好,造成的人才也许连专家都当不了,文官都考不上。每年毕业的好几千的大学生不就是这样么?

什么是士的教育?在解释以前,我们不妨先列一个很简单的图表：

士的教育 { 理智的——"推十合一" ; 情志的 { 在平时——"不可以不弘毅，任重而道远" ; 处危难——"见危授命"，"可杀不可辱" } }

《说文》在士字下引孔子的话说："推十合一为士"。读书人最怕两种毛病，因为是最不容易避免：一是泛滥无归，二是执一不化。梁任公先生某次评阅学生的卷子，在评语里自承为一个"泛滥无归"者，这在梁先生也许是一种自谦之词，但这一类的读书人目前正滔滔皆是。泛滥无归的人患在推十之后，不能合一，执一不化的人，患在未尝推十，早就合一，这里所谓合一的合字，实际上是不适用的，因为其间并没有多少可合的内容。

士的教育也着重情绪和意志的培养。说"士不可以不弘毅，任重而道远"，是所以备平时。说"士见危授命""士可杀不可辱"是所以备危难。以生命做一种理想的拥护者，是士的最后也最有力的一只棋子。而其所以能如此，则端赖平时的培养工夫。所谓弘，指的就是情绪的培植；用情有对象，这对象是惟恐其太渺小，太零星。所谓毅，指的是意志的训练，持志有方法，这方法是惟恐其太散漫，太不能持久。张横渠所谓"不以闻见梏其心"，是弘。孟子所谓"持其志，无暴其气"，是毅。用今日流行的语气来说，前者是有度量，有气魄，后者是能沉着，能沉得住气。久已成为口头禅的仁义二字，其实所指也无非这两层意思。朱子有两句话说得很好："义之严肃，即是仁底收敛。"严肃时即是毅，未收敛时即是弘。弘毅之至，一个人才敢希望于必要时走成仁取义的一步。

实践士的教育，须要两个步骤。第一是立志，就字义说，志是心之所在，或心之所止，即指一人的生命总得有个比较认清楚的目的，也就是要打定一个健全的立身处世的主意。第二要学忠恕一贯的道理。读者到此，可能要说我越说越开倒车；其实开倒车并不是一个罪名，平沪车开到北平后，仍然要开回去的。不过我未尝不准备给这些古老的名词一个比较新鲜而易于了解的解释。忠就是笃信，外国人叫做 conviction，说得更近代些，就是一个人总得有个轻易不肯放弃的立场。恕就是容忍，外国人叫做 tolerance，说得更近代些，就是一个人同时也得见到和谅解别人的立场。其实这何尝不是以前的人造字的本意？忠字从中从心，董仲舒说得好，"心止于一中者，谓之忠，持二中者，谓之患"；一个人没有立场，或立场随便改换，甚至于覆雨翻云，朝秦暮楚，总不能说是很健全吧，不健全就是患。恕字从如从心，就是"他人有心，予忖度之"的意思。说忠恕一贯，就指两方面要兼筹并顾。能忠不能恕的人是刚愎自用的人，是党同伐异的人，是信仰一种主义而至于武断抹杀的人。能恕不能忠的人是一个侈言自由主义的人，动辄以潮流不可违拗，风气不能改变，而甘心与俗浮沉，以民众的好恶为依归的人。这两种人目前又正滔滔皆是，而其所以致此之故，就在以往二三十年的所谓新教育没有教我们以忠恕一贯所以为士之道，没有教我们恕就是推十，忠就是合一，恕就是博，忠就是约……这一类先民的教育经验。

别种教育，例如识字教育，吃饭教育，文官教育等等，多少可以补习，可以追习，惟有士的教育不行，非在青年期内学习不可。青年有四个心理的特点：一是易于接受外界的刺激与印象；二是富有想象力与理想；三是易于唤起情绪与激发热诚；四是敢于作为而无所顾忌。这原是人生最可宝贵的四个特点，生命的尊严，文化的灿烂，都从此推演而出。不过它们有三四个危险，一是流放，二是胶执，三是消沉，四是澌灭。前三种危险在青年期以内便可以发生，后一种则大都在青年期以后。青年人的心理特点虽因年龄期而大致相同，而其整个的品格的表现则往往因遗传的不同而有个别之异。这种差别，约而言之，又不出狂与狷二途。大率狂的易流于放浪，而狷的易趋于胶执。放浪之极，或胶执之极，而一无成就，则"暴气"而不能"持志"的结果，势必转趋消沉，而消沉之至，竟有以自杀做最后的归宿的。所谓流放，初不必指情绪生活的漫无节制，举凡读书时代兴趣的泛滥无归，学科的东拉西扯，无选择，不细嚼，以及理想的好高骛远，不切事理，纷然杂陈，莫衷一是，都可以算做流放的表示。胶执的则恰好相反。有一知半解，便尔沾沾自喜，以为天下的事理，尽在于此，以为社会国家的彻底改革，非此不成，甚或以白日梦作生涯，以空中楼阁为实境，以精神分析派所称虔诚的愿望当做已成的事实，引为立言行事的根据。这两种趋势，方向虽有不同，而结局则往往相似，即不是一朝自觉而急转直下以趋于出家或自杀的途径，便是不自觉的变为疯狂，永久的，完全的，以幻作真，以虚为实，而再也不能自拔。

　　至于第四种的危险，即青年心理特性的澌灭，则往往在青年期以后。我们时常看见有人，在学生时代是何等的好奇爱智，何等的充满了理想与热诚，何等的志大言大，敢作敢为；一出校门，一入社会，一与实际的物质与人事环境发生接触，便尔销声匿迹，同流合污起来。求知欲很强烈，理想很丰富的会变做故步自封，患得患失；以天下国家为己任的会变做追名逐利，狗苟蝇营；家庭改革的健将，会变做妻子的奴隶，儿女的马牛。一言以蔽之，这种人的言行举措，前后会如出两人。何以故？青年的特性已经澌灭故。

如今士的教育的效用无他，就是要调节与维持这种种青年的特性；调节，所以使不流放，不胶执，维持，所以使不消沉，不澌灭。讲博约，讲忠恕，讲推十合一，即所以调节流放与胶执两种相反的倾向，使不但不因相反而相害，而使恰因相反而相成。讲立志，讲弘毅，讲自知者明，自胜者强，以任重道远相励勉，以富贵不淫，贫贱不移，威武不屈相期许，险阻愈多，操守愈笃，至于杀身毁家而义无反顾；这些，即所以维持青年期内那种热烈的情绪与敢作敢为的无畏精神。再约言之，士的教育，一面所以扶导青年的特性，使发皆中节，一面所以引伸此种特性，使不随年龄与环境之变迁而俱变。惟其在青年期内发皆中节，到了青年以后的中年与老年，进入学校环境以外的国家与社会，才有余勇可贾，才能负重任而走远道。

不幸这种士的教育，数十年来，不但已经摧毁无余，并且快到无人理解的地步。在所谓新教育制度之下，一个青年所恃以立身、处世、应变、救国的力量，只剩得一些天生的朝气，或孟子所称的平旦之气，以及上文所说的四种特性的自然流露罢了！这种朝气与特性的流露，到了相当的年龄，即大约在春机发陈期以后，原无待乎何种特殊教育启发，方才流露，教育所能效劳的，事实上只不过是一点点调节与扶持的工夫而已。就今日的形势而论，因为缺乏扶持以致不调节的缘故，此种朝气与特性的自然流露几于无时无地不趋向流放与胶执的两个途径。近年来的学生生活以及几次三番的学生运动，便是十足的佐证。在比较生性活动的青年学子中间，我们总可以发见大量的不负责任的极端的自由主义者，浪漫主义者，甚至于颓废主义者。在比较生性固执而自以为有主张、有理想的分子中间，我们又可以找到大量的成见极深，武断太甚，党同伐异，不是左袒，便是右倾的人。我一向主张学生不宜加入任何党籍，我现在还是这样主张，因为加入党籍的最好的结果，也不过是造成一些能忠而不能恕的胶执分子，其于民族国家的不能有所裨益，和能恕不能忠的极端流放的分子，初无二致。不过私人的主张终究敌不过教育不瞅不睬的政策。教育根本不管这一类的事，它只要教人能识字，能吃饭，能应文官考试，能做一个专家，便已算尽了它的能事。及学生活动因流放而轶出了范围，或因胶执而造成了若干朋党，彼此攻讦不已，于是向之不瞅不睬的静态又不得不一变而为大惊小怪与手足无措的动态。一个出了学校，已能识字，已有吃饭本领，已做文官，或已成专家的人，而在社会上犹不免作奸犯科，殃民祸国，教育对它的态度，也正复如此——一个瞪着眼的诧异与全不了解。种麻得黍，教育不问种的究竟是不是麻，而深以为黍的出现的大惑不解。近代的教育便常在这种迷惘的情态之中。

国难的形成，自有它的内因外缘，若就其内因而论，我始终以为教育要负很大的责任。教育没有教一般人做人，更没有救一些有聪明智慧的人做士，没有教大家见利思义，安不忘危，没有教我们择善固执，矢志不渝，也没有教我们谅解别人的立场而收分工合作之效。我以为近代的教育不知做人造士为何物，是错了的，错了，应知忏悔。

再论教育的忏悔

上文《国难与教育的忏悔》发表以后，好几位朋友对我说，那篇文章只谈了做人教育的原则，而没有谈到方法，似乎应该再有一次关于方法的讨论。老实说，在教育方面我一向感觉得侈谈方法是没有多大意义的。要是"上智与下愚不移"的一句话是确的，可知无论方法如何好坏，对他们并没有很大的关系。至于对绝大多数的中等人，又似乎只有一个教育的方法，是真正有效的，就是，好榜样的供给。我认为近代所谓新教育的最大的一个错误，便在侈谈各式各样的教学方法而不讲求好榜样或好楷模的授受。以前的教育，无论在方法上如何笨拙，在内容上如何陈腐，至少讲好榜样的一层是不错的。

其实教育的本意就是好榜样的授受与推陈出新。好榜样的接受与应用就是学。学以前也写做"敩"，原从教字产生，而二字共通的成分是孝字；孝，教，学，三字都训做仿效的效。

教育的精意也应该是好榜样的教与学。模仿的能力是人生一大基本事实。对于此种能力的由来，教育心理学家与社会心理学家尽管可以讨论，这能力是本能呢，还是交替反射作用呢，他们也尽管可以争辩；但我们的不能不承认此种基本能力的存在则一。既然存在，我们便得因势而加以利导，使成为人生的一种帮助，而不是一种障碍。历来想这样利用的人却也不少。中国的教育家很早就说过染青染黄、近朱近墨的话。西洋的政治家像英国的勃尔克（Edmund Burke）也说，榜样是人类的唯一的学校，此外它更没有别的学习的场所。到最近数十年内，至少有两派人是竭力想利用好榜样的力量来促进生活的改造的。一是很有力的一部分社会学家。他们全都认为人类生活的所以能日趋于"车同轨，言同文，行同伦"的境界，是由于模仿的效力；他们把模仿分别了门类，认为社会生活的统同划一固然由于一般的模仿，而其所以能向上推演，则由于一种逻辑的、合理的、有抉择的模仿。约言之，这些学者的社会学说是建筑在模仿之上的，其为极看重模仿的效能，可以不言而喻。二是秉承希腊人文主义的精神的一部分思想家。他们说，人的本性中最可以鼓励我们的一点是他在好榜样的前面，能够受到感动。这句话和我们孟子所说的"君子所过者化，所存者神"很相像。又说，所谓自出心裁的人，是一个在模仿古人之中而能推陈出新的人，他在模仿中便有创造，或离了模仿便不能有所创造。他们更进一步的主张所谓创造的模仿论，来替代绝对的创造论。这和中国"温故知新"的话又是不约而同。社会学家与人文思想家以外，教育学家中间自然也有极看重模仿的地位的人，他们以为社会化的过程便是教育的过程，而教育的过程便以模仿为基础。但这种教育学家，在今日许多从事教育的人看来，已经不免是太老派了。

上文提过，中国已往的教育，无论怎样的不孚人意，至少在好榜样的授受上，它是无懈可击的。现在再稍稍引伸其说。第一，我们要问好榜样从何而来。大略言之，是从不贬薄前人经验的一念而来。西洋的人文思想家说："我们虽竭力改进，我们却永远不会是完全新的，我们虽竭力保守，我们也永远不会失去时效"；又说:"真正的'现代'者,和'现代主义'者很有分别,现代主义者以为过去的东西是要不得的,现代者则以为非要不可。但所谓非要不可,并不是要复古,要把前人一切武断的东西都给恢复过来,乃是要把已往的经验来补充现代的经验,使愈益完全,愈益丰满"。这几句话便从不贬薄前人经验的一念发出;能不贬薄前人的经验,前人的好榜样便俯拾即是。

说得仔细一些,好榜样的由来不出三条路。一是过去的贤人哲士。"闻伯夷之风者,顽夫廉,懦夫有立志;闻柳下惠之风者,鄙夫宽,薄夫敦";便是这种好榜样的力量。从这一点出发,我们的前修并且终于形成了一派历史哲学和历史的道德教育,这种哲学与道德教育可以用"千秋龟鉴"四个字来总括。第二条路是在权位而从政的人。从政的人的责任有广狭两种,狭义的是政务的处理,广义的是社会生活的领袖与引导。而所由领袖的途径便是一己的好榜样的树立。官师两字的字根所以部分相同是极有意义的。古代官师不分的事实,与儒家内圣外王的理想,所以各有它们的价值,原因也就在此。后世官师虽分,而寻常情理始终以为官是民众的表率,也是民众的父母,应该兼负教养的两大责任。其不负教养的责任而但能处理琐屑政务的只配叫做吏,无论历来的官,曾经用树立好榜样的方法,负起过多少社会教育的责任,"君子之德风,小人之德草,草上之风必偃"一类的信仰是深入于中国读书人的心坎的;而这种信仰自然多少有它的效力。第三条路,也是最直接负责的路,自然是师道。教学两个字的本意,我们已经说过了。师字的意义和教字正复相同,汉代学者对于师的定义里便有"行可以为表仪者"与"人之模范"两个。师与表二字很早便联用而成为一个名词。做师表者的责任,决不仅仅在灌输一些智识，而在把自己整个人格，和盘托出，做人家的榜样。

总括一句，以往的教育，目的是教人做人，方法是好榜样的授予，而授予的途径，除了教育的专业以外，更有历史与政治两条。这种利用史实与今古不分的看法，我是赞成的。这种运用政治与这里所了解的政教不分的精神，我也认为极有价值。这历史、政治与教育三种力量所总汇而成的人格教育又不妨叫做"养正教育"。"蒙以养正"是《易经》上的一句老话。我记得小时候进的第一个小学堂就叫做养正学堂，这养正二字的意义到现在年事渐长才算认识清楚，就是，学校教育的目的不端在灌输智识，而在培养一个囫囵的人。历史上的贤人哲士，我们也往往叫做"先正"，从一部《书经》起到李次青做《先正事略》止，先正的名称通行了足足有三四千年，而其所以能通行之故，正唯此种贤哲是后世教育的一大帮助；有了他们做榜样，后人的行为才有所就正。政治的政原从正字产生，并且训做正字；《论语》有"政者，正也，子率以正，孰敢不正"的活；可见政治家的做人行事，在应该做大众的表率，而有其极严重的教育的意义。至于正字的本义是射矢用的鹄的，用后来的名词来说，也就等于模范，等于标准。总之，历史、政治与教育的效用，无非是要树立一些楷模，一些标准，使大众的生活有所遵循，有所取法。

反观近代流行的教育，我们实在不能不表示几分失望。教育的宗旨既往往不在整个人格的养成，前既加以讨论，而教育的方法又往往不复遵循榜样的途径；目的与手段竟是无一不错。这种错误，近代一般的社会思潮虽负很大的责任，而从事教育的人但知随波逐流，不能加以纠正，也自无从透过。一种不负责任的革新的理论往往以为社会改造是全盘的，旧的非通体推翻不去，新的非完全创造不来；而和此种革新理论相辅而行的"阶段"学说，又大率以为新旧"阶段"可以截然划分，彼此不生干系。苏联的学校教育里，不久以前才把历史一门重新列为课程之一，以前是曾经取消过了的。维新以还，充满着革命论与阶段论的中国，虽还没有走到这样一个否认历史的极端，但一种贬薄前人经验的倾向，一种把历史人物与历史事实仅仅当做考据的原料的精神，是很普遍的。几千年来的历史，对于现代中国人，是一件死的东西，或等于死的东西，近来考古学界极丰富的发现，在价值上怕和矿石和龙骨之类没有多大区别。在目前的学术界中间，对于历史有湛深的了解的人当然很多，但不是深怕旁人说他们落伍，绝口不提半句欣赏的话，便是故作迎合时流之论，来把古人痛骂一顿。历史上翻案文字之多，大概是无过于今日的了。但这种翻案文字十九没有理会到薛文清公的一句名言："在古人之后，议古人之失，则易；处古人之位，为古人之事，则难。"总之，在今日此种风气之下，历史人物的言动举措不会有多大的教育的效能，即教育不复能得到他们的臂助，是可以无疑的。

政治这一条供给榜样的途径，也就等于断了。现在讲求的是专家政治，而不再是贤人政治；现在作官的人目的不在做民之父母，民之表率，而在做民之"公仆"。大家根本忘记了专家是人，公仆也是人，在他做成专家与公仆之前，他应该先做个人，而其根本应受人尊重之故，还是因为他是一个像样的人，而不只是一个专家，一个公仆。现在也常听见一二想做好官向人标榜着说，我只做事，不做官，其实他应该说我第一要做人，其次才做事；否则信如所言，他最多也只能做个"吏"，根本说不上做"官"；而如果他能称职，对治下的民众能负起一些切实的教养的责任来，他也无须对"做官"两字有所忌讳，而在言词之间，硬要加以撇清；正唯其不明白官字的真意义，做官的真责任，才说出此类撇清的话来。在目前的风尚之下，专家但须尽其长，公仆但须忠于职，便算尽了从政与做官的能事，至于其人的私德如何，平时义利之辨如何，其人的燕居与家庭生活整饬到如何程度，便在不闻不问之列。据说这些是一个人的私事，不必问，也不该问。殊不知做事应该分公私，做人是不能分公私的，自"不愧屋漏"起，到"御于家邦"止，是一个整个的人格表现，何能截为片段？刺人阴私，固为道德所不许可，而为政择人，竟把一人的私德完全搁过不问，终究是一个很大的错误。这种可以说是很普通的常识目前既不大受人理解，于是政治的清明既随时可以发生问题，而政治的教育的效用，自更无从说起。

最可痛心的还是师道本身的扫地，而其所以扫地之故即在榜样论的不复讲求，而忝为人师的人也不复以好榜样自勉自居。师不过是一个教员，不过是一个教书匠，与百业的员司匠工根本上没有分别。他最多也不过是一个专家，于专门智识的传授与间或替毕业的学生帮同找寻职业的出路以外，别无责任。他的私人生活对于学生也不必有什么清楚的交代。近年来大都市的小学教员竟有兼做卖淫生活的；这虽说是由于现行经济制度压迫而成，而此等人的能把公私生活划分到如此直截了当的程度，真也大可惊人了。今日学校里的师生关系也等于百业的师徒关系，并且有不及之处；一个手工业的师父对他的徒弟，于专门的技艺的传授外，同时也负有照管一般生活的责任，而小学以上的教师便不然。最可异的是教育以外，又有训育的名词，教师以外更有训育主任的职守，遇有与课业不相干的事故发生，解决的责任便照例向主管所谓训育行政部门推去；这不是十足的证明其他负教育责任的人不过是一些灌输智识的匠工而已么？一个学生原是一个不能分割的人格，现代的学校教育却硬把这个人格凌迟处决了。一人的意志、情绪、理智所合成的心理生活也是整个的，此种教育却单单把理智的部分隔离开来，而把其余的部分，或则根本舍弃，不加存问，或则举而诿诸所谓训育者的身上。试问这不是凌迟处决，又是什么？孟子说："所恶于智者，为其凿也""举一而废百也"，这种教育，说得最轻淡一些，也不过是一种"穿凿"的教育而已。我说这话，当然并不是说，理智根本不应该分别培植，为实施的便利计，一种暂时的分割是不可免的，不过要暂时的分割无害于通常的完整，要表面的分割无害于实际的完整却端赖做教师的人同时供给一些比较完整的人格式样，端赖做教师的人个个能负起所谓训育的责任，并且还得明白承认此种责任的重大要在灌输智识以上。我这一番话并不限于学校教育的任何段落，而适用于学校教育的全部过程。

现代教育真可以说是十分可怜了。历史与政治两大势力既不能从树立榜样方面，帮它的忙，它也并没有感觉到此种帮忙的必要。在它自身呢，所能活动的范围，也越来越逼窄，越来越穿凿，所谓教育的专门之学浸假且成为各式教授方法的总和，而一般教师所传授的又似乎只是一些智识的片段。教育学家尽管说学校即是社会，教育即是生活，而实际的成就往往是社会生活里很不关痛痒的一部分。近代的教育又往往以服务相号召，说教育的一大目的是为人群造福，这是和"官吏便是公仆"的议论一鼻孔出气的。自服务之论出，而个人人格修养之论便等于废弃，识浅之徒往往已未立而欲立人，己未成而思成物，此种学成的人越多，社会生活便越发走不上健全的路。西洋有一位人文思想家说得好,"我们应该请一般利他主义的人不要忘记,这世界所责成我们的东西,还有比服务更重要的一件咧,那东西就是我们的榜样"。

教育不能供给做人的榜样,试同更有何种社会活动能够。这是近代教育在方法上的最大的错误。错误了应该忏悔。

家族制度与选择作用

半年前,英国人类学家布朗教授(Professor A. R. Radcliffe-Brown)来华,在燕京大学讲学,并主持专题讨论会。当时提出的专题很多,其中一个——中国家制的畸形发展与其因果——便由我担任介绍。下文便是一番介绍的话。原稿是用英文写的[*],如今燕京方面要编印一个结束布朗教授来华经过的集子,又要我再用中文叙述一过,我也照办了,并将原题改称为《家族制度与选择作用》。 光旦识

我选取这个题目做讨论的对象,是有三个理由的。第一,当然是我平日对于这个题目很有几分兴趣。第二,这题目是以前的讨论会所引起的。在二十四年十一月五日晚上,布朗教授不有过一次关于亲属的演讲么?那天演讲完了以后,大家讨论到中国家制对于民族的社会生活发生了些什么影响;当时布朗教授和杨开道先生两位的见解便大有不同。偌大一种制度,流行了这么久,对于我们的民族当然不免有些影响。不过,这种影响究属是那一类的,有多么深刻与普遍,还是尚待答复的一些问题。本篇便是一个答复的尝试。第三,这题目实在也是布朗教授自己所暗

---

[*] 英文稿已佚。——编者注

示给我的。四五年前（一九三一），他以不列颠科学促进会 H 组主席的资格，发表过一篇演讲，题目叫做《人类学研究在目前的地位》；这篇讲稿的内容很丰富，但有一点我个人特别感觉到兴趣，就是，他把人类学的领域分做三个部分，而对于三部分之一的"人文生物学"应该管些什么，也有很好的说明。他说："人文生物学和社会人类学本是两个很分得开的部分，但在两种问题上，它们是彼此须碰头的。这两种问题的一种便是：社会制度对于人口体质的品性会发生什么影响。这种影响的研究，我以为与其属于社会人类学的范围，毋宁作为人文生物学的一部分，因为作此种研究的人，最好是一个受过生物学的专门训练的人。问题的第二种恰好和第一种相反，就是，我们要研究民族文化上的种种区别究有多少可以推溯到种族的差异上去……"布朗教授这一段说明人文生物学与社会人类学的关系的话，我完全赞成，不过我不妨加一句。我以为这两个或两种相反的问题，在比较进步的民族文化里，实在是一个或一种，而应该并在一起研究。让我先解释一下。

我以为所谓种族的差异实在有两类，一是比较原始的，二是比较后起的。人类自猿类分化而来，当其初期，人口的数量既不大，文化的成就也很寡薄，在这时候的种族品性是比较原始的，而此种品性的所由形成，也不出自然淘汰的一条路径。迨后人口日多，文明渐启，社会生活日趋复杂，于是一部分的品性便不能不因社会淘汰或选择的力量，而发生变迁，这种变迁后的品性便是上面所称比较后起的了。换言之，社会势力或文化势力，例如风俗制度之类，一样的可以引起选择或淘汰的作用，和自然环境里的势力并无二致，而同时此种作用所演成的品性，其根深蒂固的程度，即其为比较永久的与种族的，而非暂时的与浮面的，亦不下于自然淘汰所演成的品性。由此可知种族品性与文化特点实在是两种互为因果的事物：种族品性可以产生和限制文化特点，而文化特点又可演成与维持种族特性。所以我在上文说，布朗教授所提的两种问题实在可以算作一种而合并了研究。

　　我现在就拿中国的家族制度做个例，来证明上面所说的话。事实上，我以为就中国民族的经验而论，怕也没有比这个更好的例子。家族这个制度，无疑的自己就是自然淘汰的间接的产物。种族是要生存的，是非生存不可的，人类的品性，有的对于种族的生存有利，有的有害；恋爱、婚姻、生育、保幼……一类的行为倾向所根据的品性自然于种族生存有利，于是便受了自然选择的照拂，越来越确定；而这些品性也就是家族制度所由建立起来的一些品性，不妨就叫做家族的品性（familial traits）。迨后家族制度一天比一天发达，这些家族的品性，自然不免跟着一天比一天的牢不可破，而这番所由牢不可破的原因却不再是自然淘汰，而是家族制度自身所唤起的文化选择。这些，我们以为凡属文化已达相当水准的民族，包括中国在内，都是先后经历过的；不过在中国，似乎是有些变本加厉罢了。在别的民族里，家族制度与家族品性的此推彼挽，互相汲引，到达民族生活进入一个组织更扩大的境界时（例如国家组织）便迟早会停止或不生效力；但中国民族的经验似乎很与此相反。人口尽管众多，生活尽管复杂，国家组织，在表面上尽管扩大，而家制的地位，与夫家族品性的活跃，始终是牢不可破。换言之，家族制度与家族品性在中国是畸形发展了。何以会畸形发展？家族制度的自身以外，更有什么势力把它包围着，不断的在那里激发它，使它畸形发展？畸形发展之后，家族品性对于一般的社会生活究属又产生了些什么恶劣的影响？这些问题，我们在本篇中想加以初步的答复。

我们先不妨把中国家制的发展与沿革大略温习一下。和许多别的民族一样，中国民族最早的家制大约是母系的。姓的由来、神话时代许多英雄诞生的方式、亲属称谓的一部分，以及其它零星事实，都似乎能证明这一点。从母系演变到父系的一段过程，其详虽尚无法查考，大约就是商代以前很长的那段神话时期的一部分。商民族时代，父系制虽已流行，但还没有确立，至少在初期里似乎还有舅权的存在；伊尹是太甲的舅父，据说伊尹放太甲于桐，便是行使舅权的一个表现。同时，殷商二十九帝中，传位之际，兄终弟及的例子占十四个或十五个，即占一半或一半以上。实际上在那时候兄终弟及是传位的一大原则，总要到上一代的弟兄都轮到以后，下一代的子侄辈才有入承大统的希望，而最有希望的还是小兄弟的儿子。换言之，那时候还并没有宗子权或长子权的办法，商民族的家制是没有宗子权的父系氏族，而不是有宗子权的父系宗族。

有宗子权的父系宗族是周民族文化的一大特点。宗族制度是和封建制度同时存在的，并且是封建制度中不可须臾离的一部分；这在别的民族里，也往往可以遇见，固不仅周民族为然。宗族的所由形成，自来不一其说。诸侯的公子，除了将来预备承袭做诸侯的长子以外，其余都分封出去，成为一宗或多宗；如为一宗，则公子中的老二和他的长子长孙便享有宗子权，叫做大宗；如为多宗，则各公子和他们的长子长孙分别享有宗子权，分别各为大宗。这是一说。甲国的公子，到乙国来，矢忠于乙国的诸侯，接受乙国的封地，也可以成立一个宗，他自己和后代的长子长孙都是大宗。这是二说。第三说最有民本的意味。一个平民，因一己的努力而崛起为士大夫，同时把家族的地位也提高了好几级：这样一个人也配建立起一个宗族来，自身和后来的长子长孙也就成为"百世不迁之宗"。这三说是一向讲宗法的人所分别主张而引起过不少的辩论的。其实依我看来，这三种宗族所由成立的说法都可以成立，所要注意的是，它们适用的时期略微有些先后罢了。大约第一说最适用于封建的初期；第二说最适用于中期，那时候封建诸国的贵族人口已膨胀到相当程度，非流动不足以资调剂；第三说最适用于封建的末期，那时候贵族阶级已逐渐解体，人口之间，于横的、地域间的、有形的流动以外，且已发生纵的、阶级间的、比较无形的流动，所谓"社会流动"者是。

长子权实在有两种，有限的与无限的。方才说的是无限的一种，一个宗族之中，只有长房的长子可以享有。无论这长子的年岁大小与辈分高低，他总是一族之长，叫做大宗。大宗有好几种职司：祭祖的时候主祭，婚丧宴享的时候当主席。同时他似乎也有教育与司法的任务。这方面的记载并不多，但有一个例子证明大宗有接受上诉的权利，当时官式的司法机关也竟有借重它来解决案件的。有限的一种长子权则由小宗享有。除了大宗以外的各房长子都可以成为小宗。所谓有限，指的是他的长子权只受他本支或本房的族人所承认，而所谓本支本房，竖看不出五世（包括自己的一辈在内），横看不出四从兄弟，换言之，即非属同一高祖所产生的族人，不受他的统治。小宗的职司和大宗的没有多大分别，不过规模较小罢了。此外，小宗似乎更有一个经济的任务。这方面的记载也很少，但凡属同祖（父之父）的子孙，虽未必同居，而往往共财，即往往成为一个经济的单位，而身为小宗的人（祖父或其代表人，即长子或长孙）有"取有余"的权利，与"补不足"的义务，所谓"有余则归之宗，不足则资之宗"的便是。大小宗的分别，大概是如此。从不为大小宗的任何族人看去，他实在受一个大宗与四个小宗的统治：大宗是百世不迁的，即永远属于老大房的长子，在血统上也许和他已经离得很远很远；四个小宗之中，一个代表高祖，一个代表曾祖，一个代表祖，一个代表父，即所谓祢，这代表祢的其实就是他的大哥哥。

我们把宗族的组织这样比较不惮烦的温习一过，因为它和下文的讨论很有一些关系。历史告诉我们说，封建制度是在公元前第三世纪里废除的，同时，所谓宗法的社会组织也就无形的跟同消灭。不过，制度与精神往往是两件事。就制度而论，真正的封建与道地的宗法，在公元前第七第八世纪，即在春秋以前，便已渐呈衰退之象，初不待第三世纪官式的废除的宣告。就精神而论，则封建与宗法的寿命延长，固远在第三世纪以后，亦不因官式的宣告而戛然中止。就宗法一端而言，我们更不妨说，它的精神，甚至于一部分的组织，直到现在还流传着，尤其是在中国南部的省区，如湖南、江西、福建、广东、皖南、浙东等处。在有的地方，在某一时代里，氏族组织所发展到的强大的程度，比道地的宗法时代所有的氏族组织不知要高出多少倍。即近在五六十年前，一部分食古不化的学者和省区的长官，对于宗法制度的价值，和恢复的必要与可能，还很郑重的讨论过一番咧！

从封建时代到今日，中国的家制是兼具氏族（clan）与瑞弗士（Rivers）教授所称的联合家族（joint family）两种性质的。联合家族亦即日耳曼人所称的大家族（Grossfamilie）。在建筑宗祠的时候，或编纂家谱的时候，家制的单位总是氏族，至于社会生活的其他方面，包括法律、经济、教育等在内，那单位便往往是联合家族或大家族。无论单位是氏族或大家族，一种变相的长子权总是受大家公认的。如用宗法制度的术语来说，我们不妨提出这样一个大体上的区别，就是，管理祠堂与谱牒的氏族是建筑在大宗法上的，而大家族则以小宗法做基础。这就不啻说，宗法的制度虽久不存在，宗法的精神到如今还活着。

我们现在的问题是，这种宗法的精神与组织何以会一直流传到现在？老派一些的社会学者如同摩尔根（L. H. Morgan）与缪勒利尔（Mueller-Lyer）等动辄以为各个民族的社会生活全都得经过一定的几个时期，或演程，或阶段。中国民族在这方面的经验，从母系到父系，从氏族到宗族，从宗族的解体而形成一种半氏族半大家族的家制，其间固亦未尝无相当的演程可寻，但何以上下三千年之间，一种家族中心或家族至上的精神，竟始终能维持于不坠败，似乎比演程的事实更值得推敲一下。

我以为这其间有两个原因。第一个是文化的或思想的。社会思想的派别，在中国古代原是很多的，尤其是在春秋战国的时候；一端有很纯粹的个人主义，一端也有富有乌托邦性质的社会主义，两端之间，自尚有许多不同的支派。但日子一久，经过美国社会学者桑姆纳与恺莱（Sumner 与 Keller）所称的一番社会演化（societal evolution，即制度、标准、风俗等等间之竞争与选择）以后，有一派社会思想终于占了优势，而对于民族的社会生活上，统治了二千余年之久。这派社会思想便是儒家的思想。儒家思想的一大特点是赞成中庸，反对极端；它既不要个人主义，也不要社会主义，因为个人和社会都代表一个极端，前者是社会最小的单位，后者是社会最大的单位。儒家思想以为一个人要与身外的世界合而为一，要取得位育的效果，总得经过一番努力，这努力共有八个由近及远、自小到大的步骤，就是：格物、致知、诚意、正心、修身、齐家、治国、平天下。这八个步骤之中，最居中心、而能兼筹并顾到个人与社会两个极端的，自然是齐家一个步骤。从格物到修身五个步骤，原是属于个人生活的，但要切实履行，也宜乎有一个良好的场合，这场合儒家以为是无过于家庭。治国平天下两个步骤虽属于社会生活，但其第一步的准备也应该有一个良好的地盘，这地盘也宜乎是家庭。所谓"刑于寡妻，至于兄弟，以御于家邦"一类的话，就指齐家是社会化的起点，治国平天下是社会化的终点，范围虽有大小，精神应无二致。近世社会学者以家庭为社会道德的初步的养成所，其实也不外这一层意思。我们不妨举"仁"做个例。仁是儒家思想里最基本的一个社会道德。仁的解释很多，有作爱的，有作同情心的，也有作社会意识或同类意识的。无论怎样解释，儒家以为仁的适用应自家庭出发，而出发之际，应以父母为最基本的对象，所谓"仁者人也；亲亲为大"的便是。从此再推而广之，以至于家庭以外的同国的人，本国以外的世界上的人类，以至于人类以外一切有生气的东西；所谓"亲亲而仁民，仁民而爱物"的便是。当其向外缘推广的时候，越是向外推出一步，情感的运用宜乎越减轻一分；所谓"亲亲之杀"和"爱有差等"的便是。儒家以为这样一个适用仁爱的办法不但很自然，很近寻常的人情，并且理论上也是无可避免；否则滥用情感的坏处，正不下于不用情感，即同样的使健全的社会组织与生活，无法实现，无法维持。

我以为儒家这一类的见地是不错的，是很合情理的，布朗教授在某一次演讲里说，我们研究社会生活，理应拿一个小而把握得住的东西做单位，例如一个家族，或一个村落，理应由此向外缘逐步推广研究，而不应倒行逆施，即不应好高务大，或舍近求远。所见也正复相同，所不同的是儒家注重在社会生活的控制，而布朗教授则注意在研究罢了。

不过我们总得承认，儒家这种见解并没有能实行出来。家族之在中国，固然始终是一个个人与社会间的重要的枢纽，但它并没有尽它的承上启下或左拉右拢的职责。它固然始终是中国社会组织的真正的单位或基体，不过这基体发展得过于庞大了，过于畸形了，畸形之至，它自身便变做一种社会，或自身以外，更不承认有什么社会的存在，我们甚至于可以说，家族自身就是一个小天地，以外更无天地！结果是个人的发育既受了压迫，所谓社会化的过程也受了莫大的障碍，无从进展。在这种文化环境之内，大多数有中上的智力的人，无论他们格、致、诚、正……等初步功夫做得如何努力，一到修身齐家的段落，便尔"自画"的不再进行。仁的适用也受了限制，大家不再把它向家庭以外的社会推广开去，而始终以家族为唯一的对象。父母之爱变为孝的宗教，尊祖、敬宗、睦族以外，更无它种有价值的社会生活；祖宗的丘墓成为一种必须死守的偶像，一个人最大的抱负往往是造祠堂、修家谱……这些都是家制畸形发展的一些症候。

这便是家制所由畸形发展的第一个理由。至于儒家的社会思想何以会中途发生变化，使齐家的一个步骤受到特殊的、甚至于几乎等于全副精神的注意，这其间当然还别有解释。后世儒者的眼光狭小，不能及远，是一说。或但知执中，而不能行权，修身齐家是人生努力八大步骤的中坚，有的人就握住这中坚不放，以为做人之道，尽在于是。也是一说。专制的君王，一面利用选举的制度，使少数"天下英雄尽入彀中"，一面也利用家族的制度，使大多数的民众养成一种"天高皇帝远"的看法,"不识不知,顺帝之则"的习惯,"不在其位,不谋其政"一类的原则,约而言之,使大众的兴趣集中于家族生活,而对于国事、天下事,不加问闻。心理学家称一个个人可以发生一种"内转"的心理变态,即事事物物,总是向自身求一种主观的解脱,而不向外界谋一个客观的解决;好比一只蜗牛,遇有外来的刺激,便往壳里一缩,满以为问题便可以解决。中国人之于家制,便有一种类似的情形。中国人的集体生活,便往往把家族做一个蜗牛壳子,有事便往里一缩,而担负政治责任的人,也往往不免利用这种习惯,来减轻政治纠纷的程度,因而使这种习惯,更变本加厉的发达起来。这也可备一说。

但是无论第一个解释听去如何合理,要是没有第二个的帮衬,也是难以成立。第二个解释得向民族自然淘汰的经验里去寻找,所以不再是文化的而是生物的了。我们上文早就说过,家族之所由形成,是选择作用或淘汰作用的一个结果。在人口比较稀少,而自然环境比较优渥的民族里,自然淘汰的作用是没有多大的力量的,至少是不引起什么问题的。但在中国则不然。以前在华洋义赈会当过总干事的美国地理学者麦劳瑞(Walter Mallory)曾经替中国起了一个绰号,叫做"饥荒之国"。这绰号是最合式不过的。中国人口早就膨胀过它的目前的天惠与富源所能供给的程度;同时,西北一隅的沙漠化,又早就在进行之中,至今日而区域更广;以无限的人口分润有限,不但有限,并且日在紧缩中的天惠,结果自然是一种十年九荒、十地九荒的局面了。在这种形势之下,生存竞争无疑的是极惨酷的,而竞争的结果,竞争后所遗留的下一代的人口分子,和上一代的总有一些分别。什么分别呢?就是自私心重些的人要比上一代多些，因为只有多量的自私心才可以在饥荒的经济环境里保全一个人。但所谓自私却也得有一个限度；一个人的自私心肠，要能传得下去，即，要使选择作用有用武之地，便不宜专以他自己一个人做对象，而宜乎把妻孥都包括进去，换言之，即至少得把单纯的家庭做个对象。哲学家说自我（self）可大可小，最适于生存的自我，无疑的是以家庭或家族为范围的大我。根据"有余归宗，不足资宗"的原则而成立的宗族有时候也可以成为一个大我，而发生其选择的效用。

耶鲁大学教授亨丁顿（Ellsworth Huntington）氏曾经为中国人自私心的畸形发展觅一解释，毫不迟疑的认为这种性格和饥荒有密切的因果关系，但同时也补说这样一段富有意义的话："不过说到这里，我们必得顾到另外一种情形。自私自利的心肠未尝不能发达过火。把一切责任义务都掉头不顾的人未尝不可以保障一己的生存，但若把妻孥都抛撇了，他的血统却就从此断绝，再也传不下去。他自然可以续娶，但是他那种逃荒的经济状态未必能许他如愿以偿……即使他续娶，他的子女也不会比义气重些的——即，至少只肯牺牲一两个人来维持全家的——人家那般多；他的后裔也就不会比这种人家多。……这确乎是中国荒年史里所数见不鲜的事。总之，极端的自私自利心肠可以使一家人家度过荒年，生存下去，只要当家的人不把自己做单位，而把全家做单位"（详拙译《自然淘汰与中华民族性》，今入《民族特性与民族卫生》中）。二三千年来，所能生存而传宗接代的人，大约以此种以全家为单位的自私自利者居多，越至后期而越多；此等人越多，家制便越发展，以至于牢不可破，以至于畸形。这便是第二个解释。

上文这两个原因，文化的与生物的，自然又彼此推挽，互相激荡，使畸形的已成之局更来得普遍与深刻。文化的原因所贡献的是一些理论的根据，生物的原因所贡献的是事实的需要与无可避免。用意国社会思想家柏瑞图（V. Pareto）的话来说，以全家做对象的自私心是一种所谓"底脚动力"（residue），而"家齐而后国治""一家仁，一国兴仁，一家让，一国兴让"一类的话，以及三纲之二、五常之三，一概转变为种种口惠而实不至的所谓"引伸结构"（derivation）。有了这种种引伸结构，于是底脚动力的种种表现便越见得冠冕堂皇，无懈可击。一直到最近，因为国家生活在复杂的国际环境里发生了困难，到处感觉到捉襟见肘的痛苦，于是大家才渐渐憬悟到家制的畸形也许和整个民族的位育问题有很大的关系。

上文所说的全都是属于家制所由过度发展的因的。下文再略说几句关于果的话。布朗教授在他那次关于亲属与"社会统同"（social integration）的演讲里说，亲属统同是整个的社会统同的一部分，又说，亲属制度的功能大小可以命定一个社会的形式。布朗教授这两句话我想我们都承认，我们更要了解的是，这命定究属是怎样来的，究属经过些什么路径。这路径无疑的是种种行为的型态，个人的，或是集体的。如今我们知道一切行为型态有两种根据，一是体质的或生理的，一是社会的或文化的。所谓体质的或生理的根据就是我们在篇首所提的许多种族的品性的综合。要亲属制度或家族制度对于社会的形式发生一种命定的影响，面子上固靠在家族制度下所习得的许多行为型态，而骨子里却靠家族制度下由淘汰作用所提炼出来的许多种族品性。

这些品性又是什么？这回答我们在上文也已经提过，说是许多家族的品性（familial traits），或"宜室宜家"的品性。但这是不够的。我们应该把这些品性列举出来，并且最好要把它们在社会生活上所发生的影响逐一加以推敲，才是圆满。只是替它们起一个总名字，或跟同美国社会学者葛学溥（Kulp）说，中国的社会生活是家族中心的或家族主义的，总嫌过于笼统。

先略举这些所谓"宜家"的品性。极度的自足，极度的依赖，领袖力缺乏；服从性不足，组织能力薄弱，守法或遵守团体决议的困难；同情心浅薄，忍耐性发达，不易接受刺激与神经的不易受震撼；难于激动情绪与感伤主义（sentimentalism）的不发展；冒险性与进取心缺乏，保守性与知足心发达；自私心发达，嫉妒与猜疑心理的强烈，公德心的薄弱。这些品性，有的是彼此相掩叠的，有的是相反而相成的，也有相反而必须分别在两个人身上发见的，例如自足与依赖。但它们无一不与家制的畸形发展有关。这些品性恰好是畸形的家制所能产生与培养的品性，也惟有这些品性才能教畸形的家制维持于不坠败。

中国家族中的人员是难得有和外面一般人来往的必要的。中国家族是一个西洋人所谓比较"关得紧的系统"（a closed system）。在这个系统内的人员，要是有才干的话，便不难自给自足，甚至于把全家的生计都能担当下来，要不然，他也可以有恃无恐，可以一生做一个寄生虫而不受人家的指摘。"少年公子老封君"一类的标语，很可以证明，在中国人心目中，依赖而不越出家族的范围，不但不是一个罪名，并且是一个理想。但就大多数的人说，一个家庭人员总是有一些工作可做，而对于全家的生计总要负一二分责任的，所以，遇有危难，以至于父母兄弟不能相保的时候，也大率能自己混一个最低限度的糊口的方法。在家族环境之内，一个人的欲望与情绪也大都获得满足与发泄的路径，无须乎向外更寻出路。亲亲之道既然没有能向外推广开去，同情心的发展自然不会走得很远。外国人常说："慈爱行为从家里做起"（Charity begins at home），我们总觉得他们言行不符，往往社会服务的努力胜过了爱亲敬长的精神。中国人的慈爱行为总算是能从家里做起，但同时亦未尝不就在家里打住。尽管一个人对于同族的人，同宗的人，甚至于同姓同乡的人，能如何解衣推食，他对于一个素不相识的人，可以丝毫不表示同情心，其人虽处十分危难的境地，他也可以漠然无动于衷。这种漠不相关、若秦人视越人肥瘠的心理，在饥荒的时候，自然是最显而易见，但在平日，也随处可以遇到。他的所以能漠然无动到一个冥顽不灵的程度，一半也因为他的神经不容易受刺激，受震撼；对于些微的事物，他轻易决不动心，决不滥用他的情感。这也未始不是一个有利的品性。但不管有利无利，这也未始不是家庭的环境所产生与选择而来的。基本的欲望与情绪都得到满足与发泄的人自然比较要心平气和，无所用其滥动情感。同时，在中国式的人多口杂的家庭环境之中，也惟有此种不动情感的人最能相安无事，所以此种人是占便宜而受选择的。在家族环境之中，各个人员的相处与合作是完全建筑在血缘或姻缘上的。血缘与姻缘又各有其本能与情绪的基础。一个人听命于他的父亲、祖父或他们的代表如大宗小宗，并不因为他们一定比他自己能力高强，而是因为在血统上，他们是他的尊长，在年岁或辈分上，他们比他要高。换言之，于亲属的尊长与年辈的高大以外，他更不承认有什么可以领袖他、指挥他的权威。一个领袖人才不容易在中国家族里发育，不容易在中国社会里出头，原因在此。有组织能力的人，结局也是如此。

家人之间如有冲突发生，此种冲突的解决，十有九个不诉诸事理，而诉诸根据血缘的一些情感，而居间解决的权威也决不是一些法理，一些聪明果断，而是年龄之老，或辈分之高。对于吃亏的人员，时常谆劝的一种美德是凡百忍耐，惟有忍，才能教大事化小，小事化无。清代朱锡珍作《忍字辑略》，龙起瑞替他作序，说："言忍之道，用之一人一家之事，不啻十得其八九矣"，可见忍和中国的家庭生活是不可须臾离的。从选择的立场看，遇有不和睦的情事发生，越是生性比较知足与忍耐的分子，越有在家族制度下位育与竞存的机会，比较躁急与倔强的分子是比较容易遭淘汰的。其它所谓宜家的品性也大都可以用同样的方法来解释，来引伸，读者可以类推，恕不多赘。

这些所谓宜家的品性，如果始终在家庭或家族范围以内活跃，也就不成什么问题了，设或不然，我们便决不能用"宜家"这两个字。但"宜家的品性"未必"宜社会""宜民族""宜国家"，而畸形家制下所产生的许多品性终于不免应用到社会生活上去，终于不免直接限制了我们社会行为的型态，而间接命定了社会组织的方式。结果，无疑的是很不合式，即很不相宜。中国民族人口的膨胀与文化的进展，很早就用得着一种远比家族组织更巨大、更复杂、更有效率的社会组织。这种组织不能向壁虚构，必得有适当的行为型态与种族品性做它的双重基础。家族组织固然也有它的双重基础，但这种基础，用之于家族组织虽极相宜，用之于国家组织或其它比家庭更大的集体生活，便不免捉襟见肘而到处发生罅漏。这便是中国民族二千余年来所经历的最大的一种痛苦，国家组织的始终不能完成由于此，一般社会生活的保守与无进境也未始不由于此。在闭关时代，这种痛苦虽存在，我们还不十分感觉得到，但在二十世纪的国际环境里，在动辄讲国家本位，动辄讲集团生活的时候，我们的痛苦便再也无法讳饰了。

（原载《华年》第5卷第29、30期"优生副刊"，1936年7月25日、8月1日；修订后载燕京大学《社会学界》第9卷，1936年8月）

过渡中的家庭制度

我不久以前在本刊上发表过一篇《家族制度与选择作用》，中间所讨论的是中国家制的过去情形与此种情形的前因后果，而特别注意的是它所唤起的对于民族的选择作用。如今顺着时代的先后，我想对于过渡中的家制，作一番认识的尝试。西化东渐以后，家庭制度，和其它制度一样，无疑的已经变动了不少，并且至今还在变动之中。这种变动的性质如何，原因如何，于民族前途会有什么影响，都是值得我们推敲的。

本篇讨论大约可以分做下列四个部分，每部分有一个分题：（一）思想与理论；（二）祖先与老辈的地位；（三）婚姻、恋爱与妇女的地位；（四）生育与儿女的地位。

中西的社会思想有一个根本不同之点，就是，西方始终以个人与群为两个对峙的东西。惟其对峙，所以一切社会思想与政治思想总把《群己权界》当做一个最大而最难解决的问题。这种对峙的局面，自希腊时代起，以至于今日，可以说始终没有改换过。希腊人原是一些很容易走极端的个人主义者，而柏拉图与亚里士多德所提出的解救方法，便是社会主义，柏拉图所提出的尤其是不为个人的自由留丝毫地步。其实在柏拉图以前，希腊民族的生活早就呈这种对峙的现象：雅典人的生活重心在个人，而斯巴达人的重心却在群或国。基督教传入欧洲以后，以为此种局面可以稍稍转变，事实却并不然。犹太民族的宗教是以整个民族为得救的对象的，个人原没有多少地位。及成为基督教而传遍欧洲以后，它也就于不知不觉之间，成为两个流派：一以团体为重而主张极严格的统于一尊，罗马教会便是这派最具体的表现；二以个人的得救为重，或承认个人对于信仰有选择与解释的绝对自由，罗马教会发达与确立前后种种支派与修道士的活动便属于这一派。条顿人是以个人主义著称的一个民族，以个别解释做号召的各派新教便是他们的产物，降至社会主义或集体主义甚嚣尘上的今日，新教徒中间，又时常发生福音的意义为个人的抑或为社会的争论。英国批评家安诺德（Matthew Arnold）说欧洲文化是希腊主义与希伯来主义互为消长的一个过程，依我们目前的观点看来，无论擅胜场的是希腊主义，抑或希伯来主义，一种个人与社会的对峙或此起彼伏的局面却是终始一贯的。

就近代社会思想与政治组织而论，情形亦正复相似。所谓"民约论"派的思想，便始终在这题目上做文章；卢梭的"一般意志"便是想硬把个人与社会拉拢在一起的一个"如意算盘"。穆勒约翰的那篇名著，《论自由》，便专门发挥如何使个人自由与社会制裁可以并行不悖；严复氏把它译做《群己权界论》，权界两字真是再贴切也没有，最能够把双方对立的形势反衬出来。斯宾塞尔有一个论文的小集子，题目叫做《个人对国家》，原文是 *The Man versus the State*，那 versus 的一个介词也是再传神没有的。这些思想家，虽竭力想法使群己之间发生一种最良好或最不良好的关系，其人自身却全部是所谓个人主义者。这些个人主义者的学说与此种学说局部所从出的条顿民族渴爱自由的性格，终于形成了英、美、法等国家的政制，所谓自由主义的政制者是。同时，在欧洲大陆上，有另一部分的思想家与改造家，却以社会主义或集体主义相号召，终于形成了目前俄、德、意等国家的政制。目前西方社会里的冲突，其实就是两种政制的冲突，也就是个人主义与社会主义的冲突。法西斯主义与共产主义的冲突其实还是浮面的，两者却主张集体主义，与统于一尊主义，所谓一尊，所指或为国、或为阶级，但其为一尊则一。

在中国的传统思想里，个人与社会并不是两个对峙的东西；不但不对峙，它们的所以成为东西，也还有问题。我们以前有"人"，有"己"，有"身"，而没有"个人"，有"自私""利己"的思想与"为我"的学说，而没有"个人主义"。我们以前也没有"社会"。"个人"与"社会"不只是两个新名词，而是两个新概念。然而群己之间，以前究属发生一种什么关系呢？就理论说，这种关系是一种"推广"与"扩充"的关系，即从自我扩充与推广至于众人，即从修身始，经齐家治国，而达于平治天下。"亲亲而仁民，仁民而爱物"，"刑于寡妻，至于兄弟，以御于家邦"一类的话，所指无非是这种推与扩的功夫。在实际上呢，我们以前已经有机会讨论到过，大家并没有推与扩得很远，往往到修身与齐家的步骤而止。所以不管修齐两种努力究属成功到何种程度，一种"身家"的观念却是异常发达；"保身家""身家性命""身家不清"一类联系的名词可以证明往往除了家以外，个人并不单独的存在，而"国家"一个名词又足以反映出来，国不过是许多家的集合，并没有独立的性格；国的生活不过是家的生活的放大，并不受它种原则的支配。理论上家原是一个承上启下的东西，但事实上却变做一种左右兼并的势力，把个人与群或社会都给吞没了。沈衡山先生在《家庭新论》（民国十二年）里说得好："我们中国自古到现在,都是照《大学》所说,什么叫做正心修身,就是要做的齐家一种工夫;什么叫做治国平天下,就是齐了家后的必至之效力,澈上澈下,只有一个家的主义";这原是一句欣赏的话,也就等于我们在上文所称为理论一方面的话。事实上呢,衡山先生也说:"中国无论到了何处,多带有几分中国家庭的臭味。中国的社会,可以说是家庭化;极端说起来,或竟说是中国没有社会,亦未为不可。"这话却不是恭维的话了。

这便是中西社会思想一个根本不同之点。在西方,个人与社会是两个对立的本体,在中国,这本体的认识还成问题,说不上对立不对立的问题,而实际社会生活的重心便几乎全部寄托在畸形发展的家庭身上。我们不妨设一个譬。假定有一根绳索在此,一头系着个人(身),一头系着社会(国、天下),而中间系着家庭;西洋的情形是以为两端是不相能的,以为两端之间并没有什么可以联络的枢纽,所以不能同时把握或控驭。中国的情形恰好相反,但知握住中间的枢纽,而几乎遗忘了两端。再设一个譬,社会生活好比一个摆,摆有个弧,弧的东是个人的极端,弧的西是社会的极端,中间和地平成直角的一点是家庭的地位;西洋的社会生活便不断的在摆动之中,而中国的社会生活却不大摆动,老受地心吸力的有力制裁,在弧的中间停留。这两个比喻多少有些刻画过火,但是中国文化为家族主义的,与西洋文化之为个人主义的或社会主义的,是很可以借此传达出来的。中国儒家思想里有一个"执两用中"或"执中有权"的原则,中西的社会生活似乎各得其一偏,西方但知执两而不用中,中国但知执中而不行权,结果是双方都没有得到很健全的发展。

讨论思想的背景到此,我们便不难推想到中国家庭制度所不能避免的运命了。以原有的家庭主义与新来的个人主义及社会主义相角逐，胜负之数，本来就无待蓍龟。西洋文化之进入中国，是挟了战胜的余威而来的，中国人的授受西洋文化，是始终怀抱着一种自馁与厌故喜新的心理的；在这种里应外合的形势之下，家庭主义的退避三舍与家族制度的土崩瓦解，尤其是一件不言而喻的事。但这还是只就一般的趋势而论，若更作进一步的推究，则可知个人主义与社会主义固各有其挟与俱来的家庭的理论与主张，而此种理论与主张便是家庭主义与传统家制所由解体的最直接的理由。

个人主义挟与俱来的是所谓"小家庭论"。社会主义的是"无家庭论"。先说小家庭论。个人主义最看重的一种东西是个人的权利。它评论一种制度的好坏，总要看这种制度对于个人权利能够顾全到何种程度。斯宾塞尔是一个很趋极端的个人主义者，他认为国与政府是一个无可奈何的东西，我们除了限制它的权能，使它不至于过分妨碍个人的自由以外，别无应付的良法。在一般个人主义者的眼光里，家庭也是这样一个东西，惟一的应付方法是限制它的范围、组织与功能。这样被限制后的家庭便是一个小家庭。小家庭之中，大率只能有两代；只能有亲子、夫妇，以及未成年的兄弟姊妹关系；除了未成年的分子以外，无分男女老少，都是一个完全的个人，享有个人应享的全部权利；子女的数目，亦以减缩为宜，否则不免剥削父母的权利，尤其是母的一方。

这种小家庭在西洋是很流行的，尤其是在英美；留学回来的中国青年，对于这种家制，大都十分艳羡，甚至于把西方国家的开明强盛，都归功给它。二十年前，国内便有一位社会学者歌颂着"新家庭之景象"，说它在物质方面，则有"经济优裕""身体强健"等优点,在精神方面,则家人之间"有自由而不相侵犯",讲"平等而不设阶级",获"同心而不改其个性"。物质与精神的优点相合,而"新家庭之快乐"乃几于不可名状。他说:"新家庭之中,另有一种空气,与社会及学校迥殊;处其中者,受天然之涵养,爱力之熔冶,品性得潜变默化于无声无臭之中;盖精神之愉快,非物质之富贵可比拟,家人虽布衣蔬食,而天伦乐趣,即欧文(Irving)于《贤妇》篇中所形容者亦不能尽其万一,南面王何足道哉!"(严恩椿先生:《家庭进化论》,民国六年,页六一——六三)又一社会学者说:"'室家者,文化之单位也;欲觇一国之文明,可于其家庭生活觇之'。是故入其国,观其室家,则于其国家治化之隆替,人民生计之否泰,思过半矣。吾人试游欧美,观其夫妇之和乐、儿女之欢好、室家之开明、人民之熙皞,国旗高悬,弦歌之声相闻,即不入其首都,考其政治,已知其国家之文明程度矣。"(陈长蘅先生:《中国人口论》,民国七年,页一四四)这两节引文里所称的"新家庭"与"开明的室家"就是我们所称的小家庭。小家庭的值得歌颂,有如此者。

上面两节引文,很可以代表二十年来、甚至于维新以来,一班智识分子对于小家庭的态度。不过近年以来,此种态度,至少在字面上,已经有些修正。有一位社会学者说:"小家庭制的组织简单,两性和亲子的关系,都是建在自由平等的基础上,所以这种家制是最适合现代社会的环境和一般人的需要。不过欧美式的小家庭制,却有些劣点,最大的劣点就是子女对于父母没有奉养的责任。……所以我们现在主张实行小家庭制,不是欧美式的小家庭制,却是'中国化'的小家庭制,所谓'中国化'的小家庭制,就是子女对于父母要有奉养的义务。……至于奉养父母,也不要限于同居的,所以子女成立或结婚后,仍然可以分立小家庭,不过对于父母始终要负一种奉养的义务就是了。从各方面来观察,我们可以说'中国化'的小家庭制,就是最适合我国现代社会的环境和一般人需要的一种家制了。"(麦惠庭:《中国家庭改造问题》,民国十九年,页九六—九七)其实所谓"中国化"的小家庭制,和欧美流行的小家庭制,并没有什么分别,不同居而言奉养,结果是父母博奉养的虚名,而子女得个人自由的实惠。要知不同居的奉养即子女稍稍负些经济与岁时候问的责任,在西洋也是数见不鲜的事,初不待这位作者的提倡。所以我在上文说近年来小家庭论的变迁,不过是一种字面上的修正罢了,并没有多大真实的意义。另一位家庭问题的作者说:"我们当然是主张分居制了;可是我所要主张的分居制,与西洋的分居制,微有不同。……我主张分居之后,子女仍须随时去奉养其父母。奉养父母这点确是中国家庭不可泯灭的地方。"(黎濛:《家庭问题》,民国十八年,页一四二)这说法和上文的根本没有分别,一样是口惠而实不至,不过我们比较还听得进去,因为作者并没有巧立名目。

其次是社会主义者所挟与俱来的无家庭论。小家庭论的出发点,是个人权利的"拥护",而无家庭论的出发点,却往往是个人自私心的"打倒"。社会主义者笃信要达到一个"人人不独亲其亲,子其子……"的大同境界,非得把家庭完全废弃不可。蔡子民先生很早就提倡过废弃家庭,而代以"恋爱自由""儿童公育""财产不私有""教育完全平等"等等措置。他替沈衡山先生的《家庭新论》作《序》,打头就说:"我确信将来的社会,一定是很自由;很平等;一切人与人的关系,都有极正当极经济的方法;不要再有现在家庭等等烦琐的组织。"朱希祖先生在同书里也有一篇《序》，说："家庭制度〔虽〕一时还不能废掉，像衡山先生所说的家庭组织，也可以得到许多幸福；而且可以把这种家庭组织，渐渐的过渡到社会组织上去。"江亢虎氏曾经直接主张过所谓无家庭主义，内容和蔡先生的见解很相仿佛；即，恋爱自由、生计独立、教养公共、遗产废除等四端（《社会问题演讲录》，家庭问题章）。易家钺、罗敦伟二氏认为解决家庭问题最良好的方法是"诅咒""打倒"与"推翻"家庭制度："我们认为我们中国大多数人的自由，都为'家制'所限，欲得自由为社会中的一员，首先应该打破这个束缚自由的东西。已死的大家族制度固要用最大的诅咒来诅咒它，而欧洲人士所讴歌的小家庭制度，也……不过五十步与百步之差，一样的不合理，一样要诅咒，一样要打破它，推翻它。每人都做社会中的一员，对于全人类努力，不应拘墟坐井，在家庭这个圈子中间，轻视全人类的幸福而发展'自私心'，同时也可以打破家长及女子私有等恶观念，解决现今中国及世界一大部'家庭问题'"（《中国家庭问题·结论》的煞尾，民国十年）。

  无家庭论虽说是极端的社会主义挟与俱来，往往也是极端的个人主义的产物。所以国家社会主义者与无政府主义者往往会不知不觉的站在一条战线上向家庭制度下总攻击。这是不足为奇的。根据上文一个摆的比喻，可知极端的个人主义与社会主义之间原有一种物理上必然的默契；物极必反，它越是走极端，反过来得便越快而越有力量，而反复动荡之际，受冲撞以至于被摧毁的总是那占有弧线中间的事物，就是家庭。这种物极必反的摆动的道理，西洋的社会思想家与中国一部分社会问题的作家似乎至今还没有明白，不但不明白，并且时常错认为社会演进过程中的两个衔接的步骤。他们以为个人主义是所以引进社会主义的,以为小家庭制便是家制废除的一个准备,好比施洗的约翰便是基督来到的准备一样。有一位作家真会说:"从家族制度到社会主义的制度,横亘其间的,还有一个个人主义。个人主义是两者的连环,又是两者过渡的桥梁。它在破坏家族制度上,现在已有莫大的势力。它在建设社会主义的制度上,将来或有盖世的奇功。"(易家钺:《西洋家族制度研究》,页二二六,又页二一四,二二四等。)三四年前,立法院制定《亲属法》时,曾经征求国内教育家对于家制前途的意见,当时所得的答复,也复大同小异,大家总以为家庭制度已经走上衰亡的路,从大家庭、经小家庭、到无家庭,是一种必然的趋势,所可争论的不过是时日问题罢了(拙著:《姓、家庭、婚姻的存废问题》,《新月》第三卷)。即在以小家庭为最适宜的制度而明白加以提倡的人也默认家制的由大化小、由小化无是一种无可避免的进程(麦惠庭,同上引书,页八二—八六)。其实呢,这些都是精神分析学者所称的虔诚的愿望,事实究属是否如此演变,目前谁也不敢断定,极端社会主义的社会制度,即或能够实现,恐怕也不过是一时物理的反动,不能持久。

俄国的社会主义的试验,不能不说是最有成绩的了。十月革命以后的短时期内,男女关系的紊乱,成千成万的儿童的流浪,真像无家庭的境界已经是达到了。但后来的演变又怎样?父权与夫权家庭是没落了,它是迟早会没落的,在别的国家也早就没落,或正在没落之中,但家庭并没有,还是故我依然的屹立着。德国的哈勒女士(Fannina Halle),在她的《苏俄的妇女》一书里,说:"总结上文,自从大战以后,在资本主义的国家里,我们始终只听见一些婚姻瓦解与家庭崩溃的消息,但是在苏俄,我们至少不妨说，一种新的婚制与家制是正在开始形成之中"（英译本，一九三三年，页二一七）。儿童公育的运动最甚嚣尘上而受一部分的工人反对的时候，列宁夫人写着说："父母爱子之心是压不住的；不如把它因势利导，转入新的路径，使更空前的替亲子之间造些幸福。所以那些不愿意把子女放弃而交给公育机关的男女工人是不错的。不但不错，社会主义的社会里的教育，应该作更进一步的组织，使教师与父母都有参加的名分"（《苏俄的妇女》，页二一六）。

但无家庭的境界不易达到与不会达到，虽如上述，而近代家制的动摇与日即于支离破碎，无论在个人主义或社会主义之下，却终究是一大事实。小家庭制的下文，虽不必是家庭的废弃，而其正当功用的越来越无法发挥，也是不能讳言的。主张小家庭制度的人，面子上虽把它的好处说得天花乱坠，而暗地里未尝不存夕阳虽好近黄昏的心理，原因就在于此。他们若真有改造家庭的决心与智慧，我以为他们不应该顺着兴会所至，把英美的榜样或把一部分改造家的理想现成的搬取过来而奉为金科玉律，却应该推求近代家庭所以动摇的因素，而予此种因素以有力的控制。因素的一部分我以为就是分据一条跷跷板两头的个人主义与社会主义的思想。必也此种思想先经一番修正，家制才有改造而重趋稳定与健全的希望。

（原载《华年》第 5 卷第 33、34 期"优生副刊"，
1936 年 8 月 22、29 日）

说 "本"

二十八年六月我去过一次昆明附近的玉溪县。玉溪有一个名胜叫九龙池，是一股很大的泉水，附近四十二屯的稻田都靠它灌溉；农民饮水思源，照例有龙王庙的建置。平时，在庙的四周有许多禁忌，以示尊崇，例如，山上不许采樵，池里不许渔钓；到了秋收的时候，更不免唱戏酬神，大家热闹一番。

龙王在中国神道设教的传统里，有悠久的历史，有广大的传布；有水的地方就有它，有水的问题的地方更不能没有它。靠它所设的教是什么？用普通些的成语来说，是：饮水思源；用古老些的《礼经》上的话来说，是："报本反始"。我们借这个引子来说一说本字。

本字在我们的民族文化里占有极重大的位置。它是取法于生物现象的一个象形又兼指事的字，象的是什么形，指的是什么事，是尽人通晓无须解释的。主要的是我们的先民很早就把它的意义应用到人事上来，并且应用得非常之广，从个人的行为起，到民族的盛衰兴亡止，几于无时无地不用到本的观念。孝悌是为人之本，所以君子要务本；还是本之小者。"枝叶未有害，本实先拨，殷鉴不远，在夏后之世"，便是本之大者了。春秋之世，弑君三十六，亡国五十二，太史公的断语是寥寥的"察其所以，皆失其本已"九个字。本的观念支配了我们的宗教信仰；所以说，"万物本乎天，人本乎祖"，又说，天地者，生之本也，祖宗者，人之本也；而家的所以主中霤，国的所以主社，也无非表示报本反始。本的观念也支配了我们的政治和教育，所以说，君师者，治之本也，而这两种政教的领袖也终于会加入祀典，成为民族宗教的一个重要部分。本的观念也支配了我们的经济生活，所以说，"德者本也，财者末也，外本内末，争民施夺"。本的观念支配了我们整个的礼治的文化，所以说，"礼也者，反本修古，不忘其初者也"；又说，天下之礼，致反始也，致反始，以厚其本也。要是礼治主义是中国文化最大的特点，而本的观念又是礼治主义的核心，那末，本的观念和中国文化的关系的如何密切，是不言而喻的了。

务本的观念支配了我们的文化，是比较容易了解的；务本的信仰同时也控制了我们民族的寿命，似乎理会的人还不多。本字原是一个生物的字，把它适用到人事上来，最方便的当然是在人事的生物的一方面。上文引用的许多牵连到本字的说法里，最具体、最容易受人了解的，自然是"人本乎祖"的话；其余就比较抽象了。从生物的立场看，人既本乎祖，这祖宗的本就得培植，庶几可以有强固的枝干，繁盛的花叶，优美的果实，而果实的散布更可以无穷尽的把我们的品类绵延推广。所以在我们的诗教里，很早就有"本枝百世"的话。降至今日，任何人家的祠堂里、家谱上、门楣上，总有一些"源远流长，根深叶茂"的语句，并且这一类语句的运用并不限于通都大邑的世家望族，在穷乡僻壤的农工细民的生活里，正复同样的流行。假若我们有机会把乡民的名字做一些统计的话，我们不难发现利用得最频数的是"根""泉"一类的字样；凡是见过农工阶级的花名册的人，对这一点已经可以做一个初步的证明。

更从教化的立场看，人既本乎祖宗，而此本又非报不可；报的方式虽不限于一端，而最具体、最可以维持久远的一式，自然是使祖宗的血系，不因我而斩。于是就形成了有后主义。三千年来，我们的家庭组织与婚姻制度，不用说是建筑在这主义之上，所以有"大昏万世之嗣"的话；就是一般的个人与团体生活也无往而不把它当做一个最终的参考点。春秋时代的贤士大夫，喜欢根据一个人言动举措的当否，来逆料一人、一家、一国的有后无后，一部《左传》里记载的例子便不知有多少，后世也往往如此。总之，因务本而崇孝，因崇孝而主有后，百行孝为先，而孝以有后为最大，而人生最不幸的归宿是无后，是不血食——这些，在中国民族里早就成一派极坚固的信仰，其地位相当于许多宗教的灵魂不灭的信仰，而其力量要远在灵魂不灭的信仰之上；两种信仰虽同样的建筑在不朽的愿望上，而有后的信仰却有天然的事实做依据，有具体的效果供体验，宜其历时愈久而愈牢不可破了。这样一派信仰是不会没有深远的功能的，这功能便是民族寿命的延展，至于今日而不替。记得所谓新思潮发轫之初，有人唱为非孝的论调，也有人挂出无后主义的招牌来；当时窃尝期期以为不可，为的就是上面所述的理由，为的是怕枝叶已有害，本实更拨！

这样一个注重根本的民族与文化像中国，宜乎是十分十二分的健全了。事实却又不然。这其间的原因我以为就在过于重本，过于务本；用今日的口语来说，就是，我们多少也吃了"唯本论"的亏。我一向认为任何带有唯字的思想学说是不健全的，是无法健全的，在主张它的人无论如何虚怀若谷，从善如流，总不免失之偏颇，失之武断，自己吃执一的亏，别人蒙抹杀之害；唯本之论当然不是一个例外。唯本的不良的结果不一而足，我们不妨提出比较大的两三点来：一不妨叫做唯本的感伤主义；二可以叫做务本而舍末；三是一本论。

一、什么是唯本的感伤主义？不管本是什么，本总是代表一个对象，也许是天地，也许是祖宗，也许是孝悌忠信一类的行为标准。对任何对象我们总有一个态度；这态度有时侧重理智一方面，有时侧重情绪一方面。但是在"唯"的局面之下，势必永久的侧重情绪一方面，其末流之弊就是一种感伤主义。以理智遇一种对象，我们所得的结果是这对象的本体与原委的了解，以情绪遇一种对象，我们所得的是喜感或悲感，或二者糅合的一种情感。我们对于任何我们所认为本的对象，既用情多于用智，所得的结果自然是大都属于后一种了。我们一面承认天地为生之本，但宇宙一切究竟是什么，是怎样来的，已经有过什么变化，前途会有什么变化，我们几乎全不了解，一向也似乎根本不求甚解。天地对我们只不过是一个很笼统的宗教与道德的对象；我们连一派比较细密的天神地祇的神学都拿不出来，哲学与科学的不容易发展更是在意料之中了。我们从祖宗的本上早就悟到血统的道理，从农业畜牧的经验里，更早就明白一些血缘的关系，但这种初步的了解并没有能教我们对生物演化的现象，作更进一步的观察。我们根据了报本的原则，对祖宗父母始终是生事死祭那一套；对供给民生衣食的动植各物，我们最大的排场，也不过一年一度的蜡祭。一切的一切，只是一些情绪的反应而已。

情绪的反应到一个感伤主义的程度，当然在孝的畸形发展里最容易看出来。大舜五十而慕，至于向天号泣，固然有他的特殊的苦衷，但后世很大的一部分的孝行，见于正史与地方志传的，是无疑的属于感伤主义性的愚孝,其中有一部分的所谓孝子,用今日的眼光看来,并且是精神上还没有能断乳的一种属于所谓早熟癫的疯子。就整个的民族来看,这种疯子也许不太多,但在孝与一般的唯本论之下,感伤主义所培养出来而在精神上始终未曾断乳的人,怕是不在少数。一个民族文化,在这种始终未能断乳的人的支配之下,怕也不免呈露几分幼稚病的症候。以前辜汤生先生曾经为文论中国人与中国文化富有童年气象;辜先生的观察是对的,但辜先生的估价也许是错了;辜先生对童年气象的由来,似乎并没有加以推敲,假若有的话,我以为他也会承认,这童年气象之中,至少有一部分是过期不断乳的幼稚病。

二、什么叫做务本舍末?以前史传上常见到舍本逐末的评论。子游拿这话来批评过子夏的教育方法。重农的时代,以农为本,以工商为末,商更是末之尤者,最被人瞧不起;后来工商业一发达,蒿目时艰的人便时常有舍本逐末不胜其欷歔感叹的话,并且竭力设法,想重新奠定一个农本的政策。欧阳永叔著《本论》上下篇,认定儒道是教化之本,后人佞佛,是完全由于不修本的缘故,有了舍本之因,才有逐末之果。不过,我们如今就整个的民族文化看去,弊病还是不在舍本逐末,而在务本舍末。就理论说,本末和经权博约一类的原则一样,是宜乎兼筹并顾的。子夏在答复子游的批评里,就包括这层意思。《礼经》上有先王立礼,有本有文,无本不立,无文不行的话,《大学》教我们先本后末,内本外末,并没有教我们务本忘末。

但务本发展到唯本的程度之后,我们终于遗忘了末。俗有"猢狲种树"的寓言。猢狲种了一棵树,十分关心它究竟活不活,他不看上面有没有新枝嫩叶发生,却天天把树拔起来,看长了新的根须没有，结果这棵树就死了。这寓言的本意，是喻人不宜过求速成，或过于宅心不定，但我们以为大可引来比喻中国的民族文化。我们像那猴子一样，太过关心于文化的本根了。先圣昔贤所三令五申的是务本与不忘其本。中国的文化，本来以通天地人三才为目的的，通三才在人，人是本，天地到此可以看作末，但人本主义发达的结果，终于把天地遗忘了；到了后世，研究义理之学的人居然会告诉我们说，一切的大道理全都寄寓在伦常日用之间；我们如今学习到一点外来的哲学科学，便知道伦常日用之外，属于天地两才的，还不知有多少大道理可供推敲。就是在研究伦常日用的道理时，我们在务本与不忘本的原则的暗示之下，也似乎只知道向已往看，不晓得对现在与向未来看，只知道向经验里寻鉴戒，不晓得就现状中求改革。我们承认历史是经验阅历之本，非随时随地参考不可，但若说非先王之法言法服法行，便不敢言，不敢服，不敢行，而事事必得走前人的旧辙，那文化演进的机缘不就不绝如缕了么？乡土的留恋也是我们不忘本的观念的一方面。《檀弓》称太公封于营丘，比及五世，皆反葬于周，君子美之。这种不忘本的精神，降至后世，更有畸形发展的趋势，至今我们到处有"树高千丈，叶落归根"的话；上文说人生最不幸的归宿是无后，其次怕就是不得归葬故乡了。乡土观念虽也有它的价值，但是中国民族开拓的迟缓、向外发展与冒险精神的薄弱、国家意识的迟至今日才逐渐成为事实，乡土观念不能不与家族观念共同负其责任。这些因了唯本论的压力而无从发展的种种，我们都可以叫做末，都是一个比较健全的民族文化应有的一些枝叶花朵；我们对于民族文化的这棵树，对于本根也许太关注了，太烦扰了，结果是，枝叶花朵，虽始终维持着，却时常呈发育不全与早期萎缩之象。发育不全与早期萎缩也就等于上文所说的幼稚病；所以所谓唯本论的前两个不良的影响根本还是一个。

　　三、唯本论还有一个方式，就是一个人或一个时代始终只承认一个本，即不知道因时因地因事之宜，而转移本的对象。这种唯本论不但唯本，并且所唯的只有一本，那就更危险了。例如讲宗教时，以天为本，讲治道时，就宜乎以人为本；讲家事时，以亲亲之仁为本，讲国事时，就宜乎以尊贤之义为本。但一本论者往往不明白转换的道理，于是人本论者对于天地万物的论调也许十之七八不脱拟人的道德主义的范围；在这种论调充斥的时候，我们知道哲学科学也是不会发展的。父亲攘羊，孔子以为应当子为父隐；瞽瞍杀人，孟子为舜着想，以为应当窃负而逃，遵海滨而处；我以为无论如何这两位圣贤是犯了亲亲主义的一本论的错误；这种错误而存在，政治与社会生活也是没有法子走上清明的道路的。孟子批评墨者夷之，不一本而二本，就夷之的厚葬其亲而论，这批评是对的，夷之实在是犯了主张与行为上的矛盾；但若儒只承认亲亲的一本论，那也就不是了。中国民族的团体生活在这方面吃的亏，二三千年来，正不知有多少，家族的畸形发展，法治的无由确立，国家组织的不能巩固，都可以推溯到这个一本论上。

　　唯本论与其弊害究属从何而来，是一个亟切不易答复的问题；但我们不妨作一个答复的尝试。我们民族文化里最大的两派势力，自莫过于道家与儒家；道家发展较早，历史上动辄把黄、老并称，其早可知；儒家的一部分哲学也脱胎于道家，孔子曾经向老子问礼的一段传说至少有几分象征的意义。道家的中心思想是自然主义与原始主义，自然与原始都是本——天地为万物之本——的另

说 "本"

一种说法，其流弊当然也不能免于上文所说的感伤主义。说归真，说返朴，真与朴都所以形容本原的生活状态，这种生活状态是诗境，是象牙之塔，是海市蜃楼，可以憧憬，可以想象，可以向慕，而势有所不可几及，不可几及，则伤感随之矣。近代精神病学者说人生本有留恋原始、躲避现实的倾向，知其无法躲避，从而切实应付的人是健全的，不能切实应付而妄以幻境为实境从而取得精神上的慰藉的人，是病态的，病态到此，就比感伤主义更进一境界了。精神病学者又比较刻画的说，人的潜意识也留恋着胎期中的生活，常人睡眠的时候，最舒服的姿态是胎儿在母腹中佝偻的姿态，据说就因为这个道理。不管这一类刻画的推论有多少价值，总之，道家的迷恋原始是一大事实，而玄牝之门为天地根一类的话会教我们联想到，也许这种推论还不算是太过刻画的呐。道家在这种精神状态支配之下，于是便有极端的清静无为之论，知止知足一论，绝圣弃知，抑衡剖斗一切反人治、反法治之论，到此，唯本论的三种弊病也就完全具备了。

儒家的唯本论大概是从道家承继而来。说报本反始，报本论中固然有儒家自己的成分在内，但反始却完全是道家的气味；说报本，还有当时、此地、与自我的立场，说反始，这立场就完全放弃了。后世比较严格的儒者未尝不斥黄、老为异端，但是黄、老的伏流在儒家的发展里，可以说始终没有干涸过，并且这伏流事实上也并不很伏，遇到儒家势力盛极而衰的时候，它往往有取而代之之势，例如汉代初年及两晋六朝。这种更迭取代的局势也是在意料之中的；一种伏流总有呈露出来而成为明流的时候，是一点；根据文质相胜的自然趋势，儒家文胜之弊不能不靠道家来补救，又是一点。不过，无论两家如何更迭取代，也无论两家在别的方面上如何各不相谋，至少在唯本论上，两家既有师承的关系于前，又有此推彼挽协力维持的关系于后，可见是始终一致的。这便是唯本论的由来与所由维持的一个初步的解释了。

不过话得说回来做个结束。要是旧日的弊病在唯本舍末，今日的弊病似乎在忘本逐末。革命的哲学，要是走上极端，一定是一个忘本的哲学。维新与太过于讲"把握现在"的一番理论，也是。前几年苏俄学校里不读历史，一口咬定民族的以前种种，譬如昨日死，最好是一笔抹杀。二三十年来中国的教育，有能力把农工子弟从乡村里吸引出来，却无方法把他们送回乡村里去，从而改造农村，重新奠定国家的经济与社会的基础。科学的发展，产生了无限量的力，原是何等有利的事，但从国际的战争里，以及机械工业的种种弊害里，我们发现这种力已经成为草菅人命的最大的工具，并且已经大到一个程度，教产生它出来的人无法控制。老道士召鬼，原准备教鬼当差的，但不期鬼来得太多了，来势又太凶猛了，以致老道士指挥不灵，斥退不去，弄得竭汗淋漓，进退不得；科学与机械主义下的今日的人类正复类是。这些，都是一些忘本逐末或本末倒置的现象；"尾大不掉，末大必折"，及今不图挽救，整个的民族与人类迟早会走上危亡的路。

本文的结论在上文里已经隐含着，可以无须多说。感伤主义不用说是应该加以制裁的，任何感伤主义应受制裁，固不仅对待"本"的一种为然，汉代的杨恽说：君父至尊亲，送其终也，有时而既。真正知礼的儒家也教我们不以丧亲之故而伤生灭性。我们已往的文化，是无疑的带有几分伤生灭性的意味的。这一点应当改。感伤主义既去，我们对本的态度才能够逐渐的理智化，而一切形上形下的客观的学问才有发展的希望。近代西洋人治学的方法里，亟称"渊源的方法"（genetic method）的重要，许多天人物理的学问造诣就从应用这方法后得来；所谓渊源的方法还不就是寻本的方法么？本末的应当兼顾，与夫本的不应当执一不变，是更显而易见的一些结论，无须再事赘言的。

论"对民族行其大孝"

我记不清在那一篇近人的作品里读到两句话：对国家尽其至忠，对民族行其大孝。前一句的来历很老，我们搁过不提，后一句却是旧花翻成新样。听了十多年的不着边际的关于民族的议论以后，觉得只有这一句是真正"够味"的。我不知道这两句话的作者是谁，也没有机会读到比这两句更多的话；原作者对于后一句也许早就有过发挥，而孤陋的我没有能注意到。无论如何，咀嚼一件够味的东西是一种尽人而有的权利。

"对民族行其大孝"这句话可以有两种解释。第一是我们原有的关于孝道的教训里，本来有不少的民族的涵义，或者说，有一部分的话，虽没有提到民族这个名词，甚至于始终没有拿民族做过对象，而实行起来的结果，势必影响到民族的福利与健康。例如"不孝有三，无后为大"两句话，当初说的人和行的人并没有想到民族身上，他们的智识与眼光也不容他们想到；他们的对象只是家族，并且起初还是贵族的家族。不过，各个家族实行有后主义的结果，终于把民族全部的生命维持到了现在。从生物学的立场看，民族总是一个家族的总和，对家族根本有利的事，对民族决不会有害；所以，家族的部分的"有后"终于保障了民族的全部的"有后"。凡是对家族实行过"有后"主义的人也就是无意中对民族行过孝道的人；至于此种孝行的实际的大小，甚至于此种孝行究属是贤明的呢，还不过是一种愚孝呢，那就得看他所留的"后"，在质与量上，是属于那一等了。

我们原有的孝道的教训里又包括所谓继志述事的一点。孝者，善继人之志，善述人之事者也。这种孝并且是叫做达孝。达孝就是大孝；除了武王、周公以外，历史上做到达孝的没有几个人。继志述事的孝，比上文所述的有后的孝，当然是更进一步；它不仅主张单纯的"有后"，而坚持有意义与有价值的"有后"，即此种"有后"须发生教化的效能。此对民族的涵义更属显然。在继志述事的"有后主义"的要求之下，一个家族不能再说，有子万事足，还得注意，这子是怎样的子，他有没有能力接受继志述事的训练，而发为继志述事的功绩。假定每一个家族能注意到这一点，即每一个家族能有健全优秀、才能丰厚的后辈，试问一个民族，于维持生命而外，能不蒙更大的福利么？

上面两段话，前段指血统的有后，后段指道统的有后。血统与道统是我们民族文化里最基本的两个观念。在以前科举时代，"功名"成遂的人要印发一种墨卷或硃卷，在这卷子里面，直接使一个人成功的几篇八股文章实在只占得寥寥的几叶，其余的大半本是什么呢？是包括他的血统与道统的所谓履历。履历分两部分，一是家谱，二是师承。家谱的缩本代表血统。从庭训起，经过受业师、问业师以至于受知师，代表道统。这办法对么？很对。八股文章写得好，好像是他本人的能力，但总得归功于血统的遗传与道统的教育。从这一类的习惯里，我们可以看出，孝道所养成的有后的信仰或统系的观念很早就从家族的范围里伸张出来，而影响到了民族文化的全部。我们还可以看出，我们最初也希望着，血统与道统最好是一回事，即，每一个血统在教化上能奕世不断的有些贡献，而多少成为一个道统，像文、武、周公的先例一般。这在事实上是不容易做到的；不过在我们一部分的人文宗教里，例如衍圣公的世袭罔替，我们始终保持着这种希望。

上文说的是"对民族行其大孝"的第一个解释。再约言之，即孝道中原来就有很大的民族的涵义。第二个解释是属于充论或比论性质的。即，由家族主义之孝扩充而为民族主义之孝；或者说，孝道不可废，而对象不能不改，而最适宜的是以民族的对象替代家族。两个解释之中，我想发为"对民族行其大孝"的议论的人是着眼在这第二个的。这第二个解释当然也有它的价值，容就下列的图表加以讨论。

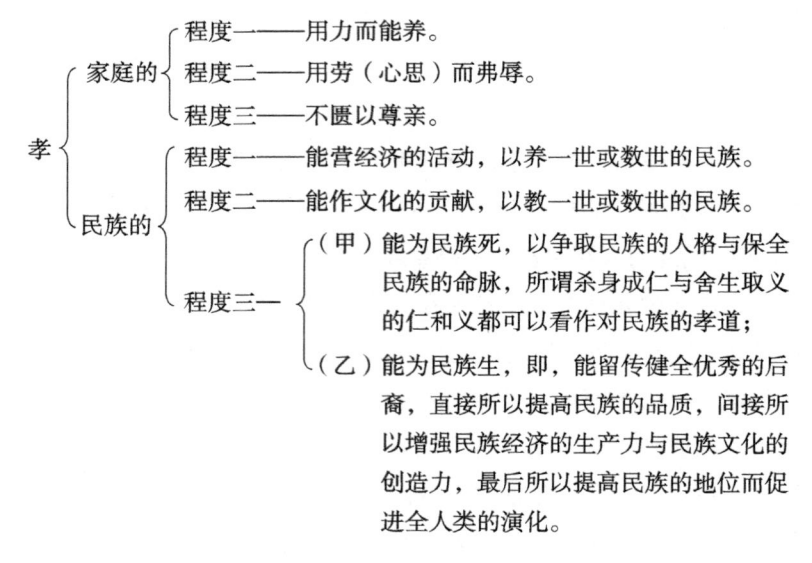

孝
- 家庭的
  - 程度一——用力而能养。
  - 程度二——用劳（心思）而弗辱。
  - 程度三——不匮以尊亲。
- 民族的
  - 程度一——能营经济的活动，以养一世或数世的民族。
  - 程度二——能作文化的贡献，以教一世或数世的民族。
  - 程度三
    - （甲）能为民族死，以争取民族的人格与保全民族的命脉，所谓杀身成仁与舍生取义的仁和义都可以看作对民族的孝道；
    - （乙）能为民族生，即，能留传健全优秀的后裔，直接所以提高民族的品质，间接所以增强民族经济的生产力与民族文化的创造力，最后所以提高民族的地位而促进全人类的演化。

家族主义下的孝道有三种程度，是我们早就了解的。《礼经·祭义》说："孝有三，小孝用力，中孝用劳，大孝不匮；思慈爱忘劳，可谓用力矣，尊仁安义，可谓用劳矣，博施备物，可谓不匮矣"。又引曾子的话说:"孝有三,大孝尊亲,其次弗辱,其下能养"。孟子说,"不孝有三,无后为大";赵《注》说,"阿意曲从,陷亲不义,一不孝也,家穷亲老,不为禄仕,二不孝也,不娶无子,绝先祖祀,三不孝也"。上图中的三种程度的写法是根据《祭义》中那两段文字来的,但同时也参照到《孟子》与赵氏的《注》。赵《注》里的三不孝本来没有什么大小轻重的次序,孟子也只下得一句无后为大的断语,对其余两种不孝根本没有提到;所以假若我们自动的把赵《注》所引一二两不孝的位置对换一下,则所得大小轻重的次序,便和《祭义》上所列的,在精神上完全一致。不为禄仕,即不肯用力,无以为养,属第一程度;陷亲不义,即不能用劳,而辱及其亲,属第二程度;不娶无子,斩绝血胤,自然谈不上尊亲与不匮的最高的孝道的表示,属第三程度。

民族的孝道上的三种程度是完全从上文扩充出来的。第一程度只限于经济的活动,相当于父母的侍养。一个普通的民族分子,即一个寻常的公民,努力了一生,不但解决了一己的经济生活问题,并且还有几分余力来养活一家人口;朋友或公家,在必要时,也居然可以得到他的援助——这样一个人,也不能不算是民族的一个小小的孝子了。近代西洋人论公民价值(civic worth),也承认这是最低限度的公民价值。第二程度进而包括文化的贡献,相当于"事父母几谏"而能纳父母于仁义的大道。一个智能在中上的人,于个人生计与家计之外,在文化的任何方面,能有所祖述,甚而至于有所发明,不但惠及当时,并且泽流后世——这样一个民族分子,可以看做第二等的民族孝子,但还不是最高的一等。

最高的一等,即第三个程度,有两部分:第一部分(甲)是为民族争取人格与保全命脉而至于杀身的一种孝道。这在家族方面不容易找到相当的比象。表面上最近似的是割股和哀毁至于伤身灭性一类的孝行。但这是以前贤明的论孝的人所不赞成的，因为它实际上和孝的最高与最后标准，即有后的标准，相冲突。也许，因为复父母仇而引起的死伤差可比拟，但贤明的法治论者对此也有异议。可见比论是有时而穷的。不过在民族方面，这种孝行是万分重要的。我们目前，因为抗战的关系，正有不少的民族分子在行着这种大孝；我们自有史以来，这种孝行的表示虽多，但总要推这一次的规模为最大；尤其可以注意的是，行这种大孝的人，将来在青史上，大多数不会留什么名字，他们但知道尽孝而已，名字的传不传不在计虑之内。

第二部分（乙）相当于家族的有后主义是最显而易见的。不过，论民族的孝道，到这最高的程度时，我们从事的实在已经不止是一种充论，更不止是一种比论，所谓"相当"的说法实在已经不适用。民族的有后主义，实际上就是家族的有后主义。从今以后，家族在讲求"有后"的时候，应当把眼光放得更大，把前途休戚利害的关系看得更清楚，固然不错，但结果总是一样的，为家族孕育良好的家族分子，也就是为民族增添健全的民族分子；"国之本在家"的一句老话，我们没有法子放弃。讲到这里，我们的话事实上又回到了上文的第一个解释。

不过健全的民族分子的增加，本身不是一个目的，而是一个手段。这种民族分子的增加，就等于民族一般品质的提高，也就等于民族经济生产力与文化创造力的扩大。能力扩大，事功加多，直接可以抬高民族的地位，间接可望对全人类的演化，有所贡献。这才是最后的目的。中国民族，在家族制度之下，固然曾经大讲其富有民族涵义的有后主义，但事实上我们做到的，只不过是一个维持命脉的"有后",而不是一个有能力足以继志述事的"有后",更谈不到显扬光大的"有后"。说得更不中听些,这种消极的有后主义只好算做一种苟延喘息的主义罢了。就祖先崇拜的一点说,这"延喘主义"也就是"香烟主义";喘息的气与炉烟的香烟都是经不起多大风力的。

如今我们讲求"对民族行其大孝",对这种消极的有后主义,当然必须加以纠正。我们为各个家族计,为整个民族计,我们所求的不止是一个命脉的维持,而是元气的保障;不止是世代之间的相肖,而是强爷胜祖,跨灶乘龙。我们期望着,民族的生命延长一代,民族的品质也迈进一代。只有民族品质的继长增高,才可以把我们从因循苟且的旧辙里搭救出来,才可以教我们重新讲求继志述事与显扬光大的大业。民族的地位,到此才可望真正的提高,也到此我们才可望对其它民族以及人类的演进,有所贡献;反过来也可以说,也惟有这种贡献才可以维持民族的地位于不替。《诗经》说:"孝子不匮,永锡尔类";不匮,《祭义》的解释是博施济众,类,从民族的立场看,就是人类,以至于一切的有生之伦;我们若不做到这不匮的境界,我们对民族所行的孝道,还不能算作大孝或达孝。

这些全是解释上文那张图的话。解释过了,我们不妨再进一步提一提民族的孝道在民族教育与民族道德里应有的地位。这里,我们又可以适用充论与比论的方法了。以前我们讲家族的孝道,承认"众之本教曰孝"(《祭义》),承认"孝,礼之始也"(《左传》文公),承认"孝,德之本也,教之所由生也"(《孝经》)。总之,孝是家族制度下教育的基础。这些,我们如今讲求民族的孝道时,当然可以完全沿用。以前孝是最高的德操,它是一切德操的代表，甚至于我们可以说孝即道德，道德即孝。《祭义》上又有两段话最足以表示这种精神，不能不引。"众之本教曰孝"一语的下文说："仁者仁此者也，礼者履此者也，义者宜此者也，信者信此者也，强者强此者也，乐自顺此生，刑自反此作。"这不等于说孝就是道德么？"居处不庄，非孝也，事君不忠，非孝也，莅官不敬，非孝也，朋友不信，非孝也，战陈无勇，非孝也；五者不遂，灾及于亲，敢不敬乎？"这不等于说道德就是孝么？孝是一切道德的折衷，这一点，以前仅仅适用于祖宗父母的，我们如今当然可转移过来，以适用于民族。总之，孝在民族教育与民族道德里，依然应当处一个中心与重心的地位。

民族的孝的教育和家族的孝的教育一样，也是应当因人制宜的。《孝经》论孝，对各种的人有各种不同的说法，孔子答复弟子问孝，几乎人各一说，单单《论语》的《为政》一篇里就有五六种各别的答法。根据上文孝有三种程度的议论，民族迟早总有一天会对一部分的民族分子说，你们最好把三种程度都给做到了；对另一部分说，你们若做第一与第三程度，或第二与第三程度，效率便比较大，其余一个程度，要是能力上不能兼顾，无须勉强；对又一部分说，你们也许有一点能力在第一或第二程度上为民族稍尽绵薄，但因为你们内在的血统很有几分不健全，那第三程度"非尔所及"，无须尝试；对还有一个第四部分说，你们在第一程度上，既须完全依赖其它的民族分子，在第二程度上，又连学习的能力都没有，无论建树，你们对第三个程度，就万万尝试不得；总之，你们各有各的孝道，各人能分别照上文所叮咛的做去，各人就算都已尽了他的孝道；对不接受这种叮咛的人，对借了行孝之名，而逞其私欲之实的民族分子，自然是国有常刑，决不宽贷。

我们想象中的民族的孝的教育大概是这样一个轮廓。

不过"讲"大孝尽管以民族做对象，"行"大孝总得以家族做单位，所以话就又说回来了。我们应当知道，撇开了家族而实行民族的孝道，我们最多只能做到第一与第二个程度。对民族的生事死祭，是没有问题的，所谓死祭，指的是到黄帝陵上扫墓和替无名的民族英雄建立衣冠冢之类。这一类慎终追远的排场固然有它的地位，但若实行了一年一度的所谓民族扫墓，便算尽了孝道的能事，那是要成话柄的。也有人以为只要我对民族的文化有贡献，只要有大发明、大见解，可以惠及当时，庆流后世，尤其是庆流后世，我对我的民族就算已经尽孝；独身主义的学问家原是不大过问这个问题的，但若你逼他说话，他大概会给你这样一个近乎解嘲的答复；近代又有许多受过高等教育的女子，往往以办理社会服务工作，尤其是保护与教育儿童一类的工作，来掩护她们的独身主义，说，这也未尝不是一种对民族的贡献，也未尝不是一种行孝的方式。对这一类的学问家与女子教育家，我们当然不敢说他们不孝或不肖，但我们始终以为他们所行的，最多不过是第二程度的孝道，而不是大孝。他们应当了解，以前希腊民族也出过不少的学问家，罗马民族在后半叶里也出过不少的妇女工作家；他们在文化上的惠泽，一直流到今日的后世，但这后世中间，尚有几许希腊、罗马民族的气息，却是一大问题了。换言之，仅仅做到了第二程度的孝，也无论做得怎样好，并不能阻挡与挽救民族的沦亡。道统尽管有人维持，却无补于血统的万劫不复。武王、周公的所以称为达孝，我们先民之所以认为血统与道统最好不分，可见是有极重大的理由的。达就是通，道统与血统共通，所以叫做达。

要实行第三程度的孝,即行民族的孝道要行到家,还得从家族的单位做起,还得从缔结健全的婚姻与产生健全的子女做起。这些都是每一个健全的民族分子的责任,须脚踏实地的做去,方有效果,决不是一个原则的"嚷嚷"所能了结的。以前我们讲家族的孝,把婚姻看作极端重要,叫它做"大昏",认为它是"万世之嗣"之所系,有不容不谨慎将事者。我们对生男育女的事也作同样的看待。《礼经》上说,"子也者,亲之后也,敢不敬与"。能敬,才能产生健全的子女,一个人了解了这一类民族文化中原有的教训与习惯,再参以近代这一方面的比较成熟的学说,从而估量他个人的健全与智能的程度对民族究能作何等的贡献,再从而对于他的婚姻与家庭生活,作一个适当的安排,深知有后主义的责任重大,既不轻易接受,也不任情放弃——对这样一个人,我们才足以语于"对民族行其大孝"。

演化论与几个当代的问题

严几道先生把赫胥黎的《天演论》翻译成中文以后，中国的文字里算是多了一套新的名词，中国人替子弟或替自己起名字的时候也算是多了一些拣选。天演、物竞天择、适者生存一类的名词，从此不但在新式些的文字里随时可以发见，并且在新人物的名字里可以找到。四十年来，《天演论》对中国思想的贡献，似乎不过尔尔，就是，在胡适之先生所称的"名教"里增添了一部分势力罢了；"物竞天择，适者生存"和"礼义廉耻，国之四维"或"忠孝仁爱，信义和平"等等一样，终于升衬到了名教的两庑里去。

这倒不能专怪中国人不长进。演化论在西洋也有同样的幸运。尽管有赫胥黎一类的人替它发挥，甚至于替它狂吠（赫氏自称为演化论的矮脚狗，好比郑板桥自称为徐青藤门下的走狗一般）；尽管有人把它和当代的社会思想社会问题联系起来，写成不知有多少种的专书，结果，演化论还不过是生物学家的一个家珍，并且，在他也不过是间或拿出来展览一下、把玩一番罢了。

演化思想对实际的社会思想和社会问题没有发生很大的影响，可以说是一种很不幸的现象。目前有许多的思想以至于生活上的问题是由于不了解或误解演化论而发生的。我们一面含糊的承认我们自己——人类与人类的社会文化——是演化的产物，而对于

273

演化所循的若干法则，却始终取不求甚解的态度，或取得一知半解而以为已足；甚或自作聪明的加以曲解；许多问题就从这不求甚解、一知半解与曲解中来。仅仅演化论的若干名词，借来装点门面，倒还不至于引起什么严重的问题。

演化论有若干基本的原则和概念，我们到现在还没有充分的了解与接受。什么叫演化，尤其是有机演化，恐怕除了生物学者以外，很多人就没有认识清楚。自然演化要是有目的的话，这目的我们叫做位育（以前译作适应或顺应）；这位育的概念又是很多人所不求甚解的。演化的几个重要成因，如变异，如遗传，如选择或淘汰，尽管是我们日常生活的一部分，尽管和我们自身有切肤的关系，又有多少人在追求它们的社会与民族的意义？淘汰二字，久已成为一个口头禅语，但它的最大的用处，往往是在某一个球队把另一个球队打败之后！有机演化的单位或基体是种族，但事实上了解什么叫做种族的人，比高谈种族主义或根据了种族的成见做许多坏事的人，要少得多。个体的发育，从一个比较原始的东西变成一个有许多功能的东西，种族的演变，由少数的种族成为许多的种族，是由于分化与专化的原则；但专化而达于极端，会教个体或种族走上死亡的路径，明白这一点的人也不多。

严先生译的《天演论》一名词原是很好的，天字固然把演化的范围限于自然一方面，有不合用的地方；但演字是不错的。到了后来，不知如何我们偏要拾取日本人的牙慧，通用起"进化论"的名词来。就从这译名里，我们就可以知道我们并没有懂演化的现象。赫胥黎在《天演论》一文的注脚里说得很清楚，演化是无所谓进退的，一定要加以进退的判断的话，也是有进有退的。许多寄生生物就可以说是退化的结果。古往今来，由进而退，由退而亡的物种已经不知有过多少，最近地质调查所在云南禄丰发见的龙类岂不就是一例？人自以为万物之灵，操一部分造化之权，但零星的退化，已属数见不鲜，而整个的退化以至靡有孑遗也并非不可能之事。早就有人推测过，人类一旦寂灭，继起操生物界霸权的大概是昆虫。最近更有人（霍尔登 J. B. S. Haldane）说，也许是老鼠。

西洋社会思想界原有一派进步的学说，以为宇宙间的一切自然会逐渐改良，到一个至善的境界。要是十七八世纪以前的西洋基督教社会是"靠天吃饭"的话，十七八世纪以后的西洋社会就"靠进步吃饭"了。比较后出的演化论，在不求甚解的西洋人眼光里，也就等于一种进步论，甚至于就是进步论。进步论也很早的就到东方来，在没有方法求甚解的当时的东方人，就更自然的把两种东西混而为一，于是乎就产生了"进化论"。我们如今追溯"进化"这译名的由来，大概是如此。

更有不幸的，一部分西洋人所见与大部分中国人所见的"进化"，又是严格的演化论者所不承认的所谓定向演化或单线直系演化。演化既不一定有进无退，当然谈不上什么可以指认的方向，也就不是一条直线所能代表。古生物学者发见马蹄原有五个，后来经过了几个递减的"阶段"而终于到达所谓"奇蹄"的"现阶段"，于是一小部分的生物学者就以为一般的有机演化就取这个有目的、有规律的方式，于是采用演化学说不久的社会学者与文化学者也一拥而上，以为超有机的社会与文化演化也一定取这种既有意义而又省便的方式。社会演化论者正在不得其门而入或自以为升堂矣而未入于室的时候，得此一块敲门砖，岂有不充分利用之理？于是"时期"论呀！"演程"论呀！"阶段"论呀！"动向"

论呀！更变本加厉的发达起来。我说变本加厉，因为社会学说方面，自从孔德以来，早就喜欢讲分期的演进，到此更不免随风而靡罢了。这一股风在今日的中国就吹得很有劲。那些开口阶段闭口动向的，无论矣；就是不用这一类名词的人心目中所见的社会演化，无疑的是进步的，是一条比较直线的，是线上有些分段的记号的；不是一条直线，怎会见得它有方向？段落不分明，又何以见得它在那里动？譬如说家庭吧，他会告诉你这直线与"阶段"是从大家庭到小家庭，从小家庭到无家庭；讲婚姻，从父母之命媒妁之言的婚姻到完全自主的婚姻，从完全自主的一夫一妻婚制到不拘形式的自由结合与自由离异。事实是不是这样，会不会这样，当然是又一问题。大抵侈言时代潮流与以为潮流不可违拗的人，或歌颂时代的巨轮如何转动如何迈进的人都是这一派"进化论"的善男信女。

这一类对于演化基本概念的误解，当然会引起许多弊病，最大的一个是减少人类自觉的努力。上文说过以前有人靠天吃饭，后来有人靠进步吃饭，如今更有人靠进化吃饭。靠有动向有阶段的进化吃饭。时代有不同，靠山有不同，而其为有靠山则一，既有靠山，又何须努力？要演化成为进化，在操一部分造化之权的人类，本非完全不可能，但总要人类自觉的自主的自动的提目标出来，下功夫进去，才行。假若说，社会演化的过程，开头的步骤这样了，后来的步骤与将来的结果便非那样不可，生产的方式既如此如此于前，一切所谓意识形态便非这般这般于后不可，人类在表面上虽像是生产方式与意识形态的创造者，事实上也只好任它摆布。潮流可以把他击倒，时代的巨轮可以把他压成肉饼，他也唯有逆来顺受。试问，这样一派进化的人生展望和靠天吃饭时代的命运主义，在形式上尽管不同，在精神上有何分别？这种进化观念要再维持下去，迟早会像命运主义一样，教人类努力与努力的意志，由麻痹而瘫痪，由瘫痪而消灭。

位育是演化论里最重要的一个概念，也是中国旧有思想里很重要的一部分。《中庸》上有"天地位焉，万物育焉"的话，注脚里说，安所遂生叫做位育，《易经》的哲学里，最基本的一个概念是位；一部《左传》里有过不少次关于土宜的话。我们以往的错误，也许是过于重视了静的位，而忽略了动的育。如今演化论的思想，一面固然可以和位育的思想联系起来，一面更可以补正以前的错误与不足。

位育是一切有机与超有机物体的企求。位育是两方面的事，环境是一事，物体又是一事，位育就等于二事间的一个协调。世间没有能把环境完全征服的物体，也没有完全迁就环境的物体，所以结果总是一个协调，不过彼此让步的境地有大小罢了。以前把位育叫做适应，毛病就在太过含有物体迁就环境的意思；而根据了适应的概念想来解决问题的人，所见便不健全，所提的解决办法，也就不适当。我们不妨举个例吧。海禁开放以来的中国问题可以说是一大个位育的问题。中国是一个有机与超有机的集体，而其环境是十九世纪以来竞争角逐的国际局势。中国怎样才能和这局势成立协调，因而维持它的国家与民族的身份，再进而得到更丰富的生命；前者是位，而后者便是育了。在努力寻求位育的过程中，许多朋友曾经在文化方面提出过不少的意见，并且还引起了不止一番的论战。有主张全盘西化的，有主张所谓本位论的，也有主张择善节取的，而节取论者之中也有若干不同的见解。假若大家对于位育的概念有一个共通的了解的话，我相信这论战里有一大部分的话是不必说的，或大家只须讨论，而无须乎论战。

西化如何接受，在细节目上尽管有许多疑难之点，在原则上，是应当不成大问题的。第一我们要了解中国所以为物体的特质是些什么；第二要了解世界所以为环境的特质又是一些什么。所谓物体的特质，指中国民族与文化的一切现状与所造成此种现状的生物与史地因缘。在这一点上，本位论者的主张里，有一部分是很对的，他们所忽略的是民族品性的一点。同样的，所谓环境的特质，指的大部分是西洋各民族文化的一切现状与造诣与所以有此现状与造诣的生物与史地因缘。主张西化与努力于西化的人也许对于西化的现状与造诣有很广的认识，但对于西化的生物史地因缘往往未必有充分的了解。明白了物体的特质，才知道什么是土宜，什么是非土宜；明白了环境的特质，才知道如何下手节取；要所节取的合乎土宜，或与土宜不太相违反，才真正可以收位育的效果，否则徒然增添生活的纷扰而已。百年的中国历史，大部分就是这样一个纷扰的历史，切实的位育尚有待于我们的努力。

关于演化的几个成因，如变异、遗传、淘汰，我不预备多说，多说了怕不免琐碎。不过我们不妨举俄国做一个例，以示不了解这几个演化的成因会产生什么不良的影响。苏俄在斯大林派统治之下，是绝对主张思想统一的；主张思想统一而实行思想的统制，就等于不容许变异品性的存在与发展。主张思想统一与实行思想统制到一个绝对的程度，就必然的要发生淘汰的作用；层出不穷的清党运动便是这作用的具体表现了。尼采说过，古来真正的基督教徒只有一个，而这空前绝后的一个不幸被人在十字架上钉死了。论者以为真正能服膺斯大林一派的社会主义的，也只有一个，就是斯大林自己，而清党运动非清剩斯氏一人，决不足与言思想的真正统一；真是慨乎言之！苏俄历届清党的结果，总算把一时的秩序维持住了；但俄国民族前途的品质如何，其产生人才的能力如何，斯氏一旦而死，前途继起何人，其所已成就的建设事业，究能维持如何久远——想到这些问题，我们就不免替他们寒心了。无论一个民族如何健全，其元气如何磅礴，经过清党一类有组织的淘汰作用以后，是不会不吃亏的，不过短见的人在目前还看不见罢了。

苏俄的社会思想系统也是不大承认遗传的原则的；他们很希望后天获得性可以遗传，而上一代环境影响的良好可以表现为下一代遗传品性的良好。十多年前有一位奥国的生物学家卡默瑞尔（Paul Kammerer）用试验的方法证明获得性可以遗传，苏俄闻讯之下，便用重金把他聘去，要他在这一点上做些规模更大而更切于人类生活的试验；不幸这位生物学家最初的试验便是假的，在被人发觉以后，他便跑到山上用手枪自杀了，而这惨剧的发生就在莫斯科的聘书寄到不久以后！在差不多的时候，俄国的科学界，在巴夫洛夫（Ivan Pavlov）的大名之下，发表了一个试验的结果，证明交替反射作用是可以遗传的；这发见正在哄传的时候，巴夫洛夫又突然告诉别人，说全部试验是一个错误。当时究竟是怎么一回事，谁都不知道，旁人的推测是：试验与试验结果的发表是政府统治的，错误的承认是巴氏一人的私意。诸如此类曲解演化原则来迁就一种主义的勾当，在近代是数见不鲜的；曲解的人心劳日拙，固然不足惜，但社会思想将因此而更不容易走上正确的路，社会生活将因此而更无清明之望，却总是可以教人扼腕的。

种族的概念的不了解或曲解也曾引起不少的问题。种字可以有两个意义，一是生物分类学的，它的对象是分类的种，它所研究的是种与种之间的品性异同与血缘远近，研究品性异同时也只预备把异同之点指陈出来，并不加以优劣高下的判断。第二个意义是育种学的或民族卫生学的；它的对象是血系或血统；因为其间要行选择，所以在两个不同的血系之间，便不能不作优劣高下的比较，而说，甲的种好，乙的种坏。这两个不同的血系也许属于同一的上文所谓分类的种族，也许属于几个不同的分类的种族所混合而成的人口或民族。这两个意义的分别是很重要的。四五十年来所谓种族武断派的思想与行事，往往可以到一个很乖谬的程度，就是因为不了解这个分别；就是平心静气研究种族问题的人也十九没有把这分别弄清楚。

近年来德国希特勒与纳粹派的排犹政策便建筑在此种错误的种族概念之上，也就是武断派思想的必然的一个产果。日耳曼人和犹太人都不成为分类的种族，任何一方都是许多种族（这里的种已属假借，严格言之，今日的人类只是一种）混合而成，而日耳曼人与犹太人之间，自身又发生过不少的混合作用。不论德、犹二民族自身的混合程度如何，双方一样的有许多不同的血系，而这些血系一样的有优劣高下之分，是无疑的。纳粹党的武断政策便不采取这种看法，一口咬定日耳曼人是优等种族，而犹太人是劣等种族，从而对后者加以压迫驱逐。纳粹党把这主客的两类人看做两个种族，是第一个错；在二者之间，作笼统的优劣判断，是第二个错；根据这判断而实行一种武断与抹杀的政策，是第三个错。而这三个错误全都从不了解或曲解了种族的概念而来。从我们第三者看来，犹太人中有很好的血系，是无待多说的，而日耳曼人有很坏的血系，至少在德国同时推行的绝育政策里，我们也已经找到了证据。

分化与专化的道理也是同样的没有被人领会与合理的运用。相当的分化与专化是不可少的，个体的发育与种族的演成都要靠它。西文里的种字与专字同出一源，亦见一派生物非相当的专化不能成一个特种。不过分化与专化都有一个限度，这限度又取两种方式。一是在全部之内，局部虽走上分化与专化的路径，而至少总有很小的另一局部是保留着比较原始甚至于很原始的状态的；就个体论，最显而易见的是精质与体质的分别。分化与专化为的是教生命可以化为高明博厚，而比较原始的状态是所以维持生命的悠久，两者都是少不得的。二是分化与专化的那部分，在分化与专化的时候，也得有一个止境。人的前肢专化而为手臂，手的大拇指专化而能与其它四指相对，从此对生活多了一重把握，这当然是一个进境，但五指的格局始终保持着两栖类以来的原始状态，没有像鸟的变为翅膀，马的变为奇蹄，高飞远走以外，别无用处。鸟与马还算是有幸运的例子。有生以来，因专化趋于极端而亡族灭种的物类便不知有过多少。分化与专化所以成种，亦所以灭种，犹之乎水所以载舟，亦所以覆舟，也未始不是演化论的一个很大的教训。

但这教训我们并没有接受。这从近来学术与教育的趋势里最可以看出来。学术分门类，是对的，分得太细，太分明，以致彼此不能通问，以致和生活过于不相衔接，不相联络，便有走极端的危险了。英国人文思想者席勒（F. C. S. Schiller）说，一门学问最大的仇敌，就是这门学问的教授，因为他走的路是"牛角尖"的路，越走越不通；可见一门学问过于专化的结果，且与本门学问不利，一般人生的福利可以不必说了。中国以前也有"虽小道必有可观，致远恐泥，君子不为"的说法，小道二字是不适当的，但致远恐泥的戒惧心理是对的。我们现在常说敌人越是深入，越不免踏进泥淖里去；要知在中外学术界里，这一类陷入泥淖的人正也不少咧。说到这里，我们就会联想到上文所提的专化限度的第二个说法。

教育要养成专家，在分化专化的原则之下，也是很不错的；但若以为教育只须培植专家，那危险也就非常之大。美国大使詹森的为人，我不很知道。但有一次他在这一点上说过几句很有趣的话，他说，专家是最可以坏事的一种人，在他的本行里说话行事，他是一个十分小心谨慎，步步循规蹈矩的人，但一出他的本行，他就像放了假一般，说话行事可以全不检点。这一番话当然并不适用于一切专家，但确乎适用于很多的专家；其不适用的也许根本并不是十足的专家，而他们所受的教育，于专门而外，确也能兼顾到其他的生活方面。以前讲文质彬彬，然后君子；教育的内容尽管变动，文质兼顾的原则，恐怕还是不能废止的，就个人的教育论，他所以为专家的一部分，可以当于文，而专家以外一切应事接物之道，可以当于质。应事接物之道，往往不因时地的不同而有很大的变迁，所以可以说是比较质朴的一方面，也是比较经常的一方面，也就是上文所说比较原始的一方面。个人教育宜乎文质兼顾，国家民族的文化当然也宜乎如此了。我们目前的十分重视专家，说是一种反动，一种矫枉的举措则可，说是一个完全合乎常理的看法则不可。说到这里，我们就会联想到上文所提专化应有的限度的第一个说法。

有机演化论的原则不止上文所缕述的几条，因不了解演化原则而引起的思想与生活问题，当然更不止上文所拉杂提出的几个。不过演化论的种种精义，就在达尔文《物种起源》一书出版已满八十年的今日，还很有推广与仔细认识的必要，上文的一番讨论我想是够教我们明白的了。美国有几个大学里，演化论是各院系学生必修的学程，并且是一年级生入学后就得肄习的一个学程。我想这办法不妨推广，而成为各国大学课程里应有与必有的一部分；只是教学习社会科学的人读一门普通的生物学，像目前国内的大学所已经做到的，是不够的。同时，我还有一个希望，就是生物学家肯留出一部分在实验室里研究的余闲来，对不专学生物学的人，甚至于不做什么特别学问的人，多讲述一些生物与演化的原理，让大家知道生物学与演化论对于文明人类的贡献，并不限于农林、畜牧、医药、卫生、育种优生一类的应用艺术而止，而是可以深入一切社会生活的滕理的。我们需要许许多多的像赫胥黎一般的矮脚狗，来替演化论叫喊。

明伦新说

中国到处有文庙,而文庙中必有明伦堂。革新以来,各地方的明伦堂既已改充别的用处,例如民众教育馆或民众礼堂之类,而明伦两个字所代表的民族理想也就束诸高阁,无人道及。最近的几年里,似乎表面上很有些人想把孔老夫子抬出来,到了八月二十七日,尽管阴阳历不分,我们的一支笔一张嘴总要忙一阵;发动了六周年的新生活运动也很想把孔门留传下来的一部分的道德观念重新装点起来,使在大众的日常生活里发生一些效果;但是孔门遗教里画龙点睛的明伦观念却似乎始终没有人垂青过。这是很可以诧异的。

其实伦字是最有趣的一个字,比忠孝仁爱信义和平一类的字要有趣得多。第一,它比这一类的字要具体而不抽象,从下文的讨论里,我们可以知伦字所指的东西是很清楚的,一点也不含糊,但仁指什么,义指什么,忠指什么,孝指什么,……各家的说法就很不一样,甚至于孔老夫子自己对徒弟们的说法往往看人打发,不一其辞。第二,伦字比所谓八德一类的字要来得概括,它实际上可以网罗它们以及其它许多代表德行的字;我们若真能"明伦",我们对这一类的德行也就自然认识,并且可以认识得更清楚。

伦字实在有两种意义,而这两种意义的产生似乎有些先后。第一义,也是比较先出的一义,是类别,是条理。这从字源上可以看出来。凡是从仑字的字，如伦、论、沦、纶，多少都有类别条理的意思，而到了从手的抡字，更进而有挑选的意思，而这些字又都是可以互相假借的。伦字所指的显而易见是人中间的类别与条理的现象。《礼记》说："拟人必于其伦。"《孟子》说："圣人人伦之至也"；而在另一处又说："圣人之于民亦类也，出于其类，拔乎其萃"；可见所谓"人伦之至"的伦所指也不外类别的一义。

伦字的第二义，或许也是比较后起的一义，是关系。因为人与人之间有种种分别：虽同是人类，而有老少、男女、贤不肖等等的歧异，可以归成若干小类，而彼此不能没有往来，于是便产生了关系的观念。所谓君臣、父子、夫妇、兄弟（或长幼）与朋友的五伦的伦显然属于这第二义。君臣的关系称大伦，似初见《论语》（《微子》），父子的关系称伦，初见《礼·祭统》；夫妇的关系称大伦，初见《孟子》，兄弟的关系称天伦，则初见《春秋谷梁传》。至于五伦之说，究始于何时，似乎很是一个问题。《王制》上说过"七教"，《礼运》上说过"十义"，《中庸》上说过"五达道"，《左传》上说过"六顺"，指的都是后世所称的伦常关系；而《祭统》上"十伦"之说，虽用到伦字，其中鬼神、爵赏、政事三伦所指却不像关系，甚至于不是人与人的关系。五伦或五常之说，我们普通总推到孟子身上，但孟子似乎始终没有用过"五伦"两个字，他只说道："契为司徒，教以人伦……"，接着又列举了君臣等五种关系罢了。总之，以伦字当关系看待，就逻辑论，应是比较后起的，而五伦的成说更是后来的发展。

明伦两字联缀在一起，亦初见《孟子》。孟子讨论到三代学校的功用，说："所以明人伦也，人伦明于上，小民亲于下"。后人的注把人伦解释做人事，我们在这里不妨认为所谓人事应该包括人的差别与人的关系在内,若把此种差别与关系撇开不论,也就没有多少人事可言了。

伦字的两种意义都是很有价值的。类别或差等的伦是具体而静的,要靠理智来辨认;关系的伦是抽象而动的,要靠情绪来体会与行为来表示。动的关系无疑的要用静的认识来做依据。长幼的关系以年龄与阅历不同的认识做依据;男女的关系以两性的分化与相须相成的认识做依据;君臣的关系或领袖与随从的关系则以德行厚薄才能大小的认识做依据。社会生活的健全靠分子之间关系的正常与各如其分,而关系的正常与各如其分则靠认识准确。近代人文科学所讲求的又何尝不是这种准确的认识与各如其分的关系的两大问题呢?差等的认识大部分是生物学与心理学范围以内的事,而所谓才能心理学一派尤其是注意到流品不齐的辨别;关系的研究是社会学范围以内的事,而所谓形式社会学一派尤其是关怀到这一部分的社会现象,甚至于认为只有这一部分的社会现象才是道地的社会学的研究的对象与题材。总之,近代人文生物学、心理学与社会学的工作,始终没有能离开"明伦"两字的范围是显而易见的。

回到伦字的两种意义在民族文化里的发展,我们可以发现有许多欠缺的地方。这两种意义的产生尽管有些先后,但一经产生之后,我们倒希望它们可以有并行与互相发明的演进。事实却很不如此。第一义的发展到汉代三国而渐盛,至两晋六朝而登峰造极,但一过唐代,便似乎销声匿迹了。班氏《汉书》里别列《古今人表》,把古今人区分为九品,区分得公允与否虽属另一问题,区分的尝试便有它的价值。东汉末,品评时人便已成为一种风气,专家的品评而外,更有地方的品评,而品评用的字眼与词气已成为一种艺术。黄初而后，一直到六朝末叶，九品中正的选举制度推行的结果，这伦字的第二义可以说是发展到一个顶点了；当时掌选政的人以及所谓"知人"的人都有所谓"藻鉴人伦"的本领。一部《世说新语》和它的《注》便全部是藻鉴工作的成绩。唐代还有一些这类的流风余韵，但后来便荡然无存了。到了近世，九品只剩得一个名目，在"未入流"的名目里居然还保留着一个流品的流字。至于做品鉴工作的人似乎只限于一些捧名角的戏迷与开花榜的嫖客；而以"藻鉴人伦"的招牌来号召的人只剩得街头巷尾的一两位相面先生！

到了最近，一半也是因为受了西洋平等哲学的影响，我们不但把伦字的第一义忘了，并且根本不愿意提到这第二义与人类差等的种种事实。即就教育与学校的领域来说（而学校，照孟子说，是所以明人伦的），在以前科举时代，考试后的发榜是第一件大事，写榜有专官，写好了，摆在特别预备的香案上，做考官的要祭，要拜，是何等的郑重！到了今日，许多大学是不发榜的，到了学期终了，只是把每门课程的分数公布出去，公布的时候是不拿成绩优劣做先后的；用学号的地方，并且根本不写学生的姓名，公告板上只看见一大串的号码和一大串的分数；这种办法，从学校预算的立场看，也许是相当的经济，但从明伦与为国家选拔真才的立场看，却是极不经济，劣等学生的颜面是多少顾全了，但奖惩的至意是完全取消了，教育而不讲奖惩，便何必办教育？奖惩的原则一去，人才又何由自见？从这一点看，我们即使批评今日的学校是不足以明伦的，也不为过。

伦字第一义的沦亡，一半也是因为第二义的畸形发展。不论五伦之说是何时确立的，后世所了解的伦，除了上文所提的三国到六朝的一节以外，似乎始终是关系的伦，而不是流品的伦。宋以来理学家常讲做人的道理不出伦常日用之间，所指无疑的是关系的伦。近年来整理中国思想的许多作家，说到伦字，似乎谁都只了解第二义，而忘怀了第一义。西洋学术东来后，有人把道德的专门之学翻作"伦理学"，也显然是完全受了第二义的支配。

后世所了解的伦字的第二义不幸又是非常偏狭。《王制》七教里，兄弟与长幼是两教，而朋友之外，还有宾客；《礼运》十义也把兄弟长幼分开；《祭统》十伦，多贵贱、亲疏、上下三伦。到五伦之说确立，而伦的第二义便受了束缚，再也解放不开。五伦之中，父子、兄弟、夫妇三伦是属于家庭的，这当然是和家族制度的畸形发展有互为因果的关系，君臣一伦一向又看得非常呆板，其实一切领袖与随从的关系何尝不可以看做君臣关系？朋友一伦比较后起，而其弊病也在不足以概括。我和一个不相识的人究属有没有伦的关系？是不是一经相识，两个人便进入朋友一伦？这一类的问题以前没有人问，到了现在大家又觉得不值得问；大多数的态度总以为这一类的古董，让它们自生自灭好了。乡僻的地方所供"天地君亲师"的牌位，有改做"天地国亲师"的，虽改得不通，至少还表示着一番推陈出新的苦心与努力，倒是值得佩服的。

第二义的所以能畸形发展，一半也未始不是第一义转晦后的结果。上文提过正常与适如其分的社会关系必须建筑在流品的准确认识之上。广义的流品固然包括年龄、性别一类先天的不同，和身份、地位、贫富、贵贱一类后天的区别，但主要的应该还是比较不容易分别先后天的德行、智力与才能的高下优劣。一个人孝父母，若是单单因为他们是父母，而不一定是贤父母，这孝可以走入愚孝的一途；一个人忠君，若是单单因为他是君，而不一定是贤君，这忠可以走入愚忠一途。二千年的历史上，百千州县的地方志里我们可以找出不知多少愚忠愚孝的例子来；若问何以会有如许例子，我们的答复就是这些人只明白伦字的第二义，而不知道第一义，更不知道第二义应拿第一义做底脚，才站得稳。明伦明伦，须兼明二义，并须先明第一义，才不致有流弊。

总结上文，明伦是民族文化里很有价值的一个观念。它原有两个意义，到了今日，第一义变晦了，第二义则嫌太狭。恢复与发挥第一义，补充与修正第二义，是从事人文科学的人应有的任务。

说童子操刀

——人的控制与物的控制

中国有句老话说,童子操刀,其伤实多。这句话恰好形容了三百年来科学进步的一半的结果。刀是一种人所发明的工具,本身无所谓好坏,只是用途有好坏,用得适当就好,不适当就坏。刀自身不能发挥它的效用,发挥它的效用的是人,而人却有好坏之分,有适当不适当或健全不健全之分:以适当而健全的人来利用一种工具,其功用或结果大概也是适当、健全而有益的,否则是有害的。童子操刀,指的是后一种的可能的功用。大凡人利用事物,全都得用这眼光来看;水所以载舟,亦所以覆舟,自然的事物如此,人所自造的文物,包括一切比较具体的工具制作与比较抽象的典则制度与思想信仰在内,尤其是如此,说"尤其",正因为它们是人造的,是人的聪明的产物,如果控制无方,运用失当,以至于贻祸人群,那责任自然更较严重;人的聪明能产生这些,而竟不能适当的控制运用这些,至于尾大不掉,自贻伊戚,也适足以证明那聪明毕竟是有限罢了。

我们也得用这种眼光来看科学。科学也正复是一种人造的工具,一点也不少,一点也不多。它本身也无所谓好坏,好坏系于人的如何控制运用。一部分人,见到科学昌明以后,人类的一部分获取了种种利用厚生的好处,于是就赞扬科学,歌颂科学,对科学五体投地,认为是人类的福星。我想除非这一部分人中间,有人生就的是一副诗人性格,动不动要抒发他的感伤主义,这是大可以不必的。另一部分人,见到在同时期以内,科学表现了不少的摧杀败坏的力量,特别是在历次的大小战争里,于是就批评它,诅咒它,认为人类迟早不免因它而归于寂灭,而自原子能的发明以后,这末日可能来临得很早。我认为这也是一种感伤主义的表示,大可以不必的。

我们要认清楚,一切问题的症结在人,关键在人。童子操刀,问题绝对的不在"刀",而在"童子操"。人运用科学,问题也绝不在科学,而在人的运用与运用的人。我们要问,这种用科学的人是不是真能善于运用,真有运用的资格?换一种问法,就是,他配不配运用?所谓善,所谓有资格,所谓配,指的是两层相连的意思。一是他在运用之际,能随在参考到人群的福利,始终以人群福利为依归;二是他,运用者自己,必须是一个身心比较健全的人,至少要健全到一个程度,足以教他实行这种参考,笃守这个依归。这两层意思,第一层指人的运用,重在运用,第二层指运用的人,重在人。

我指出这两层意思的分别来,因为"人"与"运用"之间,比较基本的终究是人,人而健全,运用是没有不得当的,反过来就很难想象了。而近年以来,中外论者鉴于科学对人群的利害参半,对于有害的一半总说是"运用失当",难得有人更进而提出如下的一类问题。失当的原因究竟何在?此种失当是偶然的呢?是一时计虑的错误而可以避免的呢?还是有些基本的因素教它不得不发生而随时可以发生的呢?这基本的因素里可能不可能包括人自己？可能不可能人本身就不适当，因而他对于科学的应用也就无法适当？好比骑马，马是工具，人是马的驾驭者，骑马之人虽未尝不聪明灵活，未尝不略知驾驭之术，但也许年事太轻，或适逢酒后病后，神智不够清楚，终于把马赶进了一个绝境，造成了断头折股的惨剧。这又回到童子操刀的比喻了。然则问题还不在一个操字，而在童子本身。

童子操刀，最浅见而感情用事的人责备操刀。其次也只是在操字上做工夫，总说操得不得法，诚能操之得法，问题就解决了。一九三一年二月，爱因斯坦（Einstein）在加利福尼亚州工科学院（C. I. T.）对学生作公开演讲，说"光辉灿烂的应用科学既节省了工作的时间，减轻了生活的负担，而对于人类幸福的促进，又何以如是其少呢？我们简单的答复是：我们还没有学到致用之道，一些明白事理的致用之道。要你们的工作得以增加人类的福佑，只是了解应用科学是不够的。你们得同时关切到人。人的自身与人的命运必须始终成为一切技工的努力的主要兴趣。在你们绘制图表与计算公式的时候，随在不要忘记这一点"。这一番话是不错的，从爱氏的嘴里说出来，自然更有分量；但是不够，单单就操字上找答复，而不就童子身上找答复，所以不够。爱氏在这话里，也似乎只见到"人的运用"，而没有见到"运用的人"。要见到了运用的人，问题才搔到了痒处。

三百年来，物的研究与认识、物的控制与运用，诚然是到了家，到最近原子能的发现与原子弹的试用成功，此种认识与控制，更是将近登峰造极。但人自己如何？人认识自己么？人更进而能控制自己么？我们的答复是，人既不认识自己，更不知所以控制自己之道。人自己也是一种物体，这物体是一个机械体也罢，是一个有机体也罢，它总是一个极复杂的力的系统。我们对于这力的系统，根据物有本末事有先后之理，我们原应先有一番清切的了解，先作一番有效的控制。但三百年来，科学尽管发达，技术尽管昌明，却并没发达与昌明到人的身上来，即虽或偶然涉猎及之，不是迂阔不切，便是破碎支离。结果是，我们窥见了宇宙的底蕴，却认不得自己；我们驾驭了原子中间的力量，却控制不了自己的七情六欲；我们夸着大口说"征服"了自然，却管理不了自己的行为，把握不住自己的命运。这正合着好像是耶稣讲的一句话，我们吞并了全世界，却是抛撇了自己的灵魂。比起这句话来，上文童子操刀、醉汉骑马一类的话，还算是轻描淡写的。

  人至今没有适当的与充分的成为科学研究的对象，是很显明的。人属于一个三不管的地带。第一，人虽然也是一种生物，并且是一种动物，但生物学与动物学不管，至少是不大管，或虽管而其管法和对于一棵树、一个虫、一只青蛙的管法没有分别，即虽管而于人之所以为人不能有所发明。第二，人类学与社会学，以至于其它各种社会科学都算是以人做对象的科学了；但说来可怜，这对象是有名无实的。这些学问只晓得在人身外围兜着圈子，像走马灯中走马之于蜡烛一般。体质人类学算是最接近的，但它的注意范围很有限，除了活人的那一个皮囊，叫做形态的，和死人的那一副架子，叫做骨骼的，以及这两件事物在各种族中间的比较而外，也就说不上多少了。试问我们认识了这个皮囊和挂皮囊的架子，我们就算认识了人么？所谓文化人类学，名为研究文化的人，实际是研究了人的文化，名为是研究产生者，实际是研究了产物，至多也只是牵涉到一些产生者和产物的关系，以及产物对于产生者的一些反响，有的文化人类学家甚至于只看见文化，只看见文化的自生自灭，根本不看见人，即或偶然见到，所见到的也不过是无往而不受到文化摆布的一些可怜虫而已。因此，产生者本身究属是什么一回事，我们的认识并没有因文化人类学者的努力而增加多少。社会学是人伦关系之学，似乎所重在关系的研究，而不在此种关系所从建立的人。社会学的对象是人伦之际，要紧的是那一个际字，好比哲学的一部分的对象是天人之际一般，所以在不大能运用抽象的脑筋的学子往往不免扑一个空。所扑的既然是一个空，不用说具体的人是扑不着的了。经济学原应该一面研究物力，一面研究人欲，然后进而研究物力与人欲的内外应合，两相调适；但截至目前，无论是正统派的经济学，或唯物论的经济学，似乎始终全神贯注在人身以外的物力的生产与支配之上，而于人欲的应如何调遣裁节，完全恝置不问。物力有限，而人欲无穷，以有限应无穷，前途必有坐困的一日，即行将来临的原子能时代恐也不成例外；而不幸的是，问题中那无穷的一半恰好就是经济学所"无视"的一半。政治学与法律学都是所谓管理众人的学术，而它们所讲求的管理方法都是甲如何管理乙，张三如何管理李四，而不是甲与乙，张三与李四，如何各自管理自己，或于管理别人之前，先知所以管理自己。总之，各门社会科学犯着一种通病，就是忘本逐末，舍近求远，避实趋虚，放弃了核心而专务外围，所谓本、近、实与核心，指的当然是人物之际的人和人我之际的每一个人的自己而言。这便是三不管中的第二不管。

第三，人体生理学、心理学、医学、一类的科学在人的研究上我们承认是进了一步。它们进入了人身。上文所说的那种通病它们并没有犯，我们不能说它们"迂阔不切"。它们犯的是另一种通病，就是上面也提到过的"支离破碎"。所谓分析的方法原是三百年来一切研究具体事物的科学的不二法门。科学方法名为分析与综合并行，而实际所做的几乎全部是分析工作。但分析就是割裂的别名，割裂的结果是支离破碎，这在人以外的物经得起，人自己却经不起，死人经得起，活人却经不起。无论经得起经不起，支离破碎的研究，零星片段的认识，等于未研究，不认识，因为人是囫囵的、整个的，并且是个别的囫囵或整个的，而零星片段的拼凑总和并不等于整个。总之，截至最近几年为止，即在这些直接应付人的科学里，人也未尝不落空。我说截至最近几年，因为一小部分生理学家、病理学家，特别是精神病理学家，近年已经逐渐看到这一点，认为有机体是不容分解的，人格是不容割裂的，而正在改换他们的研究方法中，但时间既短，成就自然还有限。

  总上三不管的议论，可知人类自己对于人之所以为人，每一个人自己对于我之所以为我，至今依然在一个"无知"与"不学"的状态中。"不学"的下文是"无术"，就是，既不认识自己，便无从控制与管理自己。人不能管制自身，而但知管制物，其为管制必然是一种胡乱的管制；人对于自身系统中的力，不知善用，对于其意志、理智、情绪、兴趣、欲望，不知如何调度裁节，而但知支配运用身外的种种物质系统中的力，其为运用必然是一种滥用，滥用的结果必然是"伤人实多"，而这个人字最后不免包括滥用者自己。这在上文已经预先笼统说过，但到此我们更可以说得明细一些。

  人对自身的认识与控制是一种尚待展开的努力。此种努力分两层。一是就整个属类言之的。人也是物类的一种，但究属与一般的物类不同，他有他的很显著的特殊性，惟其特殊，所以研究的方法与控制的技术势必和其它的物类不能一样。上文囫囵或整个之论便是属于研究一方面的。至于控制，即就此人控制彼人而言，我们就不适用所谓"集中""清算"或"液体化"一类的方式，这些都是把适用于一般物质的概念与方式强制的适用到人，此其为适用也显然的是一种不认识的滥用。不过更重要的是第二层。人是比较唯一有个性而能自作主张的动物；也正唯如此，我们才产生了关系复杂的社会与制作丰富的文化。每一个人是一个有机体，每一个人是囫囵的，而其所以为有机、所以成为囫囵，每一个人又和每一个别的人不一样。这样，研究与控制的方式便又势须另换一路：即事实上必须每一个人各自研究自己，方才清楚，各自控制自己，方才有效，别人根本无法越俎代谋；别人有理由越俎代谋的，在任何人口之中，只是绝少数的智能不足和精神有病的人。

所以真正的人的学术包括每一个人的自我认识与自我控制，舍此，一切是迂阔不切的、支离破碎的，或是由别人越俎代谋而自外强制的。前人的经验，无论中外，其实早就看到了这一层道理，所谓"自知者明，自胜者强"的一类原则的话即是。不过看到是一事，做到又是一事，以前虽也有过大致做到的贤人哲士，但总属少数，今后人的学术的任务，我以为就在更清楚的阐明此种看法，更切实更精细的讲求它的做法，而此种学术上的任务也就是教育的最基本的任务。目前的学术与教育是已经把人忘记得一干二净的。学不为己而为别人，是错误，学不为人而为物，是错误之尤，目前该是纠正这错误的时机了。

有了明能自知与强能自胜的个人，我们才有希望造成一个真正的社会。健全的社会意识由此产生，适当的团体控制由此树立；

否则一切是虚假的，是似是而非的，即，意识的产生必然的是由于宣传，而不由于教育，由于暗示力的被人渔猎，而不由于智情意的自我启发，而控制机构的树立也必然是一种利用权力而自外强制的东西。这又说着当代文明人类的一大危机了。一般人对于自己的情欲，既裁节无方，控制乏术，有恐怖既不知擅自震摄，有忧虑又不知擅自排遣，有疑难更不知擅自解决，于是有野心家出，就其应裁节处加以欺诳的满足，应镇摄与排遣处，一面加以实际的煽扬恫吓而一面加以空虚的慰藉护持……野心家更一面利用宣传的暗示，一面依凭暴力的挟持，于是一国之人就俯首帖耳的入了他的掌握，成为被控制者，成为奴隶；其间绝少数稍稍能自立的，即自作控制的，亦必终于因暴力的挟持而遭受禁锢、驱逐，以至于屠杀。独裁政治和极权政治不就是这样产生的么？希特勒、墨索里尼一类的天罡星不就是这样应运而下凡的么？

什么是野心家？从本文的立场看，野心家也就是最不能控制自己而不幸的又有一些聪明才干的人。一个人既不能控制自己，别人也无法控制他，就是野；"野兽"、"野蛮"、"野心"所指的全都是控制的不存在与不可能。希特勒是一个富有欲望的人，他尤其是爱权柄。他自己不知所以运用意志的力量来控制这欲望，反而无穷尽的施展出来，一任这欲望成为控制他人的力量，控制得愈多，他的权柄便见得愈大，控制了德国不够，更进而控制东欧、全欧，以至于全世界。有一个笑话不是说希特勒拜访上帝，上帝不敢起来送行，深怕他一站起来，离开宝座，希特勒就要不客气的取而代之么？这真十足描写了野心家爱权若狂，而丝毫不知裁节的心理。不过从控制德国以至于全世界，但凭欲望是不够的，他必须运用物力，必须驾驭科学，规模之大，又必须和他的欲望相配合，于是他又从人的控制进入了物的控制，从人力的滥用进入了物力的滥用。不过希特勒不能自己直接利用物力，他仍须假手于其它能利用物力的人，而就当时德国与其邻邦的形势而论，因为大部分直接运用物力的人，例如科学家之类，向来没有讲求过自我控制，自作主张，也就服服帖帖的由他摆布，受他驱策，至于肝脑涂地而不悟。第二次世界大战，一部分所由演成的因缘不就是这样的么？

祸福无门，唯人所召；文明人类一大部分的祸患，我们可以武断的说，是由于人自己酿成的，而其所由酿成的最大原因，便是自我控制的不讲求与缺乏。这种局势是自古已然，于今为烈；而今日所以加烈的缘故，则在，一方面，自我控制的力量虽没有增加，甚或续有减削，而，另一方面，人对于物力的控制的力量，则因科学的发达而突飞猛进，终于使两种力量之间，发生了一个不可以道里计的距离。社会学家称此种不能协力进行的现象为"拖宕"。拖宕一名词是何等的轻淡，而其所酿成的殃祸却真是再严重没有。不过这种严重的程度，一直要到第二次世界大战将近结束，原子弹发明以后，才进入一部分人的深省。原子分裂所发生的力量是非同小可的，以视蒸汽的力量，电流的力量，不知要大出若干倍数。惟其大，所以更难于驾驭控制。大抵为了破坏的目的，在制敌人的死命的心情之下，此种控制比较容易，所以原子弹是成功了。但为了建设与人类福利的目的，控制的工夫似乎要困难得多了。浅见者流不断的以进入原子能新时代相夸耀，把原子能可能产生的种种福利数说得天花乱坠，不过沉着的科学家却不如是乐观。即如英国军事委员会的科学顾问艾里斯教授（Ellis）说，我们可能用原子能来驾驶海洋上的巨轮，但为了保护乘客与船员，所必需的一种防范的机构一定是笨重得不可想象，甚或根本不可能有此种机构。又如生物学家赫胥黎（J. Huxley）说，原子分裂所发生的种种高度放射作用对于人的健康与遗传是极度的有害的。这又引起控制与防范的问题了。再如英国奥立芬脱教授（Oliphant）指出制造原子能的厂房一带所遗留的灰渣会发出种种致命的电子性的"毒气"，而毒气所波及的地带便根本无法防卫，长期的成为无人烟与不毛之地。

也就是这一类的科学家如今正进一步的呼吁着物力的控制，觉得前途控制一有疏虞，文明人类便要濒于绝境。不错的，这是一个临崖勒马的时候了。不过我们在上文已经指出，问题的症结不在马，也不在那勒的动作，而在那作勒的动作的人。如果人本身有问题，临时不是不想勒，就是根本不知从何勒起。总之，他对自己既作不得主，对物，名义上虽若作主，实际上又等于被物作了主去，结果势必是一个一发而不可收拾。据说，当初英、美、加等国的科学家在新墨西哥州的试验场上，等待第一颗原子弹爆发的时候，大家就手捏一把汗，深怕它引起所谓连锁的反应，一发而靡所底止；后来幸而没有。可见即在谨严的科学家手里，物力的控制也不是一件有把握的事，一旦如果掉进希特勒一类的人的手里，殃祸所及，那真是不可想象了。

总之，我们不得不认定人的控制是一切控制的起点，一切控制的先决条件。人而不知擅自控制，在他应付物力的时候，别人想谆谆的劝勉他作妥善的运用，是不可能的。因此，我们又认为解决问题的基本途径不在政治、经济、社会的种种安排，有如近顷许多作家所论，而在教育。童子在操刀以前，必须先取得一番明强的教育，一个充分自知与自胜的发展。

荀子与斯宾塞尔论解蔽

　　无论做学问，做事，做人，第一个大难关是去蔽。蔽，普通也叫做成见；其实成见一词不足以尽蔽字所指的种切。大凡一人心理上一切先存的状态，有如意志与各种情欲，和先入的事物，有如见解、记忆、习惯之类，都足以影响此人对于后来刺激的反应，使失诸过度，或失诸不足，也足以影响他对于后来事物的看法，使不能客观，使得不到最较近情的事物真相——这些都可以叫做蔽，初不限于见解上的先入为主的一端。

　　去蔽的重要，与如何可以去蔽，因此也就成为思想家、学问家与德行家的一个先决的大问题。在中国思想史里，这也确乎是极早便有人提出的。"人心惟危，道心惟微，惟精惟一，允执厥中"，一类的话便是很好的例证。到儒家成为一个学派以后，这问题的提出便更频数、更具体。《论语》说到孔子绝四："毋意，毋必，毋固，毋我"；又说到明与远的一番道理；都和祛除成见及保持客观有直接的关系。至于论到周比和同的君子小人之别，虽若比较间接，关系也未尝不切，因为，成见的变本加厉，牢不可破，以至于教人不自知其所持者为一种成见，往往由于党偏，由于朋比，由于苟同者多，而不苟同者少。党偏朋比，事实上就是成见的社会化。所以唯有在力求不党不比的形势之下，一人才比较容易发见其成见之所在。反过来，成见被发觉的机会既加多，成见社会化的机会便减少，而党偏的不健全的社会现象也就比较的不轻易发生了。

《大学》八目，涉及去蔽问题的倒有三目：诚意、正心、修身。诚意一目所说的，事实上等于对一己的力求客观，不自欺，不掩耳盗铃，就是不自蔽。正心一目提到身有所忿懥、恐惧、好乐、忧患，则不得其正，更显然的与蔽的问题有关，所谓不得其正，就等于说不能客观，或好比天秤称物，不免畸重畸轻之弊。这在今日，我们更直截了当的叫做一时的主体情感之蔽。至修身一目则说得更清楚了："人之其所亲爱而辟焉，之其所贱恶而辟焉，之其所畏敬而辟焉，之其所哀矜而辟焉，之其所敖惰而辟焉；故好而知其恶，恶而知其美者，天下鲜矣。故谚有之曰，人莫知其子之恶，莫知其苗之硕。"辟，就是蔽，唯其有这许多情感的关系，所以蔽，唯其蔽，所以不知。这些蔽也属于主观情感的一路，和正心一目所说者同，不过正心项下所指的是一时感于物而发生的情绪状态，而修身项下所指的是比较持久的感于人的情绪关系，又显然的很有不同了。修身一目的讨论里，除了去蔽而外，更无别的，足见身之修不修，完全要看蔽之去不去。人我关系从家庭开始，情绪一方面的关系亦以家庭之内为最密切，所以如果能于此早下一些切实的去蔽工夫，则家齐，国治，而天下可平，否则一切都落了空。中外古今，不知有过多少哲人说到去蔽的重要，这无疑的是最严重的一个说法了。

不过在儒家思想系统里，在这题目上发挥得最多而又能更进若干步的是荀子。汉以来所传《荀子》三十二篇中，第二十一篇是《解蔽》，全文长至三千余言，大体上可以分做五段。（一）泛论蔽之由来与蔽之种类。（二）分叙前代君臣因蔽得祸、因不蔽得福的若干例证。（三）数说近来（春秋后期与战国前期）思想派别的各有其蔽，唯有孔子是一个例外。（四）论解蔽的方法，这一段是全文精要所在，议论最长，又大致可以分为两部分，一是原则的认识，二是方法的推敲。原则的认识包括三种，一是道的整个性，二是人心的本质应须培养，使始终能维持一个所谓虚、壹、而静的状态，三是唯有如此状态的心才能见到道之整体，而非道之一偏，才不至"蔽于一曲，而暗于大理"。方法的推敲也包括两层，一是治心，二是治学。治心的讨论虽长，大旨仍不外《大学》里诚意正心两目所说的那一番精神。治学又细分为两个部门，各有其标准鹄的，一是明理之学，其止境是"圣"，是"尽伦"，二是致用之学，其止境是"王"，是"尽制"。一人不学则已，否则必力求兼赅这两个部门，凡属不以此为鹄的或经不起此标准的盘诘的学与术都是偏颇的，都是蔽的产物，且转而滋长更多的蔽。（五）结论的话很短，而意义却很深长，因为它专说到一点，就是政治的公开或政治领袖的态度宣明未始不是解蔽的一大条件。解蔽的条件虽多，求诸环境的只有这一个，其余每一个人都得求诸自我，这一层也很值得加以指出。

我们说荀子的讨论去蔽或解蔽，要比前人进了若干步。路依然是一条，但较前要更踏实，见到的境界更多。这当然和时代很有关系。荀子生当战国的后期，政治、社会、思想的局势比以前要复杂得多，动乱得多；他自己在篇首就说："今诸侯异政，百家异说，则必惑是惑非，惑治惑乱"。所以一样讲到蔽，他所讲到的要繁变得多；一样想应付蔽，他的努力要困难得多。即如说蔽的种类，我们在《大学》里所能看到的始终只限于意志与情绪的方面，诚意一目下所间接涉及的蔽可以说是属于意志的，而正心修身两目下的蔽则显然是情绪的,不是一时的情绪状态,便是比较持久的情绪关系。约言之,《大学》论蔽,始终没有脱离人,不是发乎个人的心境,就是发乎人我的关系。到了荀子,我们又发见了两个足以产生偏蔽的外铄的境界,一是人在时空两间里一般的际遇或处境,二是见识或学派所构成的门户;第二种境界也未尝不属于一人的际遇,但比较特殊,并且表面上是完全属于理智一方面的,至少当事人自以为属于理智而不涉情感的,是由于是非的判别而不由于好恶的抉择的。荀子历数为蔽之端,说:"欲为蔽,恶为蔽,始为蔽,终为蔽,远为蔽,近为蔽,博为蔽,浅为蔽,古为蔽,今为蔽"。欲与恶两端,属于情感方面,犹仍旧说,可不再论;至若始终、远近、今古诸端,便属于所谓际遇的境界,非前人所曾道及的了。博与浅的两蔽则属于理智或见识的境界,而是下文历叙学派之蔽的一个张本,下文说:"墨子蔽于用而不知文,宋子蔽于欲而不知得,慎子蔽于法而不知贤,申子蔽于𠫭(势)而不知知(智),惠子蔽于辞而不知实,庄子蔽于天而不知人。"①

说到解蔽的方法,荀子也有远到之处。关于道的认识与心的认识,荀子的议论始终是儒家的面目,并不新奇,不过细密的程度却增加了许多。如论心的一段,虽始终不离乎《大学》所论知止与定、静、安、虑、得的本旨,但经他反复申说之后,我们便觉得清楚与可以捉摸得多了。治心的一段讨论亦然。但治学的一段则远到而外,又很有几分独到,一曲与大理之分,物物与精道之辨,圣伦与王制之别,虽都有所本,其说法总是新颖可喜,后世所称内圣外王之学,不妨说就是从荀子开始的,初说到大理大道,好像有些玄虚,其实说穿了也很是单纯,他只是要我们明白:人生是一个整体,知识、学问、行为,所以辅翼人生与表达人生的，也不得不是一个整体，凡属整的东西，全的东西，我们不能以一偏来概括；近百年来的社会科学家，凡属学养较深、见识较广、而理解力足够把握的，都作如此看法。有趣的是，远在二千多年前，荀子已经看得十分清楚，所以于历叙学派之蔽后，接着就说："由用谓之，道尽利矣；由俗（欲）谓之，道尽嗛矣；由法谓之，道尽数矣；由埶（势）谓之，道尽便矣；由辞谓之，道尽论矣；由天谓之，道尽因矣——此数具者，皆道之一隅也。夫道者，体常而尽变，一隅不足以举之。曲知之人，观于道之一隅，而未能识［其为一隅］也，故以为足而饰之，内以自乱，外以惑人，上以蔽下，下以蔽上：此闭塞之祸也。"真是慨乎言之。我们如今评论功利主义、享乐主义、权力主义、自然主义、命运主义……，字眼口气虽大有不同，精神不完全一样么？这种精神，即在目前，既还绝对说不上普通两个字，如果有人提到，真还有好几分空谷足音的意趣，在二千多年前，岂不更见得新鲜么？至于承认政治局面的开明为解蔽的唯一环境条件，特别在篇末提出来，则更是发前人之所未发；政治必须开明而不隐秘，前人是一贯主张的，尤其是儒家的一路，不过把幽隐之政足以养蔽的一层关系特别加以揭橥，是荀子的创见。

荀子而后，一直经过了足足二千年，我们才遇到可以和《解蔽》篇比拟的一种文献，而这文献还不在中土，而在西洋，那就是斯宾塞尔（Herbert Spencer）的《群学肄言》（*The Study of Sociology*）。[②] 此书出版于一八七三年，其后约三十年，严几道先生把它译成中文，书名就是《群学肄言》。严先生在译序及译文里曾不断的用到"辟"和"蔽"一类的字样；在《译余赘语》里，也曾一度提到荀子，引用荀子的"民生有群……"的几句话，大概为的是说明他的所以把"社会学"译成"群学",是有所本的。"蔽"字,严先生是用到了,荀子的作品也参考到了,但对于《解蔽》的篇名与其意义的重要,他却只字未提,真不能不教人诧异。群学之难,难在解蔽,群治之难,也难在解蔽,荀子与斯宾塞尔,虽相去二千余年,在这见解上可以说完全一致,严先生不把这一层标明出来,不能不说是一个很重大的挂漏。严先生一则在译序里说,《肄言》之作,"所以饬戒学者以诚意正心之不易",再则在《赘语》里说:"窃以为其书实兼《大学》《中庸》精义,而出之以翔实,以格致诚正为治平根本矣";所论和我们在上文所说的大致相同,亦于以见严先生在译书之际,未尝不作一些中西新旧的比较;一样的比较,又如何会把这一层最自然最现成的比较反而遗忘,实在是出我们意料之外。

斯氏的《肄言》分十六章,除第一、二、三、五等四章分论社会的需要,社会学成为科学的可能,社会科学的性质,与社会学的客观的困难而外,其余没有一章不和解蔽的题目有关。自第六至第十二章,一连七章,是专论蔽的种类的。第十三至第十五章,是论经由修养与学问的途径来觅取解蔽的方法的,而相当于我们格、致、诚、正的旧说。第四章总论治社会学的困难和第十六章结论,自都不免部分的提到蔽的问题。十六章中,既有十二章和解蔽的题目有关,我们如果把《群学肄言》的书名改成"解蔽通论",决不会冒文不对题的危险。

斯氏论蔽,大体上可以分为四个部分。甲、主观理智之蔽,其中包括三四个节目:一是拟我或以己度人的倾向(拟我之拟,意义和拟人论的拟相同,就是用了自我做量断人物事理的标准);二是以人性为一成不变或易于变动的两种相反的成见;三是理智能力过于狭窄，不够笼括；四是理智能力过于板执，不够活泼，缺乏弹性；三四两点也未尝不可以归并作一点。乙、主观情感之蔽，包括各别的性情与一时的好恶爱憎，包括一般人对军功的过于钦崇，对政治权威或掌权者的过于迷信与顺从等。丙、各种处境或际遇之蔽，这一类的蔽事实上也属于主观情感一方面，不过和乙类的有些不同，即患蔽之人不但不知其为蔽，且从而为之设辞（设词的理论，斯氏本人未加发挥，这是后来意大利社会学家柏瑞图 Vilfredo Pareto 的重要贡献，在此姑不深论），即设为"理有固然，势所必至"之辞，以示其见地之客观明确。斯氏用了五章的笔墨来分析证明这一路的蔽或成见：一是传统文教中一部分的矛盾的蔽，斯氏特别提出的矛盾是他所谓友爱的宗教对待着仇恨的宗教，指的是一面有讲泛爱的宗教，而一面有国家、阶级一类的偶像所培养的仇恨心理；二是种族、国家、乡土一类的事物所引起的蔽，亦有正负两方面，正面指的是一味拥护本人所属的种族乡国，不论是非曲直，反面是完全抹杀种族乡国观念，侈论大同一类的理想；三是治者、被治者和其它阶级分野之蔽，或其反面；四是属于政治方面的蔽，如政党间彼此相歧视与敌视的蔽，又如人治论与法治论之蔽；五是宗教、神学、宗派之蔽，或反宗教之蔽。这些都用不着什么解释。

斯氏在最后第四部分论到救蔽之道，其中也有两个节目。一是思想习惯的自力修养，即严氏译文中所称的"缮性"，亦即相当于诚意正心一类的工夫；二是广博的学问基础的培植，即严氏所译《宪生》与《述神》两章，相当于我们格物致知的工夫。这学问的基础确乎是包罗极广：抽象的科学，如数学、逻辑，所以示事物间关系的存在与其重要；半抽象半具体的科学，如物理、化学,所以示事物之间的因果的迹象;具体的科学,如天文、地质,所以示因果关系之连续与复杂;最后生命的科学,如生物、心理,则所示的因果关系更进入了生生不已的境界,和社会最较密迩而不可分离,因此,尤须在广博的基础里占有重要的地位。

荀子的《解蔽》论和斯宾塞尔的《肄言》各是针对时代需要的一番大议论。荀子时代,中国的诸侯异政,百家异说,我们在上文提到过了。十九世纪的西洋也有类似而程度上更严重的情形。两人的学殖修养,虽因时地迥异而大有不齐,却也有相似之处。荀子以祖述孔子自居,在学问则求集成,在思想则主综合,认为道非一隅,而精道重于物物。斯氏于接受演化论之后,始终努力于学问的融会贯通,他在这方面的成绩就是十六册的《综合哲学》,即严氏所称的"会通哲学"。两人所处的时代,所欲应付的问题,两人在学养上的准备,既都很有几分相像,于是两个人的答案也就不谋而很有几分符合了。地无分中外,时无分今古,人无分东西,人生的一些大道理是可以有如孟子所说的"一揆"的。我们不妨再作一个极简单的对比,以示一揆之所在:

	荀子	斯宾塞尔
总论之部	一曲对待大理,精道对待物物。	理智力多患狭隘呆板,不能兼容并包。
	诚心莫不求正,而以自为,妒缪于道,而人诱其所近,私其所积,唯恐闻其恶;倚其所私,以观异术,唯恐闻其美。	全部之拟我论或以己度论。
蔽之大类	欲为蔽,恶为蔽。	一时之情绪状态。
	博为蔽,浅为蔽。	先入之见解。
	始为蔽,终为蔽,远为蔽,近为蔽,古为蔽,今为蔽——凡万物异,则莫不相为蔽。	各种处境遭际所形成之成见。

续表

党派宗系门户之蔽	慎子蔽于法而不知贤；由法谓之，道尽数矣。 申子蔽于势而不知智；由势谓之，道尽便矣。	涉及国家、政治、政党、与法治对待人治之各式成见。
	墨子蔽于用而不知文；由用谓之，道尽利矣。 宋子蔽于欲而不知得；由欲谓之，道尽嗛矣。 惠子蔽于辞而不知实；由辞谓之，道尽论矣。	传统文化与教育之各种成见。
	庄子蔽于天而不知人；由天谓之，道尽因矣。	宗教、神学、宗派与反宗教之成见。
治蔽之道	心论；虚、壹、而静之治心论；与所谓大清明论。	思想习惯之自我修养，见严译《缮性》一篇。
	学论；治学论；《解蔽》篇所论之外，并见《劝学》篇。	学问之广博基础之取得，见严译《宪生》《述神》两篇。

本文是用不着什么结论的。荀子的议论，斯宾塞尔的议论，对战国的后期适用，对十九世纪的西洋适用，对今日的中国与国际大势，也未尝不适用；对做人治学适用，对为政与解决大小政治纠纷，也未尝不适用，而在目前的局势之下，可能是更适用。我在一年前（一九四五冬），在昆明、重庆写过一篇短文，叫《毋我则和平统一》，半年前（一九四六夏）又写了一篇比较长的文字，叫《派与汇》，所企求的无非是想寻求一个途径，一个涉及基本见地的途径，使支离纷扰的思想的园地，使布满着荆棘、壁垒以至于阵地的政治的局面，多少得一些宁静的机会。写出以后，总觉意犹未尽，总觉还没有探手到问题的底处，最近因讲述社会思想史一题，引起了一番解蔽的话，因而联想到问题的底处就在一个蔽字上，于是才有了这篇文字。

注 释：

① 《解蔽》一篇而外，荀子在别处也有同似的议论，例如在《天论》里他说："万物为道……愚者为一物一偏，而自以为知道，无知也。慎子有见于后，无见于先；老子有见于诎，无见于信；墨子有见于齐，无见于畸；宋子有见于少，无见于多。"先后指的是恬退与奔竞之分；诎信即屈伸，指刚柔与有为无为之别；齐畸指平等差等之异；多少指情欲的种类分量。所云"有见"，就是偏，"无见"，就是蔽，是不待解释的。

② 我说这话，我当然并非没有理会这时期里关于偏蔽问题一些零星的讨论，例如清代学者戴震在他的三篇《原善》的下篇里就专论到私与蔽两个字。他说："人之不尽其材，患二：曰私，曰蔽。……蔽也者，其生于心为惑，发于政为偏，成于行为谬，见于事为凿为愚——其究为蔽已。凿者其失为诬，愚者其失为固。"又说："解蔽莫如学。"又说："得乎条理者智，隔于是而病智之谓蔽，巧与凿以为智者，谓施诸行不谬矣，是以道不行。"（《戴东原集》，卷八）

派与汇

——作为费孝通《生育制度》一书的序

一 代序的话

对于孝通的作品,借了作序之名,我又取得一次先睹为快的机会。

这是孝通六七年来在西南联合大学与云南大学开授的一个学程,就叫做"生育制度"。其实所论的不止是生育,凡属因种族绵延的需要而引伸或孝通所称"派生"出来的一切足以满足此基本需要、卫护此重大功能的事物,都讨论到了。它实在是一门"家庭制度",不过以生育制度为名,特别从孝通所讲求的学派的立场来看,确更有点睛一笔之妙。这也是他关于此学程的全部讲稿,历年以来,不断的补充修正,才告完成;只有最后的一两章是最近补写的,因为刚从西南避地归来。旅途困顿,行止不常,又值天气闷热,与西南的大相悬殊,文思汗汗,同其挥洒,极感不能畅所欲言的苦痛,孝通自己颇有因此而将全稿搁置的意思,后来还是经我的劝告,才决定姑先付印。人生几见玉无瑕,何况瑕之所在是很有几分主观的呢？又何况此瑕不比彼瑕，前途是尽有补正的机会的呢？

将近二十年前，我对于家庭问题也曾写过一本书稿，[①]自此迄今，也曾不断的有所论列。我们先后的尝试有一点是相同的，就是都从生育的功能出发。不过有一点是很不同的，我所注意的是问题，不是制度本身；问题需要解决，所以我的用意是在提供一些改革的意见与方案，属于下文所谓社会理想的一路；我的眼光是直截了当的优生学的，属于下文所叙到的生物学派。孝通的则不然。他所注意的是制度本身，用意是在就种族绵延的起点和制度完成的终点之间那一大段社会的与教化的文章，加以推敲分析；他的目的是在研究；他的尝试是学术性的，而属于下文所称社会思想的一路；他的眼光则属于下文将略有说明的所谓功能学派，是社会学派或文化学派的一个。好比造房子，孝通所关心的是，从居住的需要开始，到建筑的完成为止，一面要看房子是怎样构造起的，一面也招呼到和居住直接间接有关的种种需要，和此类需要的未尝不因房子的构成而获得满足；我的却仅仅表示了一个有好房子住的希望，提出了一个好房子的图样来，究属好不好，也还是另一问题。两者相较，无疑的他的尝试要比我的更为基本，更为脚踏实地。也无疑的，他这一番工作应该先做，我的则失诸过早。

我对于功能学派一向没有深究过，近年和孝通不时接触，始取得更进一步的认识；这认识是不是已够清楚，下文所作一部分的交代是不是已够明白，还希望孝通和其它同学派的朋友指点出来。我对于这比较新颖的学派是相当的欣赏的，倒不是因为它新颖，乃是因为它于推陈出新之中能比较的综合，比其它社会学派或文化学派为更有题目中所用的汇字的意趣，下文亦将有说明。不过有一点我希望孝通和其它用功能论的眼光来研究社会与文化现象的朋友们要注意提防，就是下文所论的一般的"我执"心理，特别是此种心理所养成的"一切我自家来"的倾向。功能论既已很有汇的趣味，淘如下文所论，它所称自家之家，门户自不致太狭，派头自不致太小，事实上它和别人所已发生的"通家之好"已经是很显著；但大门墙可以出小气派，表面的通好可能是实际的敷衍，还是不能不在在提防的。例如即就孝通所论列的生育制度而言，功能论者是充分的承认到所谓种族绵延的生物需要的，这表示和生物学已经有了通家之好，但舍此而外，一切构成生育制度的材料与力量，一切其它的条件，好像全是社会自家的了，文化自家的了。这是事实么？我以为不是。鸟类构巢，蜂蚁之类造窝，若论居住的基本需要，它们是和人类一般无二，即同是天赋的要求，是生物学的；但鸟类蜂蚁没有文化，所恃的全属于心理学所称的本能，即一种生物的自然倾向，何独一到人类，全部的居住制度或任何满足一种基本需要的制度，便除了基本需要的最起码的一点而外，都算作社会与文化之赐而和自然的倾向完全绝缘了呢？鸟类蜂蚁是完全本能的，人类则除了起码的一点而外，全是文化的，在事理上总有一些讲不大通。我看问题还是出在"我自家来"的身上，能自家来总是自家来，能不仰仗别人就不仰仗别人，如果把这种精神用在一个人的自尊与独立的发展上，用在教育事业里，原是极好的，但若用在学术的领域里，我们所能得到的，充其极，可能是表面上很完整、内部也很玲珑精致的一大个归根是演绎逻辑的结构，而和现象的比较通体的解释或洞澈的认识不大相干。这就陷进一切学派的泥淖了，学派的主张既成为不可动摇的大前提，于是一切探讨的工夫，名为自果推因，实同自因寻果。

孝通在这本稿子里，大体上并没有表示一切都要自家来，因为他的准备比一般社会学者或人类学者为广博，包括多年的生物学的训练在内。不过提防还是需要的。学者总希望自成一家言，自成一家当然比人云亦云、东拉西扯、随缘拼凑、一无主张的前代的笔记家和当代普通的教科书作家要高出不知多少筹，但如求之太亟，则一切自家来的结果或不免把最后通达之门堵上。孝通在本书里有若干处是有些微嫌疑的。在不察者可能认为一家之言，必须如此说出，否则不足以为一家之言。但在博洽明达的读者便不免以"自画"两字目之了。有一两处最后已经孝通自己加以改正。至于本书条理的畅达轩豁，剖析的鞭辟入里，万变而不离功能论的立场，章法井然，一气贯串，则也未始不是一家言的精神的充分表示，在学殖荒落、思想杂遝的今日，也正复有它的贡献，初不因我的期勉的话而有丝毫损色。不过我深知对于孝通的作品，外间欣赏以至于恭维的反应决不怕太少，陈义较高而互相勖勉的话还得让老朋友来说。

大概孝通是要我说这一类的话的，所以要我写这篇序；我也乐于接受这差使，因为我比较能说的也就是这一类的话。我说过，我对功能论没有深切的研读，我不能用同一学派的立场，就孝通的议论，或加以推挽，或寻求罅漏，而写成一篇就书论书的序；我只能就一个更广泛的立场，更超脱的展望，抱着对孝通一个更通达远大的期待，写成了一篇代序；好在在这样一个立场、展望与期待之中，功能论还是有它的不可磨灭的地位。

二　释派与汇

天下凡属有发展的过程的事物似乎都取一个梭子形的公式，

起初单纯，中段复杂，末了又归于一种新的单纯；或起初伉侗，中段分化，末了又归于一种新的伉侗，我们叫它做综合。如果延展下去，这伉侗或综合可能是又一节新分化的准备，而终于再来一个梭子似的过程。自然现象界一切有循环性的东西都可以说是采用了这样一个公式的，因为我们知道，所谓循环也者决不是一个单纯的循环，好比一根铁丝做成的圈子似的，乃是一度循环之中，必有一个比较分化而复杂的段落，而循环的起点与终点也并不衔接，即可能是弹簧式的。植物化学家所盛称的育气的循环（the nitrogen cycle）就是如此。水的循环，大之如液体与气体的更迭变化，小之如江河湖海的流转分布，也都循着这个公式。生物滋长与嬗递世代，由种子发展为个体，由个体归结到种子，走的也是这条路。而个体由单纯的幼冲时代，经过成熟而繁变的壮年之昔，以归于衰老，也有相似的情形。因为衰老也是比较单纯的，以人而论，文学家如莎翁就称之为"第二个童年"，一个人经过了所谓不惑、知命、耳顺的年龄之后，总是比较的饱经风露，炉火纯青，看得开，放得下，换言之，他的生活必然的要比壮年人简单得多了。

文化、学术、思想的演变也似乎未能外此。把人类文化当一个总集体看，如此，把民族文化或文化的各方面分开来看，也复如此；不过如果分开了看，有的民族或方面所已经历的可能不止是一个梭子罢了。就思想一方面论，以中国为例，春秋战国以前，是单纯的一个时期，春秋战国那一段，百家争鸣，不衷一是，是分化而复杂的，而秦汉以降，儒家蔚为主流，又复比较的归于综合单纯，以迄于最近，好像又正在酝酿着一个分化而复杂的新时期。以西洋为例，也有相似的形势，荷马所代表的希腊时代的思想说不上复杂两个字，从希腊全盛到灭亡的时期，好比我们的春秋战国，是变化多端的，而自基督教的传播以迄于三四百年前，显然又归宿到一个虽不融通而也还单纯的段落；三四百年以来，文艺复兴、宗教改革、科学兴起、工业革命等等，一面是思想日趋复杂的因，一面也未尝不是思想日趋繁变的果；目前西洋的思想还是在这第二度分化与夹杂的段落之中，短期内是否会有一个新的综合，虽不可必，但端倪已经有了一些，下文当续有讨论。

时人喜欢把思想比做水，例如说"思潮"。水是动的，绝对的止水或死水是不能想象的；思想也是动的，自身的发展是动，与生活的相互影响也是动，绝对不动的思想也是一样的不能想象。所以在相当限度以内，这比喻的用法是有它的方便的。我在本文题目里也用到形容水的两个字，派与汇，派指思想的分歧，汇指思想的会聚，派是分析，汇是综合，派是家数，汇是集成。学派的说法是一向有的。汇的说法也是明说暗说的都有；《百川学海》一类的书名是暗说的，"文汇阁"、《文汇报》一类的名称就明说了。春秋战国时代的诸子百家，每一子每一家是一个学派。到孔子被人称为"集大成"，就有汇的意思了；是否真集大成，真汇，固然是另一问题。孟子说孔子，提到"河海之于行潦"，那汇的意思更是显然；又提到"盈科而后进"，那盈科两字也有汇的意思；至于后代的学术思想究属进了没有，那也是另一个问题。

三　社会思想与汇

上文说到西洋的思想三四百年来始终是分化而繁变的，这自然是一个大体与纲要的说法。若论其目，则大分化之中也未尝没有小综合，大纷纭之中未尝没有单纯化的企求，流派的大奔放之中未尝没有汇合的尝试。十九世纪就是这样一个企求与尝试的时期。就社会思想一方面来说，我们很容易联想到几个尝试的人，孔德、达尔文、斯宾塞尔、马克思、弗洛伊德等，不过弗洛伊德已经跨到二十世纪的初年了。这几个人中间，孔德是相当成功的；达尔文所注意的事实虽若限于生物方面，但他所提出的汇合的原则——演化论，经由斯宾塞尔、赫胥黎，以及大批的所谓社会进化论者的引伸推广之后，确乎发生过不少融会贯通的力量。马克思和弗洛伊德都有一番"汇"的苦心，但因其专门注重生命的真实的某一两个方面，有如饮食男女，其结果，至少就思想一方面说，适促成了派别的加强的发展，比较通盘的汇合的影响无由见到。如果生命的真实，推本穷源，只限于饮食与男女两件大欲，则马、弗两人虽没有一人得窥全豹，至少还能平分春色或平分秋色（究竟是春色秋色，要看读者的襟怀，在此无须确定），而事实上生命的真实所包含的似乎决不止此。

说到孔德的尝试相当成功，我们又很容易的会联想到他的"科学的级层说"，后来演化论发达之后，又有人叫做"现象的演程说"；正唯各类现象的演出有先后迟早，斯各门科学的地位有本末高下；无论级层说也罢，演程说也罢，从此以后，我们对万殊的物象，算是有了一个综合的看法，如果宇宙有如一挂大网，自有其脉络可寻，从此也就纲举而目张，通体可以概见了。也无论用的是那一个说法，以至于其它大同小异的说法，有如斯宾塞尔的无机、有机、超有机的三界说，我们总承认，宇宙肇基于化学、物理的种种活动，进而发生生物、生理、心理的种种现象，再进而产生社会，形成文化。中间的小层次不论，这下、中、上的三层与层层相因的原则是确立了。这最上层的社会与文化，尽管气象万千，变化莫测，决不是无端发生的，决不是单独创出的，也决不是独立的、隔离的、而与理化生物的境界全不相干的；尽管花明柳暗，别有洞天，却并不在天上，而依然以寻常的天时地理、山川陵谷做基础，也始终和洞天以外的天时地理、山川陵谷毗连衔接，可以出入交通。这一点小小的综合，在目前看来，虽若老生常谈，卑不足道，在立说的当初，却自有其开拓襟怀、网罗万有的意义，令人油然起宇宙一家、万物一体的感想，而使纷纭杂遝的思想学说得收衷于一是的效果。

达尔文的贡献也就是在这条路线上。不过有广狭的两部分。广的就是适用于一切现象的一般的演化原则，可以归入上节的话里，无须重说。狭的部分是所谓有机演化论，就是就三界中的中间一界特殊的作一番原委的推寻与因素的剖析。这推寻与剖析的过程大体上有如下述。起点是马尔塞斯在他的《人口论》中所已发挥的繁殖与其限制的普遍事实。第二步是变异与遗传现象的发见与观察。第三步，由于变异与遗传的事实，进而推论并注视到物类间的竞争（事实上未尝不包括物类之间的互助现象在内）。第四步，终于到达一个适者生存的结论，所谓淘汰或选择者是，而所谓适，指的当然是变异或遗传品性与环境的两相调适，而选择的结果便是各个物种的形成了。繁殖、变异、遗传、竞争、选择或淘汰、调适或位育，与最后物种的形成，一边是生物学家所观察到的现象，一边也就成为演化论者的几个基本概念，其中一大部分也时常被称为演化的成因。我叙到这些概念，因为它们对于前途社会思想的继续发展大都有很密切的关系，说见下文。

四　社会思想与派

不错的，孔德与达尔文所做的都不能不说是一番集成与总汇的工作。不过学术思想是动的，是要继续发展的，大概不会因有人加以总汇而从此停顿，从此安于一个盈科而不进的局面；在二千多年前的中国思想界固然发生过这种情形，在求知特别迫切、竞争特别剧烈、而科学方法已趋于成熟的近代西洋是决不会的。一向天下大势，分久必合，合久必分。而近代的天下大势，分虽可久，而合则未必持久，于是从十九世纪下半以迄于今，于一度总汇之后，紧接着一个新的分派的局面，而"派"的种子原早就寄寓在"汇"的中间。这话就又回到孔德与达尔文了。

现象的演程或科学的级层就替分派的趋向种下一个根苗，每一个"程"或"层"逐渐引伸、扩展，而独立自主起来，终于成为一个学派。上文简括的只说了三个级层，其实还不止此。化学与物理可以分做两层；而生理可以从生物里划分出来；后来心理学日趋发达，骎骎乎自成一层，社会与文化，不用说，也大可以分成两层。这样一来，派别就已经多得可观了。还不止此。每一层次本身就并不简单。物理中有数理，其它级层的现象中也未尝没有数理，数理是经，一切科学是纬，从笛卡尔以来，要成一门科学而不讲数量的分析，是大家公认为不可能的；于是社会思想的学派，可能又添上一个数理派，单独存在，或作为理化派的一个支派，而事实上确乎有。它如力学、重学等也都演成若干支派，所以物理学派也往往叫做机械学派。循了层次上推，接着是一些地理学派，我说一些，因为其中也不止一二家数，有的注重天象天气，有的着意地形地势，有的关心居家区位，产物作业，这样已经是好几家了。以上都属于所谓无机的级层。

再上是生物派了。这一派的分支之多更要在机械与地理两学派之上。生物体和机械体不同，是所谓有机的，即部分之间有一种活的功能上的紧密的联系。社会思想家中有人认为社会就是这样一个活的物体，于是就有了有机论的一个支派。在生物学界里，这有机体的概念是在演化论发展之前早就有的，不过过此以后我们就要想到达尔文了。繁殖的概念产生了人口论或人口数量论的支派；人口论不是人口学，人口学是研究人口本身的，人口论是想以人口的繁殖作为社会现象与社会变迁的一个解释的。变异、遗传、选择三个概念是分不开的，因此也有人引为根据，构成一派解释社会的理论，认为社会的治乱、文化的盛衰、民族的兴替，可以用变异的多寡、遗传的良窳、选择的正负来说明；所谓优生论或民族品质论的成为一个支派，就是这样来的。竞争的概念则演而为一派战争论，有的认为社会进步非仰仗战争不可，有的认为初期虽然如此，社会文化进展到相当程度，暴力之争势必减少而归于消灭，所以这派的内容也并不单纯。物种的概念也没有落空，所谓种族论，或种族武断论，认为种族有高下优劣，一成而不易变，愈以为不变，则其为武断也愈甚。这些支派之间，不用说，有的是比较独立的，有的不免彼此纠缠，例如选择论之于种族论，有的不大武断的种族论者大都是接受了选择论的。演化理论里一大堆概念中唯一没有演成一个社会思想的支派的似乎只有"调适"或"位育"的概念，可能是因为它比较的最富有综合性，最有"汇"的意味；大凡讲调适就不能不讲关系，每个物体本身内部的关系，物体与物体之间的关系，物体与所处境地的关系，都得讲求到家，因此就不容易分而成派，不特不容易从有机的级层分出来，抑且不容易和无机及超有机的各级层完全绝缘，独行其是。不过至二十世纪初叶以后，特别是最近的一二十年，上面这一段话又见得不甚适用，位育的概念终于帮同推演了一个新的学派出来，说见下文。

心理学是比较后起的一门科学，孔德在他的级层说里根本来不及提到它，后人虽有意把它补进那级层的祖庙里去，但昭穆的地位很难确定，有的人，即心理学家自己以及对心理学特别阿好的人，主张设位应在生物学之上，社会学之下，意思是，心理现象虽须溯源生物现象，它自身则是社会现象的生命赋予者；另有一部分人却以为没有群居生活的交相感应，则根本就不会有我们所了解的心理生活，我们的心理生活，和动物心理不同，动物心理可以老老实实的归入生物学与生理学，而我们的不能，我们的心理是团体的、社会的，所以位应在社会科学之上，也就是在社会科学之后。这一笔官司现在还并没有打完，我们留待下文再论。不过心理学者一面对外打这官司，对内却也有阋墙之争，就是，也有派别分化，例如本能论、行为论与情欲兴趣论。本能论与情欲论和生物学派的遗传论很近，承认一切社会行为有先天的倾向以至于先天的命定；行为论则和生理学有密切的关系，不过研究的人但就行为的表见下手，但就看得见的事物刺激与动作反应着眼，生理的内幕他是不管的。大概的说，三个支派之中，本能论和情欲论与生物的级层为近，而行为论则不得不倾向于社会的级层，因为刺激的来源与反应的对象多少总有好几分社会的意义。

社会与文化的级层不妨并在一起叙述。孔氏的科学级层里原先没有列出文化，大概认为科学而外的一般文化可以纳入社会的级层中，不须另列。到演程说出，始明白把它列入，位在社会之上之后。换言之，如果级层与演程可以比做一座塔的话，这些是塔顶上的一二层了。欲穷千里目，更上一层楼，行百里者半九十，这一二层的地位虽极崇高，其所经历的风云变幻也较其他层次为多而亲切，但总需以前在下的各级层做基础，一个虚悬的塔尖，或一座浮空的临春、结绮一类的高阁的建筑，是不能想象的。上文所叙述的许多学派的所以存在，所以发展，目的可以说就在教这塔尖不落虚空。这些学派中人各把解释社会与文化的理论，一套一套的抬出来，倒不完全因为他们都是好事之徒，想巴结社会，讨好文化，也不完全因为他们有些中国人脾气，想以卖老或自居长辈的方法，来占人家便宜，还是因为各级现象之间是存在着一种不容抹杀的本末先后与前因后果的关系，社会与文化既属后起，尽管挺秀有加，令人生畏，在追寻种种成因的时候，自不宜完全数典忘祖，饮水忘源。可能因为这种态度发展得过分了些，也可能因为祖宗太多，各说各的，历久不衷一是，也可能因为有的理论所从出的级层毕竟是太远了些，中间跳过了好几个其他的级层，说出话来总有几分不着边际，隔靴搔痒——这一类的原因终于激出了一个反应，就是，从事于社会与文化研究的人被激而就其自己所属的级层中寻求解释，而形成了若干理论的套数。这便是社会学派与文化学派的一大部分的由来了。社会与文化级层中的部分特别多，关系也特别复杂，所以自谋解释的努力本来就可以几分效果；但学派中人到此，不免更强调这"自谋"与"自家来"的原则，求人不如求己的原则，并且进一步的认为理应如此，认为别级层中的学者的拦入社会与文化的领域是越俎代谋，是舍己耘人，是一个错误。这态度一来，其所以成为一两个单独的学派，就更见得壁垒森严了。

　　社会学派的支流自也是不一而足。其分化的根据是一些概念上的不同与着重点的互异。我们不妨先把这些概念比较拉杂的胪列一下，事实上也很难避免拉杂，一则这些概念本身就不够清楚，再则它们中间也不免有掩叠与重复之处。每一概念自必有其对待，例如：形式对待内容；纯理对待事实与问题；人伦关系对待人的自身；集体的表象对待个人的行为；意识环境的外铄对待人的固有；动态对待静态；常经对待畸变；一般的结构功能对待零星局部的分析；等等。每一对概念的上面一个是社会学派的支派们所特别注意以至于认为非从此着眼便不成其为社会之学的，至于对方所包括的种切，则虽在社会之内，虽未尝不是社会现象的一部分，却不是社会研究的道地的对象，而应该交给生物学、心理学，以及其它的社会科学如政治学、经济学之类，归它们去推敲。这样了解的社会学与社会思想，因此有人就称它们为道地社会学与道地社会学派，好比道地药材一样，也有人称此派社会思想为唯社会论，好比唯心论唯物论一般。

　　文化学派，也有人叫它做心理社会学派，从某一种方面看，可以和社会学派划分得相当清楚，就是它比社会学派要具体。"不求人"的精神，上文说过，是一样的。比较具体之所在是它能运用文化的多方面或某一方面来解释文化，解释者虽仅仅是文化的一二方面，而被解释者当然是文化与社会的全部了。到目前为止，用文化的一方面来解释社会文化全部的努力自然也不止一家，其中历史比较最久，而也最有些效果的是经济与生产技术，就是马克思的一派，其次是宗教与伦理，再其次也许是法律；尝试的人都不算少。它如教育、艺术、语言文字、风俗习惯、舆论清议、科学、哲学，零星提出的也颇不乏人。即就三四十年来中国的救国论调与改革论调而言，已经可以看出此种情形来，发为议论的人虽未必都成派别，但信念既笃，主张又很绝对，行动又很积极，可知成派的趋向，始终存在，所缺的是一些成套的理论工夫而已。读者如不厌噜苏，我们不妨极简单的数说一下。在经济一方面，民生主义、共产主义、社会主义、计划经济一类的议论，我们应有尽有，是最不惮烦言的。基督教的"中华归主"运动、其它宗教的有组织的努力、孔教会或孔学会一类的团体活动、政府对于心理建设的号召、新生活运动的提倡、一般人对于世风与人心不古的烦言，则都假定如果宗教与道德上了轨道，全部的社会生活便得所安定，诸般的社会问题便自然解决。从清末维新以至今日，全部法治的主张，全部教育的努力，自各有其一些社会思想的背景。检字方法、索引方法，以及文字本身的改革方案，三四十年来，也多至不胜枚举，目的也无非是想经此途径推广教育，革新文化，而达成社会的改造。艺术一方面，比较荦荦大者我们至少可以提出蔡孑民先生的美育运动和王光祈先生的音乐救国论，在提倡的人一定认为如果广大的民众不懂得审美，如果音乐不普遍发达，中国的社会与文化便始终不会走上健全的路。

上文两节话的用意端在表示在社会思想的不算太大的领域里，思想之流，即在最近百年以内，如何由派分而汇合，更由汇合而派分的一些迹象。这分合聚散的过程，事实上当然比我们在这里所说到的要复杂得多。从机械学派到文化学派中间一大串的大小派别，当然决不会完全由孔、达两氏的一二番汇合的努力里很单纯的推演而出；它们自分别的还有别的来源，哲学的、科学的、宗教的、艺术的种种思潮，对于这些派别的构成。自也有它们的贡献，例如十八世纪物理科学的发达之于机械学派，哲学中唯物一元论之于经济学派，基督教传统之于宗教学派，都是极明显的。

五　社会思想与社会理想

社会思想，根据它的立场或观察的据点看，可以分做上文所叙的大小派别，如果根据用意或目的来看，它又可被划分为两种或三种。第一种是比较严格的社会思想。第二种应该叫做社会理想。第三种是社会玄想或社会冥想。普通谈论社会思想的人是不这样分的，但这分法实际上是相当的重要，百年来社会理论界的纠纷混乱，一半虽由于派别之多，一半也未始不由于这样一个分法的未经大家公认。为讨论的方便起见，我们不妨先列一个表：

	对象	目的	运用的心理方面	理论方法
社会思想	已往及目前的社会	了解，说明，解释	理智的体认与分析为多	因果的推寻，关系与关联的发见，归纳逻辑为多
社会理想	未来的社会	改造至于革命	意志，情绪，信仰为多	演绎逻辑为多，强作综合或至于武断
社会冥想	未来以至于莫须有的社会	憧憬，慰藉，逃遁	情绪的依恋，至于感伤主义；幻觉，白日梦，至于错觉	可根本不问方法，不用逻辑

上表四个栏目里，目的一栏自是最关重要，因目的不同，其它节目就势必不能一样。严格的社会思想既志在解释，则势不能没有具体的物象，而此种物象正可取给于已往与当前的社会。反转来说，已往与当前的种种社会现象原是需要了解的，它们的来

龙去脉以及相互的关系也需要弄一个清楚,正好比自然界的一切现象一样。社会现象也需要一番观察、整理、分类、量断,才可以让我们充分的了解,才成为一门或几门科学;在构成科学之前与之际,也必有其种种假设,种种理论上的探索,这就是社会思想了。社会思想提出的问题是:社会曾经是什么,现在是什么,以前的"曾经是"和目前的"是"中间,又有些什么渊源;对于将来可能是什么,社会思想家或许愿意鉴往知来的作一番推测,但这不是他的主要的任务;至于未来的社会应该是什么,如何而可以尽善尽美,他是搁过不问的,若问,他是暂时放弃了社会思想家的地位而采用了理想家的身份,才问的。

社会理想的用意是在改造社会,改造的工夫势不能用之于过去的社会,即用之于已经在某一种趋势中的当前的社会,也不免徒劳无功,于是就不能不以未来的社会做对象了。反转来说,未来的社会也确乎是需要我们措意的。人是有希冀的一种动物;他的生活的很大的一部分是寄托在过去的留恋与未来的指望之中。宗教家觉得最引人入胜而足以支持他的生命的东西,是前途的那个乐园或任何理想的世界。不过理想的社会大概不会自己来到的,它需要人力的招致,于是,第一步,我们必须建立一些鹄的,认定一些路线,制成一些计划。这鹄的、路线、计划一类的东西我们统称之曰理想,不是思想。第二步,我们对此理想,必须培植一番情绪,养成一番信念,务使此理想得因多人的拳拳服膺而长久维持:这也就是宣传组织的一步。第三步,不用说,是企图实现这理想的种种努力了。社会理想所运用的心理生活的方面,显然的与社会思想所运用的不同,它要的是更坚强的意志,更热烈的情绪,在求其实现的时候,又需要活泼的动作。理智的分析当然不会没有，因为它多少总需利用一些历史的经验和学术的结论，来支持它自己，来为自己张目，不过这些终究不是主要的心理成分。又因为理想是不轻改动的东西，它是一切的准绳，一切的大前提，这一部分理智的活动极容易走上自因推果或演绎的一路，以至于趋于武断抹杀，武断其与自己符合的部分，而抹杀其与自己冲突的部分。这并不是说社会思想家就不会武断抹杀，不，他也一样的有这种趋势，特别是在他暂时放弃思想家的身份的时候，不过一经踱出思想家的岗位，他就容易被人指摘，因而不能不多自检点；一向是理想家的人就不然了，人们对理想家的武断抹杀，取的也往往是一个容忍以至于拥护的态度，容忍的是一般不认真的人，拥护的是认真而同具此种理想的心理倾向的人。

　　思想、理想，以及第三种的冥想，是不能绝对划分的。理想家多少得利用一些思想，而思想家也随时可以踱出而成理想家。理想家的理想，如果完全不理会经验与现实，但凭一己的爱憎臆断，而形成一套或一些不大成套的看法，认为社会必须如此这般，他才踌躇满志，不枉此一生，他就进入了冥想的境界了。冥想虽无疑的牵涉到社会，一种如意算盘的社会，实际上可以说是没有社会的目的的，它既不想解释社会，又不想改造社会，冥想家总觉得当前的社会太不像样子，他认识不来，也不求认识，社会也不认识他，他对此社会，也丝毫动摇不了，社会也休想影响到他，社会与他，可以说是绝了缘的。但他又并不甘心，因为人总是需要社会的；事实上的好社会不可得，至少想象上的好社会他是可以有的，因为人是富有想象能力的一种动物。于是，他在他的脑海或心田里就建立起这样一个社会来，并且在他看来是一个尽善尽美的社会。外国的象牙之塔与中国的空中楼阁一类的建筑物，就是这样来的。这决不是三年建筑不成的道旁之室，而是信手拈来都成的妙谛。一部分宗教徒所憧憬的天国或极乐世界也就是这东西；我说一部分，因为其余应当归入理想家的范畴。冥想的惟一的社会意义，可能是给现实社会一个对照，一些讽刺，给那些太满意于现实的人一些刺激，太困顿于现实之中的人一些慰藉，好比诗歌文艺的慰藉一样，此外便没有了。如果冥想中真有一些新的意境，足供未来推进社会的参考，足以激发此种推进的努力，那又就该归入理想的范围，而不完全是冥想了。冥想的意义终究是个人的，而不是社会的；始于心理上的慰安，终于生活上的逃遁，或始于单纯的幻觉以进入复杂的幻觉而成白日梦，而终于单纯的错觉以进于有组织的错觉而成疯狂，始终是个人的。一个人出家，我们喜欢用"遁入空门"一类的语气来形容他，是再恰当没有的。不过我们必须了解，从社会的立场看，那门虽是空的，从个人心理的立场看，它是绝对的不空，它是由冥想得来的一个极复杂的世界，一个光怪陆离的社会的代用品。

在本文的讨论里，我们除了指出冥想之多而且杂，可能成为目前社会理论界所以扰攘纷纭不可究诘的一种因缘之外，我们在这方面不准备再说更多的话。社会上总有一部分人，倾向于以幻觉为真知，以梦境为实境，至少认为它们可能成为真知实境；上自主持风教而握有权力的大老，下至不满意于现实而亟切于改革的青年，胸怀冥想之体，而意图收思想与理想之用的，正是大有人在。社会的情况愈紊乱，则此种分子势必愈多。他们该是空门中的人物，但目前既没有空门可作归宿，他们也决没有作此归宿的企求，于是冥想终于造成了一种满天飞和到处沾惹与纠缠的势态。关于这种势态，我们是应该郑重的注意，而于虚实之间，作一番明白的申辨的。我们下文的讨论还是集中在思想与理想的两个范围，并且认为二者各有其重要的社会意义，界限虽须划清，轻重难分轩轾。

六　社会思想与哲学概念

上文叙述各学派的时候，我们始终称它们为社会思想，其实根据刚才的讨论，可知任何思想的派别一离开了解释的岗位，而自觉的想以解释所得，来影响未来的社会生活时，它就成为一个理想的派别；而事实上大部分的派别，在解释的工作自以为大体完成，羽毛大致丰满的时候，都有一种超现实与超空间的企求，第一步的表现是来一个历史哲学，来个所谓"史观"，第二步就是过问到未来的社会了。

不过这并不是说除了上文所已叙述的派别而外，社会理想便没有别的派别，或别的派别的分法。这当然是有的。如果上面的分法是从科学与科学的级层产生出来，则另一个分法可能推溯到哲学方面，而以若干主要而相对的哲学概念做出发点。例如，唯心论对待唯物论，机械的宇宙观或原子的宇宙观对待有机的宇宙观，理性主义对待经验主义，神召对待人为，命定论对待自由意志论，全体对待部分，或社会主义对待个人主义，渐进的历史观对待革命的历史观，法治对待人治，竞争对待合作，平等对待差等，保守对待进取，道义对待功利，文质的对待，体用的对待，等等。有的概念当然不属于纯粹的哲学，而属于专派的哲学，例如历史哲学、生物哲学以至于社会哲学自身，但其为一些基本的哲学概念，有非科学所能盘诘的，则一。根据了这些来讲社会理想的派别,有的比较清楚,例如个人主义之于社会主义,大部分却不容易划分,甚至于不可能划分,因为概念上的掩叠太多,每一对对待的概念固然彼此不相混淆,但每两对概念之间却不是彼此互相摈斥,例如同一服膺社会主义,有人主张渐进,而有人主张急进。不过根据了这些概念而产生的理想上的特征与形成的派别之间的更进若干步的分化,终于演出了许许多多的支流,是一个重要的事实,值得我们注意的。

话到这里,好像又在说回去了。社会思想的汇与派,上文是叙述过的了。根据科学级层而来的社会理想的汇与派,因此也算有过一些交代。从哲学概念引申出来的社会理想又怎样呢?受过哲学概念的影响的社会理想又怎样呢?上文约略提到过一些此种概念的"派",它们的"汇"又如何呢?这问题就大了,大到社会理论的圈子之外,严格的说,是不在本文范围以内的。不过既有牵连,我也不妨约略提到我私人的一些看法来。思想,哲学思想,在西洋的历史里,只有两个很短的时期中有过汇的尝试,一是希腊文艺全盛的时代,二是文艺复兴的时代;但两次都没有成功,尤其是第二次。此外可以说全部是派别擅场的时期,至多,在表面上,因为甲派压倒了乙派,给读史者一个汇合的印象而已。试思上文所列的若干成对的概念,两两对峙,各走极端,有如神召之与人为,唯心之与唯物,社会之与个人……如何才得以汇合起来。绝对的二元论始终只是二元论,是一元不起来的;至多,它只能造成两种局势,一是分期的互为消长的局势,二是同床而各梦的局势,或换一个比喻,有如泾清渭浊,初则同一河床而清浊分明,终则分道扬镳而各行其是。西洋的神学家努力了二千年,始终没有能把善恶的原则统一于上帝;近代的科学家也忙碌了三四百年，想把唯心论分解成唯物论，想把精神的现象化验为物质的现象，也始终没有成功，始终只好把它搁在一边，或加以根本否认，或认为别具境界，不可思议；都是这一路上的例子。即使成功了，所得的结果也不过是一个兼并的局面，而不是一个汇合的局面。

总之，社会理论或社会学说，就其中比较严格的思想的一部分来看，在近代是先有过一番汇的努力，然后又分成许多的家数；就其中理想的一部分来看，因为牵涉到更大的哲学以至于形上学的领域，受到它们种种对峙而冲突的概念的影响，至少就近代而论，与截至目前，汇合的努力可以说等于没有，而对峙与冲突对于社会理想的分化的影响却是很显然。我们不容易把现有的社会理想，像社会思想一般，分成若干界限分明的派别，但上文已经说过，每一派的社会思想都有踱出而成为社会理想的企求，当其踱出的时候，便是这些对峙而冲突的概念取得用武之地的机会了。因此，同一思想的学派，当其引申为理想时，势必进一步以至进若干步的分化成若干支流，多少成为一分二、二分四……的格局。到此，我们看到，社会思想与理想的派别之分可能有三种的由来，一是依据科学级层的，流派之多，我们在上文已经大致看到；二是从一些哲学概念引申出来的，这一类的学派不容易独立存在，但也还有；三是两者之和的结果，就是由于哲学概念影响到了依据级层的流派，从而产生的更零星的分化，这当然又是很多的。近代社会学说的繁复，社会理论的纷扰，学派之间的分工合作，固亦有之，彼此的排挤攻讦究属是一个更普遍的现象，解决问题的努力，固亦有之，而所引起的新问题，所酿成的一般的动荡不安，可能是更多更大，推源溯本，这显然是因素的一个了。所以接着我们不能不把分派的利弊问题作为进一步的讨论的对象。

七 社会思想分派的利弊

社会思想的分派虽属人为，亦自有其趋势。造成这趋势的因素很多：生活环境是多方面的，并且随时可能发生变化，一也，人的智能情性是不一律的，对多方面环境的反应不会一样，二也；群居生活因此有分工合作的倾向与需要，三也；文化演变，学术随方面而累积，而一经累积，亦自有其趋势，四也；学术与思想是智识的两个层次，比较具体而固定者为学术，比较抽象而动荡者为思想，两者互为因果，彼此推挽，更不免增益此种自动分化的趋势，五也；思想分化既自有其趋势，我们对于学派的发展的一个基本态度，不应该是，因有利而欲其多，因有弊而欲其少，而是，网罗各学派的种种长处，而祛除其短处。

不过利弊的问题是存在的。在这里，我们又得把社会思想与社会理想分开了说。大抵思想分派的利弊参半，而理想分派则弊多于利，其何以有此分别，留待下文说明。思想分派之利在一个专字，唯其专，故精到、细密、彻底。社会生活的底蕴是多方面而极错综复杂的，一人之身，在短短的几十年的生命里，很难希望取得一个全盘通澈的了解，凡属有志于了解的人，势只能作一些局部的尝试，即，各就其兴趣与专门学术的准备所及，集中精力在此种底蕴的某一方面，做一番贯彻的分析与推论。一人如此，多人如此，一方面如此，各方面如此，则分工合作的结果，对于后学，对于对社会只能作些一般观察之人，可以供给一个差强人意的通盘的认识。我说差强人意，一则此种认识势必还是零碎片段，去完整的境界极远，再则它究属是一个拼凑起来的东西，中间的褶缝针缕是再也磨灭不了的，分工愈细，碎块愈多，则褶缝和针缕愈繁密；它可能是一顶瓜皮帽子，是一件百衲袈裟，却不是天孙织的锦衣。不过这已经是够好的了，这表示大家真能分工，真能分层负责，真能恪守本分，也真能合作，真能彼此尊重，相互了解，才产生了这样一顶瓜皮帽子，或一件百衲袈裟。约言之，专精的结果可以不妨碍通体的认识，也正唯其不大妨碍，专精的努力才取得了应有的意义。说思想分派有利，这便是利之所在了。

思想分派之弊也就在一个专字，唯其擅专，故偏狭、武断、抹杀。凡属学派中人多少总有一个倾向，就是初则自立门户，继则以自己的门户为最高大，终则设法教人只走这个门户，认为唯有此门才四通八达，无远弗届，唯有此门才是真正的入德之门；总因为这门是我开的，大有此山是我开，此树是我栽的一种气概。症结无疑的是在一个我字；问题当前，需要解决，其意若曰，你们都不行，我来！及其既来，则又曰，有了我，你们都可以不必了。所以此种专擅与独断的心理倾向我们总称之曰"我执"。以前的宗教家、道学家、近代的科学家，尽管教人无我，但我执始终是一个最普遍的心理现象，在一般生活里如此，在学术思想界几乎是同样的活跃，有时候反而见得更牢不可破，因为当事人总觉得把握住唯一真理的是他，而不是别人。

一样的不免于我执，程度上的分别还是看得出来的。谨严的科学范围里要少一些，特别是各门的自然科学。这显然的有两个原因。自然科学家所研究的对象确乎是更适用客观或物观的应付方法，它们可以被假定为超然于人的心理生活与社会生活之外，固然绝对的超然也还是不可能，因为研究它们的终究是浸淫在此种生活之中的人。此是原因之一。科学上所称的解释，事实上等于运用分解方式的一种说明，就是把复杂些的现象分解开来，成为更单纯而基本的现象，普通叫做因素或成因；此种分解的工夫，最初只限于本门科学的范围以内，例如生物学家解释个体的构造，始则自全体分解成若干结构的系统，更自系统而器官，自器官而体素，终于分解到了最小单位的细胞；把细胞的构造弄清楚以后，如果要再进一步，就得闯入别的科学以至于级层的防地，至少也必须企求别门科学中人或级层中人出头帮忙，特别是物理、化学的级层，否则分解的工夫便须戛然而止，达不到生物学所能认为满意的一个究竟。此种逾越的行动是有益的，它代表着科学或级层间的应有的合作，而合作便是专擅与武断的反面。此是原因之二。

但一离开自然科学的级层而攀登心理与社会文化的级层时，我们就发见两三种比较不很寻常的我执。我说不很寻常，因为寻常的我执是到处有的，各自然科学的内部也一样的有，例如：生物学的领域里，环境派对遗传派；遗传学里，精质独立论对后天习得性遗传；遗传方法论里，孟德尔派对戈尔登派；彼此争论的时候，都表示过很顽强的我执。这一种的我执我们搁过不谈。所谓不寻常的两三种，第一种可以叫做包揽垄断；第二种，说得好听些，是自求多福，说得不好听些，是刚愎自用；第三种我无以名之，姑名之曰滕薛争长。第一种最普通，大凡用了下级层的科学结论来解释上级层的现象时，最容易犯这毛病。如果级层分明，解释与被解释的级层又属彼此接壤，则根据上文解释即等于分解之论，原是理有固然，势所必至；不幸的是解释者一方面总喜欢把被解释者一把抓住，不容别人染指，别人的解释，在它看来，不是错误，便是多事。社会与文化的级层既在最上，下面的级层既属最多，就最容易变成一根骨头，受群犬的拖扯攘夺，实际上是被宰割得支离破碎，把社会与文化原有的完整的形态反而弄到看不出来。这在社会思想的研究里我们叫做"以偏概全"，想以局部来包揽全部，结果总是一个捉襟见肘，不能自圆。其级层地位距离较远的更不免隔靴搔腿，不着痒处；例如把人解释做一座机器，不错，人多少是一座机器，但人之所以为人，人之所以别于它种机器者何在，我们并没有因此种解释，而取得进一步的了解，即解释了等于没有解释。此种来自距离较远的级层的解释，一面想包揽，一面又包揽不住，又往往容易陷进所谓比论的泥淖，即，任意用些比喻来替代解释，例如有机论者硬把社会当有机体来解释，竟有人认为社会组织自亦有其阴阳两性，国家是阳性，教会是阴性，信如此说，则中国社会的保守陈腐不倒有了一个解释，不是单性生殖，便是独阳不长么？机械学派把社会解释做一座机器，也全用这比论的方法，也一样的无裨于解释的实际。

  第二种的我执是自求多福或刚愎自用。它显然是别人包揽得太多的一个反响。好比打麻雀牌的人，老不和牌，于是故意的不吃不碰，硬要打一副"不求人"，"和"给别人看看。对于这一类从事于思想与解释的人，我总有一个感觉，就是其志可嘉，不过若不求人而还是不和牌，或虽和而只是小牌，我又觉得其情可悯了。宇宙万象原是相通的，事物的演出，当其初虽有先后之分，科学为研究方便起见，虽亦不能不作级层门类之别，但现象之间，决不因人为的强分畛域而减其息息相关的程度，然则对某一部分现象不作解释则已，否则势须旁搜远绍，觅取一切可能作解释之用的其它现象，属于同一部分的可，属于其它部分的亦自轻易不容舍弃；别的部分出头帮解释的忙，包揽固属不可，亦决不会成功，但如在相当分际以内，此种帮忙决不能看作好事，更不能看作越俎代谋，又何劳一定要拒之于千里之外呢？一面摈斥别人，一面硁硁自守，自以为智慧具足，办法尽够，岂不也是一种我执？这种我执，上文已经提过，在自然科学的级层里是找不到的，不过到了上层，在心理学派里则有所谓假行为论（pseudobehaviorism）的一支，一面对其它级层则拒绝心理遗传与本能固有之论，对同一级层则否认内省观察之法，结果只是看到了一些行为的皮相，于行为的成因，既多所未解，于行为的意义价值，更所未喻；这就是我在上文所说的其情可悯了。社会学派与文化学派，上文说过，也可以叫做唯社会论与唯文化论，不唯则已，唯则在解释的工夫中，其它更较基本的科学门类便很少置喙的余地，其中的支派愈是道地，则此种余地便愈是绝无仅有。即大师如法国的涂开姆（Durkheim），他的亲炙的门徒如蒲格雷（Bougle）也终于不免批评他，认为他对于生物的因素实在是过于不加理会了。

第三种的我执我们叫做滕薛争长。这也可以说是第二种我执的很自然的一个引伸，而也是发生在心理与社会两个级层之间。一个三四岁光景的小孩子，在自我的意识发展到相当程度以后，便不欢迎别人管它或替它做事，总说"小弟弟（或小妹妹）自家来"；再后，羽毛更加丰满，就要管起别人来了。心理学派总以为心理的现象演出在前，是先进，社会现象演出较迟，是后起，并且两者之间有前因后果的关系，换言之，在科学级层里它是更属基本，若没有它，也就没有社会现象了。社会学派却反过来说，心理根本是一个社会现象，若没有群居生活，没有人与人间的交相感应，我们所了解的心理作用，特别是最关重要的思考那一部分是不会产生的；所以如果心理现象也要占一个级层的话，它应该追随在社会级层之后，才不致本末倒置，反果为因。这一番鸡生蛋蛋生鸡的争辩闹了许多年，到如今还没有结果，怕是永远不会有结果的。不过虽无结果，双方还是要争，则其所争者无非是一种资格所给与的面子，好比中国人争辈分，作客或其它场面上争坐首席，又因为先后之外又有因果的关系，所以又好像中国人最不雅的骂人方法，暗示着骂者是被骂者的祖父、父亲、最起码也是一个姐夫，表示自己即使做不到对方的生命的赋与者，至少总要叨长一些！此种心理未始不是我执的一种，自不待言。这虽说是人类的一大弱点，而推本寻源，创造级层之说的孔德也不能不负一二分责任，谁教他眼光不够远大，当初没有把昭穆的次序确切的规定下来，弄得后代子孙非争嫡争长不可？

好像老子说过这样的一句话，小智自私，贱彼贵我；一切社会思想的学派，无论所犯的是哪一种或哪几种我执，都给老子一语道着了。换今日的口语来说，一切学派都是不够科学的，一切都不够客观；一些学派中人也都是不够民主的，谁都想专制，谁都想独裁。学术与思想犹且如此，又遑论政治呢。[②]

八　社会理想分派的利弊

上文说社会思想分派的利弊参半，我们看了我执的一番讨论以后，可知这还是客气的说法，因为所谓利，多少是假定的，即假定学派之间真能分工合作，而我执之弊、各是其是各非其非的风气、门户之际的喧嚣攘夺，却是实在的。假定的利当然抵销不过实在的弊，所以事实上还是弊多于利，不过比起社会理想的弊多于利来，这还是小巫之见大巫。老子的话，和我们添上的既不科学又不民主的评语，对社会理想分派的结果实际上是尤其适用，也应该是尤其适用，为的是如下的若干原因。社会理想的目的既在改革社会，而且往往求之甚亟。则从事的人势必不免心切于求而目眩于视，推重力行而忽略认识，而所谓力行也者，或因从事者实力有所未逮，或因环境确有重大窒碍，同时又正因为理想本身原就偏颇，去通达的程度甚远，以至于推行的结果无非是一阵动乱，一阵骚扰，得不到丝毫真实的进展，于是不得不退而求其次，就是以言词作为行动，以宣传算做工作，以多言权充力行了。宣传这样东西，如果用得太多，似乎只有一个效果，就是，一面各是其是，一面又勉强别人，于不断的接受提示与暗示之后，亦从而是其是，其为一种我执，足以垄断或淆乱视听，足以为精神与思想生活上的一种紧箍咒，是不言而喻的。理想分派之弊尤在思想分派之上，此其一。

一种理想的服膺与推行，其心理上的先决条件是坚强的意志与热烈的情绪，理智的质疑分析自居次要的地位，以至于没有多少地位。这种心理上的准备，事实上和接受一种宗教的心理上的准备是完全一样的。近代有若干派别的社会理想反对宗教反对神道的信仰，从社会学的立场看，这种反对是没有多大意义的，因为关键所在，决不在一套理想的有没有神道做牌号，而在理想所唤起的一番心理的底蕴。这底蕴才是真正重要的，因为它的活动好歹总要影响到社会生活，好比煎中国草药，药终究是主体，至于水，尽管医师故弄玄虚，非井水、河水或天落水不可，究属不关宏旨。"换汤不换药"一句话就是这样来的，而前代的宗教与近代社会理想之间，就其心理底蕴而言，也确乎有此种"汤换渣留"的现象；近代意大利社会思想家柏瑞图（Pareto）把这一类的底蕴就叫做"渣"（residues），可见是不为无因的了；他用到这渣字，倒也并不含有什么恶意，不过暗示着，水可以倒掉，渣则不容易倒掉，而事实则此种心理上的基层的功能是根本取消不了的。这一番话也就顺便替近代西方宗教的一蹶而不能复振，找到了一部分的解释。信仰的倾向原是人类行为的底蕴的一部分，是经常存在的，是经常有表见为行为的企求的，内在的一方面既有此企求，而外缘的一方面又有种种足以满足此企求的社会理想，里应外合，于是社会理想愈发展，各式改革社会的主义愈扬溢，宗教的信仰便愈趋落寞。理想的兴起可能是宗教衰微的果，而也可能是因，实际上怕是互为因果的，无论如何，信仰的心理始终有它的着落，有它的寄托，总是一大事实。我们这一番话，一般的人是不承认的，他们认为理想的信仰与宗教的信仰根本是两回事，前者是科学的，不迷信的，而后者则否，所以也有人认为，即使是一件事，也足证文明是进步了！对于这样的人，我们的话是很难说明白的，不过我们应该指给他们看，在理想家的心目中，一套理想的神圣不可侵犯，有百是而无一非，只应拥护，不许批评，往往要远在乡下佬心目中的菩萨之上，为的是理想家的我执要比乡下佬的为坚强，乡下佬信菩萨，目的只在一人一家的平安，他的却在改造社会，而他自己是一个有使命的人。我们的话也许要扯得太远了[③]。要紧的是，我们要指出来，社会思想的学派和社会理想的学派，在精神上是很不相同的，而其区别怕不止是程度的，而是品类的；一到理想的领域里，我们所接触的事实上不是若干学派，而是若干宗门；宗门之间的入主出奴，是丹非素，以自己为正统真传，视别人为旁门外道，其所发动的肝火，其所引起的争执，势必比学派之间的要添上若干倍数。理想分派之弊要在思想分派之上，此其二。

理想往往有和政治取得联系的趋势，中国如此，西洋也如此。前代如此，当代也未尝不如此，并且更见得显然。西洋史里对此种联系的状态有过"政教合一"的说法，其实这是不确的，联系并不等于合一。合一是打成一片，而政教的打成一片是近代一个显明的史实，严格的说，是第一次世界大战前后才发生的，并且目前还正在方兴未艾的过程中。这指的是成套的改良主义或革命主义和实际政治的因缘固结。人们不满意于现实政治而产生一些政治理想，当然是极古老的事实，根据了一些理想来从事于政治的活动，来促成政治的局部改善，以至于全部的鼎革，也不自当代始，英、美、法的有血无血革命都是先例。不过这些所用的理想只是屈指可数的几个原则，和从原则中提取而来的几个更单纯的口号，有如自由、平等、博爱、幸福的追求之类，而学者解释这些原则，可以言人人殊，不求其衷于一是；换言之，它们不构成一个套数，并没有经过特殊的规定与颁布，不具备教条的形式与精神。只是一些理想影响了实际政治，或实际政治采用了一些理想，或多少有些理想做指归：问题是比较简单的。改革或革命主义和实际政治打成一片以后的情形便与此不同。主义是成套数的，是多少先经过一番规定的，是有一定的解释而发生疑义需要重新解释时又须诉诸一定的权威的，是具备了近乎教条的形式与精神、只许信仰而不容怀疑评论的。第一次大战以来，马列主义之于苏联，第二次世界大战结束以前，泛系主义之于意大利，纳粹主义之于德意志，二十年来三民主义之于中国，都有这种情形。主义有好坏的不同，执行主义的人有为公为私的区别，所收的实际效用因此也大相径庭，不可同日而语，是不错的；但这是另一个问题，是主义信仰者的问题，是实际政治家的问题，我们从社会学与心理学的立场来分析评议，是有把它们相提并论的权利的。

  在这些改造主义与实际政治打成一片的实例里，我们不妨提出一个来，作一个比较详细的分析，以示一两个思想学派，或至少以思想姿态出现的派别，如何引伸为改革的理想，更如何在野心家手里构成一种主义，作为政争的良好工具，而终于和实际政治取得了表里体用不可分离的关系。这例子是纳粹主义。分析起纳粹主义的思想因素来，我们很容易联想到生物学派，特别是此派中的三个支派，一是社会有机体论，二是战争论，三是种族武断论，上文都叙到过。这三个支派，在德国原是发展得最早而最热闹的，而且从俾斯麦的时代开始，爱国的学者与野心的政客多少已经把它们适用到社会、文化、民族，以至于政治生活，作为改革与扩张的张本，就是以思想之所得，派作理想的用途。这番适用也收了不少的效果，一八七〇年德国的统一与统一以后的百废俱兴，使其蔚为列强之一，不能说和此种理想没有因果的关系。最显然的是从战争论引伸出来的军国主义。其次，集体与极权主义的明显的倾向是从有机论出发的；政府和领袖是神经中枢，民众是细胞，必须打成一片，完全受命于中枢，便是一个十足的有机论的看法。犹太人在欧洲是普遍的受压迫的，而以在德国为甚；

在德国是一向受压迫的,而尤以十九世纪末叶以至最近为甚;这又很清楚的得力于种族武断主义的"学理"上的启发。[④] 希特勒对于这些的发展,在思想与理论方面,并没有什么贡献,他的贡献是一颗夸大而狂妄的野心、一个肆无忌惮不惜毁灭人性的畸形人格、一番狂热的组织与推动的魄力,把这些原是零星孤立的理想,混合在一起,揉做一团,成一个整套的信仰,又把战败后散漫而颓丧的人民心理,在这整套的信仰之上,重新收拾、团结与振奋起来;结果是谁都身受一些而知道的——奴役、战争与死亡,开始在德国,而终于拖下了整个的世界。理想分派的殃祸竟可以到这样一个终极,拿前代的宗教所引起的同类的社会病态来比,更显然的有大小巫之分。侈谈与醉心于文明进步的人应该就这一类的大事实,且多多的沉思一番,然后再下结论。就目下的形势来说,苏联的集体主义和英美的个人主义也许正酝酿着一次更新奇广大的奴役、战争与死亡来,亦未可知。理想分派之弊,特别是经过宗教化与政治化之后,要远在思想分派之上,这是解释之三了。

九　治标的祛弊论

文明的人类如果想继续下去,且不论文明的进一步的发扬光大,目前这局面是需要收拾的,而收拾的方向之一,就是如何可以充分使社会收取思想与理想之利,而尽量的祛除其弊。有两条途径是可以走得的。第一条是治标的,我在上文已经说到一些。第二条是治本的。而无论治标治本,关键均在一个汇字,治标的路是莫忘旧汇,治本的路是寻求新汇。上文说过,社会思想尽管分派不厌其多，只要一面分，一面不忘合作，一面发展自己，一面尊重别人的立场，顾全别人的努力，采纳别人的结论，则无缝的天衣虽不可得，一顶瓜皮小帽似的整体总可以保全。这就等于说，孔德、达尔文一类前辈的一番汇的努力，科学级层论与自然演化论，还是值得我们不断的参考；事物现象是有本末先后因果的，在社会与文化的境界呈现以后，事物现象又往往互为本末先后因果，而没有一件事物始终占先，始终处本的地位，始终是其它事物的造因或其它事物的初元首创。希特勒喜欢做元首，德国人也许喜欢捧他做元首，在专制极权的政治场合里容有短期的可能，在学术与思想的场合里却为事理所不许。明乎此，则我执的心理虽无法完全消除，已不难大量末减，而分工合作之效，便是不问收获的收获了。即就思想家的情绪一方面讲，这条不忘旧汇的路也正复有它的补益，派由一汇，等于流出同源，其豆既属同根，相煎毋庸太急，思想家各能如此宅心，则门户畛域之见，争嫡争长之风，也就可以大杀了。

刚才关于思想派别的话，对于理想的派别也未尝不适用，不过是更较困难罢了，困难的原因上文已经从详说过。不过还有一重为思想派别所没有的困难，就是有的理想派别不导源于孔、达两氏的综合学说，而导源于若干始终矛盾的哲学概念。在哲学界未能解除此种矛盾之先，我从一个纯粹的社会学的立场，曾经提出过一个看法来，也多少可以作为治标之用，就是我在别处已经再三提出过的两纲六目的看法，为本文的完整设想，不能不再简略的说一说。人以下的动物里，大多数的物种有个体而没有群体，或虽有而分工合作之迹不显；蜂蚁之伦则有分工合作的灿然可观的群体，而个体等于抹杀；在这些动物里，个体与群体，无论倚重在那一方面，全都由于本能，而不邀情理的自觉的认可。到了人类，个体与群体同样的存在，同样的邀自觉的认可，而几千年的生活经验，更证明两者是同样的需要，很难贱彼贵此。一个健全的社会，一种革新社会的尝试，在理论上应当承认个群两体的不分轩轾的存在。这就是两纲的说法了。个体，或每一个人的性格，并不单纯，它至少有三个方面，一是同于别人的通性，二是异于别人的个性，三是非男即女的性别。群体，或社会生活，也至少有三个方面，一是秩序的维持，二是文化的进展，三是族类的绵延。这就是六目了，一纲各三目。任何三目之间，和两纲之间一样，也似乎很难作轻重高下、后先缓急之分。而个人的三目和社会的三目又自有其联络与互为因果的关系，秩序基于通性之同，进步基于个性之异，而绵延则系于两性的分工合作；反之，如果秩序有亏缺，文化缺乏进步的需求，或族类对于绵延的欲望不够强大，则通性、个性与性别的发展也就分别的受到限制以至于抹杀。这就是我所提出的看法的全部了。

有此看法，我们对于已往的民族社会或民族文化，何以有的变化虽多，而昙花一现，有如希腊，有的寿命延长，而进步极少，有如中国，诸如此类的不同的经验，便可以求诸于各民族中若干通行的理想或一般的见地，而得到一个更清楚的了解。反过来，我们也可以根据了这看法，而推论当代各个民族社会的前途，例如，美国过分注意个人的自由，苏联过于着重集体的管制，前途可能各有各的吃亏，并且有的已经开始在吃亏。泛系、纳粹的国家，只知国家的集体，抹杀个人的自由，亏是已经吃定了的，表面上好像此种亏是外力教他们吃的，有些强制，有些早熟，但终究是理想的偏颇与不健全所招致的，终究是自作之孽。我们也可以用这看法来估量目前流行的各种学说、主张和运动。例如理工教育、职业教育、专才教育一类的主张，在两纲的六目之内，只顾到了个性与文化进展的两目，显而易见的是偏枯，若谓目的只在矫枉一时，固犹可说，若认为是一种经常的主张，就错了。又如百余年来的妇女运动，就女子个人人格的发展而言，虽若一面把以往抹杀女子的通性与个性的错误给纠正了，一面却又把女子的性别搁过一边，视同乌有，又何尝不是一个很重大的缺陷？近代婚姻之道之所以失，夫妇之道之所以苦，此种运动何能不负一部分的责任？总之，一般志在革新的人，无论是听取别人的主张，或自己有主张提出，如果都能接受这一类的看法，则前者可以知所取舍，或接受而知所保留补缀，而后者可不致过于轻率，过于偏狭，至少在尝试之前，可以有一番比较圆通的考虑。约言之，这一类的看法同时可以减少妄作主张的人与随声附和的人，这对于社会生活应当有一些澄清与宁息的功效。近年以来，一半因情势的要求，一半也由于见解之所及，一部分人的主张与行为里，也已经表示这一类兼筹并顾的看法，例如，就个人主义的自由经济与集体主义的计划经济（牵涉到上文的两纲）的一层而论，美国的罗斯福、华莱士，英国的拉斯基、孟汉姆都是这一路的人物，而在中国的政论家中间，这种人也渐露头角。

十　论新汇的可能

不过求乎其上，仅得其中，我们自勉的目的还应该是一件无缝的天衣。我们要求一个新的综合，新的汇。只有在一个新的汇的浸润之下，一切理想思想，科学艺术，才有发皆中节的希望，初不仅社会一部分的理论学说为然。我们在篇首已经提到过，在前途短期内，一个新的汇合虽未必可能，但端倪已经有了一些。我们现在就要寻这些端倪说话，如果局势真有一些贞下起元、穷极思变的要求，而同时人的自觉的努力还有几分中用，而不完全受环境历史支配的话，则由头绪而线索，由线索而脉络，由脉络而纲领，而终于能把纲领提挈起来，我们的追求就不至于完全徒劳了。

所说端倪也并不单纯，好比一根线，这其间我认为至少有五个头绪，一个是很古老的，两个是近代的，又两个是当代的。每一个头绪也不单纯，名为头绪，事实上代表着不少的人多方面的经验，和若干年的经验的累积，多少当然因迟早而有不同，约言之，每一个头绪本身就已经有些综合的意味，而在比较最古老的那一个，当初并且已经发生过一度汇的作用。我们顺了时代把它们约略的叙一下。第一个是中西文化传统中的人文思想。中国在先秦，西洋在希腊，这部分的思想已经有长足的发展。大意可以分做两层。第一层是，一切从人出发，向人归宿。第二层是，遇有二事以上发生冲突时，一切折中于人，即由人来斟酌损益，讲求应有的分寸，使不致畸轻畸重，因为，过犹不及，都是病源。所谓中庸之道表面上好像指的只是第二层，其实是两层都赅括的，中西人文思想都有近乎三才的说法，三才天地人，人居天地之间，不以天地为出发点与归宿点，而以人，也未尝不是一个中庸的看法。至于中庸也包括第二层是无须多说的。不过有一点，就是所谓折中并不等于折半，那中之所在是活动的，所以必须斟酌，所以才有分寸的话。人文思想在中国是始终保全了的，但二千年来，不进则退，大体变成暗晦，而部分被人误解，也是一个事实，在西洋则可以说全部被人遗忘了，文艺复兴时代一番提醒的努力并没有成功，到最近三四十年才又有人郑重的再行提出。这是头绪之一，是五个之中最基本的。

上文叙述到生物学派的各支派，几乎是全部导源于演化论的若干概念时，我们就发见一个唯一没有构成支派的概念，就是调适或位育。我们当时也提出了一个所以没有的理由，说它在各个概念之中最富有综合与汇的意味，因为既求位育与调适，就不能不注意一事一物一人所处的场合情境。不能不讲求部分与全部的关系，于原委之外，更不能不推寻归宿，于事实之外，更不能不研求意义价值。这就牵扯得多了，牵扯一多，就不容易自立门户；而归宿、意义、价值之类又有些玄虚，涉及哲学范围，所以从事于科学的社会研究的人名义上有些不屑为，实际上亦不能为，于是这一个大好的概念就被束诸高阁，落寞了七八十年，其间虽也未尝没有人引作思想的总参考点，例如美国的勃里士笃（Bristol），但不太成功，因而始终没有构成什么学派。不过人弃我取，而人家所以舍弃它的原因恰好就是我们所以选取它的原因。这就是头绪之二了。这个头绪与上面头绪之一有些关联，我们也应当在此指出。说这头绪是近代的，乃是因为它的发展之功，属于近代演化论者为多，其实位育一概念的由来很远，其在中国，并且一向是人文思想的一部分，所谓"中和位育"者是，唯有经由中和的过程，才能到达位育的归宿。至于位育一词何以能与调适一词互训，则我以前在别处曾屡作说明，不再辞费。

第三个头绪发展在十九世纪末叶与二十世纪前叶，大部分是美国学者的贡献，就是比亚士（Peirce）、詹姆斯（Wm. James）的实验论和杜威（Dewey）的工具论。这一路哲学里的两层基本思想和我们的追求都有极密切的关系。第一层辨一个真字，认为凡属行得通而发生效用的便是真实，所谓发生效用，当然是对人发生了。第二层更进一步的认为一切环境事物，文教意识，全是工具，谁的工具，当然是人的工具了。这在西洋好像是很新鲜的，其实也还是导源于人文思想，至少在中国的人文思想里，这两层的根苗是再清楚没有的。人文思想的经籍里没有真字，差近真字的意义的字有情伪之情，诚中形外之诚，都是从人出发的字，和道家升真之真，近代科学之真，大异其趋。《易经》的时代说到"圣人以神道设教"，孟子的时代说到"变置社稷"，荀子的时代说到雩祭、卜筮、鼓日月蚀，皆所"以文之"，《礼记》的时代说到"鬼神以为徒，故事有守"，一贯的表示工具论的无远弗届；神道由人创设，社稷由人变置，俗信（我对民间信仰，向不用迷信字样，因迷者究属例外，其数字当远较近代迷信理想之人为小）供人点缀，鬼神作入门丁，然则天下虽大，事物虽多，还有那一样不应作人的工具看呢？事物既全是工具，包括思想、理想、信仰、主义在内，而非目的，便不会取得绝对的地位，便不走极端，也便不至于喧宾夺主，转而把创设它们的人作为倾轧排挤、颐指气使、生杀予夺的对象，而这对于我们的汇的努力，是大有裨益的。

我们讲的是社会思想与理想的派与汇，如今在社会学自身的范围里我们倒也找到正在发展中而可以帮我们的忙的一个学派。我们在上文列叙思想学派时并没有叙到它，只暗示到了一两句，为的是它最后起，还在发展之中，也为的是它已有几分汇的意趣，和其它派别的精神不同，最好保留到这个段落再论。这就是所谓功能学派，可以说完全是二十世纪初年的产物，而创立之功最大的学者，马林诺斯基（Malinowski），不久以前才去世。功能学派的学者喜欢研究社会制度。从他们对于社会制度的界说里我们便不难看出功能两个字的意义来。马林诺斯基说：社会制度"是人类活动的有组织的体系。任何社会制度都针对一种基本需要；在一合作的事务上，和永久团集着的一群人中，有它特具的一套规律及技术；任何社会制度也都是建筑在一套物质的基础上，包括环境的一部分及种种文化的设备"。基本需要的满足，要针对了行事才能满足，便已充分表示功能的意思。要完成这功能，自不能不运用多方面的能力、资料、技术，即每一个生活的角落都得搜罗到家，集中一起，充分利用，才有达成的把握，把角落译成现象演程或科学级层来说，界说中的"环境"与"物质基础"属于最下的几个级层，包括化学、物理、气象、地理等，"基本需要"是生物生理的，"群""永久团集""合作"是心理的与社会的，而"永久团集"一点也牵连到地理，至于"规律""技术""设备"自属于文化的级层了。自孔德创为级层之说以来，子孙繁衍，流派绵长，而其真能饮水不忘源、数典不忘祖的，似乎只有这一个支派，其余都自立门户，各奔前程，独营生理，争名夺利去了。功能学派大有汇的意趣，这是说法之一。功能学派又未尝不得力于达尔文的演化论，特别是此论中的位育或调适的一个概念。不讲功能则已，否则不能不注意场合、情境、格局，不能不检讨部分与全部的关联，不能不留心目的与归宿，不能不研考意义与价值，约言之，不能不讲求时间空间的全般调适，通体位育。而上文讨论到位育论的时候，所提到的也无非是这些东西，根本上没有分别。此派之所以有汇的意味，而值得我们采择，这是说法之二了。上文说到演化论里的"位育或调适"是当初没有演成学派的唯一的概念，也说到后来是有的，这就是一个交代了。至于这学派是不是自觉到这渊源，承认到这渊源，我没有加以深究，不得而知，但这是不关紧要的，要紧的是这渊源的分明的存在。追求新汇的努力中所应借重的第四个头绪便是这个。

最后一个头绪可以叫做人的科学，说已详上面《说童子操刀》一文，这里毋庸多赘。不过人的科学和本文的关系是应当说明的。三百年科学的作风是一贯的分析的、流衍的、支蔓的，结果是愈分愈细，愈流愈远，已经到一个野草不可图的局面。这对于人以外的现象事物，问题还比较简单，因为它表面上好像并不妨碍我们对于物理的了解，并且正因其擘肌分理，表面上好像了解得特别清楚仔细，我说表面上，因为实际上所贵乎了解者，贵其全而不贵其偏，至少迟早能偏全并举，如果始终只是一番管窥蠡测，则豹之所以为大为美，海之所以为广为深，我们还是无从了解。不过事物了解的偏全问题还属单纯，复杂的在事物的控制。了解不能全，则控制也不能全，而偏特的控制或畸形的控制终必归宿于无法控制而后已。大凡人对事物的控制，由于人力者半，由于事物自身的环境或其他事物的连锁与牵制者亦半，所云人力，当然也可以看作全部连锁与牵制机构的一部分，但至多不过是一部分而已；如今把某件事物提取出来，使脱离其原有的连锁与牵制的情境，而思但凭人力加以单独的控制，则势必畸形于先，而技穷于后。生物界有所谓自然的平衡（balance of nature）也者，亦称生命的网络（web of life），就是一个自然区域内各种生物之间相生相克的现象的总和。我们如果但凭一知半解，把甲网络里的一两种生物介绍到乙网络里去，使发生我们所期望的生克作用，最好的结果大约是一波虽平，一波继起，而继起的问题往往是更棘手，而终于教我们束手。农学界里此类曲突徙薪、焦头烂额之事已经是数见不鲜。

上文说的只是近代科学对于物的了解与物的控制。说到人，就更可怜了。无生之物，分割了还可以了解，有生之物就已经大有困难了；到了人，更似乎是分割之后再也拼凑不成一个整体，即部分的了解尽管细到，合并起来，绝对不等于全部的了解，甚至于可以说，人的了解必须是囫囵的，不囫囵不足以为了解。到现在为止，所有关于人的科学，包括所谓人类学在内，全都是支离破碎的，算不得了解。既不了解，控制自更无从说起。三百年努力的结果，好像是已经把宇宙万象，了解得很清楚，把声、光、电、化，以至于原子的力量，控制得很得心应手，独独有一种物象没有能力了解到，控制到，那就是人自己。用卡瑞尔（Alexis Carrel）的说法，人到现在还是一个未知数。用我们一句老话来说，人对于自己的生活，还是不出"盲人瞎马、夜半深池"所描写的光景。以未知数来推寻表面上的已知数，用夜半深池边瞎马上的盲人来驾驭这世界，原是不能想象的，而居然不断的在那里推寻驾驭，则结果之鲁莽灭裂，自可想而知，事实上也用不着想，因为展开在眼前的就是。

真正的所谓人的科学也滥觞于詹姆斯一路的哲学家，可是荏苒了三四十年，一直要经历了两次的世界大战以后，科学家才注意到这个问题。第一次世界大战后所出现的所谓完形心理学是多少搔着了一些痒处的。第二次世界大战发生以后，这方面的论议就逐渐的增多起来，到最近一两年，比较郑重的作品也将次问世。这门科学的方法论虽尚待发展，细节目的研求更有待于方法比较完成之后，但有两点已经邀到公认。一是属于看法或信念的，即，如果我们不了解人自己，就休想了解社会，了解世界。如果我们不能控制人自己，就根本不能控制社会，控制世界。第二点已经牵涉到方法，就是研究必须有囫囵的对象，囫囵的人，以至于人所处的在某一个时空段落里的囫囵的情境。也许用不着再加指出，这种人的科学的新发展和本文全部的见地是完全属于同一趋势的，就是由派分而求汇合，唯有从汇合中求得的知是真知，更从而发生的力是实力。

前途的演变是不容易预测的，不过，履霜冰至，这五个头绪，彼此之间既很有一些渊源，或一些殊途同归的缘分，迟早是会融会在一起，而成为一个簇新的汇合的。这新的汇总得有一个名字，我们姑且名之曰，新人文思想。根据上面的讨论，我们又不妨提出如下的一个梭子形的系图来，作为结束：

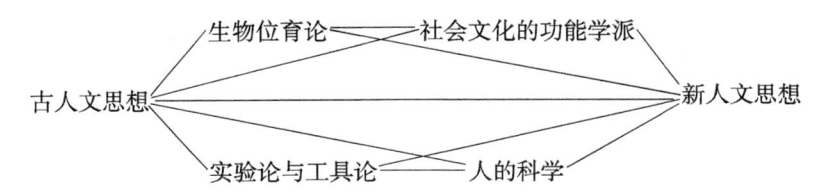

```
              生物位育论━━━━社会文化的功能学派
            ╱      ╲    ╳    ╱      ╲
  古人文思想              ╳              新人文思想
            ╲      ╱    ╳    ╲      ╱
              实验论与工具论━━━━人的科学
```

注 释：

① 《中国之家庭问题》，一九二七年（新月书店初版，再版起归商务印书馆）。
② 参看《自由之路》中《一种精神两般适用》一文。
③ 我在一九三四年八月二十五日的《华年》周刊上曾发表过一篇评论，《迷信者不迷》，可供参阅，辑录于下："近来天气亢旱，各地方祷神求雨一类的行为，几乎日有所闻。行政院长汪精卫氏为此曾电嘱苏、浙、沪省市当局：当农民求雨的时候，虽不便过分干涉，然于事前事后，应注意到常识的启发，务使大家能破除迷信而积极的增加人事上的努力。在行政者的立场，而能有这种自由的见地，我们以为是很不可多得的。'不便过于干涉'的一语尤其是见得宽大，和近年来但知一味高呼'打破偶像''废除迷信'的人的气味大有不同。我们何以在这些地方宜乎要比较宽大呢？理由是极简单的。就是，农民的迷信往往不尽是迷信。何以知其不尽是迷信呢？我们又可以从求雨方

面看出来。第一，此种信仰并不是完全消极的。大家为了求雨，进城一次，游行一周，在城隍或其它庙宇里有一些团体的活动，结果，不但心理上暂时可以得一些安慰，工作上也可以引起一些兴奋。我们不信他们在求雨的祈祷仪式完了以后，便各自回家高卧，专等甘霖的来到。他们一定还在防旱的工作上不断的努力；他们是轻易不容易失望的，有一分可以努力处，这一分他们决不放松。要是求雨的举动的确可以在这干枯乏味的当儿，给他们一些慰安与兴奋，我们又何苦定要干涉他们？第二，农民相信偶像和偶像所代表的神佛，不错，但此种信仰并不是无限制的，并不是绝对无条件的。有求必应的神佛固然受农民的顶礼膜拜，千求不一应的神佛也许会引起大众的公愤，因而受到相当的处罚，以至于撤换。有的地方，因为求雨不灵，大众便把神佛从庙里抬出来，请他吃一顿鞭子，鞭后还要游街示众。有的地方大众用放火烧庙来威胁他。例如缙云县的城隍神，在以前便几次三番的受过这种威胁。这一次缙云县县长的祷雨文里，便说：'尊神生前曾长斯邦矣；故老相传，天苦旱虐，吾民尊神，与神约，七日不雨，则火庙，神感，尊神诚如期降雨，救此一方，至今数千百年，人民以为美谈。'这还算是客气的，并不含多大威胁的意味，但味其语气，已经和韩文公的《祭鳄鱼文》的末尾几句没有多大分别了。由此可知此种的神道观是始终以人的福利做出发点的，假若一个神道不能给人福利，那就得退避贤路，甚至于要在人的手里受了责罚才走得脱。我们可以说这是人自己寻自己的开心，是一种很傻很幽默的行径，不错，生活的一大部分就是这种寻自己的开心的幽默行为所构成的。我们自己对付一种理想，其实也就用同一的自己解嘲的方法，时而把它捧上天，时而把它摔下地，时而修正，时而放弃，时而认为它是唯一的救世的南针，时而把它比做海市蜃楼、梦幻泡影。理想之于有智识的人，就等于偶像之于无智识的人。理想也就是一种偶像。偶像打不破，打破了就没有生命，对偶像却也不宜太认真，太认真了，生命的痛苦也就从此开始。一个能在这两个极端之间游刃有余的个人或民族便是一个健全的个人或民族。我们对于中国的大众，始终没有觉得失望，这就是一个很大的理由。你还要说他们迷信么？我们不。"

④ 参看拙著《人文生物学论丛》第一辑中《近代种族主义史略》一文。

说乡土教育

十三年前（一九三三）有机会到江苏金山县去游览，因便在金山中学演讲一次，归后写了一篇稿子，叫《忘本的教育》，目的在说明近年来一般史地教育的不够多与不够活。七年前（一九三九），西南联大觅取一部分校址，有机会到云南玉溪县的九龙池，当时昆华中学高中部约我讲了一次，回来写了一篇《说本》的文字，显而易见是由于九龙池的水和饮水思源的旧话引起的。最近（一九四六春）保山县为了修志工作，约联大、云大一部分同人前去帮忙，因便又有演讲的机会，我讲的题目之一是《务本的教育》，中间谈到的一个方面是乡土教育，归后，保山旅昆同学为他们的刊物索稿，即就当日关于乡土教育一部分的话引伸为此文。《忘本的教育》《说本》《说乡土教育》前后三篇，所跨的时限虽有十二三年，立场只是一个，就是"务本之义"。这对于读者虽不大相干，对我自己，却觉得是值得省忆，把前后贯串起来，而在这里记上一笔的。

一切生命的目的在求所谓"位育"。这是百年来演化论的哲学所发见的一个最基本最综合的概念。这概念的西文名词，我们一向译作"适应"或"顺应"，我认为这译名是错误的，误在把一种相互感应的过程看作一种片面感应的过程。人与历史的关系，人与环境的关系，都是相互的，即彼此之间都可以发生影响，引起变迁，而不是片面的。说历史与环境完全由人安排，是错误。说历史与环境完全支配着人，也是错误。近来常有人说到"历史的必然性"和"潮流必须顺应"一类的话，不止当看法说，更当做金科玉律说，显然是犯了后一种的错误，而此种错误的责任，我认为至少有一部分要归"适应"或，"顺应"的译名负担。

其实演化论所揭橥的若干概念，文明人类的经验也早就揭橥过，说此种经验揭橥得不够切实，不够清楚，则有之，说经验中完全没有这些部分而无从揭橥，则不可。即如在中国人的生活经验里，"顺应"那个错误的译名所代表的概念我们很早就叫做"位育"。《中庸》上说："致中和，天地位焉，万物育焉"；后世注经先生又加以解释说："位者，安其所，育者，遂其生"，安所遂生，是谓位育。任何事物能安所遂生，能位育，岂不是恰恰可以代表演化论中那个译错的概念。同样一个译名，顺应或适应给我们一个错误的看法，即，总像人在迁就，而历史与环境不是屹然不动，便是颐指气使的向人作威作福；位育则没有这些毛病。

教育的目的不止一个，而最概括没有的一个是促成此种位育的功能，从每一个人的位育做起，而终于达到全人类的位育。其实这最后所达到的境界，教育也大可以不管，因为，如果因教育的努力而人人各得其位育，人类全部的位育是不求而自致的。

教育虽是一个人与历史，人与环境相互感应的过程，从教育的立场说。要教育来促进位育的功能，却不能不分一个本末宾主，因为教育的对象终究是人自己，而不是历史，不是环境。我们不得不假定人是本，历史是末，人是主，环境是宾。人也许是很无能的，也许在不免受历史与环境的玩弄摆布，但我们不得不假定人可以修正环境，开辟环境，可以指引历史，创造历史；因为不如此，我们便无法施行教育，甚至于教育便根本没有了存在的理由，我们名为是人，实际上也尽可以浑噩一生，与鸟兽草木同腐，于遭受玩弄与摆布之余，一任历史忘怀，环境埋藏就是了。

从本位教育的立场说，任何人的生命是在一个十字街头，是一个四达之衢的中心，这十字街，这四达之衢，东西指的是空间，是自然环境或地理环境，南北指的是时间，是往古来今，是历史，而十字街的交叉点是当时此地和与当时此地发生紧密接触的我，就教育工夫的本末宾主说，我是本，十字街头是末；而东西南北两街的延展至于无尽是末之末，或，十字街头本身，因为去本不远，也不妨算是本，而延展的部分对它还是一个末；本末之分原是比较相对的。

所以讲求本末的教育才是真正的位育的教育，也才是真正的教育，不求位育，不讲本末的教育根本就不配叫做教育。此种教育也因此有由本及末，由近及远的三个步骤。第一步是关于人的，其间又可以分做两部分，一是关于一般人道的，关于人与非人的界限分别的；二是关于个别的人的，关于我与非我的界限分别的。此一部分教育的目的是在取得人对于自己的了解，进而对于自己的控制。第二步就涉及十字街的交叉点与其邻近的地带了，这就是题中所说的乡土教育了，其间必然包括到乡土的历史与地理。第三步才是一般的史地教育。这两步的目的也不外先之以了解，继之以控制。这里所称的史地，不用说，都是最广义的。如果第一步里包括一切关于人与社会的学问，第二第三两步里的"史"就包括一切的人文科学，而两步里的"地"就包括一切的自然科学。以此绳目前流行的教育，无分中外，可知大病所在，即是本末倒置，或舍本逐末，目前最受关注的是第三步。第二步，特别是在中国，在乡土观念一向很发达的中国，几乎无人问津；中小学的教科书既成为国定，标准题材既须全国一致，又怎能容许师生注意到某一个角落的个别情形呢？第一步也是特别受忽略的，尤其是关于个人的部分，关于每一个人的自我了解与自我控制的部分，也就是全部教育中最最基本与主脑的部分。

关于本末先后的三步教育，第三步我根本不准备讨论。目前的教育有的是第三步，并且可以说第三步已畸形发展为教育的全部。此种教育的绝对的分量尽管有限，相对的分量却早就成尾大不掉之势，成喧宾夺主之势。第一步我在别处另外已有讨论。这里也不多说。我准备特别提出来而多说几句的是第二步，即乡土教育，乡土的史地教育。

近代教育下的青年，对于纵横多少万里的地理，和对于上下多少万年的历史，不难取得一知半解，而于大学青年，对于这全部历史与环境里的某些部分，可能还了解得相当详细，前途如果成一个专家的话，他可能知道得比谁都彻底。但我们如果问他，人是什么一回事，他自己又是怎样的一个人，他的家世来历如何，他的高曾祖父母以至于母党的前辈，是些什么人，他从小生长的家乡最初是怎样开拓的，后来有些什么重要的变迁，出过什么重要的人才，对一省一国有过什么文化上的贡献，本乡的地形地质如何，山川的脉络如何，有何名胜古迹，有何特别的自然或人工的产物——他可以瞠目咋舌不知所对。我曾经向不少的青年提出过这一类的问题，真正答复得有些要领的可以说十无一二，这不是很奇特么？个人家世除外后，其余的问题都属于所谓乡土教育的范围。

乡土教育可以有许多很显明的贡献，我不妨在此数说一下。此种贡献既属显明，原无待数说，但因为近年来我们太把这题目搁过一边，于是显明的也成了暗晦。第一点贡献是从本末宾主的原则来的，上文已经有过一番讨论。良好的公民要由教育产生，但目前流行的教育，即使办得极好，所能造成的公民是多少有些不着边际的，没有重心的，"满天飞"的，找不到据点或支点的。因此，教育虽在他身上培植出一份力量，那力量不是无从施展，便是零星浪费，至多也不过是蜂拥麇集在少数区处，例如若干大都会，造成了历年来都鄙与城乡之间那种头重脚轻的不健全的形势。一部分古代的眼光认为这形势是对的，据说这是一种"强本弱末"之计，不但加以欢迎，并且还要运用了政治力量强制的促其实现，例如汉代几次的把豪强富户移徙到京师和附近的陵寝地带。但近代的需要不同了。民主政治的基本看法之一应该是，民是本，政府是末，地方是本，中央是末，而就中国比较特殊的情况说，我们还不妨添上，乡村是本，市是末，农是本，工商终究是末。我们不准备踏上民主的坦途则已，否则第一步便应该认清楚这种本末的关系，而第二步就是根据了此种关系把教育的努力转换一个方向，再作一番部署。有了这番认识，我们便必然的会想到乡土教育的重要，而也可以料到，前途乡土教育的成效，便是合乎民主原则的一番新的本强而末也不弱的局面。

第二种贡献是乡土教育比较的最脚踏实地，正因为乡土教材的性质最是脚踏实地。近代教育最注重科学方法，凡事要青年学子躬自观察，躬自体验，在自然科学一方面，这种观察与实验的一般的机会当然是有的。但在史地一方面，特别是比较狭义的史地，其注意所及既始终是一般的，即，不是通国的，就是世界的，其所用的题材势必是十之八九限于现成的书本与图表，而躬自观察与体验的机会十不一二。如果地方中小学发达，而又能充分的注意到乡土教材，则此种机会无异是放在眼前，俯拾即是，而每一个青年，从儿童时代起，到出外升入大学以前为止，至少可以有八年十年的观摩与踏勘的训练。百年前，美国生物学家阿加西兹（Agassiz）再三叮嘱青年们"要研习自然，不要研习书本"；中国教育一向专重书本，青年"读死书，死读书，读书死"的至今依然大有人在；在自然科学教材与教法尚未能充实的今日，要改革此种习惯，我认为最良好与现成的途径是在中小学时代充分注意到乡土的史地教材与教法。

从对于乡土的认识，我们就进到对于乡土的爱好，这便是第三点贡献。中国人对于乡土，是一向具有极大的同情的，所谓桑梓之情或枌榆之情的即是。大约除了家庭戚郦的爱好而外，乡土之爱，在中国人的情绪生活里，要占到第一位。这原是很自然的。我们的问题决不在此种爱好的太少，而在太多，与太滥，太不分皂白，而其原因正坐认识不够，或不够客观；不够客观的认识所产生的爱好必然是盲目的，是感伤主义的，和母亲的溺爱，与情人眼里的出西施，属于同一范畴。这种盲目的爱好在社会生活上曾经发生许多不良好的影响，在政治上造成不少的弊病，在推行法治时成为有力的障碍，是谁都知道的。而凡百弊病的症结所在，总不外一个私字，一种阿私，一种乡土之私，乡土之私虽比一己之私与一家之私大得一些，但也还是私，在讲求大公的民主社会里是没有地位的。如今要在这方面"八厶为公"，除了适当的乡土

358

教育而外。我认为没有第二条路。乡土教育教每一个人对自己的乡土有客观的认识以后，能够进而和别人的乡土作客观的比较以后，他的爱好也就容易成为有条件的、有制裁的、有分寸的，而不是一味的盲目的了。一般论调总以为只要交通方便，来往频繁，此种盲目的爱好就自然趋于消灭；不错，消灭是必然会的，但应知上文所再三申说的"本"的观念也就同归于尽，要培植此"本"的观念，适度的乡土之爱是有地位的，并且是必要的。上文不已经说过，问题并不在此种爱的存在，而在它的浮滥么？《诗经》上说："惟桑与梓，必恭敬止"，具有恭敬的态度的爱好是有距离的爱好，是能明能远的爱好，乡土教育所要栽培的就是这种情绪。

一个人有了这样的情绪，他才不至于轻去其乡，这又是乡土教育的第四点贡献了。中国人，就绝大多数说，是安土重迁的，轻去其乡的现象，在以前是不多见的，除了"时难年荒世业空"的形势之下，"羁旅西东"或一般移民的活动总属例外。不过轻去其乡的现象近代已一天比一天流行。这其间原因不止一端。交通的方便当然是一个，地方政治不清明，乡村的得不到保障，致使经济濒于破产，农民横受蹂躏当然也是一个。但从本文的立场看去，更重要的一个可能是一般人对于乡土的爱好，浮滥的情形虽未改，而淡薄的程度则有加。一个人在别处遇到同乡，周旋，拉拢，援引，攀附，可能是不减当年；但若教他回到家乡，替桑梓谋些福利，他总觉得有几分不屑。如果他的年龄已属向暮，他可能想起"树高千丈，叶落归根"的老话，及时遄返家园，于享受一些残年清福之后，终于加入祖宗的丘垅。但近来此种情绪亦已日见削弱，而实行归老的也日见减少；即使不减少，试问，垂暮之人对于桑梓的繁荣又有得几许实惠？总之，在这一类轻去其乡的人的心目里，故乡已不再有什么值得留恋的地方；即使终于归老归死，也无非是一种感伤主义的表现罢了。

故乡真无一事值得留恋么？不，无论就任何人的故乡说起，值得留恋的地方正多；问题是在他的童年与青年时代，我们没有把家乡情形，包括广狭义的史地在内，充分的介绍给他，让他观察，鉴赏，让他留下一个深刻的印象，觉得前途值得继续观察研究的是些什么现象，值得维持兴革的是些什么事业，值得探讨解决的又是些什么问题，这又是回到乡土教育的话了。如今乡土教育既不存在，则此种印象自无从取得。及其为就学就业而暂时寄寓他方，他对于家乡的问题事物，也就不会再有心存目想的机缘，家乡对他也再无吸引的能力，而同时异地的风光情调却又不断的与以刺激诱惑，终于教他对于乡土的关系，由淡漠而忘怀，由忘怀而恝置。约言之，就地方福利而论，地方中小学不能运用乡土教材的结果，是断送了人才，驱逐了人才，决不是造就了人才，保养了人才。此种忘本而不健全的教育愈发达，则驱逐出境的人才越多，而地方的秩序与福利愈不堪问。

近年来国计民生的大问题之一是地方的凋敝和农村的衰落，大家都看到这问题，但一般人对于这问题的分析似乎始终限于经济与政治两个方面。此种分析实质上没有能尽这问题的底蕴与症结。底蕴与症结所在，我以为直接是人才的，而间接是教育的。如果农村中比较有志力的分子不断的向城市跑，外县的向省会跑，外省的向首都与通商大埠跑，人之云已，邦国殄瘁，试问，地方又安得而不凋敝，农村又安得而不衰落？地方政治的混浊，农村经济的破落，后来虽也未始不成为更多的人口漂流到都市的重要原因，而当其初，则显然是人口中比较有志力的分子轻去其乡之果。至于此种分子之所以轻去其乡，则我以为缺乏乡土教材的中小学教育实负始作俑者的责任。所以这就是我们的结论了：要纠正目前头重脚轻，末强本弱的大病，而企求每一个国民得所位育，地方得所位育，以至于通国得所位育，很大的一部分的工作应从乡土教育入手。

人文学科必须东山再起

——再论解蔽

我在《荀子与斯宾塞尔论解蔽》一文里，指出了两个人在解蔽问题上许多不谋而合不约而同的地方。不过两个人在解蔽的方法论上也有很不相同的一点，虽彼此并不冲突，甚至于还有相得益彰的好处，却终究是一个重要的区别，值得我们再提出来讨论一下。

荀、斯两人都提到治心与治学的两个方法，这一层基本的看法是一样的。不过说到治学，两人所说的学的内容却不一样。荀子所说的似乎只限于我们近代所了解的人文学科（humanities），而斯氏则限于自然科学，从数学、逻辑起，中经物理、化学、天文、地质，以至于生物学、心理学，全都属于自然科学的范围。这和时代的不同与学术背景的互异当然有很大的关系。荀子的时代是说不上什么自然科学的；荀子所了解的学只是先秦时代所累积与流传下来的一大堆经验、知识、思想，有的见于记述，有的怕还是一些传说，其中关于自然的零星知识虽也未尝没有，大部分总不出我们今日所称为文学、史学、哲学的几块园地，而在那时候，这些园地的畛域还是分不大开的。除了这些，时代与背景确乎也拿不出什么别的来。

斯氏的时代里，自然科学已经相当的昌明，自然科学的门类已经由模糊而趋于确定，而各门类之间的关系也已将次阐明；对于此种阐明的工夫，斯氏自己还有过一番贡献。在他看来，只有自然科学才是一帖解蔽的对症良药，因为在一切学术之中，只有它是最讲求客观，最尊重事实，最注意分析，而于分析之后，又能加以贯串会通的。在他的那本《群学肄言》里，他完全没有讨论到其它的学术对于祛除成见可能有什么贡献。社会科学可以不必说。那时候关于社会的许多知识见解本来还不成其为科学，即降至今日，也还说不大上科学两个字；斯氏认为要社会的学问成为一种或多种科学，我们必须先做一番清宫除道的工作，而祛除成见，便是这工作的第一步了。《群学肄言》既为此而作，则讲到治学为解蔽的一种方法时，自然是没有社会科学的名分了。时至今日，社会科学既比斯氏的时代为差较发达，我们再论解蔽与治学的关系时，立言可能要不同一些；但此不在本文范围以内，目前姑不深论。

不过人文学科如哲学，如历史，如文学艺术，何以在斯氏的议论里也竟一无地位呢？这其间可能有几个答复。一是斯氏自己忙着自然科学的研究、社会科学的树立，以及一切科学的会通，对于比较古老的人文学术根本不大理会，以至于不感兴趣；他虽把他努力的结果叫做"会通哲学"，但此其所谓哲学和我们普通所了解的哲学实际上很不一样，在他看来，他的是"可知的"，普通所了解的是"不可知的"，而自作聪明者强不知以为知罢了。二是他可能认为人文学科未尝没有它们的解蔽的效用，并且已经相当著明，无烦再事数说，一则因为人文学科已有过二三千年的历史，再则当时所称的读书人是没有不经历过此种学科的熏陶的。三是反过来，他也可能认为人文学科没有多大解蔽的力量，他可能指给我们看，人文学科在历史里的累积虽多，发展虽大，对于读书人的偏蔽，曾无丝毫补救，否则又何待他出头写出一本专论解蔽的书如《群学肄言》呢？四是更进一步，他可能认为所谓人文学科也者根本就是蔽的渊薮；蔽的产生、蔽的维护、蔽的变本加厉，它们要负不少的责任。文学艺术重情感，哲学专事冥想理想，历史受了情感与理想的支配，至于充满着歪曲的事实，凭空的结构，要从它们身上寻求解蔽之法，不是问道于盲么？西洋二千年中宗教的桎梏，宗派的门户纷争，以及近代种种比较新兴的入主出奴的力量，有如国家主义、阶级观念、种族偏见、改革学案等等，又无往而不和人文学科有不可分离的渊源；解铃可能需要系铃人，但决不在这个场合，在这样一个场合里寻找解蔽之道，势必至于得到一个抱薪救火的结果，以斯氏的聪明是不做的。

不过上文说的乃是七十年前的光景，一半又还是我们猜度之辞。今日的情形又如何呢？不用说，斯氏解蔽的努力的收获是极度的可怜的。说他完全没有收获，也不为过；不但没有，蔽的种类加多了，程度加深了，范围扩大了。蔽所招致的殃祸也不知放大了若干倍数，包括两次的世界大战在内，而可能的第三次大战也免不了打在这个蔽字之上；而最可以教九京有知的斯宾塞尔认为痛心的是，这局面的所由形成，自然科学要负很大的一部分责任！

自然科学的效用之一，信如斯氏所了解与申说，是足以收解蔽之效的，结果却是适得其反；志在解铃的一只手终于成为系上新铃或把旧铃系得更紧的一只手。这其间也有若干因缘，有非斯氏当初意料所及的。第一，斯氏自己虽主张会通，自然科学一向的实际趋势却几乎完全侧重在分析与专精，而越至发展的后期，此种分析与专精的趋势越是增益其速度，积重而难返；能够比较集成的大师有如斯氏本旷世不数遘，但到此后期，虽有此类大师怕也无能为力了。分而又分、细之又细的结果，对一门科学自身，我们美其名曰专精，曰进步，表面上似乎很有收获，但对于从事的人，以及其人的意识情趣，分析就等于分崩离析。各陷其泥淖而不能自拔，与各钻其牛角尖而不易与人交往的结果，不是实际上等于分崩离析么？不也就等于各自有其偏蔽障翳么？达尔文自谓到了晚年，因为钻研过久，连欣赏音乐的能力都消失了，便是一个最好的例子。至于对一门科学自身表面上的收获也终于抵不过实际上的损失。英国思想家席勒（F. C. S. Schiller）不说过么，一门科学，因为过于钻研，过于玩弄术语，终于会断送在这门科学的教授手里，所以一门科学的最大的敌人便是这门科学的教授。而断送的基本原因也就在一个蔽字，他看不见别的，别人又不懂得他，不断送又何待？这种分析、隔离与翳蔽的趋势又复自有其因缘，大致可说一半是属于科学方法自身的，特别是在它的过分注意数量的衡量一方面，近年来西方科学家已颇有论及之者，[①] 而一半则由于从事于科学研究的人的眼光器识的短小，目前都姑不深论。关于这第一层，用荀子的话来说，就是"蔽于一曲而暗于大理"，就是"博为蔽，浅为蔽"中的"博为蔽"，博字事实上应是指"深邃"与"专精"，因为它是和"浅"字作对待的，不过用在今日的"博士"头衔上倒也还将错就错的配称罢了。用斯氏的语气来说，则是由于"理智力的多患狭隘呆板，不能兼容并包"，亦不外上文眼光器识之论。不过有一点我们必须注意，在当时斯氏的见地里，他似乎只看见了人的不是，而没有看到科学方法的也有其未尽善处，也更没有想到，理智力的狭隘呆板也可能和新兴的科学缔结良缘，而使科学完全成为一种擘肌分理与细皮薄切的勾当，从而增加了偏蔽的质与量。当时的科学是新兴的，好比科学在今日的中国一样，大家自寄予无限的同情与希望，也难怪斯氏自己也未能免俗而不无所蔽了。荀子所称的"近为蔽"或"今为蔽"指的便是斯氏自己所患的这一种。

第二，我们通常讲说科学长，科学短，总是失诸太笼统，其实就其对于人生兴趣的满足一方面来说，至少可以分成三种很不同的努力；一是培养一般科学的精神来造成更良好的人生态度与风格；二是好奇心的发挥与满足；三是科学智识的控制驾驭，其目的在收取种种利用厚生的果实。三者都有它们的地位，不过从人生意义的立场来看，也就是从教育的立场来看，最关重要的是第一个努力，其余两种究属次要。而自斯氏创论以来，七八十年间，科学的发展显而易见走的是一条避重就轻的路。汗牛充栋的偏于理论方面的研究论文属于第二种努力，除了满足作家本人与小范围的同行的人的好奇心与求知欲（即前哈佛大学白璧德教授所称的知识淫〔libido sciendi〕）以及本人的沾沾自喜的心理而外，别无更大的意义。第三种努力的结果是种种应用的器材，小之如日用的小玩意儿（西洋不喜欢机械文明的人总称之曰 gadgets，提到时还不免嗤之以鼻），大之如原子弹一类的东西，数量之大，花样之多，推陈出新之快，是谁都知道一些，毋庸数说的，我们至多要注意的是，所谓利用厚生也者，利用诚有之，厚生则往往未必。不过我们认为三种努力之中，这两种总是比较轻而易举的，所以为之者多，而从旁喝彩的人更多。至于第一种，在价值上最较重大，而非穷年累月不为功的一种，就很少有人存问了。所谓科学的精神、客观的态度、谨严的取舍、持平的衡量，足以影响整个的人生者，则至今没有成为教育的中坚要求；受过所谓高等教育的洗礼的理论科学家与应用科学家也正不知有多少了，但一踱出他们的本行以后，有得几个是真能看事客观，论事谨严，而处事持平的？三种努力之中，唯有第一种可以祛蔽，而被人忽略的恰好就是这种；第二第三种都足以养蔽，而受推奖的恰好就是这两种，再用荀子的话来说，第二种努力的蔽是"欲为蔽"，第三种的是"用为蔽"，也是再清楚没有的。

　　第三，七八十年来，科学自身已经成为一个偶像，偶像化的迟早，各国不一样，但终于成为偶像则一；经过两次世界的大战以后，在若干先进的国家，这偶像虽似乎已经有些动摇，但一种以科学为"万应灵丹"的看法似乎并没有改变多少，而其所以为灵的道理，决不是因为它可以养成一种健全的生活态度，甚至于也不是因为它有趣，而是因为它有用；这就和上文第二层的话连起来了。至于比较后起的国家，有如苏俄与中国，则此种偶像化的过程正在方兴未艾之中；中国五四运动以后，不常有人把科学称做"赛先生"么？此种称谓上的玩弄花样虽属文人常事，不足为奇，但欲一事一物发人深省，而不得不出诸以人格化或偶像化的方式，也足见提倡者一番推尊的苦心了。五四运动前后若干年里的提倡科学，还可能为的是它的精神足以影响生活态度，虽也不应以人格化的方式出之，也还有几分意义，至若近年，则一切提倡的努力几乎完全集矢于富国强兵的鹄的，即完全发乎一种急功近利的要求，连理论的研究兴趣还说不大上，就更见得浅薄了。无论为的是什么，科学与偶像总是一个名词上的矛盾。论理，科学自身是无法成为偶像的，它和世间所认为偶像的事物也是风马牛不相及；而世间破除迷信与打倒偶像的一般好事之徒往往假科学之名以行，此种假借名义的行动当足以证明此辈对科学的迷信，已经到一个引科学为偶像的程度；正唯科学自身在此辈心目中已成一种迷信一个偶像，才有破除其它迷信与打倒其它偶像的必要；谁都知道凡属信仰与偶像，总是不两立的。若有人问，何以确知近代人士已经把科学偶像化，这便是一个最直截了当的答复了。至于偶像化和偏蔽心理的关系，到此便无须解释，一切偶像的崇拜有它的蔽，甚至于由蔽而锢，斯宾塞尔在《群学肄言》里已经发挥得足够清楚，不过他所十分重视的科学居然也会踏上偶像的宝座，则恐怕他连梦都没有做过。至于荀子在这方面的见地，则见于《天论》篇，而不见于《解蔽》篇，即他的"以为文则吉，以为神则凶"之论是。②

第四，科学的发展根本忽略了人，尤其是忽略了整个的人，而注其全力于物的认识与物的控制，说已详上文《说童子操刀》一篇中，兹不再赘。孔子有句话说："道不远人，人之为道而远人，不可以为道。"荀子在《解蔽》篇里说："精于物者以物物，精于道者兼物物"；我们把这两句话合并了看，就明白这方面的蔽之所在了。荀子又尝评论庄子，说他"蔽于天而不知人"，如果我们把天释做自然，而此自然者，不必为庄子所了解的自然，而为近代科学所了解的自然，则这一句评论便可以原封不动的转赠给近代科学，而了无有余不足之病。

第五，科学助长了一般人对于进步的迷信，亦即喜新厌故的蔽，亦即对未来的一种妄生希冀的心理。西洋进步的理论与信仰不始于自然科学家，而始于十八世纪末叶的社会理想家，但有人叫做进化论的演化论是自然科学家的产物。演化论，依照达尔文、赫胥黎诸家的比较科学的看法，原是可进可退的，演化的过程并没有必进的趋势，赫胥黎在《天演论》的第一页的原注里并且曾经特地加以说明。不过在许多人的见解里，演化论很早就成为进化论，并且到如今还是一味的进化论。这其间也有一些因缘。一是一部分的演化论者的议论过于笼统。总喜欢说由简入繁，循序渐进一类的话，斯宾塞尔自己就是这样的一个。二是演化的学说和进步的理想终于纠缠一起，不加察别，便分不出来；这一半要由演化论者自己负责，即如上文所说，一半由于社会理想家切心于取得科学的帮衬，一样宣扬进步的理想，从此更容易取信于人。三是科学的发展既完全侧重于智识与功利两种欲望的无限制的满足，有如上文所论，确乎也供给了不少的成绩，与人以日新月异、迈进无疆之感。即如原子弹的发明，从善于杀人的技术观点看，谁会说它不高明，不进步？但这终究是一个幻觉，一种翳蔽，斯宾塞尔自己虽也有进化的议论，却没有提防此种议论也会成为一种蔽的张本；可能正因为他自己在这方面已有所蔽，所以便不提防；也可能因为进步进化之说，在当时历史还短，还不大成一种传统的力量，根本上无须提防；斯氏在他的解蔽论里所提的蔽的种类也确乎是以传统的事物占绝大的多数。荀子的议论也没有包括这一种蔽，他曾作"法后王"之论，为的是要祛除当时人食古不化与以古非今之蔽，但在《解蔽》篇里，他至多只说到了"近为蔽……今为蔽"一类的话；中国文化除了子孙一种事物而外，是几乎不问未来的；中国文化也不大讲一般理想，进步的理想更可以说等于没有；这大概是一些根本原因了。不过晚近以来，无论中外，这进步之蔽或维新之蔽，是很实在的，而促成此种蔽的责任，一部分不能不由科学负之，误解了的演化论负一小半，走了偏锋的理论科学与应用科学要负一大半。

上文的讨论无非要指出蔽的问题依然存在，并且更严重的存在，解的需要就因此而更见得亟迫，而解的方法也就有再度提出来的必要。荀子的议论，原则上大部分依然有效，但内容与措词总嫌过于古老，大多数的人已不再浏览及之。斯宾塞尔的商讨，其治心的部分虽依然值得参考，其治学的部分却需要一番很大的补充，为的是七八十年来自然科学的发展，大有非他初料所及的地方。我们也不能说斯氏错了，但我们不能不承认，在今日的情势之下，斯氏的解蔽论已不足以应付。也并不是说我们用不着科学了；科学还是少不得，不过为了解蔽的需要起见，我们不能不首先注意于科学所能给我们的风度情趣，其次才轮到科学的知识，又其次才是科学的器用，这一番本末宾主的分别是不容不在教育的努力里郑重阐明的。这就回到上文所叙科学努力不外三种之说，而多少也是斯宾塞尔一部分苦心孤诣的重申。

至于说到补充，我们便不能不和斯氏分手，而接近到荀子立论的范围，就是，再度回到人文学科的园地。解铃还是系铃人，在以前，上文说过，人文学科可能做过养蔽的帮凶，以至于主犯，但在今日，形势一变以后，我们要解蔽，还得找它们帮忙，说得不好听些，是让它们将功赎罪，说得客气一些，是请它们东山再起。至于何以知道人文学科足以接受这个付托，则我们不妨提出如下的两三点论据来。

人文学科，包含文学、哲学、历史一类的科目在内，而比较广义的文学可以赅括音乐艺术，比较广义的哲学可以赅括宗教，合而言之，是一个人生经验的总纪录。这纪录可能是很杂乱，也很有一些错误，但因为累积得多且久，代表着人类有文字以来不知多少千万人的阅历，杂乱之中也确乎有些条理，错误之中也有不少的真知灼见,足供后人生活的参考。一般的前人阅历等于"经验"中的"经"字,足供后人参考而发生效用的阅历等于"经验"中的"验"字,经与验,前人为方便起见,也往往单称做经,即经书经典之经。经只是常道,即许许多多的人时常走过而走得通之路,别无他意。后人不察,把它当做地义天经之经,金科玉律之经,丝毫不容移动,固然是一个错误;而近人不察,听到经书经典,便尔色变,诋毁排斥,不遗余力,有如五四运动时期中的以"打倒孔家店"相号召,也未始不是一个错误。人文学科所能给我们就是这生活上的一些条理规律,一些真知灼见,约言之,就是生活上已经证明为比较有效的一些常经。说前人的阅历中全无条理,全无真知灼见,全无效验,当然是不通的,因为如果完全没有这些,人类的生命怕早就已经寂灭,不会维持到今日。人类可能会寂灭的恐惧,倒是近代科学昌明以后才发生的事。

分而言之,文学艺术以至于宗教所给我们的经验是属于情绪生活一方面的,即多少可以使我们领会,前人对于环境中的事物,情绪上有过一些什么实际的反应,对于喜怒哀乐的触发作过一番什么有效的控制。近代的心理科学给了我们不少的关于情绪的理论,也作了不少的分析与实验,但就实际的生活经历而沦,这种实验可以说全不相干,试问喜怒哀乐以及其它情欲的实际场面可以在实验室里摆布出来而纪录下来么?前人阅历中离合悲欢、吉凶庆吊、名利得失的种种场合,一切伟大作品的欣赏的缘会,才是真正的实验室,而关于这些阅历的描绘才是真正的纪录。而此种场面与缘会之所以富有实验性,艺术作品之所以为伟大,文学纪录之所以为真实,全都因为一个原则,就是孟子所说的"得我心之所同然"。我心也者,指的当然是后来一切读者与赏鉴者的心，用现代的话来说，就是它们有力量打动我们共同的心弦，有力量搔着基本人性的痒处，打动与搔着得越多，它们就越见得富有实验性，越见得伟大：李杜的诗歌，莎士比亚的剧本，贝多芬的乐曲……，可以百读不厌，不因时代地域的不同而贬落它们的价值，原因就在此了。说到我心之所同然，或共同的心弦，或基本的人性，就等于说，有了这一类文物上的凭借，后来的人，无论在别的生活方面如何的大异其趣，各不相谋，至少在最较根本的情绪生活上，可以相会，可以交通，而相会与交通即是偏蔽的反面；根本上有了会合交通的保障，其它枝节上的偏激与参商也就不碍事了。

哲学与历史的功效也复如此，所不同的是，哲学所关注的是理智与思想生活，而历史关注的是事业生活；前人的经验里，究属想到了些什么，知道了些什么，以及有过什么行为，什么成就，思想有何绳墨，行事有何准则，撇开了哲学与历史，后人是无法问津的。近代的科学原从哲学演出，它的长处固然在精确细密，它的短处也正坐细密惯了，使人见不到恢廓处，说已具上文；细密于此者，不能细密于彼，所以往往有隔阂以至于排斥的作用，恢廓则可以彼此包容，不斤斤于牝牡骊黄之辨；这又不外养蔽与解蔽的说法了。历史可以供给行事的准则，小之如个人的休戚，大之如国家民族的兴衰，都可以就前人经验里节取一些事例，作为参考，前人"以古为鉴"的说法无非是这个意思，近人也有"历史的镜子"的名词。有了这样一面镜子，再大没有的镜子，而每一个人，每一个时代的社会，懂得如何利用这镜子，来整饬其衣冠，纠正其瞻视，解蔽的工具岂不是又多了一件？这镜子虽大，可能不太完整，不够明晰；但此外我们正复找不到第二面。近代的心理、伦理、社会、政治一类和行为问题有关的学问到如今并没有能提供什么实际的标准，教我们于遵循之后，定能长维康乐，避免危亡；即使有一些细节目的贡献，也往往得诸历史的归纳。心理学家讲个人的智力，时常用到的一个定义是，利用经验的能力，即再度尝试时不再错误的能力，或见别人尝试时发生过错误，而自己尝试时知如何避免错误的能力；这便是历史的意识，也就是历史的效用了。荀子说到"古为蔽，今为蔽"，食古不化或专讲现实或一味希冀未来的人，其所以为蔽者不同，其为缺乏历史的意识、不识历史的功用、不足以语于有效力的智慧，则一。

人文学科足以接受解蔽的付托，这是论据之一。

上文说到近代科学的发展，因为避重就轻，舍本逐末，结果是增益了偏蔽的质量。如今要加以补救，除于其本身改正其避重就轻、舍本逐末的趋势外，还得仰仗人文学科的力量。上文说科学之蔽共有五点，简括的再提一提：一是蔽于分而不知合；二是蔽于知与用而不知其更高的价值，即不知科学所能培养之风度情趣，亦即相当于荀子评论墨子的一句话；三是蔽于一尊而不知生活之多元；四是蔽于物而不知人；五是蔽于今而不知古，或蔽于进而不知守。此五端者，人文学科的资料与精神都力能予以是正。人文学科所提供的是人生种种共通的情趣、共通的理解、共通的行为准则，惟其共通，所以能传诸久远，成为学科的内容；此其一。既顾到情趣，特别是文艺一类的学科，便足以是正知与用的两种偏蔽；此其二。人文学科显而易见是多元的，文艺、宗教之于情绪意志，哲学之于理智识见，历史之于行为事业，情意知行，兼收并蓄；宗教在西洋虽曾独占过一时，但自文艺复兴以还。亦已退居于一种人生工具的地位，与其它科目相等，实际上目前科学以至于教条政治所占有的崇高的地位还是它让出来的咧；

此其三。人文学科无往而不讲人与文的关系，人的情意知行，加于事物，蔚为文采，便成为人文学科的内容；西文称人文学科为humanities，更直截了当地把人抬出来；其足以解物质之蔽，亦自显然；此其四。人文学科重视经验，凡所记述描绘，见诸文字声色形态的，无往而不是人生经验的一部分，上文已加说明；经验总是属于过去的，总是比较脚踏实地的；经验的有选择的利用是可以矫正躁进、冥想、逆断和对未来的奢望等诸种偏蔽的；此其五。

人文学科足以接受解蔽的付托而无憾，这便是论据之二。

还有一个第三点论据，虽非必要，而也不妨提出的，就是，七八十年来，人文学科多少也受过科学的洗礼。宗教已自崇高而独占的地位引退，上文已经说过；其轻信与武断的成分也已经减少了许多。历史中感情用事的地方，歪曲虚构的事实，也因科学的影响而经过一番修订。哲学中故弄玄虚的部分，因数理、天文、心理诸科学的绳墨而受了限制。这些都可以说比科学上场以前见得更健全了。各种艺术与科学的关系较少，但也得到科学的不少的帮忙，特别是在形式的繁变、程度的细密、工具的便利、传播的范围，诸端之上。总之。人文学科经过科学的切磋琢磨以外，以前可能有过的一部分养蔽的不良的势力已经消除不少，而使其解蔽的功能更容易发挥出来。

要人文学科东山再起，我准备简单的提出两个建议来，作为本文结束。

第一个建议是关于实际的训练的。我认为高中与大学的前二年，应尽量的充实人文学科的学程，文法院系固应如此，理工院系，根据上文的议论，尤属必要。前年（一九四五）哈佛大学的一部分教授，于经过长期探讨之后，所编印的一本报告，叫做

《自由社会中的通达教育》(General Education in a Free Society)，也作相似的主张。他们对于近代科学的养蔽，虽没有加以抨击，但一般的解蔽的重要，他们是充分承认的，因为偏蔽的反面就是通达，而偏蔽的发展与自由的发展恰好成反比例。③

第二个建议是关于一个理想的培植的；必须此理想先受人公认，人文学科的提倡才不至于横遭"落伍"与"反动"一类的诬蔑。

自然科学昌明以后，我们早就有了一个"宇宙一体"的理想，不止是理想，并且已经成为有事实衬托的概念。不过这概念对于人事的改善，关系并不贴切。

自社会科学渐趋发达以后，又值两次世界大战的创痛之余，我们又有了一个"世界一家"的理想。这是和人事有密切关系的。不过这还是一个理想，观成尚须极大的努力，并且还有待于另一个相为经纬的理想的提出，交织成文，方能收效。

"世界一家"的理想只是平面的，只顾到一时代中人与人群与群的关系的促进。平面也就是横断面，没有顾到它的渊源，它的来龙去脉，是没有生命，没有活力的。没有经，只有纬，便不成其为组织。如果当代的世界好比纬，则所谓经，势必是人类全部的经验了；人类所能共通的情意知行，各民族所已累积流播的文化精华，全都是这经验的一部分；必须此种经验得到充分的观摩攻错，进而互相调剂。更进而脉络相贯，气液相通，那"一家"的理想才算有了滋长与繁荣的张本。不过要做到这些，我们似乎应该再提出一个理想，就是"人文一史"。目前已经发轫的国际文化合作可以说是达成这理想的第一步。仅仅为了做到这第一步，为了要有合作的心情，合作的材料，我们就不由得不想到人文学科，而谋取它们的东山再起了。

注　释：

① 指 Alexis Carrel 所著 *Man, the Unknown* 一书。我曾经把此书结论的一节译成中文，题曰《一个思想习惯的改正》，后辑入《自由之路》。
② 荀子在《天论》里说："零而雨，何也？曰，无何也，犹不零而雨也。日月食而救之，天旱而零，卜筮然后决大事：非以为得求也，以文之也。故君子以为文，而百姓以为神；以为文则吉，以为神则凶也。"用这样一个眼光来看宗教或任何信仰，世间便不会有迷信之事，不迷就是不蔽。自己看自己的信仰如此，便不至于因蔽而武断，看别人的信仰，也不至于因蔽而认为必须破除，必须打倒。这种开明的看法，西洋至近代才有人加以有系统的说明；康德的哲学里有此一部分，但还不够明晰，大概因时代关系，对基督教的信仰尚不免有所顾忌，及至英国的边沁（Bentham, *The Theory of Fictions*）和德国的朗兀（Lange, *The History of Materialism*），就说得很清楚。但一直要到二十世纪的初年我们才看到一番最和盘托出的说明，那就是德国梵亨兀尔教授（Vaihinger）的《如在哲学》（*The Philosophy of As If*）一书。
③ 英文普通教育（general education）一词时或与自由教育（liberal education）一词互相通用，我近来喜欢把它们都译作"通达教育"，觉得最为切合。惟有不偏蔽而通达的人才真是自由的人。

正视科学

——"五四"二十八周年作

我认为二十八年前的五四运动是失败了的,至少是开了头而接着不曾有下文的。当时以科学与民治两事相号召,如今我们把科学与民治的成就大致看一下,就不由得不作这样一个结论。

失败的原因,似乎还不止没有能继续努力的一层,我们当时以及后来对于科学的提倡可能还有若干看法上的错误。继续努力,固然应当,改正错误,更有必要。

我们通常谈到科学,总有一个弊病,就是太含混,其实它至少代表着三种很不相同的努力,而三种努力的价值也颇有不同。一是科学精神的培养,目的在造成更良好的人生态度与风格。二是科学研究的推进,其功用有两方面,一壁是好奇心理或求知欲望的满足,一壁是对于宇宙间一切事物的了解的增加。三是科学的实际应用,即把所已了解的事物中蕴蓄着的力量驾驭起来,使产生种种利用厚生的果实。三者自都有其价值与需要,不过从人生意义的立场来看,最关重要的无疑是第一种努力。以可能获益的人数来讲,也是以第一种为最多。能做第二种努力而获取心理上的满足的人显然是最少。能享受第三种努力的结果的人虽多,能从事于发明创制的也究属有限。只有第一种的努力,是比较的人人可以参加,也人人可以收获一些果子;至少在企求民治的社会里,我们不能没有这样一个假定,否则民治便无从谈起;而科学与民治恰好又是当初五四运动所相提并论的两样东西,并且这两样东西事实上只是一样,此说已详我在两年前所写的一篇纪念稿里,兹不再赘。(《自由之路》中《一种精神两般适用》一文)

五四运动以来的科学提倡,绳以上文的看法,显然是犯了舍本逐末的毛病的。第二种努力有一些,但不多,离开了少数研究机关及大学校,便说不上。第三种努力比较多些,但也是说得多,做得少,鼓吹得多,实行得少。工科教育的提倡,科学运动周一类的吹吹打打,都属于这一路的努力,其目的在工业化,在富国,在强兵,说来也未尝不正大,但终因缺乏第二种努力的根基,即理论与研究的根基,而未能有多大的成绩。不过最付阙如的还是第一种努力。一般教育的不普及,固然是一大事实,但即就已经受大中学教育的人而论,以至于单单就受过理工教育的少数专家而论,我们又找得到几个看事能比较客观,论事能比较谨严,而处事能比较持平的呢?约言之,在已往二三十年里,所谓科学精神或风度这样东西,并没有在教育场合里露过多少面,甚至于根本没有从理工专家的各个园地踱出来过。这真是一大挂漏,而是今后第一应当弥补的。我们也应知三种努力之中,二三两种是多少可以享用现成的,科学知识与科学器材都可以从外国现成输入,我们甚至于可以把外国科学家工程师整批的请来,至于第一种,则非自己出马、自己倡导与自己学习不可,别人决不能越俎代谋。

"五四"以来我们对于科学运动的又一个错误是多少把它偶

像化了。"五四"要号召的是科学与民治,当初不就有人把它们分别喊做"赛先生"和"德先生"么?以先生称呼科学,是人格化,是偶像化的第一步。此种称谓上的玩弄花样虽属文人常事,不足为奇,如果用在文学的场合,是很生动而引人入胜的,但如用在这样一个场合,一个事关正名的场合,则上有好,下必有甚,那危险性就非常之大。上有好,可以把科学人格化,下必有甚,就不免把它偶像化。在举世依然十分瞩目于科学之"知"与"用"的今日,在有人可以挟了原子弹的威力来劫持国际形势的今日,这偶像化的趋势便更有希望变本加厉,牢不可破,特别是在科学落后而望尘莫及的中国。

何以说事关正名?这是需要一番说明的。真正懂得一些科学精神的人认为科学与偶像是一个名词上的矛盾。科学自身是无法成为一种偶像的。它和世间所认为偶像的事物完全属于两个范畴,真是风马牛不相及。讲求科学精神的人决不偶像化任何东西,更不偶像化科学,也无意于打倒什么偶像,因为知道,只要科学精神逐渐传播开来,成为广泛的教育的一部分以后,所有世间的偶像便不打而自倒。唯有不了解此种精神的好事之徒,才借了科学之名,专做他们所谓破除迷信与打倒偶像的举动。此种假借名义的行动正足以证明此辈对于科学的信赖,是一种迷信,对科学的看法,是一种十足的偶像的看法,科学在他们身上所打动的,不是清明的理智,不是和平的心气,而是一番热情,一阵肝火,所以,在他们看来,才有破除其他迷信打倒其他偶像的必要;谁都知道信仰与偶像总是一元的,自己不甘偏安,对人不能两立;试问科学的精神又岂是这样的一套?若有人问,何以确知"五四"以后的一部分中国人已经把科学偶像化,上文的话便是一个最直接了当的答复。

一切偶像化有它的弊病，而科学的偶像化为尤甚，正因为它是"科学的"，也因为迷信科学与加以偶像化的人不自知其迷信，与未尝不自以为科学是无法偶像化的。唯其如此，于是科学在学术思想界以至于一般文化中的地位，由武断抹杀而至于称霸独占。宗教当然是不要了。校学似乎也无所用之。驯至一切比较古老与传统的东西，亦即近代所称人文学科所包括的种种，都成为不科学的，因而也就是要不得的。所谓智识分子既以敌视的态度倡导于前，一般急进的分子自更从而破除这个与打倒那个于后。今日局面的藩篱尽撤，标准荡然，原因虽不止一端，这对于科学的迷信心理所养成与表现的排斥性与破坏性不能不说是很重要的一个。外人喜欢称我们的五四运动为中国的文艺复兴，有人以为是一种过奖，我却以为是一个错误，是一个比拟不伦。其他方面的努力，如语体文的推行，可能有些复兴文艺的功效，但科学的偶像化却没有分，它对于文艺和一般的人文学科有的只是一番摧杀败坏的力量而已。否则时至今日，又何以有些人，甚至于和当初五四运动不无瓜葛的人，还在提醒着说，中国当前的需要，是一个真正的启明运动呢？

不错，我们要一个启明运动，而在这运动里，必须把科学对于人生意义最有贡献的那一部分努力，有如上文第一层中所论，重新倡导开来，推广出去。也必须把第二层所论的偶像化的趋势根本革除；即使当初五四运动不直接担负这偶像化的责任，至少今日纪念"五四"的人不能不把这革除的责任担负起来，也就是把科学在人生中应有的地位，重新认识一个清楚，把它和其它文化活动的相须相成的关系，再度指点一个明白；也就是把科学的真正性能，如存疑而不武断，宽容而不排斥，通达而不蔽锢……一类同一精神的许多不同的说法，再一次的发挥一个透彻。再约言之，我们要于提倡科学之际，特别措意到它对于生活的自由化（liberalizing）的影响。自由化的影响相当渗透之日，也就是我们民治的基础终于奠定之时。"五四"的值得纪念，更值得反省，而我们于纪念反省之余，值得卷土重来者，在此。

（原载《燕京新闻·五四纪念特刊》，1947年4月28日）

家谱还有些什么意义？

——黄冈王氏家谱代序

当前讨论关于家制的题目，表面上好像有几分不合时宜，其实不然。无论从理论方面或实际方面看，也无论中外，家庭总是一个活题目，它的历史大概永远不会告一个终结，它的活动与功能，也决不会全部退进考古学的背景。不但如此，它的休戚大概迟早会影响到社会，如果推本寻源得够细到的话，亦即推寻得真正"到家"的话，社会的不安，安知不与家庭的失调与解体没有密切的关系？"齐家，治国，平天下"，"刑于寡妻，至于兄弟，以御于家邦"一类的话也许说腻了，肯倾听的人不多，但西方的社会学者有如法国的勒泼莱（F. Le Play）与其徒，七八十年来，不也就弹着此调么？他们把法国社会的所以泄沓，政治的所以散漫，完全归咎于家制的不健全，而强调着一个结论：改造法国必须从改造法国的家庭入手。理论如此，实际的情形又如何呢？社会主义的国家如苏俄，当革命初成之际，未尝不想把家庭的功能削弱，好教国民的精力，多多转移到国家社会上去，但三十年后的今日，苏俄社会政策对于家庭、婚姻与生育的维护的惟恐不力，要在当代任何大国之上。个人主义的国家美国，深恐家庭一类的制度窒碍了个人的自由发展，对于家制的日趋衰败，是一向放任的。顾自第二次大战前后，风气大变，认为家庭是所由培养儿童的唯一健全的场所，一切机关式的养护，是要不得的。惟有一向以家族主义著称的中国，四十年来，反而把家制的问题以及一切和它有关的题目，束诸高阁，不加闻问。四十年来，我们始终徘徊在个人本位与社会本位之间；当其徘徊之际，为了觅取新本位，暂时放弃旧本位，即家族的旧本位，亦是情理上应有的事；但徘徊观望总应该有一个止境，否则身心靡所寄托之因，势必造成社会无由安定之果，这便是当前的局面了。然则于此际讨论和家制有关的题目，也就没有什么不合时宜了。

＊　　＊　　＊　　＊

在和家制有关的种种题目之中，最不引起时宜问题的是家谱。国有史，地方有志，个人有传记，初不因时代变易而废弃，然则家之有谱当亦不成例外。家谱的体裁可变，范围大小可变，内容详略可变，但家谱之所以为一种载记，一种史，则不变。家庭的制度存在一日，家谱也就一日不容废弃；其真有废弃不为的，不是由于切心改造，成见较深，便是由于随波逐流，不遑顾及，非放弃不可的理由是拿不出来的。如果题目不是家谱，而是丧礼、服制或祠墓，那问题显而易见就多些了；这些题目虽也必须逐一应付，而因时代既有变易，生活习惯既有改动，且于孝子顺孙的情绪，又不免多所牵涉，讨论之际，歧见必多，结论难期，转滋纷扰，正不妨暂时搁置，留待将来。家谱在这方面的困难既少，便不妨首先提出，作为论议的对象。

家谱自有其存在的理由，有如上述。但泛论存在的理论是不够的，我们必须从详论列它的意义，意义愈深长，则存在的理由愈正大。家谱的问题也不一而足，有如体裁、范围、内容等等，但最应先决的是意义的问题。意义既明，其他问题的讨论，才有一个指归。

以前论家谱的意义，总不出如下的几个：（一）尊祖。（二）敬宗。（三）收族或睦族，见于《礼记·大传》；这些原是整个父系家制的意义，家谱既为家制的一种记述，自也不能没有它们。（四）婚姻严姓氏之防，即避免姓同氏不同的人通婚，其用意又在（1）维持社会秩序，与（2）预防生育不蕃。以上几个意义，可以说是最古老的，自有家谱的记载，便有它们。（五）选择官员。（六）爱重门第。（七）选择婚姻。这几个意义或功能，在古代也未尝没有，不过要到东汉末年，以迄于唐代，才见得特别注重，以至于在官成为一种制度，在一般社会成为一种风气，而由于制度与风气的表里推挽，终于发展畸形、牢不可破。所谓制度，指的是魏黄初至隋开皇年间的九品中正之制、簿状的纪录典藏、其间以及后来谱官谱局的设置等措施。簿状实际上就等于家谱，不过是归公家编藏罢了，说已具详拙稿《中国家谱学略史》（民国十八年《东方杂志》第二十六卷）。至于风气，则自唐代柳芳著论（《新唐书·柳冲传》）以后，近人亦时有讨论及之的，例如王集成氏说："盖自两汉矜重门阀以来，族不望者人不贵，门不逮者婚不通，门望之家，其后可以免坐，征辟非四姓不得举……朝廷以是为重，社会以是相矜"（《绩溪庙子山王氏谱》）。其中关于姻选的一部分，我以前在《人文选择与中华民族》一文（《人文史观》）里也曾加以叙述。总之，这三个意义，是中国谱学最盛时期的一个产物，也转而促成了谱学的发展。

　　　　　＊　　　＊　　　＊　　　＊

上面七个意义，都是已经有过的，其中一部分显然是已经不合时宜，终须放弃，其余我们也需要斟酌修正以后，方才值得保留。再顺着七个的次序说一说。

尊祖的意义，在相当限度以内还是值得培植的。务本敦本的人生哲学，慎终追远，民德归厚的论调，我认为依然有它们的地位，以前的弊病是过火，不是错误。家谱关于这方面的记载，因为想追溯得愈远愈有趣，又加上夸大的心理，便发生攀附与任意牵扯的通病。数典忘祖，固然不合；强以他人的祖先作为自己的祖先，更不免失诸浮滥。狄青不祖狄仁杰，朱之瑜不祖朱熹，都是前修的好例子。今后的家谱，在往上追溯的时候，自应只以血缘上确有关系而可查考者为限，否则宁付阙如。前人作谱，往往始自始迁，过此便不追究，因为迁徙多由丧乱，迁徙以前的世代，十九无可查考，这是很对的。再从遗传的影响言之，过分的追远，并无价值可言，因为人非单性生殖的生物，血缘传递，不止一姓一系，上溯的世代越多，则血系的分化越繁复，成一种几何级数；而单单一姓父系所占有的分数越渺小，例如玄孙之于高祖，只有十六分之一的关系，于高祖的高祖，前后所跨不过九世，即前人所称九族的说法之一，则此种分数，更减退为二百五十六分之一。喜欢把远祖抬出来以自高身价的人，动称自己是某人的多少代子孙，即使渊源有自，凿凿可据，他所得于此某人的，怕连半分气息都说不上，何况千百年间，丧乱播迁，人事动荡，所谓渊源者又未必靠得住呢。

敬宗的意义大概不再有维持的需要。宗是宗子，有所谓百世不迁的大宗，与五世而迁的小宗，原是西周宗法的产物。战国以降，封建废除，贵族民化，宗法即归解体。后世在祠堂与家谱的两种事物上，想把宗子的地位，至少在名义上维持下来，或以始迁之祖为宗，或以曾经著有功业名望的祖先为宗，而以其嫡长的子孙为宗子，为的是使全族的精神得所统率，有所维系，但事实上是很勉强的，恐怕连告朔饩羊的些微意义都没有。依我所见，族长的制度，与实际生活有关，尽管存在，而家谱上的宗子，则仅拥虚名，徒示泥古，大可取消。宗子既不复存在，则敬的情绪就没有了抒发的对象。从此同族之中，虽依然应该有一般的敬长的伦理关系，而徒托空言的敬宗，则应与全部的宗法制度归作历史的一种陈迹。

收族的意义，与尊祖一样，也还是值得保留的。家族关系与组织，在中国社会里，一向是很大的一派维持秩序的力量；在没有其它适当的势力替代以前，其自然的衰退，虽不必强为挽回，而强制的加以摧残，则更有未妥。即如近年来保甲制的推行，对于原有的家族的维系力，便很犯几分有意无意的强制摧残的嫌疑。我所接触的从事于乡村研究与工作的朋友，十九有这种观感。他们都认为如果我们志在安定民生，则在目前的情势之下，与其操切的厉行保甲一类的制度，毋宁维持原有的家族以及其他由历史演变而来的社会组织。如目的在悉索敝赋，则自当别论，不在本文范围之内。家族组织既还有它的存在的理由，则收族的工夫，也就不为浪费，而家谱之所以为收族的一助者，依然有它的地位。不过，也像尊祖一样，所兼收并蓄的对象却应有一个限度。前此大姓人家有喜欢编制所谓"通谱"或"大同谱"的，凡属同姓的派系，照单全收，不特不问是否同出一源，且不问是否属于传统的汉族。于是，即就王氏而论，其间于姬姓之王而外，更有赐姓之王，冒姓之王，虏姓之王，甚至于连带有王字的复姓，如王官、王孙之类，也一并网罗在内。为了实践收族的至意，作此种努力的人，也可以说是其志可嘉，其心可谅，而其愚妄也真为不可及了。国人重"名"，而不肯循名责实，这是很好的一个例子。而其所以愚妄而不自知的原因，也就在好名过甚，至于夸大；尊祖越尊得远，收族越收得广，便越见得我族的悠久高明博厚，而作谱的子孙，亦与有荣焉。今后言谱学，言家谱的收族的功用，显而易见这一层是非修正不可的。

至于选任官员的功用，严格的讲，原不属于家谱，而属于簿状；自隋代废止九品中正之制，簿状之体与选官之用，也就随同放弃。从此人才登进，一贯的由于科举，近代更改由学校与考选，这部分的意义，也就毋庸再论了。

婚姻严姓氏之防与重门第之选，两种意义可以并提，因为都属于婚姻选择，不过我们的结论是不一样的。严姓氏之防的一层，除了维持社会秩序一点很小的功用而外，原是不必要的。理论上，近亲通婚，互有利弊，胥视双方所从出的共同的血系是否健全为断；这种利弊的发生，初不限于同姓，而如果血缘关系已属甚远，则其发生利弊的可能性，比异姓而近亲的通婚，有如中表通婚，要小得多。以前"其生不蕃"之论，是知其一，而不知其二三的，是识其外缘，而未尝究其内因的。事实上，当代的亲属法，根据上面的理论，已经明文规定，四亲等以外的同姓，可以通婚。无论就理论或事实言之，这一层意义，是不能维持的了。

至若姻选注重门第，而家谱足供选择时的参考，则我认为依然有它的重要价值。我们所应修正的是，所谓门第不必为两晋六朝三唐人士所了解的，而是近代优生学家所明白指示给我们的，即真正的门第并不建立在强大的政治权势，崇高的社会地位，富有的经济力量之上，而建立在健全的身心、品性，以及比较能一贯的产生此种品性的血系之上。此种血系，与品性之"因"，大抵可以帮同一个人取得比较良好的社会与经济地位之"果"；但反过来，此种地位，并不保证其人必有健全的品性与血系。这是不能不明辨的。一种家谱，如果对于血系的由来流变，品性的传递发展，能有充分翔实的记载，使我们于姻选之际，有所查考依据，多少便已尽了它所最应尽的能事了。

姻选而外，我们对于一般爱重门第的心理，也有相似的见解。自爱、自重、自尊的心理，原是很自然的，也自有其应得的地位，为一己如此，为一己所属的邦国如此，为一己所从出的家庭血系何尝不应如此？荣宗耀祖，不忝所生，光大门楣一类的看法，在相当限度之内，决不是一个错误。有到这种看法，一个人便更知所以律身行己，慎择婚姻，努力事功，以至于垂裕后昆；这是对人对己，对社会，对民族，都是有裨益的。不过如果越出限度，则此种心理便表见为妄自夸大与傲慢凌人的行为态度，其结果即为门阀的构成，与种族、阶级、信仰、党派同属群居生活的无上阻力。六朝的门阀所应发人深省而教人引为前车之鉴的，便在于此。谱学发展的健全与否，与此种心理的能否表现得恰如其分，显然是互为因果的；要取得正面的结果，一半的责任，应由谱学负起。

综上所说，七个意义之中应放弃的，有敬宗、选官与防止同姓通婚等三个；而应修正与维持的，有尊祖、收族、选姻与爱重门第四个。

＊　　＊　　＊　　＊

此外我认为还有四种比较新鲜的意义或功用值得分别提出。一是培植所谓"谨始怀来"的优生意识；二是增进个人对于一己品性的认识；三是帮助人类遗传的研究；四是在史学之中，多确立一个专精的部门。

我在二十多年前，为了讨论一般的家庭问题，就提出所谓"谨始怀来"的一层意思。它是"慎终追远"的对待。前人讲家制的精神，在世代的嬗递一方面，总说"一脉相绳"，"光前裕后"，"源远流长"，"本固支荣"一类的话，上下贯串，后先呼应，在理论上原是不错的。但在实际的生活里，我们确只做了上面的半截；慎终追远、光耀祖宗，怕至少要占到十分之八九的工夫。子孙是要有的，而且不厌其多，但所企求的，似乎到此便止，只要有人传接下去，便于愿已足。这其间，有两层相关的看法上的错误或挂漏：一是子孙端为祖先而存在，自身不是一个有价值的对象；二是重数量而轻品质。"宜子孙""为儿孙作马牛"一类的话也尽有，但所为的，无非是要子孙得以成长，有经济的保障，可以平安过日子，再从而长养更多的子孙而已；相绳之绳，裕后之裕，流长之长，支荣之荣，都作得如此解释，与品质的提高，并不相干。以前也曾有过"跨灶"一类的说法，但此两字，究作何解释，来历如何，很早就没有人说得清楚。如今要改正从前的错误，而使家制的精神归于健全，最重要的一层，应无过于把原有的视线，自祖先身上转移到子孙身上，自子孙的数量上，转移到子孙的品质上，即所谓优生意识者是。谱学的重整，是转移的重要方式之一。中国人历史意识的发达与记载的丰富，和中国民族寿命的绵长是有关系的，中国以前的家族意识以及对于家谱的一般的重视，对于世家大族的维持，也自有其贡献，然则如果我们能更进一步，于谱牒上能就血系、婚姻、品性诸端作一番更翔实的记录，使为子孙者于随时参考之余，得以激发其思齐求胜之心，养成其谨始怀来之志，则前途的成就，也当有比仅仅保世滋大更进一步的。

近代教育的挂漏甚多，而其中最关重要的一端，是自知之明的不讲求。人生在世，所要认识与控制的，大要不出两事：一是环境，二是他自己，而对于自己的认识与控制，做起来虽不能不和环境的认识与控制同时并进，不过在理论上，总有一个先后本末之分。今日的教育单单教人对环境有所认识控制，显而易见是畸形的。所谓对一己的认识，等于对一己性格的认识。性格与家世是离不开的，家世代表着一个人的生物遗传与家庭背景，包括早年的教育环境在内。如果家谱对于先世的婚姻关系与品性表现记述得足够详明，特别是直接有关的正支与旁支的三四代，一个人便可以凭着分析他自己性格的各方面，有如意志的强弱、情感的浓淡、各种兴趣能力的厚薄大小，从而对于立身、遇物、选业、择偶诸端，得以补短截长，斟酌取舍。近人所论自我教育，无疑的应以此为先务，而家庭教育亦应以此为核心。由此再推广至一般的教育，则教者易施，而学者易于接纳，可以一改目前削足适履，事倍功半的弊病。

上文所说的各种意义，无论新旧，无一不与实际的功用有关，而牵涉到的生活方面，又不外民族的、社会的与个人的几个，略如下图。

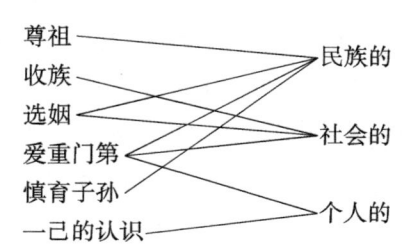

```
尊祖 ────────┐     ┌─── 民族的
收族 ──────┐ │     │
选姻 ────┐ │ │     │
爱重门第 ─┼─┼─┼─────── 社会的
慎育子孙 ─┘ │ │     │
一己的认识 ─┘ └─────── 个人的
```

至于最后的两个意义,赞助人类遗传的研究与多确立一个史学的部门,则性质颇有不同,即不再属于行与用,而属于知与体。但真正的知识,科学的知识,亦正复有它的广义的功用,比起上文所论的六个功用来,更见得基本。事实上,如果没有这后面的两个,前面的六个是浮而不实的,除了助长夸大的心理、傲慢的态度与门阀的成见而外,可以说一无用处;而这种态度与成见,却又是一个健全的社会必须竭力祛除的。遗传的研究,就人类言,至今还是十分零星片段,为的是资料不足。人的寿命比较长,配偶生育之事比较周章,且又牵涉到种种情感、习惯、风俗,以至于道德标准,势不能为了科学实验之故而加以管制,既有不能,则势须充分利用现成的资料;且所涉既不止一人一世,势又不能临时搜集,而必须有待于累叶的积聚。约言之,人类遗传之学除了借重家谱或有似乎家谱一类的记载而外,更无其他的凭借。寿命的长短、生育力的大小、体格的特征、心理的变异、一般智力的高下、特殊才能的强弱,以至于身心病态的种种倾向或其抵抗力,全是科学的家谱上应有的笔墨,但求不加隐讳,不作阿谀,记述便不厌其详。以前的家谱,无论中外,在所谓"牒"的记载里,不实的问题较小,而不详的问题较大;除了生卒、婚娶、葬地和间或的官品、功业、著作而外,于其人的品性特征,几于不着一字。我相信这在中国谱学全盛的两晋六朝时代,情形要好得多,否则像刘义庆、刘孝标一类的作家,便写不出一部《世说新语》和它的注来!迨欧、苏"恢复"谱法,已是躯壳仅存,灵魂全失,后世仿效之作,更迹近簿书,了无检查价值,更无论引为资料的来源。若说谱学之亡,亡于简陋,也未为不可。今后从事作谱,这一层是必须补正的,而补正的方法也不难,只须就近代医学、心理学、社会学所用的个案记载法加以损益，把每一个人的牒当作一个案写出，问题也就解决了。

作谱要翔实是遗传学家的希望，同时也是史学家的企求，尤其是实，大抵可供史料用的谱料，不厌其不详，而只怕其不实。谱学与史学，在中国史学史里，是曾经有过极密切的关系的，修史靠谱来供给材料，史学家也往往就是谱学家。自南北朝到唐代，这一类的遇合，是屡见不鲜的。史学家如唐代的刘知几，更积极的把氏族提出来，作为史学的一个部门，与国史、都邑、方物并列，并主张"凡为国史者，宜各撰氏族志，列于百官之下"（说已详《家谱学略史》一稿）。我们如今要确立谱学为史学的一个部门，一须重申刘氏的此种建议，并认为正史中如魏收《魏书》中之有《官氏志》，欧阳修《新唐书》之有《宰相世系表》，内容姑不论，在原则和体裁上是合理的；后世补正史之阙的一番私人的努力，有如钱大昕之表《元史》氏族，周嘉猷之表《南·北史》氏族等，也同样的值得称许。第二，我们认为刘氏的建议，应该更进一步，即我们同意于清代史学家章学诚的主张，都邑的志乘，即近代的方志，也应专列氏族一门；而专辑方志的机构，章氏称为"志科"的，应兼收谱牒，为的是使一地方的谱牒有一个总汇，多少相当于六朝的谱局。第三，我们希望有一批学者出来，于史学之外，兼习遗传、生物、心理、社会、人类诸种科学，而以治史的方法治谱，重新把专门的谱学建立起来；我说重新，因为这在六朝以至唐代，也是有过的，不过今后要更求谨严翔实，使其退可以成为一门独立的科学的训练，进可以和史学以及生物科学与社会科学合作。谱学真能发展到如此境界，上文所列叙的若干实用的意义，也就成为一些逻辑上应有的结论，而不再失诸空疏浮滥了。

* * * *

清华研究院同学王君子寿，最近谈起他的父亲，觉民先生，主持族中修谱事将近告成，要我写一篇序文。正式的序文我不便写，因为谱稿远在黄冈，我无法看到，没有依据，子寿所交阅的以前若干次修谱时的几篇序文以及子寿所转述的一些话是不够作依据的。不得已，与子寿商量后，写了一篇关于家谱意义的文稿，作为代序。

黄冈王氏的家谱大概是按照通常的方式与体裁修辑的，以前如此，这一次也是如此，每一次所增添的，无非是更多世代的生卒婚娶以及一部分比较闻达的子孙的事迹罢了。上文所论的种种意义，一时当然还说不上，事实上在流行的谱牒里，无论中外，能兼筹并顾到这许多意义的，怕是一种都找不到，初不仅王氏的为然。不过即以普通的标准来衡量，我们有理由可以相信它是比较实事求是的一番努力。尊祖与收族两个意义是不会没有的，而在王氏，在这两层上，就比较的谨严。王氏本江西饶州籍，明初有贞一公者，始游宦徙黄冈，遂占籍。谱中即以贞一公为始祖，不再强事追溯，此其谨严者一。黄冈王氏不止一族，其中著称的派系也不一而足，从《明史》、《黄州府志》和《黄冈县志》所可考见者，有明嘉、万间户部尚书王廷瞻之系，明天启举人在榆林殉节的王家录与天启进士王源昌之系，明嘉靖举人万县知县王凤阳之系，清康熙进士王懋才之系，清顺治进士礼部尚书王泽宏与子康熙进士佥都御史王材任之系——这些，尤其是也于明初从江西饶州（乐平县）迁黄冈的王廷瞻的那一系，和子寿的王都不相干，子寿的先世历次修谱也没有强勉的拉在一起，来夸耀王氏的

393

人才众多，族望伟大。这就等于说，虽志在收族，而所收能以所确知的为限。此其所以为谨严者二。子寿曾经向我说起，贞一公之后，一部分聚族居旧街，一部分即子寿所从出的一支，则移居回龙雅淡州一带，两部分虽同一来源，用同样的排行，却因地域不同，一向分修家谱；抗战期间，觉民先生避居乡间，得时常与另一部分族人来往，相处甚欢，因而才有由两部分合修家谱的决议，这是合乎上文所论的收族的原则的，也足资证明在应收与不应收之间，负责修谱的人曾经有过一番思考。根据我所可知的两点，我相信新修的黄冈王氏家谱是一本比较有价值的谱。推此种谨严的态度而广之，再辅之以近代科学与史学的眼光与方法，我更相信，将来的家谱，包括黄冈王氏下一次的续修本在内，一定可以把上文所论的若干意义，逐渐表达出来。

（原载《东方杂志》第43卷第12号，1947年6月30日）

评《中国之家庭与社会》

这是一本英文著作的介绍与评论。

书名是 *Chinese Family and Society*，译名也就是本文的标题，是作者朗女士（Olga Lang）自己定的，并且是用正楷在里封面上写出了的。朗女士原籍俄国乌克兰，后来好像是入了美国籍；民二十四至二十六年，受了美国哥伦比亚大学社会研究学会与太平洋国际学会的委托，到中国来从事于家庭的研究，其结果就是这本书，自出版问世，至今也快有一年了。据此书出版者耶鲁大学印刷所的介绍，她对于中国语文，能说也能读。

全书分两篇二十二章：第一篇，《旧中国的家庭》，凡六章，《邦国与社会》《家庭的功能与结构》《家庭以内的人员关系》《恋爱、婚姻与离异》《旧中国家庭与社会中的妇女地位》《家庭与社会》总说；第二篇，《当代中国的家庭》，凡十六章，《现代中国的产生》《新的经济与社会环境，农村之部》《都市之部》《受攻击中的旧家庭》《当代中国的恋爱与婚姻》《家庭之型式与大小》《家庭中的合作》《扩大的亲族》《氏族》《家族之私与贪污》《夫与妻》《老年男子与妇女》《儿童》《中国青年》《友谊》《总结与结论》。各章几乎全都分节讨论，自二三节至七八节不等。篇首弁言两篇，一是威特浮格尔氏（K. A. Wittfogel）的，一是作者自己的。威氏在中国多年，对中国家庭制度的演变正进行着一个很详细的研究，朗女士于本书的全部计画和资料搜集是得过他不少的指导的。书末附有中国朝代起讫纪年简表及统计图表二十幅，各章注释及引用参考书文，和索引。全书约共四百页。书的封皮上前后印有木刻图绘两幅，都取自《耕织图》。

本书有几个特点是值得介绍的与评论的。

第一，是家庭与社会并提，而注意到家庭与社会间的相互影响。威氏在弁言里就说到，我们要了解中国人之所以为中国人，我们必须先了解中国文化与思想的式样，此种了解的入手途径虽不止一条，最富有收获的希望殆无过家庭的研究了。这是很对的，要认识中国人而不先认识中国的家庭，是等于要一个人进来，而把门关上。本书虽没有能把家庭与社会互为函变的关系交代得十分清楚，但书名的决定为《中国之家庭与社会》是取义于此的。大体说来，就旧时中国而论，或就当代中国社会改革的困难而论，家庭对于社会的影响为多，而就旧式家庭的日渐衰落言之，或就旧习惯的终于发生变动言之，则社会对家庭之影响为大。这一点，本书虽没有分别的加以说明，我们于统观全书之后，也自不难了然。

第二，关于家庭影响社会，最严重的一点自是家庭自身成为目的，而社会成了工具，即一切社会的活动全都以家庭的利益为指归。这也就是近年来我们自己时常讲到的家庭的畸形发展，唯其畸形，就不免兼并吞灭了许多别的东西，包括社会在内。关于这一层，朗女士是说得相当清楚的（页五五、五六、三三三）。春秋之义，不以亲亲害尊尊，而二千多年来社会发展的实际情形恰好与此义相反，即始终是一个亲亲害了尊尊的局面。朗女士对于中国文献的了解虽不够教她用此种词气说话，她至少也征引到了

《论语》上孔子与叶公关于"直躬"的一段对话（页五五），可说已经搔着了痒处。提出这一条春秋之义的是儒家，而破坏此义的也就是儒家，并且是孔子自己。家庭的畸形发展，自成目的，兼并了个人，篡夺了社会，这便是最初的滥觞，而在卫道之人，虽百喙亦莫能置一辩的。我于此，以前就有过比较详细的讨论，毋庸多赘。家庭自成目的的一大结果是，是非不明，公私不辨，利害倒置，此其进一步的对于社会的恶劣影响，必然是法治的不讲与贪污的横行；关于前者，朗女士除了想到"直躬"一段反法治的话而外，并没有多作讨论；关于贪污的讨论则颇为详细，除特辟专章外（第十六章）零星讨论也有十处之多。

第三，中国家庭的发展也养成过一些对社会生活比较有利的品性，有如容忍和妥协。关于妥协，朗女士说得好："在中国，我们知道，一个将就得过的妥协总比一个闹开来的冲突要好一些"。因为叙述到亲子之间在宗教信仰、政治见解、婚姻选择、职业旨趣一类问题上的关系，她对于容忍与妥协又作过一番比较详细的讨论（页290至296），说明大部分她所研究到的家庭里，亲子双方都知道容忍，而青年们也善于妥协，至少在表面作些妥协的姿态，因此，往往能避免冲突，维持家庭的和谐团结，而同时得行其志。这种分析与观察是很对的，论理，这一类的品性，对社会生活是有益的，特别是对民主的社会生活。不过说也奇怪，近年来中国社会生活所表现的若干主要特点恰好不是这些，而是偏狭、武断、坚持成见、抹杀他人。尤其是在政治的领域里，我们看不见丝毫的容忍的妥协。朗女士虽采用了《中国之家庭与社会》的书名，对于此种品性的完全变质，却没有作一番解释的尝试。依我看来，原因还在她的分析有所未尽，观察不够深刻。大抵即在家庭范围以内，可以容忍妥协的只限于见解信仰一类比较抽象的东西，它们原是生活的一些幌子或点缀品，一到实际的权利，便往往各不相让，所以兄弟争产，打起官司来，要比什么官司都凶狠，甚至于祖传的紫荆树还要劈分为三，三弟兄各得一份。此其为不容忍，不妥协，不是再显然没有么？而近年来的壁垒森严，出奴入主的社会局面，事实上是这一部分家庭习惯的引伸，名义上是为了见解不同，实际上恐怕还是为了权利冲突，权利当前，无论应得不应得，容忍与妥协的精神就无所用之了。

第四，朗女士把家庭分做三种，一是夫妇家庭，二是本干家庭，三是联合家庭，相当于我们所了解的小家庭，折中家庭（见拙著《中国之家庭问题》）和大家庭。关于大家庭，她有两层见解可能是错误的。一是她认为即在帝制时代，即自秦迄清，大家庭似乎并不像一般人所想象的通行。在这时代里，大家庭究属通行到什么程度，我们也不敢断定，因为到今还没有人仔细的探讨过。我们所能说的是，南方比较通行，而北方比较不通行，而其原因似乎在：北方屡经胡族的侵凌，荒年亦较频数，经济生活比较困难，使大家庭方式的集团生活不容易维持，而南方则否。但不知朗女士的见解又有何种依据。二是她认为即在封建转入"官僚专制"的过渡时期里的孔子，"对于大家庭制也不特别感觉到兴趣"（页 15）。孔子对大小家制的兴趣究属如何，我们也不知道。朗女士的唯一的根据是上文提到过的威特浮格尔所著的《关于中国社会的新发现》一书（*New Light on the Chinese Society*），而威氏的根据又何在，则她没有说明。不过下文紧接着的一番解释可能就是威氏的。这解释说："五伦中与家庭有关的三伦（父子、夫妇、兄弟）是一切家庭型式所共有的。专属于大家庭制的祖孙叔侄之伦，在五伦中，却没有想到"（页15）。如果这是立论的根据，那就未免太疏阔了。第一，五伦之说根本不出孔子，而出孟子（五典之说出《书经》；五达道之说出《中庸》，即使作为孔子所说，孔子亦自述而不作）。此其一。五伦之说，或五伦中的三伦，只是一些社会关系的说明，和家制的大小原无不可须臾离的联系，五伦中同时包括君臣、朋友二伦，便足以证明这一点。如果真有密切的联系，有如威、朗二氏所假定，则孔子以前以及与孔子同时对于大家庭"特别感兴趣"的人，势须于三伦之外，添上许多别的伦，有如祖孙、曾曾、高玄、叔侄、从叔侄、从祖孙、一从不已，更须再从、三从。试问这些人又何以没有一一列出，此其二。朗女士承认在封建时代里，大家庭可能是中国社会的正常的单位，这可能是的，既然是，试问何以在此时代里，我们也只有五典之说，或五典中三典之说，而并没有更多的典呢？此其三。小家庭中的人员关系，固然是只限于父子、夫妇、兄弟三种，但和其他有血缘关系而在家庭以外的人的社会关系又如何呢？难道因为没有伦的名称，而就完全没有关系了么？这当然是不通的。此其四。总之，威、朗二氏根本没有充分的理会，父子、兄弟两伦是可以有广义的解释的，父子一伦可以适用于一切辈分不同的人，不问纵的距离多远，兄弟一伦可以适用到一切同辈的人，不问横的距离多远，一家如此，一族如此，家族以内可，家族以外也未尝不可，所以《曲礼》上才有"十年以长，则父事之，五年以长，则兄事之"*一类的话。先把伦字的意义看狭了，又从而硬说孔子对大家庭不感兴趣，未免有些罗织。我承认威、朗二氏

---

* 《礼记·曲礼上》："年长以倍，则父事之，十年以长，则兄事之，五年以长，则肩随之。"

是费过一番推理的工夫的，但可惜这工夫做错了，而所能证明的，与其说是孔子对大家庭不特别的感觉到兴趣，毋宁说他们两位对大家庭特别的不感觉到兴趣，并且特别到一个硬把孔子拉在一起的程度！威、朗二氏都是笃信"进步"之人，说见下文，凡是有此笃信的人，对于一切比较所谓陈旧的东西，包括大家庭在内，自然是不会有好感的；但好感原不必有，客观的态度却不能没有才行。

第五，朗女士是赞成小家庭制的，看了上文，可知威氏大概也是。在他们看来，小家庭的主张是"自由与进步思想"的一个不可缺少的部分。其实大家庭的弊病虽多，小家庭的弊病又何尝太少？二十年前，我在拙著《中国之家庭问题》里已经有过一番详细的讨论，认为既各有弊病，我们便不应舍彼就此，而应斟酌于二者之间，确定一个第三种制度，我把它叫做折中制，也就是朗女士所称的本干家庭。折中家制有两个特点，一是上下世代不分居，而长幼房分最好分居；二是最老的生存的世代，普通为祖的一代，间或为祖曾两代，则由壮年的一辈轮流侍养。这是习惯上已有的一种办法，并且事实上也相当通行，我的本意是在把它确立起来，并不在提倡什么簇新的办法，在合乎情理的社会改进的努力里真正簇新的办法可以说是没有的，一切可行的办法多少得有些经验的根据。折中制是有此种根据的，所以，在答复我的征询的两三百个朋友之中，投赞成票的多至百分之六十五。朗女士是参考到了拙作的，又曾征引到这一笔百分数，但她并不赞成折中制，而赞成那"自由与进步的主要动向"（页115）中所包括的小家庭制。

在表示这主要动向的作家中，她又特别提出了麦惠庭氏。麦氏曾经写过一本《中国家庭改造问题》，他是著论反对折中制的第一位，他主张老父母应由小辈供养，而不宜与小辈同居，可以说是一种稍稍修正的小家庭制。这在朗女士是比较赞成的，她也曾加以征引。不过问题并不因麦氏的主张与朗女士的赞成而解决。分居以后，能否实行供养，是问题之一。供养或侍养包括两个部分，一是经济的，一是情绪的，情绪之养的重要实在经济之养之上，昔日所称菽水承欢，菽水不难，而承欢则不易，麦氏显而易见没有理会到这点，此是问题之二。麦氏主张不同居的唯一根据是世代间心理上的冲突。不错，年龄与世代的不同是可以引起冲突的。但此种不同又何尝不是分工合作的一种依据？前途教育比较普及，思想背景更趋同似之后，心理与社会科学比较发达，年龄的个别心理学（differential psychology）更研究得周到之后，世代间的冲突又何尝不可以减少？推麦氏之论，是不是凡属有发生冲突的可能的人都不宜营共同生活？个性不同的两个人之间如何？性别不同的两个人之间又如何？主张与信仰如果不同，是否也必须在同一社会里各立门户？不同是无可否认的事实，但冲突是否必为不可避免的结果？不思积极的减少冲突，增进和谐，而只思消极的用分离的方式来避免冲突，家庭、社会、国家，以至于一切有组织的活动岂不是都落一个空？这些是问题之三，而麦氏大概是没有理会到的。朗女士当然也没有理会到这些，因而始终认为小家庭制是"自由与进步的主要动向"的一部分，而对于折中制与轮流同居侍养制的百分之六十五的赞成票，虽承加以征引，也只好撇过一边，成为主要动向以外的支流末节了。

第六，上文第四、第五两点都足以证明这一类的作家是都有很深的成见的，一种时代意识上的成见，麦氏如此，上文所提作弁言的威氏如此，朗女士也是如此。关于大小家制的一端如此，朗女士全书的格调也未尝不如此。这便是我对于朗女士的最主要的一层评论了。说到都市里的工人生活，她发见"青年工人大都识字，并且对政治有兴趣；所接触的工人中，五十以上而能看报的一个都没有，阅读报纸与新式书籍的，以报酬较少的纺织工人为多，而报酬较多的公用事业工人为少。这事实可能指明，在中国存在着一个保守的劳工贵族，而其对于政治的漠不关心便是此种保守性的表现"（页91）。说到家制本身与近年来的若干改革的建议，朗女士有如下的一段涉及我本人的议论："在这时期（1928—1936）里所提出的关于家庭组织的方案也有一个同样的特征，就是新旧杂糅。一班保守的学者是受了欧美归来的新的保守的政治家与教授支持的。这些中国的'青年保守派或守旧派'（朗女士用的是young Tories）想把儒家对于家庭所主张的纲纪与信赖，和人口限制、优生学，以及其它有的有些法西斯色彩的西洋概念，拉拢在一起。他们的新观念是，'西洋的家制与中国的家制都有优点。为什么不把它们合并起来？'……"（页114）。接着就说到我本人与我所提出的折中制，再接着就又提到麦惠庭氏与所谓自由与进步的主要动向了。朗女士在末章总结里说到近代中国的变迁，又有这样的一段话："在十九世纪里，中国社会，原是按照着东方专制的模式组织成的，已经开始变成近代资本主义的社会了。全世界凡遇到文化变迁的时期所经历的通常程序在中国也看得到：第一发生变迁的是生产技术，二是经济组织，三是社会与政治结构，四是行为、态度、与观念"（页333）。不过她把这几个变迁的步骤分别叙述过以后，又来了一段多少有些自相矛盾的话："虽然如此，中国要变成一个工业资本主义的社会，在准备上，比别的农业文明的国家要差些。别的农业国家，在和西洋的工业主义发生接触的时候，文明的发展还不及中国，在准备上反要好些。原因在中国是一个东方式的官僚专制国家，和西方完全两样，因此不能用作走向资本主义的一个过渡。俄国与日本的例子便不同了……"（页335）。接着就说到这两国所以和中国不同而和西方相同的一些情形，我们无须具引。

我说朗女士大有时代意识的成见，这上面译引的三四段议论就可以做见证。这成见又可以分成两部分来说。一是对于进步的成见；她对进步有十分的信仰。信仰进步的人是反对一切保守的，初不论所保守的是什么东西，保守得有无限度，有无意义。所以一则把不大阅读新式书报和不大顾问政治的工人看作一批"保守的劳工贵族"。再则把多少想利用一些固有的经验来改革中国家制的人统称为"青年守旧派"。她一面承认这些人有些新旧杂糅，可见杂糅之中，未尝没有一些新的东西，但在她看来，这是不算的，只要有旧的成分，无论多少，便是守旧派了。她一面承认这些人也采用了些西洋的概念来修正中国的家制，一面却又指出这种概念里有一部分是有法西斯色彩的。她并没有说明什么是法西斯，和那些概念有此色彩，大概她所说的法西斯就等于近来有许多人时常说到的"反动"，那也就是保守，不过当作一个指摘的形容词来说，更见得要严重罢了。大凡一味信赖进步的人，在责备他所认为不进步或不大进步的旁人的时候，最客气是用保守二字，不客气些则用落伍二字，用到反动或法西斯字样，便很不客气了。看来朗女士便是这样的一个所谓前进分子。

二是朗女士的进步观是有蓝本的，就是唯物的进步观。这从第三段议论里可以看出来。唯物的进步观是有所谓"阶段"的，大之如封建，资本主义，社会主义一类的阶段，小之则如大阶段之中若干先后变迁的步骤，即朗女士所称的通常程序（usual sequence）。问题是这些阶段与程序，一到中国，就不通常起来，也就是不大能适用。在中国，封建时代以后，与可能的工业资本主义时代以前，不幸的就夹一个所谓官僚专制时代，而且延长到二千多年之久。这是朗女士自己承认的，并且自己提出来，作为中国没有能很顺利的进入资本主义时代的一个原因。此其不通常者一。至于四个变迁的程序，生产技术，经济组织，社会与政治结构，以至于行为、态度与观念的变迁，朗女士一面说得头头是道，若有其事，一面却又不得不承认，因为准备不足，总嫌变迁得不很得心应手（我应当说得手应心）。此其不通常者二。既不通常，而朗女士却非适用此唯物进步论的套数不可；除了时代意识成见的说法而外，我认为是无法解释的。经济，包括生产技术在内，是社会生活的因素之一，自有其限定其它事物的力量，这是我不否认的，但若说它是唯一的因素，有绝对的命定的力量，而命定之际，有一定的阶段，分明的步骤，成为一条通常的定律，那是近代稍稍涉猎社会思想（不是社会理想）的人所无法接受的。

威特浮格尔在本书的序言里说到东方社会应根据东方的情势来觅取解释，不应以研究西方社会所得的结论来相绳，这是很对的。但他以为朗女士在调查与分析之际，是运用了这所谓"东方概念"或"东方观"的，我却不能不怀疑。他说，朗女士对于"东方观"的运用，目的端在阐明具体的社会情况，而不在表证一个教条（序文，页6）。不错，她并没有表证这"东方观"的教条，她表证的另一个教条，是一部分"西方观"的教条，就是，唯物进步论！威氏又说，外国人研究中国题目是互有利弊的，利在比较能客观,而弊则为"用了舶来的成见来替代土货的成见的危险"（序文,页7）。威氏的语气是肯定的,即认为朗女士居然没有踏上这危险,我根据上文的一番分析,却认为朗女士是踏上了这危险的,对于一般的社会变迁的看法如此,对于家制、婚姻、恋爱的看法也是如此。

总之,朗女士这一本《中国之家庭与社会》的研究,材料虽很丰富,分析也很细到,却并没有能摆脱"西方观",依然受了许多西洋成见的支配。

（原载《世纪评论》第2卷第1期,1947年7月5日）

家制与政体

（上）

　　无论什么措施总须照顾到两个因素，一是自然而现成的，我们姑且叫它自然；一是我们自觉的一番意志与努力，我们叫它人力。人力的因素比较简单，无须细说；自然则涵义比较复杂。生物的遗传属于自然，是最显然的。地理环境中的种种也属于自然，也是一望而知。至于习惯、经验、生活技术、文物制度，也未尝不可以作为一种自然的力量看，则必须加以说明。自然一词，无论在中西文里，原有两个意思：一是天生，不由人为，上文所说的遗传与环境属之；二是虽出人为，事先却并无确定的目的，并无周密的计划，一任人事的推演，世代的累积，而及其既经累积，却也自成一种力量，有非后来的人力所能轻易改易取舍。一个人的习惯与生活方式往往于不知不觉中养成，一个群的经验与文化形态更往往于不知不觉中演出，终于成为此人此群生活上的一种助力，或一种阻力，而其动量或堕性都不是人力所能随时而任情左右。前人就个人生活说，有"少成若天性，习惯成自然"的话，便应作如是解释。而就群体言之，这两句话也未尝不适用，特别是一向以保守著称的中国社会与中国文化。这样一说，我们对于自然两字的扩大运用，就似乎是很有理由了。此种文化的演化累积也不妨叫做任运的，就是听其自然的。

家制与政体同是文化的一部分，中国的家制与政体是中国文化的一部分。就以往的情形说，中国家制大体上是自然演变而来的，中国的政体也是如此。二者虽同属自然演变而来，其间却有一个先后，而先演的势不免对后演的有所影响、限制，甚至于还有几分命定的力量。社群的演展，原有由小及大的趋势，家的形成自是早于国的形成，且为国的形成的一个不可少的条件。家齐国治一类的旧说，虽属先秦思想，特别是儒家思想的一部分的公式化，自未尝没有其自然演化的依据。国之治，是否必待家之齐，固然是很值得研究，但国之所以为国至少有很大的一部分是建筑在家之所以为家之上，即一种政体之所由成，其间因缘虽多，家制总是很重要的一个，大概是不成问题的。

西洋社会思想界在这方面用功力最多而最有所发明的是法国勒泼莱（Frederic Le Play）所创导的家位学派。此派研究社会，就从家庭开始，逐步推开，终于囊括到整个的社会邦国。所谓逐步是：家之区位，家之谋生工作，家之不动产，家之动产，薪工、储蓄，家之型式，家之生活程度与物质生活方式，家庭生活的其它方面，家之保护或监护关系，商业、智力文化、宗教、邻里乡党，经济性或社会性的会社，图保、乡区、市镇、郡邑、省区、邦国，社会的扩展有如移民、外国社会、社会之史、社会在人类生活中的地位与其前途——自小而大，由近及远，始自空间关系，终于时间关系，前后凡二十五个步骤，自"保护或监护关系"一步骤起，便扩展到了家的圈子以外。一种国体的形成，不能无家制或家庭型式的影响，原是常识的一番很自然的推理，经验的一个很粗疏的判断。不过一直要到此派上场，切实运用了这样一个逐步研究的方法，我们才算有了一个比较科学的结论。

　　此派认为家所处的环境区位与家所营的生业活动，决定了家的型式与所从出的人员的心理品性，而后者又转而决定了一般的社会组织，包括政治体制在内。因其从家庭的区位入手，所以我们称他们为家位学派。不过这派的目的并不在地理的研究，而在社会的研究，要就各式各样的社会里找出几个主要的类型来，所以他们的真正的起点是家庭的体制，而一个主要的归宿是政治的体制。他们认为家庭是一切社会生活的滥觞，也是社会生活的雏形；如果家庭制度与家庭的教育影响不健全，要有健全的社会生活与政治制度是不可能的。勒氏和他的弟子们一番专门研究的结果，认为家庭的类型有四：一是父权式，二是准父权式，三是不稳定式，四是偏特式；在一切文化初开的民族社会里，父权式是一切类型的源头与干流，其余都是流变。父权式的重要性是不待烦言的；准父权式是父权式的一个退化，不关重要，可以搁过不论；偏特式虽较后起，影响却极大，与父权式同为此派研究得最周详的两个类型。不稳定式起初并不见得如何重要，但三十年来，一部分国家的政治的兴替又教我们不得不联想到它：比起父权与偏特两式来，它是两无着落的，因无着落，所以不稳，而因缘凑合，它却又历久停顿在此不稳状态之中，所以也就成了一个类型。

　　我们对于父权、偏特与不稳的三式家制的来源与流衍是不能没有一番介绍的。据家位学派的研究，父权家制发祥于中亚与东欧的大草原。广大的原野，稀疏的人口，游牧的生活，流动的居址，单纯的生产工具与工商关系，毳幕与牧区的共产等因缘，促进了每一个家庭集团的自给自足，强调了家庭在社会生活中的地位，使成为唯一的单位，唯一的基体。在这样一个民族社会里，就家庭论，权力是多元的集中的，集中于各个家长，而成为父权家庭；就整个社会论，权力却是散漫的，组织也是粗疏的，平时可以用不着比家长更大的领袖，比家庭更复杂的组织；为了商业，为了劫掠，为了大规模的侵略，而需要更大的集团，也不过是凑合了许多家的驼马临时成为一些骑队；事过境迁，也就散伙了。即使侵略成功，建立起一个朝代来，那国祚也往往很短，例如五胡之于中国。至于教育的影响，有一位勒氏的弟子说，父权制"对下一代用上一些陶冶的工夫，使能在家长的权威之下，和平相处，久而不渝，使每一个人出其全力为家庭的集团造福，而其人的生活，亦惟家庭的组织是赖。个人的地位是完全抹杀了的，也可以说是被家庭集团完全吞没了的"。另外一位说："在这种家制之下，儿辈的成立，无须依凭自己的努力，只须仰仗家庭集团的帮忙；家庭自会维持他们，如果出外而遭遇到失败，家庭也会欢迎他们回去。因此，个别的教育是不大用着的，每个人所需要的只是一些最低限度的生活知识与经验的传授"。此派认为流行着这种家制的社会国家总是保守而不进步的。勒氏与其徒恐怕还不甚知道中国的社会情形，否则这一路的议论还可以推进好几步；中国民族由中亚移出，而其家庭是一贯的父权的，这他们是知道的。

  偏特式的家庭是父权制的一个支流。在史前期，东欧有一部分的父权制的民族向西北移徙，到达了今日瑞典、挪威的区域。在那里，地理环境不再是广大的草原，是交错的港湾与河流入海的口子，可以简称为河泽环境。居民的生计也不复是牧，而是渔，住家与大部分的活动可能全在一只不太大的船上。船的容积也就限制了家庭的范围，就是不会太大，只是亲子两代构成的小家庭。海上的风波，谋生的艰苦，终于在每一个身上磨炼出一种冒险、奋发与特立独行的性格来。有此种性格的人平时是彼此不多来往的；但，有一天，舍舟就陆，团体生活的需要增加，其所发生的社会交际，势必是比较脱略形迹的，人我对等的，而也是动不动要讲权利义务的相当的。脱略形迹是自由。人我相等是平等。权责相当是公道。约言之，他们的社会关系所由建筑的基础观念，决不是陈义甚高的道义，更不是敷衍搪塞的人情，而是平实坦白的契约，是权责的公平授受，是谁也不能有特殊权益，而谁也不能吃亏的人我关系。这样一个社会的单位决不是家庭，而是个人；而其政治组织，无论发展到什么程度，也就自然而然的是民主的。其在家庭中所发挥的教育影响，不用说，也就上文所列叙的一些个人品性与社会伦理的维持与推进，与其它民族社会的家庭教育复乎不同。这一部分的民族后来繁殖移徙，经由大陆而转入英伦，近代更从英伦散播到北美、澳洲、新西兰、南非，凡是他们到达的地方，也就是我们今天可以找到这一类个人品格、社会关系与政治体制的地方。

上述两种家制与其对于社会与政治的影响，在家位学派是都有过专题研究的。对于不稳定的一种他们似乎没有，不过也从详讨论到过。不稳定的家制也是父权制的一个流派，有的直接纵出，有的间接从准父权制纵出，而其纵变的媒介是森林环境与狩猎生活。此种生活的机遇性太多，维持生计的力量太薄弱，男子居家的时间太少，仰事俯畜，都成问题，家庭的集团虽不能没有，却始终是散漫零乱，动荡不安。特别欠缺的是生活经验的积聚，与童年教育的效能。勒氏的弟子之一讨论到这一点，说："教养的结果是，既无专长，又无通识；既不能尊重齿德的权威，传统的经验，有如父权家制，又不能启发青年独立的思考，进取的欲望，有如偏特家制。在这样一个家庭里，服从之心与守成之力，立异之心与开创之力，可以说是两无着落。其结果是，白白的养大了一大批幼而未学、长而无成的人，除了供国家鞭策、政府鱼肉之外，全无用处"。换言之，这样一个民族社会的单位既不是家庭，又不是个人，而是笼统的社会全体，更准确一些，是挟全体的名义来驱策每一个人的国家与政府。这样的国家是至上的，政权是集中的，干涉与统制是多方的，以至于无微不至的。勒氏与其徒认为西欧的国家的家庭大多数属于不稳定的一类，因此，其国家权力的发挥与政治体制的形成也就容易踏上集权的道路。他们特别提出来做例子的是德国与他们自己的法国。德国的例子是很显然的，尤其是自从希特勒的一幕以后。法国的例子则我们不甚了解，我们只知道它几次共和国的成绩都不算太好，即英美式的民主政治在那里不很成功；我们与其说法国政治因集权而巩固有余，毋宁说它因散漫而稳健不足，和家制的类型倒有几分直接的相像。也许此派所指的只是家制的初步扩展的结果，其后来的步骤当有待于历史的使运的发展，亦未可知。

（下）

上篇所叙三种家庭的类型和它们对于社会政治的影响，不妨用一个简单的图表揭示出来：

家制	团体的权威与传统	群居生活的重心	个人的立点开创	政体
父权	正	家庭	负	?
不稳	负	"国"，政府	负	极权政治
偏特	负	个人	正	民主政治

这图表里有两点是尚需解释的。在不稳定的家制之下，于团体权威一栏内，我们记下的是一个负字，而于政体栏内，却又写上极权的字样，初看岂不是恰相矛盾？其实不然。这里所称的团体权威指的是自然积聚而来的一种，例如父母之于子女的权威，其间没有多大强制的成分，即有，也往往因自然的情感关系，而使施者易施，受者易受。同时，它也不利用什么，不假借与挟持什么。子女，接受父母有权威，就老老实实的因为他们是父母，是它们自身所由产生之人。极权政治的权威显然的与此不同，它是完全强制的，它的由来与维持推广往往不惜利用种种巧夺豪取的方法；同时，它是有所挟持的，此挟字的用法等于"挟天子以令诸侯"的挟字；明明是一个人的野心，或一个特殊团体的私意，却硬说是万民的愿望，全国的公意，行使权力的人或团体并不真正代表着人民与国家，只是挟持着人民与国家罢了。这一类权力行使我们称之曰"窃"，曰"弄"；天下的父亲，无论如何作威作福，我们决不会说他"窃权""弄权"的。这也就顺便的解释了为什么在"重心"一栏里的国字是加上了引号的。这是应该解释的第一点。

在父权制下的政体栏里，我们没有写什么，只留下一个问号，因为此种政体至今没有一个名字。中国二千年来的帝制政治就属于这一路，它实在是一个大家庭的无数倍的放大，所以会有君父、子民、臣仆一类的称呼。这种政体和民主政体很不相同，是谁都承认的。但君主专制与极权独裁未便相提并论，却未必为一般人所明了。专制君主可以颐指气使，生杀予夺，却不能独裁；极权之权必然是集中的，而在往日天高皇帝远的中国，地方的权力是相当的大的，极权政治显然是一种近代以至于现代的制度，它至少仰仗着两个条件，在政术方面是科学发达后的交通与宣传工具，在社会方面是各个家庭父权的没落与夫家庭生活的一般的解体，而我们深知，在君主专制的局面下，父权是始终完整的。这从"忠孝不能两全"一类的旧话里就可以看出来；正唯其不能两全，一人要"作忠"，必须先行"移孝"，也就可以见得当初的君权并不等于今日的极权了。这是需要解释的第二点。

上文提到家位学派的思想家，对于中国的历史知道得不多，否则对于父权家制与政体的关系必可以有一番更精到的发挥。如今让我们借这机会稍作补充。一直到最近为止，中国人在政治的一部分理论与实际上是通行所谓"家国同理论"的，即治家治国遵循着一条道理。国家的名称就是这样来的。历史上这方面的议论更是不一而足。《书经》上开头就有亲睦九族，平章百姓，协和万邦的话；更简洁了当的是《伊训》上的"始于家邦，终于四海"两句。《诗》有"刑于寡妻，至于兄弟，以御于家邦"之论。《大学》与《孝经》两种文献说得更是清楚，充分的表示家国之间，范围虽有大小，着手虽有先后，治理的原则却无二致；例如，"孝所以事君，弟所以事长，慈所以使众"，又如，"事亲孝，故忠可移于君，事兄弟，故顺可移于长，居家理，故治可移于官"。后来的议论全是这一类语气的推衍，别无新鲜的变化，无烦更多的征引。实际上，居官的人确也随时把居家与治家的精神与办法拿出来，其间好的坏的都有，而坏的可能居多，倒不是因为居官的存心要做坏，而是因为以适用于家的种种适用到国，势不免一厢情愿，捉襟见肘，甚或张冠李戴，完全不着边际，其结果是非坏不可。"如保赤子，心诚求之"的父母官，历史上可能有过几个，但亲亲主义终于妨碍了人才的产生，法治的建立，以至于一般社会与政治设施的制度化，却终究是一些更大的事实；终于成为前途改革的最大的障碍。比起这些来，公私的混淆不分，与吏治的龌龊狼藉，还是一个比较细小的节目。

话一定得说到这里，我们才可以把问题提出来。家制与国体，无论中外，大体说来，都可以说是自然推演而来的，即都是任运的，而国体的任运发展之中又包括家制的任运发展在内，或可以说，前者得多少建筑在后者之上。我用大体的字样，因为其间不能全无人力的创制与计画，不过在近代以前，任运的成分要远较计画的成分为大罢了。上文列叙的三种家制与国体的关联的格局里，任运性的成分相对的最少的是不稳的家制与极权的政体，其次是偏特的家制与民主的政体，最大的是中国所有的格局；而人力计画的相对的成分恰好与此相反。大抵强制性大些，与制度化的程度高些的政体，也就是任运的成分少些而人谋的成分多些的政体。极权政体当然是最显著的一例。不过强制性迟早会达到自然性所命定的一个限度，过此限度，便是摧折，便是破裂。"绕指柔"的"百炼钢"也自有其最后的限度，其它的物质更不必说了，其它能生长的物质，当其生长之际，虽若有其甚大的伸缩性，但本质之限度而外，又有其生长的法则所规定下来的限度，外力强制过甚的结果是萎缩与死亡。

到此我们就不能不想到孟子揠苗助长的比喻，与夫勿忘勿助长的结论。这比喻和结论真是再恰当没有，教育如此，其它一切的举措都是如此，包括政治的体制在内。孟子所要我们了解的无非是自然与人力的一个适度的配合；它于任运，不知改作，是聪明不足、是暗昧、是愚，强制的改作，置经验与历史于完全不问，是自作聪明、是刚愎、是妄，而就社会的事功言之，习于故常，安于运会，结果是不进步、是终穷、是退化。好事更张，妄图兴革，结果未必是进步，而是徒劳，是走不通，是混乱纷扰。这是一切举措在事前应有的认识。而就民主政治的一大举措而论，于此一般的认识而外，恐怕还须对于家庭的既往先做一番参考；可能的，家庭的改制的重要性并不后于政治的改制，甚至于是先决条件之一。

家位学派是看清楚了这一点的，所以他们于阐说理论之外，更做过一番改革的提倡。他们认定法国的不稳定的家制与不稳定的政体有密切的联系，惟其不稳，所以在近代历史里，已经有过好几次受到野心家的觊觎，想把法国政治造成今日我们所称为极权的格局。真的父权既衰落，于是有人者出，挟国家社会之名以号令众人，形成了一种假父权；可惜这一派的先进没有能看到最近三四十年的世局演变，否则他们一定会叹息痛恨于此种假父的充斥，并且要昭告大家：谨防假父，好比谨防扒手一样！他们一面痛惜着法国的积弱不振，一面自不免对英美的制度表示很热烈的爱好与艳羡，所以他们有改革方案的一部分是提倡偏特式的家庭；他们要先做一番培养国民个人性格的工夫；他们还亲自办过几个学校，专为提倡这种家制。民主政体是否只能有英美的一种格式，固然是一个问题；当其初既不曾经历过所谓河津环境的磨炼选拔，偏特的家庭是否轻易可以产生，独行的性格是否轻易可以养成，固然也未尝不是一个问题；但如果真要学英美的制度，起码要从英美的家庭学起，这一点他们是看准了的。

三四十年来，中国也未尝不想就政体有所改制，而在此种想望与努力之中，对英美的制度尤深寓拳拳之意。不过历年以来，议论虽多，零星片段的努力虽亦复不少，至今还是无多建树，这其间的因素固然不止一端，而比较主要的一个可能就在从事的人始终没有能考虑到本文所讨论的这一层看法。因为没有理会到这种看法，所以一切言论是空疏迂阔的，一切举措是揠苗助长的，是齐其末而不揣其本的。对于社会与政治，中国的家制以往曾经发生过什么影响，当前正发生着什么困难，前途更可能发生什么障碍，泛泛的谈论多，而切实的研究少，含有意气的讥弹多，而平心静气的批评少；"推翻打倒"一类称快一时的主张多，而补偏救弊渐求改进的建议少。此其一。对于西方的家制，特别是英美的小家庭制，一时风气所趋，介绍、歌颂与努力求其实现的也大有人在，但此种制度是否有百利而无一弊，值得完全接纳，即使是，是否可以普遍推行，而无窒碍，即一种社会制度，特别是来源悠远，关涉綦多，甚至于已经和其他制度因缘固结，有如家制，是否可以整个的移殖，而求其生根渐长，便没有人悉心存问而得到一个可以发人深省的肯定的答案。此其二。

　　小家庭和英美民主政治的联系固然是谁都看到的一点，但我们产生小家庭的条件又在那里？不要说我们始终不曾有过那种有自然孕育的力量的河津环境，我们连家位学派所倡导的培养方法也没有采用过。一部分人只知盲目与不顾一切的做去，老人可以不管，儿女尽量少生，期功亲族的休戚利害自更在不闻不问之列，其它疏远的支派可以不必说了。而事实上旧有的家庭与氏族的种种关系，却又到处掣肘，绝不容许你直截了当的做去，你又毕竟是中国人，多少是任运惯了的，多少要讲些人情，年事较长，阅历渐深，也就不知不觉的和它们周旋起来。结果是，旧的父权制固然是逐渐解体，新的偏特制并没有产生，实际所得可能是近乎不稳定的那种格局。三十年来，一般社会的动荡，政治的杌陧，资以号召的是民主政体的虚名，瞻顾逡巡的却是极权政体的实路；这其间主要原因之一，恐怕就在这里。父权是散失了，收拾到与行使着这权力的却不是各国公民，而是假国家民众之名的一部分特殊人物。

归结上文，我们可以得到如下的几点：

（一）我们举办任何事业，要认清自然与人力的凑合；完全听凭自然，我们固然不甘心，也不应当，完全用强制的方法，于理固有未顺，事实上也做不通。这原是常识，但乐天任运惯了的老派些的中国人，与开口闭口讲革命的新派人士两俱知其一而不知其二，所以值得再度加以提示。

（二）民主政体我们是要的。但一百分的仿照人家，是做不通的，是有画虎不成的危险的，因为自然与历史的条件无法强求。不问此种条件的做法是不揣其本而齐其末的做法。

（三）此种自然与历史条件之一是家庭制度。家制与政体有密切的先后本末的关系。所以改进政体的努力应当包括家制的整顿与稳定。

（四）目前中国的家制无疑的是在一个动荡的状态之中。乐观与进步的人士认为这是一个应有的过程，其必然的归宿是小家庭或偏特家制的建立。本文对此看法不敢苟同。家庭的完全解体是不会的，并且也不会解体到一个程度，恰好成为偏特的格局。从大家庭到小家庭，并不是一个自然演化的过程。中国的家庭，如果任其所之，势将继续的动荡，可以在动荡状态中长久维持，家位学派认为德法等国的不稳定的家制就是这样来的。在家制不稳定的社会里，权力是靡所寄托的，好比空中离散的游魂，迟早不免被道士摄去利用，由他去大作威福，结果是一种集权以至于极权的政体。

（五）然则当前的一大问题，似乎还不在民主政体应如何积极的建立，而是极权政治的趋势应如何消极的防杜与纠正。如何使家庭的制度，于不稳定之中力持稳定，便是防杜与纠正之一道了。我以前为了一般的社会生活与民族前途设想，曾经提出过一个折中家制的建议，如今为政治的体制着想，又发见只有这样一种家制才可以发生一些稳定的效用，而一种可以配合中国社会环境与文化背景的民主政体的演出才会有一个切实的依据。折中制的内容已详拙著《中国之家庭问题》中，毋庸复述。我应该指出来的是，这创议是充分顾到了上面列叙的几点的，特别是第一点，即自然与人力，或经验与理性，都还能顾到，因而不至于窒碍难行。还有一点是，折中制的推行应足以培养健全的个人，亦即健全的社会分子与公民，使父权涣散后的社会权力取得其应得的归宿。此种个人可能比河津环境与偏特家庭所培植出来的还要健全几分：道个人而不忌社会，讲法治而不致寡情，重自由独立而不趋于肆放攘夺。这样的国民才足以掌握权力而无愧，行使权力而无弊，才是自能作主宰的民，才足以语于真正的民主政体。

（原载《世纪评论》第 2 卷第 9、10 期，1947 年 8 月 30 日、9 月 6 日）

老人问题的症结

最近在本年六月二十八日的伦敦《泰晤士报》上看到一位古德诺爵士所著的一篇关于英国老人问题的文字。这文字一半是报告性质，一半是议论性质。报告的部分说到最近英国成立了一个"国家安老会社"。伦敦一地，原先有一个纳斐尔特基金会，其宗旨之一就是"安老"，特别是穷而无告的老人。基金会设有一个委员会，专门调查与研究战后社会急遽变迁中的老人问题，这会社的产生便由于委员会的建议。其目的自在推广与汇合对于老人的维护运动，使成为全国化，也在使此种运动更具体化，可以募集捐款，建置基金，规划与创制种种有关老人福利的事业，不只是提倡而已。所以它是一个会社，甚至于是一个公司，根据英国的公司法办理的。它的性质和中国社会里所时常遇到的"协会"迥乎不同，决不会是吹打一阵便而消灭于无形的。

这篇文字也追述到调查委员会的报告书。据说这报告书做得十分周详，在英国人对于老人问题的了解上又添出簇新的一章。英美两国的老人，情境可怜，是一向司空见惯的事，不过经报告书的一番叙述以后，便越发见得凿凿有据，使稍具社会意识的人，不能再视若无睹。同时，这报告书别有一番精到之处，就是它把老人问题的发展和人口的发展联系了看。在医学卫生日益发达的今日，又在出生率逐渐降落的国家如英国，老人的数量，比起其他年龄组的人口来，势必一天比一天相对的增加，而问题也势必一天比一天严重。在今日的英国人口里，到达可以领取养老金的年龄的人是八个中一个，在四十年以后，这比例可能是五个中一个；老人越是充斥，问题自越感困难，及今不预为筹划，前途将根本无从措手。至于报告书也列叙到许多个案的生活史与安老机关的管理情形，把老年茕独的惨象以及庸人谋事的不臧，充分的暴露出来，也为以前同类的文字报告所不及。还有一重要之点，就是调查的结果发见养老金的制度，在目前生活程度之下，是足以应付的；在接受养老金的人中间没有赤贫的分子。

关于老人的福利设备与其原则，古德诺氏又有如下的讨论。设备可以分两类：一是属于建置性质的，主要的目的是在解决老人的居住问题。为了体气尚属健全，能独立生活，而夫妇两存的老人，最适当的是单独住宅的办法，而此种住宅应与寻常人家的住宅掺杂在一起，有如通行的新村组织。其次，半独立而比较龙钟的鳏夫寡妇则可以加入一种寄宿性的俱乐部或称总会，使进可以有相当社会交际，退可以维持其私人生活。第三种的办法是规模不宜太大的老人共居的一种院落，但不是在老人院。第四种是休养所，专为老病者而设。第二类是属于零星服务性质的，目的在增加生活的兴趣，减少风烛残年的痛苦，例如普通的俱乐与娱乐的设施，友谊的访问，热餐的巡回送卖，采购与家事的协助，等等。这些，目前都已有人在办，公家与私人团体办的都有；但数量太少，去周遍的程度很远。尤其不敷分配的是单独的住宅。我们于此不能不感觉到这些老人福利专家的希望未免太奢。战后的英国正大闹着房荒，即使此种住宅稍稍增多，试问如何会轮得到对社会已无甚贡献的老人。我们说他们希望过奢，因为事实上目下英美等国最普遍的安老办法还是那迹近人间地狱的养老院。

至于这些比较合理的设备所遵循的原则，自比设备本身更有意义。不过古德诺氏的讨论只是偶然提到它们，我们联缀在一起看，则有如下列：

（一）安老的事业应竭力避免救济的性质。

（二）安老的场所应家庭化，而不机关化；养老院、老人院、老人堂一类的称呼便富有机关化的臭味，且不论内部的组织管理如何。

（三）安老工作应就老人的物质与心理的需要兼筹并顾。经济并不是老人问题的最重要的方面，特别是在有养老金制度的国家。

（四）老人转移安老的场合时，应不使其有"毁巢""拔根"之感。

这些设备与原则都想得很周到，很体贴入微，但果能解决老人问题么？我认为不能，我想中国人，凡属对于旧习惯有过一些经验、旧伦理有到一些了解的，都认为不能。习于中国的旧办法而不甚明白英美的办法的人，骤然看到上文的讨论，恐怕第一个反应是觉得莫名其妙，觉得为什么英美人士对于老人的安置要如此其噜苏，如此其庸人自扰。

这就根本牵涉到了关于家庭与家制大小的理论。中国人一向主张大家庭制，主张"上有老，下有小"，主张仰事俯畜，我说主张，因为未必人人做到，且事实上做不到的恐怕不在少数，但它总是一个标准，太违反此标准的人不免受舆论的指摘。英美则主所谓小家庭，小家庭制里没有老人的地位，老人尽可以自成一个小家庭的单位，与已经成立的子女的家庭划分得很清楚。老人之成为问题可以说是从此开始的。配偶两全的老人问题比较简单，因为他们多少还像一个家庭。鳏的寡的问题就困难了，于是就不得不有老人院一类的办法。这问题又分两部分，一是经济的，二是经济以外的生活的。老年保险或养老金制度实行以后，在国家与社会的沉重负担之下，第一个问题算是有了解决的方法，但第二个问题却始终存在。上文所介绍的一番讨论就想在这方面觅取解决的途径。

但这一类的讨论与设施并没有能搔着问题的痒处。所谓经济以外的老人生活，最主要的是他的情绪生活。情绪生活不止一方面，尤其主要的一方面是一种存活的愿望与死亡的恐惧所引起的情绪。老人是风中之烛，眼看自己不久就要蜡干芯尽，除非他有特殊的哲学的涵养，是不能无动于中的。既有动于中，便不能不求解脱。历来解脱的途径不出两三条。一是个人功德事业不朽的信念，或对于"身后名"的企求，这也只有少数人能之，可以不论。二是在子孙身上得些寄托，得些慰藉，这是很实在的，因为子孙毕竟是自己血中之血，肉上之肉，子孙世代的传递相当于一己生命的局部的延续。不过真要得到慰藉，其间还有一个重要的条件，就是要和子若孙生活在一起，只是名分上有子孙是不够的，必须手里时常地抱到孙儿，眼前随时看到孙儿成长，才比较的踌躇满志。三是灵魂永生的宗教信仰。大多数人所能领略的便是后面这两条解脱的途径。以前的中国人在这两条路上都走得通，并且两条还并成了一条，养生送死，生事死祭，一类的议论便表示两条路早就接了轨。在中国，老人之所以未成问题者在此。

至于英美一类的社会里，老人所能走的解脱之路打头就只有一条，就是第三条，宗教信仰所允许给与的永生。在小家庭制度之下，第二条根本没有地位。但自宗教的号召力日就减削以后，这第三条路又将鞠为茂草，走不大通。死亡的威胁在后面追逐，而前途却又无路可走，于是老人乃成了问题。科学与机械文明昌大以后，一方面有医学卫生延长了人生的寿命，一方面又有工业技术缩短了工作的年龄，再一方面迟婚节育又增加了老人的比数，于是问题愈益见得严重。

在二十年前，美国的高度机械化的工厂里便已开始不雇用年在四十以外的工人。当时就有人说，一个工人，到了四十二岁，就工业的定义讲，就算是老人了，工厂已无所用之，亦即工业社会已无所用之。英国的情形恐怕也差不多。换言之，在高度工业化的社会里，恃劳力为生的人，四十以后，多少便等于行尸走肉，对生命已经是没有期望，生机已等于断绝；而事实上这大堆尸肉在世上行走，平均还须二十多年，因为人口学家告诉我们，近年来医学发达，健康进步的结果，任何美国人不呱呱坠地则已，否则便有六十五年的生命的期望，岂不是一大矛盾？是的。这是但知讲求工业化的文明的一大讽刺，而四十岁以上的大量的老人便是这矛盾中的牺牲品，便是这讽刺的人证（物证该是一面生产过剩，一面人有失业冻馁之忧等一类的现象）。

我所了解的老人问题如此。如果作如此了解，则真正的解决便应别有途径，而决不是"国家安老会社"一类的组织与其所提出的原则与方案所能为力。若问此别有的途径是什么，则根据上文的讨论，有效的似乎只有两条，一是机械工业制度的重新安排，二是家庭制度的另行调整，前者所以使未老的"老人"维持其生命的机能，后者所以使已老的老人减少其死亡的威胁。

（原载天津《益世报·社会研究》，1947年9月5日；修订后载《世纪评论》第2卷第23期，1947年12月6日）

科举与社会流动[*]

一　引言

　　科举是中国历史上重要的选官制度。虽则历代科举制度的内容时有变革，原则上说，这是以考试的方法选拔人才，授以官职的方法。选官的方法虽不限于科举，但是在传统社会中，这却被视为正途。又因为除了若干因本人操业卑污被视为贱民的例子外，大多数的人民，依法律来说，都有应试的资格。而且科举制度的用意多少是在广开人才上进之途，这和依家世品定个人才能的原则是不相同的。从一般出身寒门的人说，如果有意入仕，科举也成了他们可能达到目的的途径。这可能性也就成了历来一般人民追求的对象。科举所用的是文字的考试，于是读书人也成了社会上有前途的人了。"士别三日，刮目相看"；"万般皆下品，惟有读书高"等一类谚语表示了从科举制度里发生出来的社会价值。这种传统即在目前，我们还可以在中国社会各方面看得到。

　　不论科举所标榜的是什么，也不论一般士人相信的是什么，科举制度在事实上为社会流动所开的门，所筑的路，宽阔到什么

---

[*] 本文系与费孝通合作。

程度，却是一个问题。在这一点上，有着种种不同的意见。

有一种看法认为中国社会在过去缺乏明显的阶级的分划是因为有这科举制度不断的从下层挑选出人才来送入上层去。当魏晋时代，不以普遍考试选官，结果就发生了"上品无寒门，下品无世族"的社会，分成了不流通的阶级。后世科举注重普考，这种现象也就不再见了。

另一种相反的看法是认为一个普通依靠劳力维持生活的人，读书的机会都没有，自没有应试的可能；即在读书人中，若父兄没有功名，不熟习于考试的内容和门路，也同样不易中试。即使初试及格，上进更非易事，只好退下来在三家村当启蒙老师，说不上学而优则仕。所以中国的官场还是高度的被少数世家所占有。科举不过牢笼一般读书人的志气，并不是真正有效的社会流动的阶梯。

这两种意见都有若干事实做基础，因为一方面在历史上不乏寒窗十载、跃登龙门的例子；而另一方面，功名额子的有限，考试方法的拘泥，考试题材的狭隘，于法定资格之外，又增加了许多的限制，不免使选择作用发生偏倚，使所谓社会流动也者，貌似流动而实不流动。但是研究中国社会结构时，我们不能依一己的好恶，任意根据一部分的事实作我们理论的基础。因之，我们需要将科举对于社会流动的贡献作一比较精确的估价。本文是对这问题的尝试。

二 所根据的材料

我们进行此项研究所根据的材料是我们所收得的九百十五本从清康熙至宣统一段时期中的硃墨卷。依当时的习惯，凡是优贡，拔贡，乡试及会试及格中榜的贡生，举人，进士，都要把中榜的卷子木刻印刷分送亲友。优贡，拔贡，乡试的卷子用墨印，所以称墨卷，会试的卷子用硃印，所以称硃卷。我们所收集得到的硃墨卷经过了初步整理后，得上述的数目。在上述时期中所产生的贡生，举人，进士的总数自然很大，一时无从估计，就进士一项而言，据近人的统计[①]，便有26747人，其它项目的数字自远不止此。我们在本文中所分析的材料不过是总数中很小的一个成分，所以只是抽样的性质。这里所用的材料都是在北平收集的，在时间和地域双方不免有偏重之处。但北平原是清代的京都，是会试与顺天乡试的地点，而且分送硃墨卷的一部分目的原在结交与自我推荐，以为登进的地步，所以北平也是这类印本流传的中心。因之，我们所得到的材料在地域上还是相当普遍。时间上的偏重于同、光两代是因为此种材料保存不易，年代愈久，散失也必然愈多，收集也比较困难。

下面是九百十五本硃墨卷作者籍贯的分布：

直隶（包括顺天府）	187	贵州	20
江苏	113	湖南	15
浙江	104	四川	14
山东	102	陕西	12
安徽	60	云南	11
山西	57	广西	11
河南	51	甘肃	4
福建	47	奉天	2
湖北	42	台湾	1
江西	28	军籍	12
广东	22		

硃墨卷作者应试的时代分布如下：

宣统	12	嘉庆	26
光绪	506	乾隆	13
同治	182	康熙	8
道光	86	未详	2
咸丰	80		

　　硃墨卷的主要部分是中试的文章，主考姓名和批语，这些对于我们这里的研究是无关的。在正文之前还有一部分记载着作者的履历，这项记载普遍都很详尽，而且凡是家世中有功名官职和德行著述的没有不尽量记上。因之成了我们研究社会流动问题极为合用的材料。

　　履历部分还要分谱系和师承两部。谱系包括作者的亲属源流；师承包括作者的学业源流。生物和社会的渊源并重很合于现代遗传与教育并重的看法。在谱系方面更分上下两栏。上栏载正支上行嫡系亲属（包括立嗣关系在内）及其配偶。下栏载旁支上下行同族亲属及其配偶，而且祖辈以下女性亲属（祖姑、姑、姊、妹）及其配偶也载入。在谱法上说，兼及母系（各世代妣氏的父祖曾高亦多列入注中）及姻亲是极合理的，而且可以从此项材料追寻各家婚姻结合，推见各家生物性的关联。在师承方面分受业，问业，受知三种。有些卷子更把师承或教育部分也分上下两栏，下栏加辟益友一项。如果我们想研究这些人物的思想、学术、政见的流传，这项材料也是有用的。

　　在履历部分的末行，大多数卷子附有作者世居地址。

　　我们在本文里所利用来研究的材料只是硃墨卷中的一小部

分：履历部分末行的世居地址和谱系上栏直系上行五代的功名记录。

三　城乡的比较

社会流动普通是指个人在社会结构中地位的改变。但是这名词也常用来作狭义的解释，就是指在社会阶梯上的流动。社会阶梯是一个社会中所分化成的不同的阶层，而且这些阶层，依当地人民所具的价值观念，分成了高下，有如一个梯子。人民都希望在这梯子上上升，但事实上却有升有降，升降的过程就是流动。

社会各阶层的分化，并不只限于价值上的贵贱，而且也包括职业，经济收入，生活程度，甚至居住区位的区别。在我们传统的社会中，"万般皆下品，惟有读书高"就画出了社会中有高下的两层。士农工商虽并不能说是一个梯子的四级，但是士的地位却总被认为高出于其他的职业。孟子的"劳心"和"劳力"之分也就成为贵贱之别。这分别也可以用"食于人"和"食人"的经济关系来表示；再进一步，在通俗的辞汇中，也相当于"城里人"和"乡下人"的区别，城乡是所居社区性质的差异。如果我们要观察社会流动的现象，甚至用数量来表示流动的速率，比较方便的是从职业、收入和区位的变动入手。我们在这里第一步就想从区位上来研究科举对于社会流动的影响。更具体的说：我们想从贡生、举人和进士等世居的地址上看出他们从哪一种性质的社区里出身的；

城，镇，或是乡村？假定我们可以认为住在城里的人家社会地位较高，住在乡间的人家社会地位较低，又如果我们看到有住在乡间的人从科举中获得上升的机会，我们可以从此推论出社会流动的速率了。

在分析事实之前，我们还得先讨论上述的假定。以城乡的区别来推论社会地位的高下并不是完全正确的。在我们传统区位结构中，"城"是一个地方的政治中心，为了防御保卫起见，建筑一道城墙。城里的居民并非属于一种社会阶层的。政治中心时常也是交通方便的地方，因之也常是商业比较发达的地方。需要保护的货栈和商店也会因有城墙的设备而聚集在城里。商人是城里居民中的重要分子。城和市因之可以连成一词。城市人口较多，分工较细，因之又有专门靠手艺谋生的工匠。不但如此，在普通城市里，大多有着不少农地，这是和自卫及防御工作相合的，虽则不能求粮食的自给，至少也可以供给日常菜蔬。所以城墙里还有农家。城市居民是各种社会阶层的混合体。

另一方面，中国的乡村在社会结构上是否比较单纯呢？如果乡村里住的都是社会地位较低的"乡下人"，则我们还是可以从乡村居民借科举上升的机会的大小去估计中国社会流动的速率了。事实上，这又不能一概而论。传统的观念中有所谓"耕读传家"的说法。有些地方，较大地主并不离地入城，而依旧定居在乡间。他们可以雇工经营自有的农场，也可以出租土地，依地租过活。他们有闲暇可以读书，可以应试，可以入仕，并不迁动他们的世居。但是也有地方，消极的因为乡间不易自卫；积极的因为城市生活程度易于提高，离地地主就比较的多。在这些地方，在乡村里住的人很少是经济能力较高的大地主。我们也可以说土地权比较集中的地方，经济分化较深，乡村居民的社会结构也较为单纯。在这些地方，区位的移动也更多少的可以代表社会的流动。

在分析这九百十五个贡生、举人和进士的世居地址时，为了技术上的需要，我们在城和乡两类外，又添上镇的一类。在地址中有若干名称并不是城市又不是乡村，而是介于城乡之间的市集社区，因之添此一格；为数虽则不多，但分出之后，使城和乡的性质比较清楚。

九百十五本硃墨卷中有世居地址记载的共七百五十八本。城，镇，乡的分布如下：

城	398	52.50%
镇	48	6.34%
乡	312	41.16%

这些数字从表面上看来城乡双方相差只有总数的十分之一。但是如果考虑到城乡人口的比例，则它们相对的差额就加大了。乔启明先生曾估计说："乡居人民约占百分之九十左右。"[②] 这是就全国人口总数而说的。如果科举中所取的士人，城乡各半，城里居民因为只占全人口的十分之一，比了乡间居民机会多了十分之九。所以从上面的数字看，乡间居民从科举里上升的可能性远没有城市居民的大。但同时却也说明了，乡间居民的确也有机会利用科举上升的。

可是在乡间居民中能利用科举的途径而取得上升的机会的是哪一种人呢？在我们现有材料中并不能直接回答这问题。但是如果我们依着不同省份来看城乡的比例却有值得注意的事实。我们挑了材料较多的七省加以分析的结果如下：

省名	城	镇	乡	记录不全	总数
直隶	94	5	45	43	187
江苏	73	8	16	16	113
浙江	46	9	42	7	104
山东	36	4	51	11	102
安徽	21	3	29	7	60
山西	12	10	27	8	57
河南	18	1	26	6	51

为了易于比较起见，将"未明"一项除外，计算城，镇，乡三项的百分比如下：

省名	城	镇	乡
直隶	65.28	3.47	31.25
江苏	75.25	8.25	16.50
浙江	47.42	9.28	43.30
山东	39.56	4.40	56.04
安徽	39.62	5.66	54.72
山西	24.49	20.41	55.10
河南	40.00	2.23	57.77

在上列七省中江苏和直隶两省乡项百分比均较一般（不分省）之总百分比为低，其中尤其是江苏超过四分之三的人数是出自城市的。这可能是出于江苏是离地地主极为发达的原因。山东，山西，河南却是自耕比较发达的地域[③]，这些地方乡项所占百分比较高，表示在乡间的居民上升的机会较多，也就是说在乡间有资格读书和应考的人较多。上表中和我们这种解释不合的是直隶的

情形，直隶的土地制度和山东及河南相似，自耕农较多，但是在上表中乡项的比例却相当的低。这情形可能是因为直隶包括京都，正是官吏聚集之地，他们的子孙往往改入大兴县籍，并应顺天乡试，所以影响省区的比例。浙江的乡项亦较低，那是因为浙江的北部属于太湖流域，和江苏南部情形相同。

我们这项解释如果能成立，间接的说明了有资格读书应考，借科举而上升的，大多限于地主阶级。凡是地主集中在城市的地方，城市居民在上表中所占百分比就较高；反之，凡是地主分散在乡间的，城市居民的百分比就跟着下降。这种解释和我们常识的看法也相合的。一个依劳力为生的人读书的机会少，想靠文字的门径获取较高社会地位自是极不容易的。所以凡是能利用科举在社会阶梯上上升的，必需有个经济的条件，就是可以不必依劳力为生。这条件当然不必一定要有土地；经商的，或是有氏族或亲属可以供养的子弟们都可以满足这条件。但是中国的传统社会究是以农业为主，大多数可以免于劳力生产的人还是多少有些土地的人。

四　家世的分析

接下去我们将利用硃墨卷前部谱系上栏的记载来看这些贡生、举人和进士们的家世如何了。如果他们的祖若父已经是有功名的，则他们的中式不过是维持社会地位，并不能认为在社会阶梯上上升了一步。只有家世中没有功名的人，从白衣而得功名，才能算是社会流动。

从科举里所得的功名有等级的差别，我们把各种名目分为上中下三级：

上级包括贡士及进士，

中级包括各种贡生及举人；

下级包括各种生员。

九百十五个贡生、举人和进士的父亲功名的记录如下：

无功名	有功名			
	下级	中级	上级	总数
306	289	260	60	609
百分比 33.44				66.56

三百零六个父亲并无功名的贡生、举人和进士的祖父功名的记录如下：

无功名	有功名			
	下级	中级	上级	总数
192	74	32	8	114
百分比 62.74				37.26
与总数百分比 20.98				

一百九十二个父亲和祖父两代并无功名的贡生、举人和进士的曾祖父功名的记录如下：

无功名	有功名			
	下级	中级	上级	总数
152	30	9	1	40
百分比 79.16				20.84
与总数百分比 16.61				

一百五十二个三代家世均无功名的贡生、举人和进士的高祖

父功名的记录如下：

无功名	有功名			
	下级	中级	上级	总数
129	16	7	0	23
百分比 84.87				15.13
与总数百分比 14.09				

一百二十九个四代家世均无功名的贡生、举人和进士中有三*人他们的第五代祖先有下级功名。所以五代之内均无功名的只有一百二十二人；在九百一十五人中占百分之一三·三三。这里是我们具体的答案：只有十分之一强的贡生、举人和进士是从没有功名的人家选拔出来的。这也说明了实际上科举所开放给平民上升的道路的宽度。

这结论告诉我们科举并不是完全由已有功名的世家所垄断，但是科举成为社会流动的机构也并不见得是宽大的。

这实际上有百分之十三的贡生、举人和进士出于五代之内并没有功名的家庭是重要的，因为这证明了没有功名凭借的子弟们有上升到受到社会所尊敬的阶层里去、得到官职、获取较好生活的可能。不论这机会有多大，只要事实上证明是可能的，就可以成了无数有读书条件的人，孜孜矻矻的向这条路上去求上进了。

五　再论城乡比较

在家世的分析时，我们曾注意到城乡的差别问题，因为我们

---

* 此数疑有误。

认为在乡间居住的人可能在家世上缺乏祖先的功名。但是事实不然，在一百二十二个五代之内祖先没有功名的贡生、举人和进士世居的分布是：

城	45
镇	9
乡	47
未明	21

这是说城乡之间并无显著差别。我们更可以从上行第一代功名情形来看：

	无功名		有功名							
			下级		中级		上级		总数	
	人数	百分比	人数	百分比	人数	百分比	人数	百分比	人数	百分比
城	128	32.16	130	32.66	117	29.39	23	5.79	270	67.84
镇	17	35.42	10	20.83	18	37.50	3	6.25	31	64.58
乡	113	36.22	102	32.69	87	27.88	10	3.21	199	63.78
未明	48	35.59	47	29.93	38	24.20	24	15.28	109	69.41
总数	306	33.44	289		260		60		609	66.56

这表里城乡在百分比上的相近也说明了凡是在科举中获得上升的人不论他们住在城里或是乡间，家世的背景是相似的。这一件事实并不是说城市和乡村居民在社会阶梯上上升的机会是相同的，而是说在这两者不同社区里住的人只要有机会去应考，被取的机会是相同的。我们在第三节里曾说依城乡的人口比例说，乡间居民利用科举上升的可能性远不及城里居民，这结论和本节的结论并不冲突，因为在乡间有百分之九十的人至少没有充分的经

济机会去利用科举来改变自己社会地位,在乡间居住而同时还能读书应考的人,他们的家世是和住在城里有能力读书应考的人的家世相似。这些人,依我们在上文所说的,以常识论,就是地主或其他多少有些经济能力的人。科举所开放的社会流动是在这一类经济阶层上的,凡是在这阶层之下的,如果想上升的话,还得先从别的机构中升到这一类经济阶层之后才能向科举方面努力。

六　结论与讨论

　　我们这一个关于科举与社会流动的检讨能确切告诉我们的似乎只有一点,就是,科举制度多少是以前社会流动的一条路,是当时所了解的人才所由觅取上升或"出头"的一个阶梯。

　　我们的资料也似乎可以让我们肯定的说,各种业务不同与居住区位不同的人口,在理论上谁都可以参加科举的考试,即法制并不限制,社会并无成见,已有功名之家对未有功名之家并不歧视;对凡有适当志愿与力量的人,这一条出路总是开着。

　　所谓志愿与力量,我们只是假定而没有讨论的。社会流动是人的流动,也就是有志力的人的流动,舍此,也就没有意义了。构成志力的因素自不止一端,遗传的智能、教育的便利、经济与闲暇,都不可少。遗传与教育我们是完全假定了的,即我们承认,凡是由科举考试出身的人,一般的说,遗传的智能要好一些,教育的便利要多一些。当代心理学家,对以前考试制度曾作研究的,认为八股文的考试方法多少是一种智力测验,而不止是记忆测验与知识测验。果真如此,则我们在这方面的假定大概不能算错。

至于经济与闲暇，则我们又曾稍作推论。我们在这些地方，一则曰假定，再则曰推论，而不作任何肯定之论，为的是硃墨卷对于这些并不供给什么资料。一般的农工，乐岁仅得温饱，凶年不免死亡，科举的门尽管开着，他们是不会进去的，他们连过屠门而大嚼的兴味怕也提不起来。因此，我们推论，凡是能登进的人多少总有一些经济的能力与攻习举业的闲暇。经济的来源自不止一端。土地大概是最大的一个；从事举业的人十有八九是些大小的地主，而不是自耕农；硃墨卷的履历里虽间或有上世"力田起家"的字样，但到以科举起家的那一个世代，至少是参加科举的当事人自己，可能是不再"力田"的了。我们一面作此因素的推论，一面也并不否认其它经济的来源。商自然也是来源之一，但一部分的商人往往同时是居住在城镇上的地主，和兼营商业的士绅没有多大分别。只有那些完全靠朋友、地方、与公家帮忙而得以读书、得以上省上京应试的士子算是不属于地主的一个范畴，没有享受到自家土地所产生的利润，但料想起来，这种士子是不会太多的。我们翻看地方志书，知道在开明与关心所谓"文风"的地方政治与教育长官虽也不断的努力来设置有类乎近代的助学基金，以其利息的收入作为奖进寒畯之用，但此种基金的数目不会很大，管理的方法也不会很好，因而受惠的例子也不会很多。

　　我们在上文说到，从表面的数字来看，城乡人口从举业出身的机会没有很大的分别；但如比较仔细的加以分析，例如就人口的数量来作相对的观察，则差别就大得多：城市的科举人才是总人口的十分之一所产生的，而乡村科举人才所从产生的人口要占到总人口的十分之九。我们又作过一番世代之间的比较，把先世有过功名而足资凭借的例子除外，以示科举的所以为社会流动一个有效的媒介,严格说来,只有百分之十三强。这百分之十三的有效流动究竟算大呢,还是算小呢,科举的所以为登进之门究竟算宽呢,还是算窄呢,我们在上文说过它不能算宽,但单单就科举一事的经验说,我们其实无法下这断语的。我们需要它种经验做比较。第一种很容易想到而一时还来不及加以研讨的是科举制度废除以后的学校制度的经验。我们倒要看看,学校制度代兴以后,四十多年来,所谓"乡下人",以至于其它先世无甚凭借的所谓平民,能取得大中学卒业资格而在社会上呈露头角的,比起城里人和其它有凭借的人来,又是什么一个比例,是大于百分之十三呢,还是小于此数呢。

第二个也不难想到的经验是西洋社会里的人才登进。这种研究的资料是已经有过一些的。在统计方法上差可比拟的研究也还不缺,姑举两三个例子如下:

卡特尔氏在他的《美国的科学家》④的研究里列有如下的一表:

社会阶层	科学家的百分比	美国总人口中每阶层的百分比
自由职业	43.1	3.1
工业与商业	35.7	34.1
农业	21.2	44.1

这里面和我们关系比较近的自然是"农业"一栏。这一栏的数字说,美国总人口的百分之四四·一产生了科学家总数里的百分之二一·二。科学家与科举家虽显然为两种不同的人物,两者必须具备相当的智力则差可比拟。同属于农业人口,与同样的住居乡间,则更可相提并论。我们在上文说乡居的科举人物占到我们全部资料的百分之四一·一六,而在城乡之间的镇又占到百分之六·三四。小镇上的居民也总有一部分业农的。姑以六·三四

的五分之二划分出来并入乡村，则乡居而业农人家的科举人物实得百分之四四不足。上文又引过乔启明氏的话说，中国农村人口要占到全人口的百分之九十上下。即算百分之九十吧。中国百分之九十的人口产生了百分之四四的科举人物倒很可以和美国百分之四四·一的人口产生了百分之二一·二的科学人物一比。两个比数在分量上竟是不相上下。

地域不同，人才异类，这种比较可能没有许多的意义。不过有一层意义我们是不便放过的。美国号称自由之邦，社会流动一向好像要比别的国家为大，人才的出头好像要比别的国家为方便，然乡居农业人口的发展成科学家，在百分比上竟和中国乡居农业人口的发展成科举人物没有多大分别，岂不是很可诧异？其实也无所用其诧异，可能的是美国的社会流动似大而实不太大，中国科举时代的社会流动似小而实不太小；即科举之所以为人才登进的阶梯者似窄而实不太窄。

也许另一种美国人才的研究更可以作比较之用，就是，克拉克氏的《美国的文人》⑤。克氏的研究里有如下的一个统计表：

社会阶层	一千个最著称的文人中每一阶层所占的百分比
自由职业	32.8
商	15.1
农	13.9
机械工人，雇员，粗工	4.8
不详	33.4
合计	100.0

这一个研究可比的是人才的性质，文人与科举人物性质上总还相近，而百分比的大小则不甚可比。我们所注意的自然又是那

"农"的一栏。美国农业人口所产生的最著称的文人只占到此种文人全部的百分之一三·九，这比科学家的二一·二小了许多，比起中国科举人物的百分之四四小得更多，比起家世中以前不曾有过功名的科举人物来，则在伯仲之间，因为我们记得，这种科举人物的百分数，也就是我们认为真正足以代表科举制度在社会流动上所发生的力量的数字是，一三·三三。这一番比较的结论也就只好和上面的一样，就是，美国乡居务农的人口在社会上出头的机会并不见得太大，而在中国乡居务农的人口，在以前科举制度之下，此种机会也并不见得太小。

有了这两个比较以后，还有一层意思似乎是值得提出的。中美两国的农业人口在成分上显然是不一样的。在中国，能利用科举制度而出头的大概一大半是不自"力田"的较大的地主，一小部分是自耕的较小的地主，佃农大概是没有分的。在美国，能出头而成为科学家与文人的大概全都是经济上有余裕的地主兼自耕农。同是一个农业人口，美国的密度低，农民经济能力比较充沛，可能此种出头机会的分布要平均一些，中国则情形相反，在分布上不免集中于不自耕作的地主，而轮不到小块田地的自耕农以至于不能自有其田的佃农。但实际出头的人数，就百分之一三·三三的比数说，两国可以说一样；若就百分之四四的比数说，则中国还见得略胜一筹。其所以更胜一筹之故可能有两个说法。一是中国农业人口的智能水平相对的要比美国农业人口为高，在"耕读传家"一类生活理想的号召之下，这并不是完全不可能的。二是科举制度确有其网罗选择的功用，即确乎发生了一些为别的社会所不曾有过的一种社会流动的效能。两说可能都有一些关系，但前一说一时很不易断定；第二说，经我们这一番探讨以后，则若比较近情。

第三个可以引来做比较的人才研究则来自革命后的俄国，是俄国优生学家菲利泊正科（Philiptschenko）的一番分析的结果，苏洛金教授曾替它归并成一表如下[6]：

父亲职业	（一）一般科学家与学者之百分比	（二）文艺代表作家之百分比	（三）当代大科学家与学者之百分比	（四）八十年来最大之科学家与学者：国家科学院院员之百分比
自由职业	36.0	44.6	44.6	30.2
官吏	18.2	20.0	8.0	15.5
军人	9.4	7.7	14.0	16.2
教会	8.8	1.8	10.0	14.8
商业	13.0	6.7	12.0	5.6
农业	7.9	9.6	6.0	14.1
粗细工人	2.7	9.6	4.0	3.5
不详	4.0	—	—	0.1
合计	100.0	100.0	100.0	100.0

和我们最有关系的又是农业一项的四个比数。苏氏辑成此表，在四个比数下又添上一些附注，说明前三栏的7.9，9.6，6.0三个比数都包括地主在内，第四项的14.1则完全是地主；又粗细工人项下第四栏的3.5则又包括普通的农民在内。这些数字所代表的资料既十之八九属于帝俄时代，而农民一项又指明的包括地主在内或完全地主，则其足资比较的价值似乎更在上文两种美国资料之上。我们看到，无论在哪一栏内，农业人口所供给的人才都不算多；第四栏的比较最大，14.1，如果添上粗细工人项下的一部分普

441

通农民，还可以大一些，说是15.0吧，比较我们13.33来，好像多得一些。但比起我们的百分之四四来，我们却要大得多了。并且拿百分之四四来比较，事实上可能更妥当一些，因为此数和俄国的14.1或15.0都没有论到上代有没有文教的凭借。帝制时代的俄国社会和科举时代的中国社会是很有几分相仿的，特别是在农民经济生活一方面，更尤其是在地主所给与佃农以至于农奴的压迫。但又何以中国农业人口的出头的机会似乎比较大些，并且可能大到三倍有余呢？我们不能说智能的水平不同，我们根本不知道。但若说，俄国农业人口所受的压迫与限制可能比中国农业人口为大，而中国农业人口，有了这么一条比较还差强人意的梯子——科举制度，便多少有一些攀登而有以自见的机会；我们认为是比较差近情实的。究属近情到什么程度，革命以还改进的效果应该可以做我们的反面的见证，即，压迫既经解除，流动宜乎加快，而农业人口所产生的人才宜乎比较增多了。菲利泊正科这一类的分析可能已经有人继续的做，可惜我们无法知道。

最后，我们引一段西洋社会学者对于乡村与人才关系的一般的结论来作比较。根据上文所介绍的两三种研究，可知在一部分的西洋社会里，乡村还多少出一些人才。但这一段结论告诉我们，就西洋一般的形势讲，四百年来，以至于远自大都市的发轫以来，城市早就成为唯一出人才的地方，有志力的分子，不先移到城中居住，便根本无法出头。苏洛金在《社会流动》一书中说：[7]

自都市发展以来，个人的社会升迁的一番功能几乎完全被他们独占了。……一切升迁的途径几乎全部集中在都市以内。如果不先变做城里人，一个乡间的寒门子弟已几乎完全不再有攀登的机会。即偶有少数例子，一面居乡，一面有些名利的收获，但若真要出头，还须向城里人打招呼，取得城里权威人士的承认。一个有钱的乡下人依然是一个乡下人；一个未向都市打过招呼的乡下诗人，除了祖居的三家村以外，更没有人认识，没有人捧场。……

这是西洋的一般情形。在科举时代的中国并不如此。乡下人，无须先搬到城里或镇上，寒窗十载一举成名的例子尽有。向城镇游学，到都市考试，当然必须离乡，但只是短期的，并没有放弃祖居的必要。考了秀才，中了举人，点了翰林，他可能始终是一个乡下人。世代做乡下人，而依然有不少的机会可以崭露头角，这不能不说是科举的一个功用了。⑧

注 释：

① 房兆楹、杜联喆：增校《清朝进士题名碑录》，页 xvii。
② 乔启明：《中国农村社会经济学》，商务印书馆，页 30。
③ 关于江苏尤其是太湖流域离地地主发达的情形见 Fei : *Peasant Life in China*，山东，河南，山西等地方自耕农占农民三分之二以上，见 Tawney : *Land and Labour in China*，p.37.
④ Cattell, J. McK. : *American Men of Science*, 3rd ed., 1921.
⑤ Clarke, E. L. : *American Men of Letters*, Columbia University Studies, Vol. LXXII, 1916.
⑥ Sorokin, P. : *Contemporary Sociological Theories*，p.287.
⑦ Sorokin, P. : *Social Mobility*，p.494.
⑧ 本文的统计工作，曾由袁方先生助理，并此致谢。

（原载清华大学《社会科学》第 4 卷第 1 期，1947 年 10 月）

说"伦"字

——说"伦"之一

在中国讲社会学,最应该联想到的两个字是"群"与"伦"。中国文献里以前没有"社会"这个名词,但并不是没有社会这一宗事实,也不是没有对于这一宗事实的认识与理解。认识与理解可能不够,但决不是没有。一个群字与一个伦字指的就是这一宗事实。荀子对于群的讨论不止一次,并且相当的详细;先秦文献,特别是后来算作儒家的那一部分,包括荀子在内,也不断的议论到伦或人伦。严几道先生翻译斯宾塞尔的《社会学研习导论》一书,就用《群学肄言》的译名,显而易见是得力于荀子的议论。后来群学的名称没有流行,大概是因为一时留学日本的风气甚盛,我们把日本的译名"社会学",介绍了回来;同时,一样是一个学科的名称,三个字的可能要比两个字的便于引用。如果当初严先生用了"群理学",而不用"群学",则好比物理学、生理学、心理学等学科的名称,命运可能就不同了。

社会学也未尝不可以叫做伦学或伦理学。社会学所应付的对象,笼统的说是人群,比较更清切的说,更未尝不是"伦"字所代表的种切,而笼统的说自不如清切的说好。如果我们接受西洋一部分所谓道地社会学家有如席穆尔(Simmel),端尼士

（Toennies），斐塞（Von Wiese）等的看法，则这样一个译名更见得适当。不过早年从事于这学科的人事实上并没有想到这可能的译名，或虽想到而没有敢采用，可能是因为从事于道德学的研究的人已经捷足先登的把西文ethics译成了"伦理学"。

我讨论到这一点，并不是想改动社会学的名称，这是不必要的，也是不相宜的，因为"社会"一名词根本无法改动，群字伦字虽属土宜，虽有些历史的意义，是不能替代的。不过我想用这一番话来引起我们对于伦字的兴趣，促进对于伦字的认识：而此种认识对于社会学的学习与社会的了解可能有些裨益。对于群字，至少是荀子的一些议论，我们也值得作进一步的探讨，目前姑且搁过一边。

伦字从人从仑。《说文》说："仑，思也，从亼从册"，是一个会意字。亼读作集，也有会集的意思，会字也从亼。这话也是从《说文》来的。如果《说文》的话对，则我们的进一步的解释是：思想需要条理，册指条理之分，亼指条理之合，最近研究文字源流的朋友告诉我，亼可能只是一个声符，并无意义，仑字令字都从它得声。这新的说法也没有妨碍，因为册有条理与秩序的意思，是比较确定的。不过如果我们想到何以会合一类的字不从亼得声，则上文条理分合的进一步的解释还是对的。

凡属从仑的字都有条理与秩序的意义。清代学者朱骏声在《说文通训定声》一书里把这一类的字眼在一起讨论以后，我们见得就更清楚了。

论，从言从仑。《说文》说，从仑得声。其实仑字所贡献的不止是声，也是义，就是，有条理之言谓之论。所以《论语序》集解说，论，"理也，次也"。《礼记·王制》，"必即天论"一语的释文说："理也"。《吕览·行论》，"以尧为失论"一语的注说："犹理也"。由条理进而为考辨。所以《王制》中"凡官民材，必先论之"二语下的注说："谓考其德行道艺"。《吕览·应言》篇，"不可不熟论也"一语的注说："辨也。"陆机《文赋》，"论精微而朗畅"一语的注说："论以评议臧否，以当为宗"；所谓当，亦当于理而已。更由考辨进而为选择。所以《尔雅》，《释文》，说：论，"撰也"；撰也就是选。《国语·齐语》，"论比协材"一语的注说："择也"。《淮南子·兵略》篇，"夫论除谨"一语的注说："论除，论贤除吏"；这里的论字，更兼有辨识与选择两层意思。

伦，从心从仑。朱骏声氏疑以为仑字的小篆，有集思求知之意。朱氏这里忽然说到集思两字，却没有说"集"的意义从何而来，大概他也想到仑字的上一半，而没有加以说明罢了。如果朱氏小篆之说是对的，则单单一个仑字所指的便是任何事物中的基体的分合了。

沦，从水从仑，便是水的文理，仑所供给的也不止是声。《诗经·伐檀》，"河水清且沦漪"一句的传说："小风水成文转如轮也"。《韩诗章句》说："从流而风曰沦，沦，文貌"。由文理进而为类别规律。所以《尔雅·释言》说："沦，率也"，《通训定声》的作者又加按语说："犹律也，类也，大率也。"

抡，从手从仑。《说文》说："择也"。《周礼·山虞》，"凡邦工入山林而抡材不禁"一语，和《国语·晋语》，"君抡贤人之后"一语，都注作择。选择必先辨别，辨别必根据条理，可见此字所得于仑字的一半者也不止是声。五代时徐锴说，抡亦有贯串的意思。《广雅·释言》也说："抡，贯也"。按贯串起来的事物亦自有其条理次序。

纶，从糸从仑。《说文》说是"青丝绶"。《易经·屯》卦，"君子以经纶"一语，姚信注说："纲也"。《庄子·齐物》，"而其子又以文之纶"一语，崔注："琴瑟弦也"。无论是组绶，是纲，是琴弦，其间都不能没有条理序次，也是很显然的。

最后说到伦字。伦，从人从仑。《说文》说："伦，辈也"。辈字也有类别与序次的意思。人的类别序次，关系，谓之伦。可见伦不但从仑得声，也从仑取义。这一层关涉到一切从仑的字的意义的来源，是再重要没有的，不知何以作《说文》的许氏完全没有提到，而一概的把它们当做从仑的谐声字；就是作《通训定声》的朱氏也没有说个清楚。

凡属从仑的字，根据声训的原则，是都可以彼此假借通用的。别的不说，单说伦字和其它从仑的字的相通。《诗经·灵台》一诗的笺说："论之言，伦也。"《尔雅》，《释名》，说："论，伦也；有伦理也"。《释名》于沦字下，也说："伦也；水文相次有伦理也"。在纶字下又说："伦也；作之有伦理也"。抡字也可以假借为伦。相通的关键，自然是在半个仑字，仑是他们的公分母，而其所以相通之理，与其说是通于声，毋宁说是通于义，因为各字所共同表示的是条理、类别、秩序的一番意思。

读书必先识字。这话是不错的。研究社会学与社会的由来演变更有识字的必要，因为一字的形成，背后可能关涉到一大串社会生活与文化生活的经验，与此种生活有间接关系的字如此，有直接关系的字尤其如此。虽有喜欢创制的圣人也是杜撰不来的。研习中国社会自更不能不识中国字。即如这里所提出的伦字，既从人从仑，而仑字又从亼从册，亼是合，册是分，自条理或类别的辨析言之是分，自关系与秩序的建立言之是合，便已包括了社会生活的全部。上文提到过德国道地社会学者斐塞，它的社会学说，便始终没有能离开分合、聚散、鼎革等几个简单的范畴，而其所以道地者可能也就在此。

荀子在《荣辱》篇里有一段话说得最好，好在最足以做这个伦字的注脚，而注脚的精义也不外这分合的大原则：

> 夫贵为天子，富有天下，是人情之所同欲也。然则从人之欲，则势不能容，物不能赡也。故先王案为之制礼义以分之，使有贵贱之等，长幼之差，知愚、能不能之分，皆使人载其事而各得其宜。然后使悫禄多少厚薄之称，是夫群居和一之道也。故仁人在上，则农以力尽田，贾以察尽财，百工以巧尽械器，士大夫以上至于公侯莫不以仁厚知能尽官职，夫是之谓至平，故或禄天下而不自以为多，或监门、御旅、抱关、击柝，而不自以为寡。故曰："斩而齐，枉而顺，不同而一，"夫是之为人伦。

（原载天津《益世报·社会研究》，1947年12月11日）

"伦"有二义

——说"伦"之二

"伦"有二义,二义又有先后因果的联系,自先秦以迄于汉代,原是很清楚的;后来伦常的概念盛行,而更基本的第一义始晦,至于不大有人道及。本篇及前途第三篇的用意想把已经变做不清楚的再说一个清楚。

"伦"的第一义是类别,第二义是关系,类别与关系的话我在第一篇里都曾经提到。第二义显然是从第一义产生或引申出来的。没有了类别,关系便无从发生。类别是事物之间的一种静态,其根据为同异之辨;关系则代表着一种动态,其表示为互相影响,其于有知觉的物类,特别是人,为交相感应。类别也可以说是体,而关系是用,类别属于结构,关系乃是功能。类别大体上是生物的表示,而关系则大体上是社会与文化的运用。我说大体上,因为即在人类,一部分的类别的产生是由于后天的缘会,而即在不能说有文化以至于社会的人类以外的动物,我们于其个体之间,也找到不少关系的表示。人禽之分原不是有如一部分人所想象的那么绝对的。

关系之伦不能不建筑在类别之伦之上,是值得再加以申说的。两个无生的事物之间是不会发生我们所了解的关系的;海滩上的两块石子，或皮皂厂里出来的两块皂之间，是没有什么关系可言的。人以外的两个生物个体之间，有知觉有行动，得以彼此感应，彼此往还，关系是有的，但只是一种比较单纯的关系。到人类有了自我的意识，于一己的心思、感触行动，能自知自觉，个体间的关系才趋于复杂繁变。总之，两个或两个以上的个体之间要发生复杂的关系，有如我们所了解的社会关系，我们认为必须有三个条件。一是品性同异的存在。二是同异之辨，即同异的认识。三是同异的辨别的自觉。品性同异的存在是基本的客观条件；而同异的辨别是基本的主观条件；二者具备，才可以发生最低限度的个体间的关系。无机界的物体有其一而无其二，物体之间即不发生关系。这两个条件是从有机界里的动物界起才具备的，也是从这界起我们才发现有机体或个体的存在，我们所了解的关系也就从这一界开始。此种关系虽单纯，其间自亦有程度上的差别，一则要看品性变异的多少与变异性的大小，再则要看辨别能力的精粗强弱；这也就是所谓低等动物与高等动物之间的一个重要的区别了。

  人是品性的变异最多与变异性最大的动物；人也是神经系统最发达、官觉的发展最比较平匀，而辨别能力最巨细不遗的动物；至于人的所以为自觉而有意识的动物，则可以说是自成一类，无与伦比。每一个人不止是一个个体，而是一个有自意识的个体，是一个个人，是一个人格。就品性相同似的部分言之，两个人同是人，就品性互异的部分言之，则成两个个人。同是人也，而各有各的不同的格式或相面先生所称的格局。人格一名词只有作如是解释，才是科学的。也唯有作如是解释以后，我们始能发现每一个人自有其人格，初不限于道德高尚之人，或才能卓越之人。

通常所了解的人格之格不是格局，而是标准，是模范，是学生成绩及格不及格之格，虽也有它的用处，对于严格的社会学都不适用。格局的不同是人我之分的最主要的因素，我之所以为我，与人之所以为人，是由于彼此格局的互异，而尤其要紧的，是此种互异的鉴别与体会。

综上所说，我们可以作如下的一个表式：

	无机	有机而有知	有知而自觉
实体单位名称	物体	个人	个人，人格
品性异同	正	正	正
异同的辨认	负	正	正
异同辨认的自觉	负	负	正
单位间关系	无	单纯	复杂

表中所说的单位间的复杂关系就是我们寻常所称的社会关系，这种关系的总和也就构成了一种小统，我们叫做社会。无机界没有社会，固不待言，有机而仅仅有知的动物界，其单位之间虽也有各种程度的来复感应，虽也有其断续或持久的集体生活，却说不上有社会关系。蚁可以聚，蜂可以拥，羊可以合群，狼可以结伙，却都不成其为社会。动物社会、昆虫社会、蜂蚁社会一类的说法只是一个说法，事实上不成一个名词。这是研习社会学的人必须明辨的一点。

全部的关键似乎端在"同异的自觉"或"人格的发见"的一层上。有了这个，就有社会，没有这个，就没有社会。动物学者不了解这个，随便把社会的名称适用到集体生活多一些的动物身上，是可以原谅的，因为，一则他们所研究的主要对象是一般的动物，而不是人，他们并没有把人和其它动物作一番详细辨别的必要；再则生物学与社会学有通家之好，名词的供用是很方便而数见不鲜的事，事实上社会学向生物学所供的要比生物学向社会学所供的多得多，也滥得多；三则我们应当坦白的承认，近代科学的方法与态度虽若昌明，拟人论的老毛病还是相当的流行，说动物亦有社会，也不过是此种老毛病的偶尔发作而已。

我所不能原谅的倒是社会学与社会学者自己。一般社会学者所犯的毛病恰好和认为动物也有其社会的动物学者相反。他们一面不愿意把人看作只是动物的一种，这是对的。也不愿意把社会学建筑在生物学之上，认为人的社会与文化自成一套，另是一界，虽不能说和生物学风马牛不相及，至少以为社会与文化的产生，其因素或其条件的推寻，最好不乞灵于社会与文化以外的现象，约言之，他们是坚持自求多福的原则的。这种不倚赖的精神有时虽失诸过于狷介，却也未可厚非，说已详拙文《派与汇》。另一面，也就是我所不能原谅的一面，他们事实上却始终把人当做了动物，以至于没有生气不能动弹的物体。上文说过人之所以异于动物与社会之所以异于蚁聚、蜂拥、羊群、狼伙者，一由于变异的增多，二由于对此变异的自觉审别力的加大。如今就大部分的社会学者说，他们所忽略的恰好就是这两点。他们在社会学的教科书里虽未尝不介绍到一些生物学与心理学的基础，一些遗传的影响，一些自然变异与流品不齐的因果关系，一些人格与行为的分析，但这些好像只是姑备一格的，或未能免俗，聊复尔尔的，因为一进到社会学自身的范围，所有的人，在他们的心目中，都变做一些社会的单位，一些社会分子，一些socii，彼此之间，并没有多大的分别，即使有些分别，也几乎全部是社会与文化影响的产物，是环境所刺激，引逼，磨砺而成的。

所谓"分子的"笼统与划一的看法是否认了流品的自然繁变，否认了所谓人的多形现象。过分重视社会与文化影响的看法是忽略了人的自觉与自动的力量。否认了前者，人便与一般动物不殊，因为一般动物的品性本远不如人的繁变。忽略了后者，人也就与一般动物无异，因为是同样的成为十足的被支配者，在动物是受支配于本能与自然的环境，而人则受支配于社会与文化的环境，支配的主力不同，而其为受支配则一。近代的社会，名为社会，而在若干生活方面的表示可能与蚁聚、蜂拥、羊群、狼伙没有多大分别，因缘虽不止一端，社会学者对于个别与自觉的人格的漠视不能不负一部分的责任。

二三十年来西方的学术界有所谓学术人化的呼吁。科学人化，智识人化（humanization of science, humanization of knowledge）一类的呼声是随时可以听到的，特别是在两次大战期中大家饱尝过蚁聚、蜂拥，以及羊群、狼伙似的奔突所招致的创痛以后。无疑的，这需要是一天比一天迫切了，而尤其需要的是社会学一类的学术，因为它的对象毕竟是人自己。以人为对象的学术必须先经一番人化的刮垢磨光，然后才谈得到以物为对象的学术，否则是徒然的。以前倡导人化的少数人士往往以为社会科学的对象既已经是人，便无此需要，真正需要的只是自然科学或理工学术。近人鉴于各国与国际政治经济形势日趋混乱，以致对于理工学术的果实不复能作利用厚生的控制时，又以为问题的症结是在社会学术发展得太慢，比起理工学术来，有龟兔竞走之势，如果能增加速率，迎头赶上，局势是不难挽回的。我认为这前后两种看法都是错了的，错在没有理会社会学术，截至今日为止，根本没有拿人做对象；它不是走得慢，它认错了目标，走错了方向。至少社会学术中的社会学是如此。

人化的社会学还须打头从明伦做起，而明伦尤须先弄清楚伦字的两重意义。中国以前未尝有过所谓生物、心理、社会等学科，但生物经验、心理经验、社会经验是有的，并且因为人多地广，历史绵长，此类经验累积得还不算太少。早在先秦时代，我们就已经体验到伦字适用到人的两重意义。我不能不再征引一些文献，来说明这一层。为避免文字训诂与引用惯例的种种麻烦起见，我采取如下列表的方式。表分五栏，引文与出处外，余均为伦字的用法，〇指作如是用，×指不作如是用。

文	出处	道、理	类、比等	关系
司师兹殷罚有伦	《书·康诰》	〇	〇	×
刑罚世轻世重，惟齐非齐，有伦有要	《书·吕刑》	〇	〇	×
维号斯言，有伦有脊	《诗·小雅·正月》	〇	×	×
八音克谐，无相夺伦	《书·舜典》	〇	〇	×
彝伦攸叙……彝伦攸斁	《书·洪范》	〇	〇	×
且臣之伦：箕郑、胥婴、先都在	《国语·晋语》	×	〇	×
若爱栾盈，则……以国伦数而遣之	同前	〇	×	×
兄弟，天伦也	《春秋谷梁传》隐元	×	×	〇
已废天伦，而忘君父	同前	×	×	〇
景子曰：内则父子，外则君臣，人之大伦也	《孟子·公孙丑下》	×	×	〇
设为庠序学校以教之……皆所以明人伦也，人伦明于上，小民亲于下	《孟子·滕文公上》	×	〇	〇

454

续表

教以人伦，父子有亲，君臣有义，夫妇有别，长幼有序，朋友有信	同前	×	×	○
规矩，方圆之至也；圣人，人伦之至也	《孟子·离娄上》	×	○	○
舜明于庶物，察于人伦	《孟子·离娄下》	×	○	○
男女居室，人之大伦也；如告，则废人之大伦	《孟子·万章上》	×	×	○
今居中国，去人伦，无君子，如之何其可也	《孟子·告子下》	×	○	○
功大名美，内临其伦	《战国策·宋策》	×	○	×
拟人必于其伦	《礼记·曲礼》	×	○	×
如其伦之丧	《礼记·文王世子》	×	○	×
邦国有伦	同前	○	×	×
礼之大伦	《礼记·礼器》	○	○	×
天地之祭，宗庙之事，父子之道，君臣之义，伦也	同前	×	×	○
……此七者，教之大伦也	《礼记·学记》	○	○	×
乐者，通伦理者也	《礼记·乐记》	×	○	×
论伦无患，乐之情也	同前	×	○	×
乐行而伦清	同前	×	○	○
祭有十伦	《礼记·祭统》	×	○	○
行同伦	《礼记·中庸》	×	○	○
毛犹有伦	同前	×	○	×
……别有伦也	《仪礼·士相见礼》	×	○	×
伦肤七	《仪礼·公食大夫礼》	○	×	×
伦如朝服	《仪礼·既夕礼》	×	○	×
雍人伦肤九	《仪礼·少牢馈食礼》	×	○	×
析幹必伦	《周礼·冬官·弓人》	○	×	×
言中伦	《论语·微子》	○	×	×

续表

欲洁其身，而乱大伦	同前	○	×	×
伦类不通……不足谓善学	《荀子·劝学》	×	○	×
……夫是之谓人伦	《荀子·荣辱》	×	○	×
……人伦尽矣	《荀子·儒效》	○	○	×
人伦并处，同求而异道，同欲而异知	《荀子·富国》	×	○	×
礼义以为文，伦类以为理	《荀子·臣道》	×	○	×
是故众异不得相蔽以乱其伦也	《荀子·解蔽》	○	×	×
圣也者，尽伦者也	同前	○	○	×
贵贵，尊尊，贤贤，老老，长长，义之伦也	《荀子·大略》	×	×	○
休则虚，虚则实，实则伦矣	《庄子·天道》	○	×	×
弟子……身状出伦	《吕览·诬徒》	×	○	×
伦……劳也	《尔雅·释诂下》	○	×	×

关于上表的内容，更应说明如下。

（一）所有的文句都取自大体上我们公认为先秦的文献。

（二）文句的排列大致依照各种文献写出的先后次序（陈梦家先生曾帮忙排定，应在此致谢）。

（三）表中所列伦字的用法虽有三种，与我们有关的只是后面两种。第一种泛指一般的条理，我们在本文第一篇里已从详加以论述。事实上，有的地方用到这第一种意义的伦字，多少本有些假借，例如，关于《荀子·儒效》篇中"人伦尽矣"一语，杨倞在注里便有"伦当为论"的话。后面两种才可以看作伦字的本义，才确指人的条理，静态的条理是类别，而动态则成关系。这里又值得注意的是，第一义的用法，似乎越到后来，便越不通行，汉代虽还间或用到,如,《大戴礼·文王官人》篇说:"女何慎乎非伦",《淮南子·精神训》说:"莫得其伦",再后便不经见了,即,从此,伦字的用法只限于第二第三两种意义。

(四)自此以降的说明自是更较重要。上文开始便说到类别与关系两义,自因推果言之,大抵类别在前,是因,而关系在后,是果。类别的觉察与关系的发生,在事实上大概是很难分先后的,不过伦字的被运用到类别与关系之上却很可能有个迟早。上表所征引的文句虽不太多,其时代先后虽也不能逐一确定,但关于这运用迟早的一点是很足以证明的。按照表中所列的时代次序,类别的用法是打头就存在的;而关系的用法的第一例则见于《礼记·礼器》一篇,显然是很后起的了。如果《礼记》一书是汉人补缀假托而成,那就更后了。事实上是不可能迟到这年代的。搁开《礼记》不说,而归纳表中的资料,我们可以断定,用伦字来指人与人的关系,即后世所称伦常之伦,不会迟于战国。最早而无可置疑的一例是《春秋谷梁传》在隐公元年下所说的"兄弟,天伦也"一语。《论语》在年代上应该是早于《谷梁传》,但《微子》一篇中所云:"欲洁其身,而乱大伦"的伦字似乎并没有伦常的意思,东汉初包咸授太子《论语》,犹谓"伦,道理也",而此二语的上文,一则曰"长幼之节",再则曰"君臣之义",明明指后世所称伦常的两种,却不用伦字,可见彼时还无此用法。不过谷梁赤虽第一个用到伦常之伦,当时的用法还很有限制。在"兄弟,天伦也"之下我们读到"为子受之父,为诸侯受之君,已废天伦,而忘君父……若隐[公]者,可谓……蹈道则未也",可见兄弟虽属天伦,君臣与父子还不是,不但不是天伦,并且不是伦;君臣不是天伦,于理还说得过去,至于父子不是,则殊费解;唯一差强人意的解释是，当初以类别之伦的用途引伸到关系之上是碰上的，并不是有计画的，初不论谷梁赤是不是作此引伸的第一人或只是最早的若干人中之一人。

（五）真正作有计划的引伸的是孟子。孟子在《公孙丑下》篇引景丑的话说："内则父子，外则君臣，人之大伦也。"自此，我们于兄弟之外，又有了两个伦。景丑与孟子同时，可能当时上流社会里这两伦的说法已逐渐流行，而真是景丑引来责备孟子的，也可能是孟子自己的一种设词。孟子托古或假借别人口气说的话正是不一而足，这也许就是一例。换言之，君臣父子的关系尽管早就存在，而用伦字来称呼此种关系，可能是由孟子开始。以"男女居室"为"人之大伦"，则更显然是孟子的创说，于是于兄弟，父子，君臣之外，我们又多了一个伦，夫妇。最后我们就到达计划完成的一节话，就是舜使"契为司徒，教以人伦，父子有亲，君臣有义，夫妇有别，长幼有序，朋友有信"的那一节。长幼是从兄弟引伸出来的，这引伸是孟子以前就有的，上文即曾引过《论语·微子》中"长幼之节"的话。但朋友一伦大概又是他作主添上的，并且是得力于孔子"朋友信之"一语。后世所谓五伦，在孟子既是一种有计划的设词，自不能不力求周密，若不列朋友一伦，则姑不论一般小民，即在上流社会中间，除了朝廷、家庭以外，岂不是便一无关系可言了么？所以这一伦是非添上不可的。至于这一节文字的总冒，就是舜使"契为司徒，教以人伦"二语，又是孟子的托古自制，其为假托，比上文牵涉到景丑的一例，更来得明显。《书·舜典》说："帝曰，契，百姓不亲，五品不逊，汝作司徒，敬敷五教在宽"；"言必称尧舜"的孟子就很顺手的把这节话利用了。援用舜与契，是他的"托古"；不说五品五教，而列叙五种关系，而统名之曰"人伦"，是他的"自制"。五品，五教，以至于《舜典》上文中的五典究属是不是一回事，即使是一回事，所指又是不是那五种关系，显然另是一问题。后世的注疏家只说得父义，母慈，兄友，弟恭，子孝，即只折合得孟子所列五种关系的两种。《舜典》的写作年代，考证家是认为颇有问题的，有的以为就是战国时代的产物；不过看到孟子这一番托古的举动以后，我疑心除非孟子自己对于《舜典》的写作也有一手以外，《舜典》或其中若干部分的出现必远较战国时代为早，否则便不够古色古香，怕打动不了孟子假托的兴趣。至于后世注疏家何以没有利用孟子托古自制之词，转而注释五品五教之文，则可能因为《孟子》七篇，汉唐犹属子部，而没有列入经部，分量还不够重的缘故。

  孟子说"伦"，又有值得注意的一两点。一是他不说则已，说必与人并称。那泛指事物条理的用法，在七篇里是完全找不到的。对于孟子，"伦"干脆就是人伦。二是关系之伦的分量远过于类别之伦的分量。孟子说到人伦，前后共七次，七次之中，专说关系的三次，兼说关系的四次，而专说类别的一次都没有，不过他并没有完全忘记类别之伦。说圣人是人伦之至，那语气就好比他在别处推崇孔子时所用"出于其类，拔乎其萃"的语气一样，但由下文紧接着的"欲为君尽君道，欲为臣尽臣道"的话观之，他又终于扯回到了关系之伦。说舜"明于庶物，察于人伦"，因为人伦与庶物并提，自也不能说不兼顾到类别的意思。至于说中国之人不能"去人伦，无君子"，那人伦也可以说是一面明指君子之伦，一面暗含小人之伦，因为我们知道，孟子于君子小人的类别，是一向分得很清楚而不厌往复申说的。不过，无论如何，孟子说人伦，重心始终在关系之上。

（六）不过孟子托古创制的一番淑世心肠，终战国之世，并没有赢得很多人的同情。重关系之伦而轻类别之伦原是此种心肠的一部分，与他的性善论，人皆可以为尧舜论，属于同一范畴，都是一些有所为而为的设词或设教。第一个不表同情的重要人物就是荀子。荀子之于孟子，一则曰："案往旧造说"，再则曰："案饰其辞"（《非十二子》篇），话真是说对了，孟子对于伦字的用法，便是很好的一例。至于荀子自己，作风确乎与此不同。他也时常用到伦字，三十二篇中前后凡八次，均依次见表中。八次之中，涉及事物条理者三次，涉及类别者六次，其中专指类别者多到四次。而专指关系者只最后一次，兼指者无。专指关系的一次又特别说明是"义之伦"。荀子说人伦，重心显然的在类别，而不在关系，恰好与孟子相反，而去伦字的用法在战国期间的自然演变为近。类别之伦是迟早会演展而赅括到关系之伦的，但孟子是心急了些，自己犯了一些揠苗助长的毛病。不过心急是有不良的后果的，说详本文第三篇。

这第二篇论"伦"的文字信手写来，实已越过了我所预定的题材的限度。如今实有两个部分，一是泛论"伦"的概念的两种适用，人的类别，与人根据此类别而彼此之间发生的关系。品类的同异与同异的自觉的辨识形成了人我之分，产生了生物界与演化史前所未有的一种新的本体，叫做人格。所谓关系即发生在两个或多个人格之间，通常称为社会关系。洵如所论，则健全的社会关系势须建筑在健全的人格之上，而健全的人格势须转以健全的流品的辨认——包括所谓"自知之明"与"知人之哲"在内——做基础。所谓社会之学的最开宗明义的一部分任务在这里，就在明伦，所谓社会学的人化，就得从明伦做起。注意到了这样的一个起点，社会学才可以幸免于"人之为道而远人，不可以为道"的讥评。

第二部分是想在中国的早期文献所著录的社会思想与经验中寻觅这样一个基础的迹象，暂以先秦的时期为限，先秦以降的容后续有论列。寻觅所得的结果不多，但从一个伦字的用法与此种用法的演展中，我们多少可以看出，在二千余年前中国学术比较繁变的时期里，我们的先民在此方面也确曾下过一番工夫。这一番工夫并没有引进到一种专门之学的发展有如社会学。但在人事的了解与处理上，它也未尝没有它的贡献。即如所谓大学之道的明德亲民，就得从这一番工夫出发，才能收取实效。二千年来，明德亲民或成己成人的实效究属收得几许，是一个一时不易衡量而解答的问题，这实效可能有限，为的是这一番大致属于理论方面的工夫还大有未尽，但我们今日既从事于社会之学，于"旁搜"西洋的成说之余，更"远绍"到固有的先民的努力，而引为补正的一助，至少也是分内应尽的一事。

（原载天津《益世报·社会研究》，1948年2月26日）

梦魇的觉醒？

在今年大年初一的伦敦《泰晤士报》上我们读到一篇例不具名的特约记者文稿，叫做《距今一百年前》。今年是一九四八，一百年前就是一八四八。大家都记得一八四八是十九世纪中欧洲最大与最普遍的革命年。当时欧洲各国，特别是在大陆上，都有一些革命的行动发生。这篇文稿便把这一年的纷扰的情形描写了一个缩影，也兼论到了百年来演变的大势。同时，作者在篇首提出了一个问题，在篇末提出了一些评论。

问题是：今天可以知道明天么？发为这个问题的人一向很多，但作者特别提到了当时法国的政治家与政论家托克维尔（de Tocqueville），因为在一百年前一月二十七日的法国议会席上，他恰好问过："你们在这当儿能料到明天么？你们对于未来的一年、一月，以至于一天，会带来些什么，能预先有最细微的一些理会么？"答复是：不能，百年前不能，现在也不能。

篇末评论的话是这样的："一八四八年各国的革命都揭示了自由、平等、博爱三大原则，不过当时已经发生一种裂痕，就是，一部分人特别关心到自由，而另一部分人则以平等为第一。一样是自由主义的一些前提，终因此种关注的不同，而引进到了相反的结论。其在法国，一面则有拉马丹（Lamartine）与其它个人主义者想把政府的权力减削到最低的限度，而让国民得以自由的各行其是而互相竞胜。一面勃朗克（Louis Blanc）与其他社会主义者，则主张利用政府权力来实现社会的公道。这两个趋势一直维持到一百年后的今日"。在法国如此；而我们在此不妨添一笔，整个的世界也未尝不如此。

评论的末尾又说："对于十九世纪中叶的种种革命运动的意义，如果我们可以作一个初步的估量，我们不妨说，它们代表着一番湍激的努力，想把两个同样分量的真理伸张出来，就是人性的共通与人格的重要。要找到一个哲学与一番政治的措施，足以把它们兼容并包，兼筹并顾，而各如其分，便是二十世纪的任务了；自由主义的教条对此业已证明其为不能胜任"。

把问题与评论合并了看，作者无异作了一个结论：百年岁月梦中过，并且这梦是属于沙压一路，是魇。

一七八九年法国革命所开始揭示的自由、平等、博爱三个原则之中，第一个被遗忘的是博爱。一百六七十年来的历史在这方面是再清楚没有的。讲自由竞争的个人主义者自是无所用之，可不待言，社会主义者，至少就一八四八年以来其中最努力的一部分而言，所运用的爱是看人打发的，即只限于志同道合的工农人口，对其它人口所用的，不但不是爱，而是憎，工农分子虽占人口中最大的成分，但只爱此而不爱其它，当然也不适用一个博字。所以对此一原则，我们姑且搁过。

不过自由与平等并没有被遗忘。惟其没有被遗忘，问题反而比博爱来得严重。博爱可以被遗忘，被运用得不够广博，却不容易被误解，自由与平等虽没有被遗忘，却被误解与误用了。百年的历史恍如一场梦魇，而此梦魇至今还没有觉醒的希望，百年的经验与创痛并没有增加我们的智慧，我们并没有能鉴往知来，我们依然的此日不知明日，今年不识来年，原因就在此一误之上。一失足成千古恨，再回头已百年身，两句俚诗好像是端为我们这一段历史而唱出的。

自由之误有两种。一种是根本不承认任何限制，其结果是不顾一切的自肆。"自由，自由，世间凡百罪恶皆假汝以行"的自由，就是这个。这一种错误到今日是谁都承认了的，连同自由主义者自己在内。第二种则至今还几乎没有人认识，承认更不消说了。第二种是虽承认应有限制，却只知道此种限制是外铄的，而不是内发的。以平等博爱相责成，便是外铄的，是外铄的最早的一个方式。这等于说，你虽自由，你必须同时顾到别人，别人是和你一样的是个人呀。至于说，自由应以不妨碍别人的自由为原则，显然又是外铄的；好比蜗牛放触角，触到别的蜗牛时，便只好缩回去一般。此其最好的结果也无非是在群居生活中造成一种彼此牵制而平衡的局面而已。说到"自由是法律范围以内的自由"，则外铄的意味的浓厚，更无待解释。一年前"自由国际"的《自由主义宣言》里又有一个新的说法："自由与服务必须相辅而行。有权利，便有相对的责任。如要自由的社会组织成功，每一个公民对他的同侪都要有一种道德的责任感，并要积极参加公众事业"。说法虽新，外铄的精神则完全仍旧；而所谓新，也只是博爱一原则的较新的一个注脚而已。

我们应知外铄的限制是不发生效力的。爱的外缘的责成越严，其表示便越浅薄，以至于越虚假。别人的自由范围未尝不可以强制的予以缩小，而使一己的自由范围扩大。法律可以阳奉阴违，而使成为具文，至少立法执法以及其它有势位而比较狡黠的人都可以绕过法律，是一大事实。无论外铄的途径如何，结果还是一个完全不受约束的自由。百余年来噬人而肥的资本主义的发展就是上好的例证，而百年来社会主义对资本家的深恶痛绝的上好的理由，也就在此。无限制的自由等于独断，等于专制，百年来多次革命的结果只是把君王的"自由"转入了资本家的掌握罢了。上文所谓百年如梦魇，这便是梦魇的主要题材了。

我最近在《读〈自由主义宣言〉》一文（《观察》四卷三期）里曾经讨论到，自由的限制必须从每一个人的内心出发，方才有效。必须与自由相对或相辅而行的决不是博爱的责成、别人自由的尊重、法律的遵守和服务精神的提倡等等，而是由健全的教育所养成的一番自我裁节与自我控制的工夫。一个对一己的欲望、情感、兴趣、思虑、理想、信仰随在能拿得起而亦能放得下、能抒展而亦能收敛的人，才是一个真正自由的人。真正的自由第一步是对内与对己而言的；自由的人是一己欲望、情感、兴趣、思虑、理想、信仰的主人，而不是它们的奴隶；有了这第一步，第二步对外对人的自由不求而自至。美国革命所标榜的幸福，以及社会主义者所称的最大多数的最大幸福，至少一半也必须从这种自由里产生，否则徒然是攘夺，是苦恼，不是幸福。

平等的误解也有两种，一是真把所有的人当做属于同一个流品，其间没有天然的强弱、智愚、能不能、才不才之分。这一种错误如今很多人是认识了。孙中山先生是认识了的，并且曾经在民权主义一讲里加以说明。苏俄自一九三一年斯大林某一次发表演说以后，这错误也可以说是不存在了。但成问题的是第二种错误，即在比较强有力的人，一面明知他人不如我，而一面依然借平等之名，而行侵凌他人之实，亦即等于假自由之名，而行自肆之实。这种人好像在对别人说，我们是一样的，我们的本领相等，我凭我的本领这样做了，你也来好了，你既无须埋怨妒忌我，我正也无须对你让步。此其结果，强者必然占便宜，而弱者必然吃亏，而所谓强弱，浸假必至包括一切由政治地位、经济势力、社会身份而来的强弱，而不限于身心能力的自然的强弱。民主政治总说民有、民治、民享；民有本来是一句空话，民治则至今是各种程度的寡头政治，而民享则完全落空，原因也就在此。百年来的社会主义所攻击的主题，从另一方面看，也就是这个。《中庸》讲到"矜不能"，孟子讲到"中也养不中，才也养不才"，否则贤不肖之相去不能以寸，指的就是这民享的一重精义。在事实上不容易平等而名义上定须利用平等的形势下，此精义自不免完全消失。自由与平等主义的民主政治，自己不理会民享的极端重要，转而批评社会主义的"爸爸主义"或"保姆主义"如何如何的要不得，我认为是最不知羞耻的一种行为！

我说明知不同不平，而定欲假用或不得不用同等或平等的名义行事，则弱者必大吃其亏，初不论弱者之弱是先天的或后天的，我是有根据而不是凭空想象的。试举一个极简单的例子。在一九三一年以前，在平等的教条犹然通行的几年里，苏俄的女子，据说喜欢嫁给外国男子，而不喜欢嫁给本国男子，为的是本国男子不识温存，不知体贴（详哈勒女士：《苏俄的妇女》）。苏俄的男子何尝真不知温存体贴？但当时在一切平等的"意识形态"的感召之下，自不得不把女子看作与自己完全相同，既完全相同，自无所用其温存体贴了。温存体贴总像强者对弱者的一种表示，在男子固不应出此，在女子恐亦不肯接受。结果是苏俄的女子以平等之名换取了男子的不经心以至于粗犷的态度之实。我相信百余年来美国的一般劳苦平民的地位便相当于极言男女平等时期里的苏俄女子的地位，而其原因亦正复相同。

人误解了自由平等，自由平等从而贻误了人。这百年来的大误特误，误尽苍生之误，是必须纠正的。泰晤士报记者说到二十世纪哲学与政治应有的任务如何如何，我认为任务就是这个，至少是全部任务的第一步。说到平等与自由，说到人性的共通与人格的个别，自来作说的人总像假定两者是对立的，以至于冲突的。这假定也未始不是一个很根本的错误。自由与平等都是一种"人文设教"之词，属于近代所称"如在哲学"的范围，其目的无非是要于全体公道之中求得每一个个体的适当的位置与发展。自由与平等本身不是目的，而是工具，一种思想上的工具，所以帮同达成上述的目的的，根据善事利器的寻常原则，一种工具必须制作得合式，运用得恰当，目的才有着落。平等与自由之所以为工具者也不能外是。了解清楚而运用恰当的结果，用荀子的话来说，就是以群则和，以独则足，足是适如其分的发展，和是相须相成的协调，惟有适如其分的发展才公道，惟有公道的协调才能持久；对立与冲突因何与如何发生，我实在看不出来。

我也看不出来，尽管已往的百年是一场梦，何以我们必须长久停留在此种梦境而不能自拔？以平凡的实境换取恐怖的梦境，该是人力所能几及的一种行为。往者不可谏，来者自可追，自由与平等一类思想工具上的改正，便是追求的第一步了。百年梦魇，终须觉醒。是自动的觉醒呢？还是再等待一次外缘的棒喝而觉醒呢？也终须我们自己来抉择。

(原载天津《益世报·专论》，1948年4月6日；又载《新民报日刊》，4月6、7日；《观察》第4卷第7期，4月10日)

说"五伦"的由来

一　引语

　　中国以前没有"社会"这个名词，却未尝没有社会的现象与事实。以前也没有所谓社会学这一门学科，却也未尝没有应付社会生活与社会关系的一些有组织的概念与准则。"五伦"就是这样的一个。

　　不久以前，我写过两篇关于"伦"的短稿，《说"伦"字》与《"伦"有二义》（天津《益世报·社会研究》副刊，三十六年十二月十一日与三十七年二月二十六日）。第一篇讨论伦字的一般意义与其在文字上的地位。第二篇说明伦字适用到社会生活上，实在有两种意义，一指类别，二指关系，关系的产生是在类别的认识之后。如今想更进一步的探究"五伦"的由来。所谓五伦的伦当然也兼具类别与关系两重意义，就其后来的发展看，虽若讲求的人所注重的只是关系一端，但设人口中间根本没有老少，男女，才不才，能不能，以及其它流品的不同，五伦之说也就建立不起来了。

说起五伦，在稍识旧籍的人，立刻就会联想到两段文字。一是《孟子·滕文公》上的"教以人伦，父子有亲，君臣有义，夫妇有别，长幼有序，朋友有信"。二是《中庸》上的"天下之达道五……君臣也，父子也，夫妇也，昆弟也，朋友之交也"。两段文字的意义实际上是一样的，所不同的是，《孟子》里的长幼在《中庸》里成为昆弟，但若我们想到，长幼包括昆弟，或长幼是昆弟的推广，也就认为名异而实同了。五种关系并称，这实在是仅有的最早的两个例子，此外率为后人附会，不足为据，而两者之中，《孟子》大概更早一些，《中庸》一书，考证家认为成于战国末年，以至于秦代，就要后一些了。

不过我们要注意。孟子说人伦，并曾列举出几种不同的关系来，却没有说明数目，更没有用"五伦"的称谓。《中庸》比较肯定，列举了关系，又说明了数目，却又不称之为伦，而称之为达道，并且只说得"天下之达道五"，而没有径称为"五达道"或"五道"。然则，五伦之说，特别是当作一个通常的名词或用语来看，究竟怎样来的呢？究竟什么时代才开始，而什么时代才通行的呢？试检旧式的辞汇，有如网罗不可谓不广的《佩文韵府》，或旧式的类书，甚至于专门纪数的类书，有如清康熙晚年宫梦仁奏刊的《读书纪数略》，根本就找不到"五伦"的名词。古老些的类书，更可以不说，即如《锦绣万花谷》，尽管万花齐放，却没有"五伦"一色。再试检当代比较新式的辞汇，有如《辞源》《辞通》之类，也是一样的徒劳。《辞通》在"伦"字下也根本不列"五伦"，而《辞源》则一面引上《孟子·滕文公》上的那一节文字，一面说："五者皆属人伦，后世因称为五伦"，说了等于没有说。

再试向专攻文史，熟悉典故的朋友们请教，他们也说不上来，并且也不免觉得诧异，为什么这样一个习用的名词竟会如此其来历不明。总之，像许多文化遗业里的成分一样，"五伦"之说的习焉而不察，由来已久，本文就想就这题目，比较仔细的考"察"一下。在中国言社会之学，也似乎有此必要。

二 作法

孟子列举诸种人伦的前后，讲求人与人关系的尝试自是不一而足。其间有用伦字的，有不用伦字而用它字的，例如五达道的达道，也有根本不用称谓的，只说得父子之间，君臣之间……应该如何如何，最好如何如何；甚至于连关系都不说明，只说得"父父，子子，兄兄，弟弟……"（《附表》，例24）。文献中这方面的议论真是多得不胜枚举，有专论一种关系的，有同时并论一种以上的，最多的可以到十种，十者，数之全，过此便有畸零，称用就不太方便了。本文拟将单说一种关系的议论放弃，一则因为数量太多，也太分散，几于无从收集，再则本文的题目既为五伦，既在探索五的数目是怎样累积与归并而来的，则单一的议论事实上对我们没有用处。有用处的是一切相提并举的议论，从二种关系起，到十种关系止，十种以上的例子，事实上也确乎没有发见过。

这一类的例子，就读书与搜检所及，共得一百九十个，详见篇末《附表》，其中：

二种关系并称	23	六种	17
三种	35	七种	5
四种	25	八种	5
五种	73	九种	1
十种	6	总共	190

把两种以上的人伦关系并举或列举的例子，中国文献中所载自不止此数。自先秦至汉代，载籍留存的数量较少，个人读书与搜检所获，大概比较还周到，虽不能说了无余蕴，自问遗漏的决不会太多。汉代以后，则载籍浩如烟海，即在平时涉猎极广而记忆力极强的人，恐怕也无法大量的网罗。辞书类书并不能帮太多的忙，上文已经说过。宋明理学最称发达，此方面的资料宜若较多，但浏览所得，亦殊令人失望。论者谓理学家主静主敬，天人关系讲得多，人我关系讲得少，肚子里工夫做得多，社会上工夫做得少，可能是一个近乎事实的观察。因此我在本文中只征引了有限几个人的议论。至于清代，我只引了两三个人与三五个例子，以示"五伦"的称谓大概到此已成习惯，不成问题了。

因为我们的题目是五伦，我们准备一贯的用孟子所列举而未尝说明数目的五种关系作为我们的参考点。其间唯一的改动是我把长幼替代了兄弟，因为狭义的弟兄关系的发展势必在广泛的长幼关系之前。上文所云若干种关系并称，若干种也者，原是当初发议论的人所列出的若干种，若以此参考点相绳，则彼所了解的若干，未必等于我们所了解的若干。大抵五以下的若干必少于五，称五的可能等于五，或少于五。五以上至十，我们所能承认的最多也只五个，也可能少于五。所以多于五的缘故不外两端，一是他们所承认的关系,有在孟子所列举的以外的,二是他们把孟子所列举的关系中的一个或多个,每个析而为二,例如,孟子说父子有亲,他们可能说父慈与子孝,这等于说,父对子是一种关系,子对父又是一种关系;若说父义,母慈,子孝,则一种关系更变成三种关系了。这些,我们在名称上虽仍其旧,事实上还是归并了算。

就时代而言,这一百九十个例子的分布如下:

先秦止于春秋	15	唐	1
战国至秦	101	宋	19
两汉	32	明	10
三国	4	清	5
晋	2	总共	190
六朝	1		

年代分布的确定,先秦一段落比较困难,今一半沿袭习惯的看法,一半依照考证家的见地,作为春秋与春秋以前而有例子可引的只《易经》,《书经》,《诗经》。及《论语》四种,诸礼,包括《大戴礼》在内,诸子,《国语》与三传,《孝经》,《大学》,《中庸》,均列入战国至秦代。注疏家的说明,如果没有充分的根据,则列入他们本人所存活的年代。本文目的既在探讨一种概念演成的大势,而不在作精密的考证,如此安排,谅无大谬。

本文于搜集资料之后,第一步工作是把所有的例子列成一张表。表分六栏。第一栏是例子的编号,一百九十个例子各有一个号数,备与正文参阅之用。编排的第一个根据是所涉及的关系的多寡,仍袭用原议论人的算法,即从两种并称递增至十种并称。第二个根据是时代先后,不同时代的例子自是照为分列,同一时代的例子亦就可知酌为编次。两个根据之中，第一个只为观览与参阅的方便，别无意义，第二个则为探讨演变的趋势所必需。

第二栏是例子本身，即五伦，三纲，六纪，七教，十际一类的称谓，此栏即以称谓为名。称谓的写法有四。一是最具体的，即发为议论的人直接把它说出的，例如《礼记·文王世子》说"行一物而三善得"（例27），就是，关系的名色与数目俱备，并且名与数还衔接而成一个词，"三善"便是这样的一个。二是名与数虽备而不衔接，因而不成一个词，例如《中庸》的"天下之达道五"（例110）。三是有名而无数，数是我们给添上的，例如《孟子·公孙丑下》说"内则父子，外则君臣，人之大伦也"（例3）。四是名数两不说明，只列举了几种关系，表中的称谓是我们替它拟订的，例如《礼记·乐记》说"合父子之亲，明长幼之序……"（例9），我们姑称之曰二伦。我们在第一类的称谓上加上一个双重的引号，第二类则用单重的引号，第三类则于数的一半上加一方括弧，第四类则于全部称谓上加一个方括弧；姑以五伦为例，如下：

第一类	"五伦"
第二类	'五伦'
第三类	[五]伦
第四类	[五伦]

根据这样的分法，一百九十个例子又可以有如下的分布：

第一类	82
第二类	22
第三类	74
第四类	12
总　共	190

我们在此叙明这四种程度的写法，是有意义的；五伦的称谓，究属经过了多少时间，多少变迁与步骤，才归入第一类，才成为一个习用的名词，下文自须有一个比较清楚的交代，否则我们依然不免于习焉而不察之讥。

第三栏是例子的出处。第四栏即以五伦为名，其中每伦又各占一小栏。各例所涉及而为我们所承认的伦，至少两个，至多五个；即就小栏内用符号表出，涉及则用○，不涉及则用×。第五栏是引用的文字，十分之九是原文，间有删节，率为不相干的语句或虚字。间有转引的文字，未及就原书复按，但只两三例，即有错误，亦不致影响全局。最后第六栏是附注。

一百九十个例子的表，因为有引文的缘故，是很冗长的。因为很长，我把它放在篇末，以示不为阅读，只便参考。近人作社会学研究文字，往往将比较繁琐的统计数字作为附录，亦是此意。有了这样一张表，在我演为文稿时也有不少的方便；可以从而作种种的归纳，可以省不断的征引之劳，便是方便的一部分了。下文所列叙的各节全都是一些归纳的结果。

三 "五伦"的演成

甲 从二伦并称到五伦齐举

上文说过，自来把人与人的各种关系并举，最少两种，最多可以到十种。如今我们根据《附表》，归纳为如下的第一图：

	（一）春秋及以前	（二）战国与秦	（三）汉至唐	（四）宋至清初	总共
二种	2	16	0	5	23
三	1	27	6	1	35
四	1	16	4	4	25
五	9	19	22	23	73
六	0	13	4	0	17
七	1	2	2	0	5
八	0	4	1	0	5
九	0	1	0	0	1
十	0	4	1	1	6
总共	14	102	40	34	190

图 1

从上表里，我们可以看出第一步的趋势，就是关系的数目是由少而多，更由多而少。春秋以前，比五更大的数目几乎没有，而春秋以后，到秦代为止，十以下的任何数目都有，而且例子特别的多。这其中一部分的例子事实上应该归入春秋或春秋以前，因为我们所根据的文献虽属于战国与秦的时期，其中很大的一部分的说法是属于追述的性质的，虽不尽可靠，也决非全不可靠。无论如何，春秋以前的先秦比较单纯，以后则比较复杂繁变，其它事物如此，在社会关系的说法上，也是如此，大概是可以断言的。第二步的趋势是关系的数目逐渐而一贯的向"五"集中。栏中分划的四个时代里，并举五种关系的例子，（一）是九，（二）是十九，（三）是二十二，（四）是二十三，除了第二期以外，"五"都占第一位，第二期里所占的至少也是第二位；（一）、（三）、（四）三期所占的并且是绝对的多数，其它数目不能望其项背；如果我们不怕噜苏，把清代的资料再多找一些，分栏列出，那更可能是一个"五"所独占的局面。这是只说五的数目的演成的一般趋势，初不论此数所指是我们所了解的五伦，或少于五伦或五伦以外的其它关系。

其次，我们要看我们所了解的五种伦是怎样的从二种、三种递加而成的。我们在上面第一图里已经看到，从先秦到秦代，二种关系到四种关系并举的例子不在少数，在有一时期里，三种并举的例子甚至于占过第一位，二种或四种并举的例子比五种的虽少，也少得不太多，可见五种关系或五伦的建立是由渐而来的。如今我们根据《附表》所能供给的资料再制为第二图：

	（一） 春秋及以前	（二） 战国与秦	（三） 汉至唐	（四） 宋至清初	总共
二伦并举	11 （78.6%）	40 （39.3%）	18 （43.9%）	6 （17.1%）	75
三伦并举	3 （21.4%）	42 （41.1%）	10 （24.4%）	1 （2.9%）	56
四伦并举	0	15 （14.7%）	6 （14.6%）	6 （17.1%）	27
五伦并举	0	5 （4.9%）	7 （17.1%）	22 （62.9%）	34
总共	14 （100%）	102 （100%）	41* （100%）	35* （100%）	192
* 中有一例作两例计，参《附表》例132与136。					

图2

在春秋和春秋以前的文献里，我们根本没有能找到比三伦更多的并举的例子。试看《附表》，凡在"五伦"一栏内能够画上四个圈的例子全都属于春秋以后的各时代里；没有一个例外。我们连后代追述的例子都不容易找到。唯一可以找到的是例75，就是《中庸》上"君子之道四，丘未能一焉……"一段话所代表的那一例，但这是不无可疑的,因为考证家告诉我们,《中庸》一书,成于战国末年与秦代,其中孔子所说的话未必真是孔子所说,而是后人依托,而自战国到两汉三国,这种依托的风气的流行,是谁都知道一些的。到了战国与秦,二伦三伦并举的例子虽依然盛行,四伦并举的例子也就不少,要占到全数例子的百分之一四点七;五伦齐举的例子也出现了,但为数不多,只百分之四点九。但从此时代起,它是一贯的继长增高,而二伦与三伦并举的例子则逐渐的减削。此种减削的倾向,在三伦很为明显;其在二伦,则不明显,原因在《史记·五帝纪》和《殷纪》的资料大部分与《尚书》有关部分相同,因而"五典""五教"一类实际上只涉及二伦的习语几乎是同样的多。无论如何,汉代以后,它也是一贯的减少了;这在第二图中虽看不十分清楚,在《附表》的资料中还是寻绎得出的。如果我们把清代的例子再调查一下,而于图中另辟一栏,行见此种例子可能完全不再存在。

在年代上,最后一个二伦并举的例子是明隆、万间章潢所提出的"二纪"(例23),指的是兄弟、朋友二伦。不过他是准备和三纲联系了说的;他的议论可以用加法的公式表达出来,即"三纲"+"二纪"="五常",也就是我们所了解的五伦。换言之,"二纪"的名词是不预备单独流行的,后来也确乎没有流行。再向上追溯二伦并举的例子,就要到宋代末叶了(见例21与22)。三伦并举的最后一例也就是章潢的"三纲"。这是东汉以来就有的一个习语,初见于《汉书·谷永传》与《白虎通》(例54),并不新鲜,在章氏不过把它再度申说而已。"三纲"和"二纪"不同,是可以单行的,以前一向单行,明清两代自亦沿用,到清代末年革新运动的时候,还一度成为众矢之的。不过比起"五伦"来,它的流行的通达的程度毕竟要差得多。自北宋以至明代中叶,传统

477

的"三纲"的说法和尚在演程中的"五伦"的说法，彼此可能有过一番盈亏消长的关系，即前者在消，而后者在长，而后者之长即得力于前者之消之上，于是一部分理学家有如章潢就不能不出头设法调解，而上面所说的加法公式便代表调解的一分努力了。

四伦的诸种说法，就第二图所能表示的说，并没有渐进的减少，但最后一期里的六个例子中，属于宋代的有四例（80、81、82、138），明代则仅得两例（83、147），清代一例都无。清代之所以无，可能因为我探求得不够广泛，因而未能著录；但也可能另有原因，就是，到了清代，五伦的说法已经流播到一个程度，"五伦"的名词已经习用到一个程度，使人不想起所谓人伦则已，否则立刻会联想到比较最属现成的五个之数，而二、三、四诸数，自不在话下了。

所谓并举或齐举，又究属并与齐到何种程度，而其所并的又是五伦中的哪几个，是值得我们作进一步的归纳的。归纳所得是第三图：

	（一）先秦与以前	（二）战国与秦	（三）汉至唐	（四）宋至清初
父子	13（41.9%）	97（33.3%）	41（33.1%）	33（22.1%）
君臣	1（3.3%）	78（26.8%）	18（14.5%）	32（21.5%）
兄弟	13（41.9%）	69（23.7%）	37（29.8%）	30（20.1%）
夫妇	3（9.6%）	31（10.7%）	16（12.9%）	28（18.8%）
朋友	1（3.3%）	16（5.5%）	12（9.7%）	26（17.5%）
总共	31（100%）	291（100%）	124（100%）	149（100%）

图3

上图四个年代中，第一个年代里并举的最多而也并得很整齐的是父子与兄弟两伦，并举到夫妇的例子虽少得多，也还有几个，君臣与朋友则少到绝无仅有。父子兄弟两伦之所以并得多而且齐，显然是由于《尚书》上许多"五典""五品""五教""五常"的例子（例84—91）。这些，数目上虽称为五，实际上只包括后来所了解的五伦之二。汉唐注疏家如孔安国、郑玄、孔颖达一贯的把它们解释做"父义、母慈、兄友、弟恭、子孝"，而各家最后的根据是《左传》文公十八年季文子教大史克引据臧文仲以前说过的一段旧话（例95）。后代的作家虽有异词，我认为这根据是对的，因为一则关于"五"的内容，《书经》中完全未加说明，可供说明之用而年代上不算太迟的只有大史克所援引的这一段议论；再则此段议论中一面道出"五教"的内容来，一面也关照到《舜典》上最初有关的两句话（例84）。

说这根据对，还有一层理由。社会生活中各种关系的自觉的演出，最早的大概是母与子的关系，其次是父子与兄弟，或兄弟与父子，再其次是夫妇。一般男女的关系当然更早，但这是人和其它许多动物所共有的，毋庸在此提出。夫妇关系的发生后于亲子关系，亦即婚姻制度的肇始后于家庭，是近代人类学者所已共认的结论，不烦赘说。据此，则可知第一时期里的情形原属一个自然演出的结果，初不问有没有大史克所援引的话加以坐实。若问关于夫妇的例子何以较少，则我们的答复是，它原该少些，至于何以特别少，则可能因为父权与多妻制发展以后，妾媵的众多把夫妇关系搅复杂而弄得"难言"了。《中庸》上有一段话最足以代表这时期里所企求的一种社会和谐，初不问这话是不是孔子所引所说，就是"《诗》曰：'妻子好合，如鼓琴瑟，兄弟既翕，和乐且耽（《诗》原文作湛），宜尔室家，乐尔妻孥。'子曰：'父母其顺矣乎？'"（例1）至于君臣和朋友两种关系，自是后来的发展，当初是不会注意到太多的。清初毛奇龄有天合人合之论，天合指父子、兄弟、夫妇三伦，人合指君臣朋友二伦，天合在前，人合在后；与上文的讨论最相符合。毛氏的话见《四书剩言》卷六，下文别有机会叙到。

到第二期战国至秦，君臣一伦跃居第二位，在父子与兄弟二伦之间。这种发展，一半也是自然的，一半大概是由于后世所称儒家与法家在思想与文词上的努力。此种努力不尽自战国开始，但绝大多数的记载则都落在战国与秦代的期限以内。试一检讨当时的情形。讲攘夷，讲外夷狄而内诸夏，讲用夏变夷，讲被发左衽的避免，凡此各种程度的对外的谋求位育不能不有一个先决条件，就是对内的和谐统一，即在内部的多元之中，不能不先求一个一元，于是尊君尊王之论便应运而出。前乎此，诸夏的概念既还不十分清楚，诸夏本身还在演程之中，自没有这种需要；后乎此，到秦汉以降，大一统的局面大致完成，君权也充分树立，普天之下，莫非王土，率土之滨，莫非王臣，这需要的重要性又复低降，所以从汉代到唐代，君臣一伦被并举的频数也就减少，于五伦之中退居第三位，而在百分比上还不到第二位兄弟一伦的一半。

家庭为社会的核心，而父子兄弟的关系又为家庭的核心；所以在前后四个时代里，这两伦始终占有优越的地位，父子一贯的占第一位或平分第一位；兄弟于一度平分第一位之后，始终占有第二或第三位。夫妇与朋友二伦，在绝对的地位上虽始终只分占第四第五（夫妇在第一期曾占第三位），但并举的机会却一贯的递增，到得最后一期，便几乎与前面的三伦可以分庭抗礼，并驾齐驱。换言之，以前的二、三、四伦并举到此就成为五伦的齐举，即不但并立，而且大致齐头了。

乙　从不止五伦到五伦为止

上文说的是五伦演成的过程之中由简而繁的一个方面。别有由繁及简的一个方面，也值得略加探究。在五伦的演程之中，与在它最后确立之前，我们知道，前人把各种不同身份或地位的人的关系相提而并论的话里，所涉及的有在五种以上的，最多的可以到十种。有的名为十种，其实绳以我们所了解的五伦，最多也不过五种，甚至于不到五种。但有的却也超出五种之外。即在不足五种的许多例子，其中虽至少必有两种和我们所了解的五伦有关，但也有一些至少在表面上不尽为五伦所能笼括的关系。这一类的关系在数量与名色上都不算少。试就《附表》中所列的资料加以搜检，我们便发见如下的种种：

（一）属于自然区别的——长幼、老少、男女。

（二）属于家庭或家族的——母子、从父子、同族。

（三）属于婚姻或因婚姻而发生的——姑媳、甥舅、婚姻（即今日所称亲家）、娅婿（即今日所称连襟）。

（四）属于家以外而与家有往还的——宾主、师生、父执、乡里、新故。

（五）属于社会与文化地位的——贤不肖、贵贱、贫富。

（六）属于政治地位的——官民、上下、同僚。

（七）越出人道以外的——人鬼、人与天地。

上列种种关系中，有的是很清楚的和所谓五伦属于同一范畴，即每一关系中包括两个人，与这两个人之间彼此如何相待，初不论这相待的方式与态度是否一样，是否相等（例如朋友之间是一样而相等，君臣之间则否）。但有的就不这样清楚，如"新故"与"贤不肖"。这一类的关系要牵涉到三个人，一个是我，一个是贤的甲，一个是不肖的乙，所云关系指的是我对甲对乙应如何分别相待，对新对故也是如此。好在这种例子止此两个，且既与五伦不属同一范畴，我们自可搁过不提。"人鬼"与"天地与人"越出了比较严格的社会与人道的范围，也自只好存而不论。不过我们于此可以看到，前代的人，特别是在秦代以前，对于人伦的范围与内容，在概念上是不大明晰的。

不过此外与五伦属于同一范畴的种种关系还多，这些后来又是怎样发落的呢？大抵凡属可以归并到五伦之内的都给归并了，有的纳入五伦中的一伦，有的纳入不止一伦。如第四图：（见下页）

上图中值得提出而再略作说明的有如下的几点。一是愈往前追溯，关系的说法愈繁琐，先秦最甚，汉次之，到宋明只遇见了两例，一为程子的"宾主"，二为吕坤的"上下"（例138与147）。二是除了上文所已提置一边的三四种关系外，其余都可以纳入五伦中的一伦或一伦以上。只能纳入一伦的有长幼、老少、男女、母子、从父子、婚姻、娅婿、宾主、贵贱、官民、上下和同僚。可以纳入二伦的则有同族、姑媳和甥舅。姑媳纳入父子一伦，是很自然的；但姑媳也有君臣之分，夫之母称君姑，见《尔雅》，可知最迟至战国晚年已经如此。甥舅一向指不止一种的关系，若所指为舅父外甥，或为翁婿，则入父子一伦，若指姊妹婿与内兄弟之关系，则入兄弟一伦。可以纳入三伦的有父执与"乡里"二种。父执可以作父辈看，可以作朋友看，也可以作兄长看，朱熹作《小学》，就把父执列作"长幼之序"的一部分。

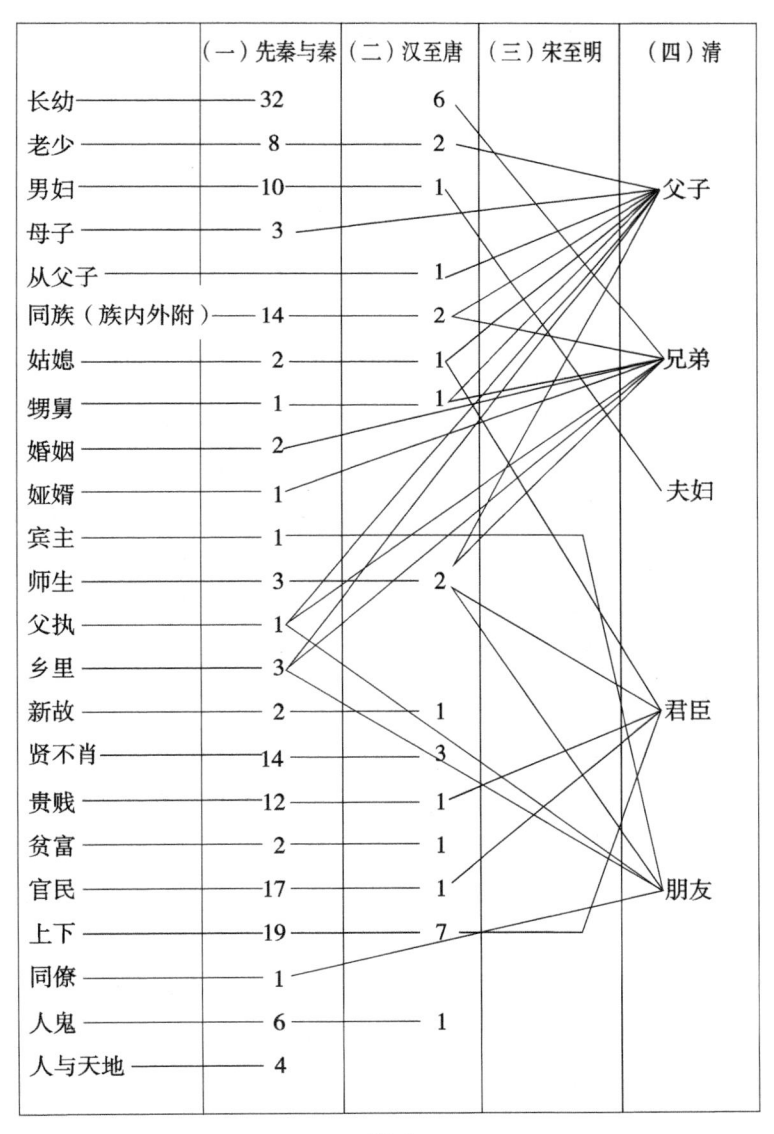

	（一）先秦与秦	（二）汉至唐	（三）宋至明	（四）清
长幼	32	6		
老少	8	2		
男妇	10	1		父子
母子	3			
从父子		1		
同族（族内外附）	14	2		
姑媳	2	1		兄弟
甥舅	1	1		
婚姻	2			
娅婿	1			夫妇
宾主	1			
师生	3	2		
父执	1			
乡里	3			
新故	2	1		
贤不肖	14	3		君臣
贵贱	12	1		
贫富	2	1		
官民	17	1		朋友
上下	19	7		
同僚	1			
人鬼	6	1		
人与天地	4			

图 4

师生的关系我们应当特别提出作为单独的一点来讨论。它的牵涉最广，五伦之中，我们可以把它纳进四伦。汉代的人就认为学生应为老师持服，因为他们中间"有君臣、父子、朋友之道"（参例55），这已经涉及三伦了。师生有君臣之道，大概是从"君师者，治之本也"一路的看法来的，这就得追溯到战国了，君师同为治本之说，初见于《礼记》与《荀子》。再早就得求之于官师两个字的一部分共通的源流了。师生有父子之道大概还要早；古有"易子而教"之说，如果此说真有几分事实的根据，则师生关系就是父子关系的一种变相，是从父子的关系演出的。后世更明白的承认师等于父。汉代枚乘在《七发》中有"傅父"之称，和"保母"并论。"一日之师，终身为父"是一句流传已久的话。在宗教与手工业的行道里"师父"是一向通行的称呼。师生有朋友之道，发展得比较迟；朋友在五伦中原就发展得最晚，不过师与友的性质相近，功用相似，不外规过劝善，进德辅仁，自很早就有人看到；所以师友二字往往并称，我们也常说一种深交的关系往往"在师友之间"，或"相为师友"。元明以来，老师又往往对自己的学生谦称为"友生"，以至于"友弟"。说到"友弟"，也就说到了师生关系所关涉的第四伦，就是兄弟。师等于父兄，徒等于子弟，也就径称为弟子，所以"师父"的对待称呼，最通常而对称的是"徒弟"。朱熹在《小学》一书里，把师弟的关系完全纳入《明长幼之序》一节中，而长幼关系原从兄弟关系推广而来。

很多人不了解为什么这样一个重要的关系有如师生，尽管前人讲尽了尊师重道，却没有为它在伦常之中，特立一格，与君臣父子，等量齐观。这是一个值得加以探讨的问题。第一应该说明的是，这种特立一格与君亲并重的尝试当初未尝没有，最早的两个例子分别见于《国语·周语》与《礼记·檀弓》，都是师与君父三者并论，而不及其它（例25与26）。此后比较郑重的尝试又有过一次，就是后汉的儒者想把它列为"六纪"之一（例170）。再后就没有了。第二应该说明的是，伦常中虽没有把师生关系明白规定，在通俗的信仰里，师终于取得了很崇高的地位，与"天地君亲"并立。第三，独立的师生关系的演出，似乎比五伦所指的各种关系都要晚些。上文说过，最初的师生，可能和君臣官民不分，其功能即为君臣或官民的功能的一部分。诸子是否出于王官，至今还有人聚讼，但当初学术是官府中物，后来才散布到民间，大概是一个事实。而从散布到民间的时代起，我们才有私人讲学之风，而师生的关系才开始独立。上文也提到师生的关系最初也就是变相的父子关系而附丽于父子关系，一直要到文化比较发达、交通比较利便、而子弟得以负笈远游之日，师生的关系才趋于独立。以实际的年代论，这大概已经是春秋战国之际了。由附丽而独立，更由少数独立的例子而成为普遍独立的风气，恐怕最早已在两汉之际，而这时候五种关系的说法，虽不成熟，却已踏上演程，不容其它的关系以独立的资格半途拦入。东汉儒者想把它列入"六纪"，显属十分勉强：彼时就师生关系自身的发展说，虽不为迟，就五种关系的公式化的演进说，总嫌已晚。当时此种情势恰好与春秋战国之际的相反。那时候有人把它和君亲并论，就公式化的演进说，虽属及时，就师生关系自身的发展说，却嫌太早。因此先后的尝试都失败了。第四，说师生关系由附丽而独立，我们应知此其所谓独立只是一种人事上的比较鲜明的划分，不再与君臣父子的关系相混而已，在性质上它是无法独立的。五伦中所列的几种关系，特别是也称做三纲的几种，有时候在文词上虽也互相假借，彼此的性质究属可以清楚的划分。师生的关系则不然。严肃时则俨如君臣父子，和易时又宛若朋友弟兄，五伦之中，只有夫妇一伦，完全和它牵扯不上。性质上既如是其多方的关涉，而实际上居师道的人可能又是祖若父，是兄，是宗族戚郲中的老辈或比较年长之人，又或是父执……即，在师生的新关系的背景里，往往早就存在着父子、兄弟、朋友一类先入为主的旧关系——于是自成一伦的可能性就更属渺茫了。综上所说，可知师生关系的终于归并而分隶于五伦之内，是不为无因的了。

就第四图的内容，我们还可以作一些零星的观察。各种关系都被看作五伦的附丽，或其推广，或根本由五伦中的成分凑合而成，因而毋庸自成一格，虽大多数发动于秦汉以后，而完成于宋明之交，其间也有少数特别早的例子。母子成为父子的一部分，是一例，是属于附丽性的一例。从《虞书》（例84、86）到《孝经》（例17与50），父子关系与母子关系虽往往分别了说，《易经·家人》卦早就有"父父、子子"的笼括的说法（例24）。长幼为兄弟的推广，大概春秋之际已开始，管子有过"长幼有等"的话，在年代上可能是最早的一例（例180）。但确立之功应属诸孟子：在列叙各种人伦的时候，他干脆的把长幼之名替代了兄弟之名。男女一般的关系最初也是往往单独提出的，有的可能包括夫妇关系（例8、31、42、66—68、106—107），有的则与夫妇关系分列，显指一般的男女（例70与174）。这些例子全都属于先秦时代，后来就只有夫妇了。大抵在"内无怨女，外无旷夫"的理想之下，事实上尽不必人尽嫁娶，原则上则凡属男女都应成为夫妻。离开了做夫妻，两性的存在竟可以说了无意义，因此，秦汉以后多伦并举的议论里，就完全没有男女的地位。各种关系十九皆有所归，惟一成问题的是"贫富"，如果我们联系到地主与佃农或一般主仆的关系，则勉强可纳入君臣，这我在图中并没有著明。

丙　从五个源流到一个总汇

最后我们说到"五伦"之所以成为一个名词，一个习语，一个极普遍以至于独占的说法，又是怎样来的。为了避免太多的话，我根据《附表》中所能提供的资料，制为第五图：（见下页）

上图分列五个源流。五个在历史期内出现得有早晚，五个的次序和在图中的部位是按照出现的先后粗粗的安排的。每一个在史期中的流变，也自有一些站头，我也把它们按照大致的年代分别著明。图中上下行的线条，实的指实际的源流，虚的指推论到的归宿。

第一个源头见于《书经》，《书经》虽有今古文之争，这源头的古老与不失为春秋以前的产物大概是不成问题的。全部《书经》说到"五典""五品""五教""五常"者凡八次（例84—91），其中"五典"与"五教"各三次，"五品"与"五常"各一次；其中除"五常"见于《泰誓》外，余在《舜典》中即已可见到。所谓典、品、教、常，指的是什么，所谓五，是那五样东西，《书经》自己并没有说明。汉唐注疏家全都采用《左传》文公十八年的五教之说（例95），而转辗的作为解释，就是：父义，母慈，兄友，弟共（同恭），和子孝。照他们说，典、教、常三字的意义是一样的，都指行为的准则，即，义、慈、友、恭、孝；而品字则指行为的人，即父、母、兄、弟、子。照此说法，名虽为五，实际只包括我们所了解的五伦中的二伦，父子与兄弟。

这源头一直流到了唐代，没有改变。裴氏、司马氏注释《史记》，应氏、颜氏注释《汉书》，章怀太子注释《后汉书》，在这方面都袭用旧文（例115—121、125、128—130）。其中惟五品之说

487

潘光旦社会学文集

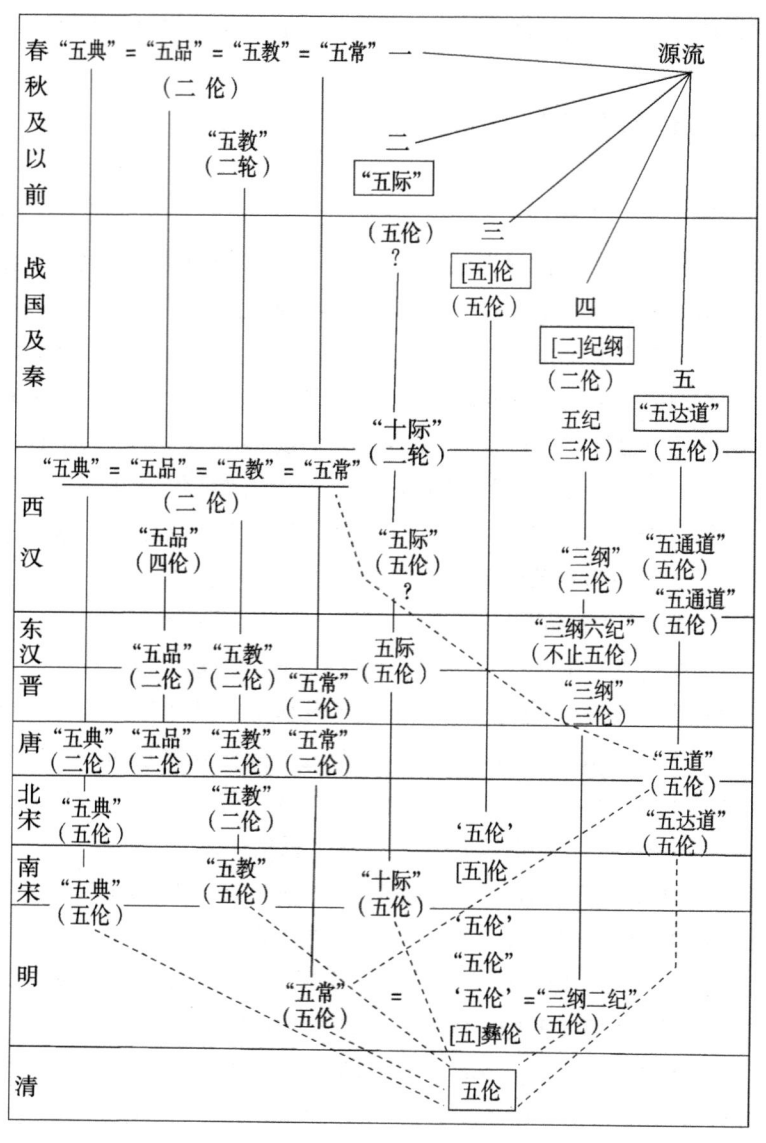

春秋及以前	"五典"="五品"="五教"="五常" （二伦）						源流
		"五教" （二轮）	二 "五际"				
战国及秦			（五伦） ?	三 [五]伦 （五伦）	四 [二]纪纲 （二伦）	五 "五达道"	
西汉	"五典"="五品"="五教"="五常" （二 伦）		"十际" （二轮）	五纪 （三伦）	"三纲" （三伦）	"五通道" （五伦） "五通道"	
		"五品" （四伦）	"五际" ?				
东汉晋		"五品" "五教" （二伦）（二伦） "五常" （二伦）	五际 五伦		"三纲六纪" （不止五伦） "三纲" （三伦）	（五伦）	
唐	"五典" "五品" "五教" "五常" （二伦）（二伦）（二伦）（二伦）					"五道" （五伦）	
北宋	"五典" （五伦）	"五教" （二伦）		'ced五伦'		"五达道" （五伦）	
南宋	"五典" （五伦）	"五教" （五伦）	"十际" （五伦）	[五]伦 （五伦） '五伦' "五伦"			
明		"五常" （五伦）	=	'五伦'"三纲二纪" [五]彝伦（五伦）			
清				五伦			

图 5

有过一度波折。自先秦至唐章怀太子,五品中只有二伦,而《淮南子·人间训》,一面虽未尝不袭用《舜典》的文字,一面却说"契教以君臣之义,父子之亲,夫妻之辨,长幼之序",多包括了两伦,成为四伦,但亦未足五伦之数(例114)。"五品"的称谓,比起其余的三个来,流传的历史也似乎最较短促。大抵东汉以后,就难得有人引用,章怀太子为《邓禹传》作注,不得不一度提到,此外就不再遇见了。这可能和九品中正的选制有关,品字既别有专门的用途,此方面就只好退让了,

唐代以后,五典、五教、五常三个称谓都起过一些变化,而趋向于和五伦之说合流。三者之中,五典的变化发生得最早,而对此变化负责的人大概是北宋中叶的程颐。程颐在他的《经说》里有过这样的一段议论,"**五典谓父子有亲,君臣有义,夫妇有别,长幼有序,朋友有信。五者,人伦也**;孔氏〔安国云云〕,乌能尽人伦哉?夫妇人伦之本,夫妇正而后父子亲,而遗之可乎?孟子云:'尧使契为司徒,教以人伦';五者,人伦大典,岂舜有以易之乎?"(例139—140)本来只包括二伦的五典从此扩大,而包括五伦。后世对此也自不乏附和的人。我所看到的有两家。一是南宋末年的王应麟,他说:"五典克从,孔安国传本于左氏(例95),程子解本于孟子(例97);左氏言五教不及君臣、夫妇、朋友,天叙有典,而遗其三焉;惟孟子得之"(例144)。又一是清乾隆年间的焦循,详见其所为《孟子正义》。但力主"维持原案"的也不乏人。清初的毛奇龄在《四书剩言》卷六里,对此有过一段很长的讨论,认为五典是五典,五伦是五伦,各有来历,互不相涉,五典在当初只包括二伦,毋庸强为放大,孟子所言,来历虽无从查考,却"必不杜撰,显有前经"。焦循自不赞成毛氏之

说，在他的《正义》里也曾有过一番驳论。毛氏喜欢做翻案文章，时或失诸过于求胜，但我认为在这问题上，他是对的。程颐只是一派附会的话，并无依据，毛氏却引证详明，说来头头是道。至于说孟子的说法也定有来历，而不杜撰，在毛氏却也没有提出证据来。孟子喜欢托古创说，我前写《伦有二义》一稿时已有论及；《滕文公》上的一段议论中，提到契，是他的托古，把人伦的内容放宽充实，是他的创说。所谓创，当然也不是无中生有，自出心裁，而是把当时多少已有的零星事物凑合成一个更完整的东西而已。孟子如果不提到契为司徒的话，那毛氏的话便完全站得住，否则，把自己补缀过的东西算作别人的原物，或拿了甲的东西硬派作是乙的，也不妨说是一种杜撰。

其次发生变化的是五教。程颐在替五典提"修正案"的时候，没有兼说到五教，所以我们可以说，至少在表面上，五教没有同时被修正。宋初邢昺作《孝经注疏》，其序文前的小引（似为一傅某所作）中说到孝为"百行之宗，五教之要"。此所谓五教，我在篇末《附表》中是作为包括五种关系看的，但只是臆测，无从断定，后来看到苏轼的《东坡书传》，就更觉得这臆测是不妥当的。苏氏在"敬敷五教在宽"一语下说："五教，父义、母慈、兄友、弟恭、子孝；以此教民，必宽而后可，亟则以德为怨，否则相率为伪。"（补例8）于以知直至北宋中叶，当时一般的学者对于五教的了解，还是春秋以降之旧。苏氏与程氏同时，更于以知，程氏五典论的以二为五，无非是对孟子表同情而思坐实其人伦之说而已。用了五教之名，而亦持以二为五之论的则为南宋的朱熹。朱氏作《白鹿洞书院教条》，一面胪列孟子所示的几种人伦，一面说："右五教之目，尧舜使契为司徒，敬敷五教，即此是也，学者学此而已"（例142）。朱氏此举，除了支持孟氏与程氏而外，也是一样的说不上什么理由来，所不同的是，他想把"五教"的名称重新申说一番，使在学者的心目中更有地位罢了。不过这名称后来并不见得因此而更通行。

变化发生得最迟的是五常。五常一词的解释本不单纯。前后至少有三说。《书经·泰誓下》"狎侮五常"一语，孔传只说是"五常之教"，孔疏以为就是五典（例89），是第一说。《乐记》"道五常之行"一语，郑注认为是五行，孔疏以为五行即金、木、水、火、土；是第二说。当作仁、义、礼、智、信，大概始于董仲舒的贤良对策而确立于《白虎通》；而在《白虎通》里也名为五性；是第三说。第二说和我们无甚关系。一、三两说，虽都出于两汉，大概第三说早于第一说。五常的内容，自殷周至明代中叶，似乎始终未变，即只含二伦；其变为五伦，是明代下半叶的事。章潢提出三纲二纪之说，又把它们加起来，成为五常，我们在上文已经叙到过。如今我们更引他一段有关的议论："三纲二纪，人之大伦也，五常之道也：君为臣之纲，其有分者义也；父为子之纲，其有亲者仁也；夫为妻之纲，其有别者智也；长幼之纪，其序为礼；朋友之纪，其任为信"（例148）。章氏这段议论可以说很具一番苦心。一是想把传统中伦、常、纲纪一类的称谓拉拢在一起。二是想教仁、义、礼、智、信的五常，和我们所了解的五伦打成一片。即上文一、三两说终于合并了。不过说到这第二种苦心，章氏倒也不是第一个人。远在唐代就有人这样做过，并且做得还更周到，就是所拉拢的，除五种关系和五种德性外，又加上东、南、西、北、中的五种方向（例133），不过唐代那人称此三位一体的东西为"五道"，而不为"五常"，就是取其实而未取其名，在章氏则是名实两俱取用了。唐人五道与章氏五常的内容，在关系与德性的配合上，又小有分别，在君臣与兄弟之间，如下：

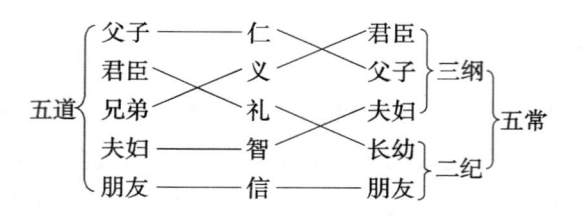

$$
五道\begin{cases}父子\\君臣\\兄弟\\夫妇\\朋友\end{cases}\begin{matrix}仁\\义\\礼\\智\\信\end{matrix}\quad\begin{matrix}君臣\\父子\\夫妇\\长幼\\朋友\end{matrix}\begin{matrix}\left.\begin{matrix}\\\\\\\end{matrix}\right\}三纲\\\left.\begin{matrix}\\\\\end{matrix}\right\}二纪\end{matrix}\Bigg\}五常
$$

第二个源流是"五际"。汉代言齐诗的人有五际之说。此说最早的来源是所谓《演孔图》，是一种很近乎神话的文献，其出现据说是在春秋末年西狩获麟之后（见《公羊传》哀公十四年注疏）。这显然是谶纬家的资料，而可能就是他们所造作的。无论如何，它终于成为《纬书》的一部分，在《春秋纬》之中。《演孔图》中有句说："诗含五际六情"（例131）。最初郑玄在《六艺论》里引到它，并引《诗纬·泛历枢》中的文字来为之注释，后孔氏作《诗》疏，在《关雎》序文中"是谓四始，诗之至也"语下，又转引郑氏所引二纬的话。如果真如谶纬家云云，则五际之说根本和我们不发生关系。但又不然。《吕览》说到"十际"（例188），至少在表面上和五际可能有些关联，此其一。这关联可能不止是表面的，因为它既与六情并论，则最初可能指过人事，是"人的际合"，而不是"天干地支的际合"。如果"诗含五际六情"一语本有来历，而后来才由谶纬家取用，这是很可能的。此其二。而到了汉代末年，也确有人把五际完全看作五种"人的际合"。《汉书·翼奉传》说："《易》有阴阳，《诗》有五际"，应劭所了解而为之注释的五际，便是君臣、父子、兄弟、夫妇、朋友（例127），与《吕览》十际之说完全相同。此其三。

翼奉治齐诗，其所了解的五际显然与应劭的不一样，即，不是人际，而是干支之际，至少也不外五行家所了解的天人之际。《翼奉传》中说到五际者凡三次，其上下文的词气显然与人伦无干；不过应劭的了解当非全无来历。应氏与郑玄同时，文人相轻，彼此还当面讥讽过一次（见《后汉书·郑玄传》），它们对于"五际"的各有看法也多少象征着两人的不相能与不相下。不过我们的同情恐怕是在应劭一方面，郑氏的看法，视若有据而实则无据，因为整个的谶纬学派后来被认为伪造而推翻了；应劭的看法，就其关于《翼奉传》的注解而言，视若无据而实则可能有更古老的依据，《吕览》上的说法就是一个。应氏于当时符箓瑞应以至于民间神怪之说，向多驳斥，见其所作《风俗通义》。应氏于此书中亦曾再三征引到《吕氏春秋》。应氏注解五际，虽作五伦之说，而其注解《汉书·百官公卿表》中的"五教"，则仍以《左传》文公十八年的议论为本，即只涉及二伦（例125）。于此亦可见一、二两个源流确乎是很分明的两个了。

无论如何，我们在源流图中是假定了"五际"的源流滥觞于春秋末年的。至战国末年，则有吕氏十际之说，其内容即为我们所了解的五伦。两者之间的渊源，我也是假定了的。不过从吕氏的十际到应氏的五际，是有线索可寻的，有如上文所说。再降则为南宋末年王应麟所提出的十际（例190），可以无须解释。

第三个源流，即五伦自身，留到最后说。先说第四个。《书经·伊训》："先王肇修人纪"，《礼记·月令》："毋乱人之纪"，是把纲纪一类的字样来称呼人群关系的最早的语句。并称不止一种的关系，而也用纲纪的字样，则初见《礼记·乐记》："圣人作，

493

为父子君臣，以为纪纲"（例11）。《庄子·盗跖》篇有"五纪"之说（例109），以其上文推之，最多可包括父子、君臣、兄弟三伦，而清人俞樾则以为即五伦，不知何所依据。"三纲"的名目最初见于《汉书·谷永传》，谷永某次上书说："愿陛下……动三纲之严，修后宫之政"，颜师古注说："三纲，君臣、父子、夫妇也"（补例3）。接着就是《白虎通》的"三纲六纪"了（例54与170）。颜注谷永三纲之说，自是根据《白虎通》而来。晋挚虞作《仲尼赞》，有"爰整礼乐，以综三纲"之语（补例5），所指当是同一事物。从此一直要到明代，我们才又遇到章潢的"三纲二纪"之说，三纲是旧物，二纪，兄弟朋友，虽也未尝不是旧物，名目却是他新添的；经此一番补充，于是"纲纪"的一源流也就和五伦之流汇合了。

第五个源流是《中庸》的五达道（例110）。五达道与孟子所言的五种人伦是两回事，毛奇龄在《四书賸言》卷六里亦有论及，我以为是对的。西汉公孙弘某次上书，引用到五达道，内容完全相同，名目则改为"通道"（例126）。扬雄《法言·孝至篇》，也说到"天下之通道五"，内容虽未说明，其词气与《中庸》无二，不过不说"所以行之者三"，而说"所以行之者一"，一是勉（例123）。唐有"五道"之说，已一度见上文（例133）。就其名称与内容而言，我相信它是从五达道和五通道流衍而来的，不过因为三个字的名称不太方便，那通达的字样终于被遗落了。唐代的文献，我搜检得太少，"五道"之说，还是发见得十分偶然的。此间同事周一良先生整理大学图书馆所藏敦煌写本影片，发见其中有《孔子备问书》一种，载有如下的一段议论："何谓五道？父子之道在东方仁，君臣之道在南方礼，兄弟之道在西方义，夫妻之道在北方智，朋友之道在中央信。"据周先生的观察，此书殆属唐代的一种类书或一种童蒙通习之书。无论其为那一种，其用处当不外供检阅或备记诵二途，那就等于说，"五道"的名称在当时必相当的流行，虽不见于高文典册，却不碍其成为家喻户晓，而其通晓的程度可能与近代的"五伦"没有多大分别；也正唯其流传广而通晓者多，远在西陲的敦煌也居然有传抄之本。其在中土，则因五季丧乱，文献荡然，反而失传了。宋代以还，因为《四子书》的诵习最称普遍，"五达道"的名称虽始终不时有人用到（例135），而"五道"则久成绝响。各个源流之中，这可以说是唯一盈科不进以至于干涸了的，但一则因《中庸》的诵习没有间歇，再则其内容与五伦的内容并无二致，至少在实质也终于和五伦汇合了。

最后说到五伦本身。伦字作为关系之用，而不是一般道理或类别之用，开始于春秋战国之间，说已详《伦有二义》一稿。但强调这用法，终须推孟子为第一人，也已见前稿。把后世所熟悉的五种关系，胪列在一起，而统称之为人伦，当然也从孟子开始（例97）。不过就孟子当时的写法而言，在程度上只够得上称为［五］伦；而更值得注意的是，孟子之论出来以后，当时后世，竟绝无继起的人。从战国一直到北宋中叶，讲同样的五种关系而又同样的冠以伦字的例子，我们竟没有能找到一个。一千三百二十年间（孟子卒于公历纪元前二八九，程颐生于纪元后一〇三三），大家好像把孟子的说法忘记得一干二净！而使它见得十分形单影只，与《附表》中其它百数十个例子没有多大分别，甚至于还不如它们的随时有人存问，有人作为推陈出新的依据。

不过到北宋中叶以后，形势突然改变。历久被遗忘的终于被忆起了。最早的一人是程颐。程氏作《经说》,于《舜典》中"五典"一词,认为应取孟子之说,而孔安国和以后的注疏家都是错了的(例139—140),说已见上文。程氏以前,是否更无别人,我不敢断言,但我相信大概是没有了。林逋之殁(一〇二八)距程氏之生(一〇三三)只得五年,林氏《省心录》只说得四伦,其中没有朋友,并且于说了之后,还添上一句结语:"人伦之道尽矣"(例80)。张载是程氏的表叔,生卒比程氏早十多年,其《全书》中根本找不到五伦的字样。他一度提到过"五达道"(例135),也一度提到过"五典"(例136),五典指的是二伦,抑或五伦,也就未详了。我在《附表》的附注中,是并存了两说的,但如今想来,恐怕在张氏心目中,五典依然只包括了父子兄弟两伦,我的审慎是多余的。理由很单纯,就是张氏究属在程氏之前,程氏的修正案怕影响不到他。而在程氏虽郑重的提出了修正案,自己却又并不贯彻的运用,而又同时用些别的名目,"五典"而外,又有[四]分(例81)、[四伦](例82)、'五大本'(例137)、[五]天性等,而此类名目的内容又或不足五伦,缺朋友一伦,与林逋完全相同,又或杂有五伦以外的事物,如宾主(例138),而所谓[四伦]也者,那伦字还是我们替他添上的。(按[四]分与[四伦]均见《二程全书》,究为何程所说,则记述语录的人亦未能确定,今姑假定为小程子所说。)至于修正案的本身,就演展的具体程度说,也不过比孟子进得一步,就是把[五]伦变成了'五伦'。总之,从北宋之世,五伦之说,算是恢复了,并且勉强进了一程,但去成熟具体的程度还远,日用流行自更说不到了。

　　南宋一时代也是值得注意的,因为其间有一个朱熹。朱氏的议论里，有两处直接提到五伦，五伦的内容显然已是程颐修正的结果，但名称则一处是'五伦'，与程氏同（例143），一处则仅得[五]伦，又退回到孟子起首即已到达的程度（例141）。总之，朱氏对于五伦之说，在称谓上并没有作进一步的肯定。不特没有肯定，反而还有过一番举动，分化与转移了学者的视线，就是，他把"五教"的名目（例142）重新提出而加以修正，说亦已见上文。朱氏的修正案，和程氏的一样，实质上成立了，名义上却没有，因为终南宋之世，以及后来，"五教"一词并不通行[①]。王应麟是南宋末年的人，一面对孟子的屡言人伦，加以称美，认为是"正人心之本原"（《困学纪闻》，卷八），同时又很服膺朱子，一面却只管说他的"五典"（例144）与"十际"（例190），根本没有提到五伦。

到了明代，五伦的演进的过程是更清楚了许多，并且很早就表示着快要成熟的样子，但又不尽然。在比较著称的学者中间，薛瑄是提到五伦最早的一个人，但还不够具体，只说得'五伦'（例145），和宋代朱熹跋黄仲本《朋友说》时所到达的程度一样（例143）。差不多同时而略后的吴与弼则居然更进一步，到达了前所未有的具体程度。依我所知，在知名的学者中，他是第一个提到"五伦"的，第一个把"五伦"当作名词使用。黄宗羲《明儒学案》在《崇仁学案》后引他的语录说："程子云，五伦多少不尽分处"（例146）。不过事实上程子并没有这样说，程子所说的和吴氏所引的相差很远。程子是这样说的："常思天下君臣、父子、兄弟、夫妇，有多少不尽分处"，即我们在《附表》中所称的[四]分（例81）。吴氏在这里有两层错误，一是名称错了，程子没有说到伦字，他只说到了名分或本分的分字；二是数目错了，程子只举了四种关系，不是五种。吴氏征引程子，真未免过于一厢情愿了。但这番一厢情愿对我们却大有意义，值得我们感谢，因为它足以证明在吴氏的时代（吴氏生卒为公元一三九一——四六九）甚至于略早于此，在元末或明初，"五伦"的名词已渐趋通用。上面说，在比较知名的学者中，我们发见他是第一个很现成的用到"五伦"，信手拈来的用到五伦，并且信手到一个程度，把程子的老话都给改换了头面，可见事实上他以前还有人用过。

以前用过的人是有的。明初有名沈易的一位教书先生编过一种《五伦诗》，不但用到"五伦"，并且还拿它做了书名（补例9）。《四库全书总目·总集类·存目一》里说："《五伦诗》五卷——明沈易编。易字翼之，华亭人。是编前有洪武己未钱惟善序，称，易'游学北方，南还乡里，为童子师，得束修以奉二亲。其教之也，一以躬行为主；尝编五伦诗集，俾知人之所以为人在乎此五者'云云。则此集本为课蒙而作，故所录皆浅近通俗之作……。"

和唐代的"五道"（例133）一样，我疑心"五伦"一名词的通用，大概滥觞于教蒙童的学究先生。沈易就是这样的一位，而《五伦诗》也就相当于《百家姓》《三字经》一类的作品，合于童年记诵之用。[②] 由此而渐至通俗，流传渐广，数十年之间，成为一种耳熟的口语，即在学殖更有地位的人，例如吴与弼之流，也就不知不觉的采用了。如果蒙师与蒙童的传习是第一步，这种采用便是第二步，都是有利于传播的。但可能还有过第三步。就是政府的倡导。《明史·艺文志》列有《五伦书》一种，凡六十二卷，是明宣宗采经传子史嘉言善行辑成，而正统中英宗又制序刊行的（补例10）；不过刊行之前，又似乎曾经一番补辑，当时词臣如刘俨等曾预其事。此书《四库》似未收录，不过即在今日，坊间还偶然可以遇到。它既是一种御制的作品，又与"治道"显有关系，在明代中叶及以后，必曾风行过一时；此与"五伦"一名词的更趋于通用自发生过很大的影响，殆可断言。③

不过这三步所做到的还只是教"五伦"一词更趋于通用，而并不是普遍的通行。终有明一代，持不同的议论与名词的还大有人在。方孝孺有《四箴》诗，分咏父子、夫妇、兄弟、朋友，四种关系，独不及君臣（例83）。孝孺被杀于一四〇六年，在时代上较吴与弼为略早，较沈易为略迟（《五伦诗》的序文成于一三七九），而《四箴》云云始终没有提及伦字，且又不足五之数。一说此《箴》是王鏊所作，那就不但后于吴氏，亦且后于《五伦书》的颁行了（王氏以一四七五年通籍，而预修此书之刘俨则以一四四二年成进士第一）。无论是谁的手笔，此《箴》多少可以证明，自明初以迄于中叶，"五伦"的名词虽已流行，而传播犹然有限。再降而至隆、万之际，议论更转见纷纭起来。吕坤《呻吟语》有"去隔"之说，所及虽为五种关系，却少了兄弟一种，多了上下一种（例147）。章潢有"三纲二纪"合成"五常"之说，议论中虽也用到伦字，名称上却有复古到第一个源流的企图（例148—149）；章氏也曾一度用到'五伦'（例150），但口气究没有"五常"的肯定而分量也不如"五常"的沉重。朱载堉，一位皇族的学者，又提出"彝伦"之说（例151），数目虽也不外五个，名词上却又多出了一分变异，也似乎有些复古的企求，复到《书经·洪范》里"彝伦攸叙"的词气了。彝字训常，其实所说等于"常伦"，而偏要改换一下，以示不肯苟同；其用心果否如此，我们虽不可必，而此例与上文其它的例子已足够表示，即近至明代

499

末叶,"五伦"一词还没有通行无阻。

到了清代,"五伦"的名目才普遍的通用。我所征引的例子虽不多(例152—156),却也没有遇见其它的说法,注疏家与考证家自不得不提到前代种种不同的称谓,有如五典五教之类,但概以既经演成而论定的"五伦"作为出发与参证之点。

综观五伦之说的演成,我们于头尾而外,自不能不承认宋代是一大关节。何以有此大关节,是值得一问的。理学的发达,是宋代一大事实,而最著称的五子,周、张、二程,与朱子,四在北宋中叶,一在南宋初期。理学的许多看法,道佛的成分除外以后,要在儒家中寻觅源流,最为沉瀣一气的自推孟子。孟子的地位便于此际突然的提高了。列入经书之林的,汉代有五,唐析为九,至开成间刻石,又为十二,至宋《十三经》的名称始确立,而此第十三经即为《孟子》七篇,前乎此,《孟子》不过是儒家的一种"子书"而已。及至南宋孝宗淳熙年间,因《四书》的制定,而孟子的人与书便愈显得崇高。"《论语》《孟子》旧各为帙,《大学》《中庸》,旧《札记》之二篇,其编为《四书》,自宋淳熙始;其悬为令甲,则自元延祐复科举始"(《四库全书总目》卷三十五)。《孟子》列为《十三经》之一,其年代一时不及详考,《文献通考》(卷百八十四),《经籍考》说:"前史艺文志俱以《论语》入经类,《孟子》入儒家类,[至]《直斋书录解题》,始以《语》《孟》同入经类。"是则其年代当与《四书》的制定相近。无论如何,这些直接间接都使孟子的学说,包括五伦之说在内,得以加速的流播,是无疑的。"五伦"的终于成长为一个定论,一种习语,这显然是主要的因缘了。而当其演程的最后一段中,其它的几个源流,也自不免百川归海似的全都纳入"五伦"的总汇,从此,言关系必称伦,数人伦必称五,便愈益蒂固根深,不可移易了。

四 附 表

例	称谓	出处	五伦					引文	附注
			父子	君臣	兄弟(长幼)	夫妇	朋友		
1	[二]乐	诗·小雅·常棣	×	×	○	○	×	妻子好合,兄弟既翕……	《中庸》尝引此,未另引。
2	[二]本	论语·学而	○	×	○	×	×	君子务本,本立而道生,孝弟也者,其为仁之本与?	
3	[二]伦	孟子·公孙丑下	○	○	×	×	×	景子曰:内则父子,外则君臣,人之大伦也。	
4	[二伦]	孟子·滕文公下	○	○	×	×	×	……无父无君,是禽兽也。	
5	[二]知	孟子·尽心上	○	×	○	×	×	孩提之童,无不知爱其亲也,及其长也,无不知敬其兄也。	
6	[二伦]	礼记·王制	○	○	×	×	×	凡听五行之讼,必原父子之亲,立君臣之义,以权之。	

501

续表

7	[二]道	礼记·文王世子	○	○	×	×	×	立大傅少傅以养之，欲其知父子君臣之道也。	
8	[二]道	礼记·郊特牲	○	×	×	○	×	男女有别，然后父子亲，父子亲，然后义生……无别无义，禽兽之道也。	
9	[二伦]	礼记·乐记	○	×	○	×	×	合父子之亲，明长幼之序，以敬四海之内，则礼行矣。	
10	[二]节	同上	○	○	×	×	×	礼乐领父子君臣之节。	
11	[二]纪纲	同上	○	○	×	×	×	圣人作，为父子君臣，以为纪纲。	
12	[二]始	礼记·祭义	○	×	○	×	×	于曰：立爱自亲始，教民睦也，立教自长始，教民顺也，	亦可称二立。
13	[二]事	礼记·坊记	○	○	○	×	×	子云，孝以事君，弟以事长，示民不二也。	
14	[二]资	礼记·丧服四制	○	○	×	×	×	资于事父以事君，而敬同……资于事父以事母，而爱同。	
15	[二]善	大戴礼·曾于立孝	○	×	○	×	×	孝子善事君，弟弟善事长，一孝一悌，可谓知终矣。	亦可称二知终。

502

续表

16	'二戒'	庄子·人间世	○	○	×	×	×	仲尼曰：天下有大戒二，子之爱亲，命也……臣之事君，义也……无所逃于天地之间，是之谓大戒。	
17	[二]资	孝经·士	○	○	×	×	×	资于事父以事母，而爱同，资于事父以事君，而敬同，故母取其爱，而君取其敬，兼之者父也。	与《礼记·丧服四制》同。
18	[二]道义	孝经·圣治	○	○	×	×	×	父子之道，天性也，君臣之义也，父母生之，续莫大焉，君亲临之，厚莫重焉。	合君臣于父子。
19	[二]道	二程粹言，卷一	○	○	×	×	×	道外无物，物外无道，在父子则亲，在君臣则敬，有适有莫，于道已为有间，况夫毁发而弃人伦者乎。	辟佛语，犹孟子辟杨、墨之无父无君。
20	[二]定理	二程全书，第五	○	○	×	×	×	父子君臣，天下之定理，无所逃于天地之间。	与庄子二戒同。

续表

21	[二伦]	王应麟，困学纪闻，卷六	×	○	○	×	×	谓之郑志，以明兄弟之伦，谓之宋志，以正君臣之分。	
22	[二]自然	文天祥语	○	○	×	×	×	为臣忠，为子孝，……此人道之自然也。	蒋元《人范》引。
23	"二纪"	明，章潢，图书编	×	×	○	×	○		引文见后。
24	[三伦]	易·家人	○	×	○	○	×	父父，子子，兄兄，弟弟，夫夫。妇妇，而家道正，正家而天下定矣。	
25	'三事'	国语·晋语	○	○	×	×	×	民生于三。事之如一：父生之，师教之，君食之。	栾共于语。
26	[三]事	礼记·檀弓上	○	○	×	×	×	事亲有隐无犯，事君有犯无隐，事师无犯无隐。	
27	"三善"	礼记·文王世子	○	○	○	×	×	行一物而三善得，父子之道。君臣之义，长幼之节。	一物谓学。
28	[三]知	礼记·文王世子	○	○	○	×	×	知为人子，然后可以为人父；知为人臣，然后可以为人君；知事人，然后能使人。	

504

续表

29	[三]学	同上	○	○	○	×	×	学之为父子焉，学之为君臣焉，学之为长幼焉，父子、君臣、长幼之道得而国治。	
30	[三]肥	礼记·礼运	○	○	○	○	×	父子笃，兄弟睦，夫妇和，家之肥也，大臣法，小臣廉，官职相序，君臣相正，国之肥也。	馀一肥关于个人。
31	[三]先	礼记·郊特牲	×	○	×	○	×	男先于女……天先乎地，君先乎臣，其义一也。	
32	[三]备	礼记·祭统	○	○	○	×	×	上则顺于鬼神，外则顺于君长，内则以孝于亲。如此之谓备。	
33	'三正'	礼记·哀公问	○	○	×	○	×	夫妇别，父子亲，君臣严，三者正，则庶物从之矣……愿闻所以行三言之道。	
34	[三]敬	同上	○	×	×	○	×	敬妻，为其为亲之主，敬子，为其为亲之后，敬身，为其为亲之枝。行此三者，忾乎天下。	节引原文。

505

续表

35	[三]教	礼记·大学	○	○	○	×	×	君子不出家而成教于国，孝者所以事君，弟者所以事长，慈者所以使众。
36	[三效]	同上	○	×	○	×	×	上老老而民兴孝，上长长而民兴弟，上恤孤而民不倍。
37	[三]行	礼记·冠义	○	○	○	×	×	以正君臣，以亲父子，以和长幼，此众人之所难，而君子行之。
38	"三从"	仪礼·丧服子夏传	○	×	×	○	×	妇人有三从之义，无专用之道，故未嫁从父，既嫁从夫，夫死从子。
39	"三行"	周礼·地官·师氏	○	×	○	×	○	教三行，孝行以亲父母，友行以尊贤良，顺行以事师长。
40	[三]不敢言	大戴礼·曾子立孝	○	○	○	×	×	为人子而不能孝其父者，不敢言人父不能畜其子者；为人弟而不能承其兄者，不敢言人兄不能顺其弟者；为人臣而不能事其君者，不敢言人君不能使其臣者。

续表

41	"三不祥"	荀子·非相	×	○	○	×	×	幼而不肯事长,贱而不肯事贵,不肖而不肯事贤,是人之三不祥也。	
42	[三]生成	荀子·富国	○	×	○	○	×	父子不得不亲,兄弟不得不顺,男女不得不欢……天地生之,圣人成之。	
43	"三恕"	荀子·法行	○	○	○	×	×	君子有三恕:有君不能事,有臣而求其使,非恕也;有亲不能报,有子而求其孝,非恕也;有兄不能敬,有弟而求其听令,非恕也。	与上《大戴礼》三不敢言实同。
44	[三]孝	孝经·开宗明义	○	○	×	×	×	夫孝,始于事亲,中于事君,终于立身。	
45	[三]无	孝经·五刑	○	○	×	×	×	要君者无上,非圣人者无法,非孝者无亲。	
46	[三]敬悦	孝经·广要道	○	○	○	×	×	敬其父则子悦,敬其兄则弟悦,敬其君则臣悦。	
47	[三]教	孝经·广至德	○	○	○	×	×	教以孝,所以敬天下之为人父者;教以悌,所以敬天下之为人兄者;教以臣,所以敬天下之为人君者。	

续表

48	[三]移	孝经·广扬名	○	○	○	×	×	事亲孝，故忠可移于君；事兄悌，故顺可移于长；居家理，故治可移于官。	前人有称此为三资者。
49	[三]争	孝经·谏诤	○	○	×	×	○	君有争臣，士有争友，父有争子。	
50	[三]感应	孝经·感应	○	×	○	×	×	事父孝，故事天明，事母孝，故事地察，长幼顺，故上下治……孝悌之至，通于神明。	
51	'三顺'	韩非子·忠孝	○	○	×	○	×	臣事君，子事父，妻事夫，三者顺则天下治。	
52	[三]尚	诗·陟岵，毛传	○	×	○	×	×	父尚义，母尚恩，兄尚亲。	
53	[三恕]	韩诗外传，卷四	○	○	○	×	×	有君不能事，有臣欲其忠，有父不能事，有子欲其孝，有兄不能敬，有弟欲其从令……言知于人而不能自知也。	
54	"三纲"	白虎通·三纲六纪	○	○	×	○	×	三纲者，君臣、父子、夫妇也；……君为臣纲，父为子纲，夫为妻纲。	

续表

55	[三]道	白虎通·丧服	○	○	×	×	○	弟子为师服者,弟子有君臣、父子、朋友之道也。	
56	"三恕"	孔子家语·三恕	○	○	×	×		孔子曰：君子有三恕……	与《荀子·法行篇》悉同,只末句曰,有弟而求其顺。当是影袭荀子,清人翟灏于《四书考异》卷二谓其影袭《韩诗外传》卷四,实误。
57	"三亲"	颜氏家训·兄弟	○	×	○	○	×	有人民而后有夫妇,有夫妇而后有父子,有父子而后有兄弟,……九族皆本于三亲,故于人伦为重。	
58	"三纲"	明,章潢,图书编	○	○	×	○	×		引文见后。

509

续表

59	[四]民彝	书·康诰	○	×	○	×	×	子弗祗服厥父事，大伤厥考心；于父不能字厥子，乃疾厥子；于弟……弗克恭厥兄，兄亦……大不友于弟……天惟与我民彝大泯乱。	
60	[四分]	左传，僖三十三年	○	×	○	×	×	父不慈，子不祗，兄不友，弟不共，不相及也。	此实《康诰》缩文。各有其分，斯不相及也。
61	'四高行'	管子·形势解	○	○	×	×	×	为主而惠，为父母而慈，为臣下而忠，为子妇而孝。	
62	'四大失'	同上	○	○	×	×	×		四高行之反。
63	'四正'	管子	○	○	×	×	×	君、臣、父、子。	原文及篇章未详，此从宫梦仁《读书纪数略》转引。
64	[四]定	礼记·曲礼上	○	○	○	×	×	君臣、上下、父子、兄弟，非礼不定。	
65	[四]伦	礼记·礼器	○	○	×	×	×	天地之祭，宗庙之事，父子之道，君臣之义，伦也。	

续表

66	[四]大道	礼记·丧服小记	○	○	○	○	×	亲亲，尊尊，长长，男女有别，人道之大者也。	尊尊自包括臣。
67	[四]不变	礼记·大传	○	○	○	○	×	亲亲、尊尊、长长，男女有别，此其不可得与民变革者也。	与上《丧服小记》四大道同。
68	[四]理	礼记·乐记	○	○	○	○	×	使亲疏、贵贱、长幼、男女之理，皆形见于乐。	
69	'四行'	礼记·冠义	○	○	○	×	×	为人子，为人弟，为人臣，为人少……将责四者之行于人……故孝、弟、忠、顺之行立，而后可以为人。	参上《冠义》三行。此实亦只三行，弟顺二行可并。
70	[四]有	礼记·昏义	○	○	×	○	×	男女有别，而后夫妇有义，……而后父子有亲，……而后君臣有正。	
71	[四]鹄	礼记·射义	○	○	×	×	×	为人父者，以为父鹄；为人子者，以为子鹄；为人君者，以为君鹄；为人臣者，以为臣鹄。	参下《大学》五止。

511

续表

72	"四德"	大戴礼·卫将军文子	○	○	○	×	○	孝,德之始;弟,德之序;信,德之厚;忠,德之正。参也中夫四德者。	孔子美曾子云云。
73	[四]大本	荀子·王制	○	○	○	○	×	君臣,父子,兄弟,夫妇,始则终,终则始,与天地同理,与万世同久,夫是之谓大本。	
74	[四]善	孝经·广要道	○	○	○	×	×	教民亲爱,莫善于孝;教民礼顺,莫善于悌;移风易俗,莫善于乐;安上治民,莫善于礼。	
75	'四道'	中庸	○	○	○	×	○	君子之道四,丘未能一焉,所求乎子以事父,……所求乎臣以事君,……所求乎弟以事兄,……所求乎朋友,先施之,[皆]未能也。	
76	[四]守	韩诗外传,卷五	○	○	×	○	○	君臣之义,父子之亲,夫妇之别,朋友之序,此儒者所谨守。	
77	'四常道'	礼记·大传,郑注	○	○	○	○	×	四者,人道之常。	按即四不变,见上。

512

续表

78	[四]行	孔丛子·公孙龙	○	○	○	×	○	事君忠,事亲孝,交友信,处乡顺。	
79	[四]得失	孔子家语	○	○	○	×	○	君失之,臣得之,父失之,子得之,兄失之,弟得之,己失之,友得之,是以国无危亡之兆,家无悖乱之恶,父子兄弟无失,而交友无绝也。	
80	[四]伦	宋,林逋,省心录	○	○	○	○	×	君容而断,臣恪而忠,父严而慈,子孝而敬,兄爱而训,弟恭而劳,夫和睦而庄,妇守正而顺——人伦之道尽矣。	又云,处内以睦,处外以义,检身以正,交际以诚——行己之道至矣。按此中亦自涉及朋友,但不在人伦之内。
81	[四]分	二程全书,第一	○	○	○	○	×	常思天下君臣父子兄弟夫妇,有多少不尽分处。	不言伦,而言分,当是名分之分。
82	[四伦]	二程全书,第二	○	○	○	○	×	然则家者不过君臣父子夫妇兄弟。	斥佞佛出家之妄。
83	"四箴"	明,方孝孺,四箴	○	×	○	○	○		五言四章,章八句:一父

513

续表

								子，二夫妇，三兄弟，四朋友，词长不具引。又见《王文恪公集》。
84	"五典"	书·舜典	○	×	○	×	×	慎徽五典，五典克从。	孔安国传：五常之教，父义，母慈，兄友。弟恭，子孝。《左传》文十八年亦引此二语。
85	"五品"	同上	○	×	○	×	×	百姓不亲，五品不逊。	孔传，五品谓五常（见上五典）；逊，顺也。
86	"五教"	同上	○	×	○	×	×	契，汝作司徒，敬敷五教在宽。	孔传，布五常之教。
87	"五典"	书·皋陶谟	○	×	○	×	×	天叙有典，勑我五典五惇哉。	孔传，五常之叙。
88	"五教"	书·大禹谟	○	×	○	×	×	以弼五教。	
89	"五常"	书·泰誓下	○	×	○	×	×	今商王受狎侮五常。	孔颖达疏：即五典……

续表

90	"五教"	书·武成	○	×	○	×	×	重民五教。	
91	"五典"	书·君牙	○	×	○	×	×	弘敷五典，式和民则。	
92	[五]行	论语·学而	○	×	○	×	○	弟子入则孝，出则悌，谨而信，泛爱众，而亲仁，行有余力，则以学文。	
93	"五义"	国语·周语	○	×	○	×	×	五义纪宜。	韦昭解：父义，母慈，兄友，弟恭，子孝。
94	"五教"	左传，桓六年	○	×	○	×	○	务其三时，修其五教，亲其九族。	杜注即引下文十八年文。
95	"五教"	左传，文十八年	○	×	○	×	×	舜……举八元，使布五教于四方，父义、母慈、兄友、弟共、子孝。	汉唐注疏家注《书经》皆本此。
96	'五大节'	左传，昭元年	○	○	○	×	×	国之大节有五，女皆奸之：畏君之威，听其政，尊其贵，事其长，养其亲。	子产责游楚。
97	[五]伦	孟子·滕文公上	○	○	○	○	○	帝……使契为司徒，教以人伦，父子有亲，君臣有义，夫妇有别，长幼有序，朋友有信。	五伦并举初见。惟有名无数'不成名词。
98	[五]实	孟子·离娄上	○	×	○	×	×	仁之实，事亲是也；义之实，从兄是也；智之实。知斯二者，弗去是也；礼之实，节文斯二者是也；乐之实。乐斯二者……	

续表

99	[五]称	礼记·曲礼上	○	×	○	×	○	为人子者，三赐不及车马，故州闾乡党称其孝也，兄弟亲戚称其慈也，僚友称其弟也，执友称其仁也，交游称其信也。	
100	'五大教'	礼记·乐记	○	○	○'	×	×	祀乎明堂，而民知孝；朝觐，然后诸侯知所以臣；耕藉，然后诸侯知所以敬；……食三老五更于太学，……所以教诸侯之弟……；五者，天下之大教也。	文云五大教，实只四，疑有阙文；且语句亦有颠倒，今酌为移正。参下《祭义》所云五大教。
101	[五]乐方	同上	○	○	○	×	×	乐在宗庙之中，君臣上下同听之，则莫不和敬；在族长乡里之中，长幼同听之，则莫不顺；在闺门之内，父子兄弟同听之，则莫不和亲；……是先王立乐之方也。	
102	'五治'	礼记·祭义	○	○	○	×	×	先王之所以治天下者五……贵有德……为其近于道；贵贵为其近于君；贵老为其近于亲；敬长为其近于兄；慈幼为其近于子。	参上《孝经》三移。

续表

103	'五遂'	同上	○	○	×	×	○	居处不庄,事君不忠,莅官不敬,朋友不信,战陈无勇,五者不遂,灾及于亲。	原文每句下有不孝云云,故亦称五不孝。
104	'五大教'	同上	○	○	○	×	×	祀乎明堂,所以教诸侯之孝;食三老五更于大学,所以教诸侯之弟;祀先贤于西学,所以教诸侯之德;耕藉,所以教诸侯之养;朝觐,所以教诸侯之臣:五者天下之大教也。	参上《乐记》所云五大教。
105	[五]有方	礼记·经解	○	○	○	×	×	隆礼由礼,谓之有方之士……以奉宗庙则敬;以入朝廷,则贵贱有位;以处室家,则父子亲,兄弟和;以处乡里,则长幼有序。	
106	[五]礼	同上	○	○	○	○	○	朝觐之礼所以明君臣之义;聘问之礼所以使诸侯相尊敬;丧祭之礼所以明臣子之恩;乡饮酒之礼所以明长幼之序;婚姻之礼所以明男女之别。	聘问一礼可勉作与朋友之伦有关,虽限于贵族。要不失为交际方式之一。
107	[五]辨	礼记·仲尼燕居	×	○	○	○	×	昔圣帝明王诸侯,辨贵贱、长幼、远近、男女、外内,莫敢相逾越。	

517

续表

108	[五]止	大学	○	○	×	×	○	为人君，止于仁；为人臣，止于敬；为人子，止于孝；为人父，止于慈；与国人交，止于信。	参上《礼记·射义》四鹄。
109	"五纪"	庄子·盗跖	○	○	○	×	×	于张曰：子不为行，即将疏戚无论，贵贱无义。长幼无序，五纪六位，将何以为别乎？	清俞樾谓五纪即五伦（并见郭庆藩集释与王先谦集注），不知何据，就前三语言之，似所关涉者只三伦耳。云五者，当别有所指。
110	'五达道'	中庸	○	○	○	○	○	天下之达道五……君臣也，父子也，夫妇也，昆弟也，朋友之交也。	
111	[五]有道	同上	○	○	×	×	○	获上，信友，顺亲，诚身，明善。	文未具引。
112	"五作"	尚书大传	○	×	○	×	×	五作十道，孝力为右。	清人辑本。郑玄注：五作五教也。
113	"五常"	书·泰誓下,今商王受狎侮五常,孔传	○	×	○	×	×	轻狎五常之教，侮慢不行。	孔疏谓即五典亦即父义，母慈，兄友，弟恭，子孝。
114	"五品"	淮南子·人间训	○	○	○	○	×	百姓不亲，五品不慎，契教以君臣之义，父子之亲，夫妻之辨，长幼之序。	实只四品。

518

续表

115	"五典"	史记·五帝纪	○	×	○	×	×	乃使舜慎和五典，五典能从。	裴氏《集解》引郑玄曰：五典，五教也。
116	"五典"	同上	○	×	○	×	×	乃试舜，五典百官皆治。	
117	"五教"	同上	○	×	○	×	×	举八元，使布五教于四方，父义，母慈，兄友，弟恭，子孝。	司马贞《索隐》谓契当在八元之数。
118	"五品"	同上	○	×	○	×	×	五品不驯。	《集解》引郑玄曰：父、母、兄、弟、子也。
119	"五教"	同上	○	×	○	×	×	敬敷五教在宽。	《集解》引马融曰：五品之教。
120	"五品"	史记·殷纪	○	×	○	×	×	五品不训。	
121	"五教"	同上	○	×	○	×	×	敬敷五教，五教在宽。	
122	"五教"	焦氏易林	○	×	○	×	×	入敷五教，王室康宁。	
123	'五通道'	扬子法言·孝至	○	○	○	○	○	天下之通道五，所以行之者一，曰勉。	虽未明言，以语气推之，当即为《中庸》之五达道无疑。
124	"五教"	白虎通·五经	○	×	○	×	×	纲散纪乱，五教废坏，故五常之经，咸失其所。	未详。就此书别有三纲六纪之论言之，此五教者可能仍为《左传》文公十八年所云之旧。或即为下文所列叙之五经之教。

519

续表

125	"五教"	汉书·百官公卿表	○	×	○	×	×	卨作司徒,敷五教。	应劭注亦同《左传》文十八年文。
126	'五通道'	汉书·公孙弘传	○	○	○	○	○	臣闻天下通道五……	文与《中庸》悉同,只易昆弟为长幼。
127	"五际"	汉书·翼奉传	○	○	○	○	○	《易》有阴阳,《诗》有五际。	应劭曰:君臣、父子、兄弟、夫妇、朋友也。孟康引《诗内传》,别有解释。
128	"五教"	汉书·王莽传	○	×	○	×	×	五教是辅。	颜师古注从《左传》文十八年文。
129	"五品"	后汉书·邓禹传	○	×	○	×	×		文与章怀太子注均沿袭旧说,不具引。
130	"五教"	同上	○	×	○	×	×		
131	"五际"	郑玄,六艺论引演孔图,后入诗疏	○	○	○	○	○	诗含五际六情。	未详。郑玄与应劭同时,可能即如应劭所说,见上,汉代言齐诗与信谶纬者喜作此论,我终疑其不作五伦解释,谶纬家言详《诗纬·泛历枢》。

续表

132	"五常"	晋，挚虞，武库铭	○○	×○	○○	×○	×○	有财无义，惟家之殃，无爱粪土，以毁五常。	此果何指，未详，可能为仁、义、礼、智、信，姑不论；可能为孔传孔疏旧说，亦可能即相当于五伦，今并著之。
133	"五道"	唐，孔子备问书	○	○	○	○	○	何谓五道？父子之道在东方仁，君臣之道在南方礼，兄弟之道在西方义，夫妇之道在北方智，朋友之道在中央信；此名仁，义，礼，智，信。	敦煌唐写本，伯希和二五八一，清华大学存有摄影片。此承周一良先生抄示。
134	"五教"	宋，孝经注疏序	○	○	○	○	○	《孝经》者，百行之宗，五教之要。	此实未详，以《孝经》之内容推之，可能相当于五伦。《孝经》论君臣、父子、兄弟之文，不一而足；论夫妻与朋友者至少亦各得一次，分别见《孝治》与《谏诤》两章。惟以《东坡书传》一类作品推之，则又若未然。

续表

135	"五达道"	宋，张子全书·正蒙，第九	○	○	○	○	○	天下达道五，其生民之大经乎？	虽未详叙，当即为《中庸》之说无疑。
136	"五典"	同上，经学理窟·礼乐	○/○	× / ○	○ / ○	× / ×	× / ○	五典人日日为，但不知耳。	未详。孔传旧说姑并著之。参下程颐所论五典。
137	'五大本'	二程全书，第十八	○	○	○	○	○	道之大本……君臣，父子，夫妇，兄弟，朋友，于此五者上行，乐处便是。	伊川语。
138	[五]天性	同上	○	○	○	×	○	父子天性，若君臣，兄弟，宾主，朋友之类，亦岂不是天性？	
139	"五典"	二程全书，程颐，经说	○	○	○	○	○	五典谓父子有亲，君臣有义，夫妇有别，长幼有序，朋友有信……	
140	'五伦'	同上	○	○	○	○	○	……五者，人伦也，孔氏[安国云云]乌能尽人伦哉？夫妇人伦之本，夫妇正而后父子亲，而遗之可乎？孟子云，"尧使契为司徒，教以人伦"；五者，人伦大典，岂舜有以易之乎？	此与上五典文实相衔接。
141	[五]伦	朱子·小学	○	○	○	○	○		朱子《小学》篇目中列《明伦》，其下又分列父子……等五事，末又有《通论》一节。

续表

142	"五教"	朱熹，白鹿洞书院教条	○	○	○	○	○	父子有亲，君臣有义，夫妇有别，长幼有序，朋友有信——右五教之目，尧舜使契为司徒，敬敷五教，即此是也，学者学此而已。	
143	'五伦'	朱熹，跋黄仲本朋友说	○	○	○	○	○	人之大伦，其别有五。	
144	"五典"	王应麟，困学纪闻，卷二	○	○	○	○	○	五典克从，孔安国传本于左氏，程子解本于孟子；左氏言五教不及君臣，夫妇，朋友，天叙有典，而遗其三焉；惟孟子得之。	
145	'五伦'	明，薛瑄，诫子书	○	○	○	○	○	人之所以异于禽兽者，伦理而已……父子、君臣、夫妇、长幼、朋友，五者之伦序是也；理即亲、义、别、序、信，五者之天理是也。	
146	"五伦"	明，吴与弼语	○	○	○	○	○	程子云，五伦多少不尽分处。	《明儒学案·崇仁学案》，按此引文有误，参上程子所云四分。
147	[五]去隔	吕坤，呻吟语	○	○	×	○	○	隔之一字，人情之大患，故君臣，父子，夫妇，朋友，上下之交，务去隔，此字不去，而不怨叛者，未之有也。	

523

续表

148	"五常"	明，章潢，图书编，三纲五常总序	○	○	○	○	○	三纲二纪，人之大伦也，五常之道也，君为臣之纲，其有分者义也；父为子之纲，其有亲者仁也；夫为妻之纲，其有别者智也；长幼之纪，其序为礼；朋友之纪，其任为信。	
149	"五常"	同上，正家论	○	○	○	○	○	五常之道，家有其三。	
150	'五伦'	同上	○	○	○	○	○	人之大伦五，而家有其二。	
151	[五]彝伦	朱载堉，补亡诗，由仪	○	○	○	○	○	何谓彝伦？父子有亲，君臣有义，朋友有信，兄爱弟敬，夫和妻顺。君令臣恭，父慈子孝，夫妻相敬，兄弟相好，惠于朋友，无德不报。	四章之二。
152	"五伦"	清，毛奇龄，四书剩言，卷六	○	○	○	○	○	郑、孔[书经]注疏，皆以常行开通为言，而并不及五伦五教一字。	郑、孔未及五伦，五教则未尝不及，毛氏云云不尽是。
153	"五伦"	同上	○	○	○	○	○	当时五伦，只父，母，兄，弟，子五者，有天合而无人合……自唐，虞，夏，商，以及周末，只此数。	
154	"五伦"	高愈，小学篡注	○	○	○	○	○	五品，即五伦也。	

续表

155	"五伦"	同上	○	○	○	○	按此通论五伦,而不必章各兼举。	"右通论"下注。
156	"五伦"	蒋元,人范	○	○	○	○	以上通论五伦之义。	此为继朱子《小学》而作,篇目仍朱子之旧。朱子《小学》于《明伦》一篇末尾所作"右通论"三字经改易如上。
157	"六顺"	左传,隐三年	○	○	○	×	×	君义臣行,父慈子孝,兄爱弟敬,所谓六顺也。	石碏语。
158	"六逆"	同上	○	○	○	×	×	贱妨贵,少陵长,远间亲,新间旧,小加大,淫破义,所谓六逆也。	同上。
159	[六亲]	左传,昭二十五年	○	×	○	×	×	父子,兄弟,姑姊,甥舅,婚媾,姻娅。	杜预注称此为六亲。
160	"六亲"	老子	○	×	○	○	×	六亲不和,有孝慈。	未详。王弼注作父子,兄弟,夫妇。
161	"六亲"	管子	○	×	○	○	×	父,母,兄,弟,妻子。	篇章未详。
162	'六本俗'	周礼·地官·大司徒	×	×	○	×	○	以本俗六安万民,嬓宫室,族坟墓,联兄弟,联朋友,同衣服。	
163	"六行"	同上	○	×	○	×	×	六行:孝,友,睦,姻,任,恤。	
164	[六]乐德	周礼·春官·大司乐	○	×	○	×	×	以乐德教国子,中,和,祗,庸,孝,友。	

525

续表

165	[六]言	大戴礼·曾子立孝	○	○	○	×	×	故与父言，言畜子；与子言，言孝父；与兄言，言顺弟；与弟言，言顺兄；与君言，言使臣；与臣言，言事君。	
166	"六位"	庄子·盗跖	○	○	×	○	×		引文见上五纪，注谓君，臣，父，子，夫，妇。俞樾则谓即《白虎通》之六纪，见下。
167	[六]先	庄子·天道	○	○	○	○	×	君先而臣从，父先而子从，兄先而弟从，长先而少从，男先而女从，夫先而妇从。	
168	[六]从	同上	○	○	○	○	×		见上六先。
169	"六戚"	吕氏春秋·季春纪·论人	○	×	○	○	×	论人者又必以六戚四隐；何谓六戚？父，母，兄，弟，妻，子。	四隐谓交友，故旧，邑里，门郭。
170	"六纪"	白虎通，三纲六纪	○	×	×	○	○	六纪者，……诸父有善，兄弟有亲，族人有叙，诸舅有义，师长有尊，朋友有旧。	
171	"六亲"	汉书·贾谊传	○	×	○	○	×	以承祖庙，以奉六亲。	应劭注：父，母，兄，弟，妻，子。
172	"六亲"	老子，王弼注	○	×	○	○	×		见上例160。

续表

173	"六亲"	左传,昭二十五年,杜注	○	×	○	×	×		见上例159。
174	[七]有	易·序卦	○	○	×	○	×	有天地。然后有万物,……然后有男女,……然后有夫妇,……然后有父子,……然后有君臣,……然后有上下。	
175	"七教"	礼记·王制	○	○	○	○	○	司徒……明七教以兴民德……七教:父子,兄弟,夫妇,君臣,长幼,朋友,宾客。	
176	"七教"	大戴礼·主言	○	×	○	×	○	明主内修七教,外行三至。七教修焉可以守,三至行焉可以征。……七教,上敬老则下益孝,上顺齿则下益悌,上乐施则下益谅,上亲贤则下择友,上好德则下不隐,上恶贪则下耻争,上强果则下廉耻。	参上《礼经》三效。
177	"七教"	孔子家语·王言解	○	×	○	×	○		与上《大戴礼》云云大致相同,不具引。
178	"七缺"	何休,公羊解诂,徐彦疏	○	○	×	○	×	七缺者……为夫之道缺……为妇之道缺……为君之道缺……为臣之道缺……为父之道	

续表

							缺……为子之道缺……礼缺。	
179	"八礼"	管子·五辅	○	○	○	○	×	圣王饬八礼以导民：人君忠正而无私，人臣忠信而不党，人父慈惠以教，人子孝悌以肃，人兄宽裕以诲，人弟比顺以敬，人夫敦懞以固，人妻劝勉以贞。	
180	"八经"	同上	×	○	○	×	×	上下有义，贵贱有分，长幼有等，贫富有度。	
181	[八纪]	礼记·礼运	○	○	○	○	×	礼义以为纪，以正君臣，以笃父子，以睦兄弟，以和夫妇。以设制度，以立田里，以贤勇知，以功为己……是谓小康。	
182	[八]立	荀子·君道	○	○	○	○	×	为人君，均遍而不偏；为人臣，忠顺而不懈；为人父，宽惠而有礼；为人子，敬爱而致文；为人兄，慈爱而见友；为人弟，敬诎而不苟；为人夫，致功而不流；为人妻，夫有礼则柔从听侍；夫无礼则恐惧而自竦——此道也，偏立而乱，俱立而治。	
183	[八]立	韩诗外传，卷四	○	○	○	○	×		文与上《荀子·君道》所云十九相同，不另引。

续表

184	"九经"	中庸	○	○	×	×	×	凡为天下国家有九经：**修身**，**尊贤**，**亲亲**，**敬大臣**，**体群臣**，**子庶民**，**来百工**，**柔远人**，**怀诸侯**。	
185	[十]善物	左传，昭二十六年	○	○	○	○	×	君令而不违，臣共而不贰，父慈而教，子孝而箴，兄爱而友，弟敬而顺，夫和而义，妻柔而正，姑慈而从，妇听而婉——礼之善物也。	晏子语，前人亦称十礼。
186	"十义"	礼记·礼运	○	○	○	○	×	父慈，子孝，兄良，弟弟，夫义，妇听，长惠，幼顺，君仁，臣忠——十者谓之人义……圣人……修十义。	
187	"十伦"	礼记·祭统	○	○	○	○	×	祭有十伦，[于以]见事鬼神之道，君臣之义，父子之伦，贵贱之等，亲疏之杀，爵赏之施。夫妇之别，政事之均，长幼之序，上下之际——此之谓十伦。	
188	"十际"	吕氏春秋·慎行论·壹行	○	○	○	○	○	君臣，父子，兄弟，朋友，夫妻之际败……乱莫大焉：凡人伦以十际为安者也；释十际，则与麋虎狼无以异。	

529

续表

189	"十道"	尚书大传	○	○	○	○	×	五作十道，孝力为右。	郑玄注谓君令，臣共，父慈，子孝，兄爱，弟敬，姑慈，妇听。*后人议郑注未及朋友，实只八道。按郑注原本《左》昭二十六年十善物之文，已见上，十善物中亦未尝有朋友，第多一夫妻耳。
190	"十际"	王应麟，小学绀珠	○	○	○	○	○	君臣，父子，兄弟，朋友，夫妻。	与《吕览》悉同。

---

* 查《尚书大传》（乾隆丙子雅雨堂刊本）郑玄注："十道谓君令、臣共、父慈、子孝、兄爱、弟敬、夫和、妻柔、姑慈、妇听"。

说"五伦"的由来

续表

补例	称谓	出处	五伦 父子	五伦 君臣	五伦 兄弟(长幼)	五伦 夫妇	五伦 朋友	引文	附注
1	[二]天	允戴礼·虞戴德	○	○	×	×	×	父之于子,天也;君之于臣,天也。……	
2	[二]事	同上	○	○	×	×	×	有子不事父,不顺;有臣不事君,必刃。	
3	"三纲"	汉书·谷永传	○	○	×	○	×	动三纲之严,修后宫之政。	
4	[三]义	乾坤凿度	○	○	×	○	○	八卦……法乾坤,顺阴阳,以正君臣、父子、夫妇之义。	
5	"三纲"	挚虞,仲尼赞	○	○	×	○	×	爰整礼乐,以综三纲。	
6	[五]谔谔	说苑·正谏	○	○	○	○	○	君无谔谔之臣,父无谔谔之子,兄无谔谔之弟,夫无谔谔之妇,士无谔谔之友,其亡可立而待。	比例49多兄弟、夫妇。
7	[五]得失	同上	○	○	○	○	○		文同例79而多一夫妇。
8	"五教"	东坡书传	○	○	×	×	×	五教,父义、母慈、兄友、弟恭、子孝;亟则以德为怨,否则相率为伪。	

531

续表

9	"五伦"	明，沈易，五伦诗，五卷	○	○		○	○		入《四库·集部·总集类·存目一》。书分内外集，此为内集，外集佚。
10	"五伦"	明，五伦书，六十二卷	○	○	○	○	○		宣宗敕纂经史子集中，涉及伦常之嘉言善行。正统中英宗始制序刊行。
11	"五伦"	清，天台鹿门子，五伦懿范，八卷	○	○	○	○	○		入《四库·子部·杂家类类·存目二》。
12	[九]节事辨别	大戴礼·哀公问	○	○	○	○	○	非礼无以节事天地之神明，……无以辨君臣，上下，长幼之位，……无以别男女，父子，兄弟之亲，婚姻疏数之交也。	

注 释：

① 案朱氏五教之说似曾通行于高丽，尝见崇祯年间高丽士人朴寿春所刊行的《菊潭集》，开卷第一首便分咏五教。凡五言绝句五章，真是礼失而求诸野了。

② 万历间钱塘有胡文焕者校刊《五伦诗选》一卷，为《胡文焕杂箸》二十五种的最末一种，胡氏自说"选"，又说"校"，谅所选所校即为沈氏此书，但胡氏没有加以说明罢了。可能就因为沈氏书在当时已相当通行，不复有说明的必要。
③ 明《胡文焕杂箸》二十五种中又有《五伦书抄》一种，凡一卷，据其万历壬辰所作序云云，可知其即据此书摘抄，惟也没有说明罢了。

（原载清华大学《社会科学》第4卷第2期，1948年4月）

教育——究为何来？

教育谁？当然是教育人。为什么而教育人？那什么就不简单了。教育——究为何来？问的不是单纯的教育对象问题，而是远较复杂的教育的目的问题。这目的可能是人自己，是人物之间的人，也可能是人我之间的人或我，也可能是诸种事物。在宗教特别发达的民族社会里，还可能有既不是人而又不便称为事物的事物被选择作目的，神道。

为神道而教育人，除了笃信有统于一尊的神道的宗教家而外，在今日的情势之下，大概没有几个人再主张的了。为事物而教育人，表面上好像决不会有人主张，而且在理解上也好像不通，不成其为一种主张。为神道而教育人，勉强还讲得通，一则因为在神道宗教盛行的时代，神比人的地位高，教育的结果诚能使人上同于神，岂不甚好？再则在善于设解的宗教家会告诉我们，神也者，就是一切善的总和，就是至善，用今日的语气说，就是一切理想的总和，就是最崇高与最完全的理想。理想的境界总像应该比现实的境界为高，教育人进入此种更高的境界，是从幽谷以入于乔木，又岂不甚好？至于事物，至少凡属可以称为事物的事物，而没有被人的一时的价值观念所选拔出来而不再属于事物范畴的事物，则显然不同。它们的级位要比人低；为事物而教育人，总像教人降格相从，教人趋向下流，所以就见得不通以至于不见得有人主张了。

上面的话提到"一时的价值观念"云云，这句话，就本文的立场言之，是最关重要的，因为本文所要讨论的问题的关键，就在乎此。以前，特别是在西洋，大家相信神创造万物，最后又创造了人，而且又是按照了神自己的模样而创造的，则饮水思源，食果寻因，由被动之质而追索主动之力，神道当然是高于人，而另成一级。但在接受"圣人以神道设教"之说的人，以前有，近代更多，又以为神道是人造的，是人所设置的，好比人为了生活需要而造设的其它工具一样，则神道也就成为事物的一种了。事物不能高于人的价值观念没有变，而神道在价值品级里的地位却降落了，从在人以上降至在人以下，从造人之因降为人造之果，显然是近代宗教与教育分途发展的因素之一；即在宗教家办教育，讲起教育的目的来，也不便明说一切是为了神的荣耀，一部分的原因也就在此。至于科学发达以后，比较狭窄的科学家，或缺乏人文训练的科学家，以及一班迷信科学的科学运动家，动不动主张破除迷信，打倒偶像，也未始不是有力的一种因素，在此毋庸赘论。

我在此说教育不为神道，不为上帝，我想除了笃信神道宗教的人而外，是不会有人责备我的。但若有人说，教育也不为任何一种超乎人的崇高的理想，则我不难想象，此人必成为众矢之的。其实理想和神道又有多大分别呢？神道可以下台，理想又何尝不可以下台？如果理想不是先人而存在，不是一种天经地义，而也是人为了生活的需要而设置的一些工具，则上文的一段话岂不是同样的适用？任何理想，无论见得如何崇高，也岂不是一样的属于事物的范畴，实际上并不比人更高，而不便成为人的教育的目的么？

当前的许多问题，包括教育的目的问题在内，我以为就发生在这上面。神道的偶像虽退避三舍，而种种理想的偶像，也就是事物的偶像，却反有变本加厉而愈益牢不可破的趋势。说理想替代了神道，成为一种新神道，也未为不可。其实今昔合并了说，我们始终没有能脱离事物的崇拜（fetichism）。事物既值得崇拜，则就教育而言，教者自为它而教，学者也自为它而学了。上文说到表面上不见得有人主张"为事物而教育"，实际上则主张而力行之者大有人在。

这些事物的偶像又是什么，是值得我们约略展览一过的。这些事物大抵可以分为两类，第一类非教育专家主张的多些，而教育专家则多致力于第二类。第一类又可以分为两种；第一种涉及文化生活的各方面，而第二种则涉及社会组织的各式切面。先说第一类的第一种。继宗教而代兴而性质上也很有几分像宗教的事物就不少。上文偶然提到有人笃信科学，至于挟科学之名来破除迷信，打倒偶像，科学对于此种人事实上已成为一种新宗教新迷信，新偶像，自来文人相轻，同行嫉妒，偶像尤不两立，先入的甲偶像对于其它的偶像势不能不用排斥、破除、打倒一类的手段，是很容易了解的。此种人不谈教育则已，谈则必以科学的发展为教育的目的无疑。目前此种人很多，在中国恐怕相对的更多，因为科学在中国发展得比较迟缓，和许多西方国家相形之下，最为见绌。于此我们不妨一度提到"工业化"，在一部人士的心目中，包括多年来我们的教育行政当局在内，显然认为教育的最大的目的是工业化，是养成大量的工业人才，否则何以大学工学院系的一切费用，包括设备，研究，以至于学生公费的名额在内，要比其它的院系要多出许多呢？

艺术也属于第一类的第一种，"为艺术而教育"的呼声，一度在西洋是喊得很响亮的。大凡主张"为艺术而艺术"的人谈教育，不免作此主张。艺术既自成目的，人与教育自不得不退居工具与手段的地位了。此在中国，在蔡元培先生主盟教育的那几年里，可能有过一些酝酿，但后来似乎没有多大下文。礼教与道德之所以为教育最大目的，与宗教神道一样，在中外都已成明日黄花，至少暂时是如此，但各种变相的说法是随时可以有的，例如不多几年前在中国的"心理建设"的呼声和将近二十年来的"新生活运动"，热心从事于此的人的教育目的论大概离不了"道德论"的范围。

其次属其同一种的是各式以单纯的理想概念为基础的改革论，一部分流行的主义如博爱主义，平等主义，便在其内。讲说自由，而推崇之为"自由主义"，那也就不能不纳入此类了。此等人谈教育，其目的在推行与促进这些主义，这些人为而较比抽象的理想事物，更是显而易见。最近报载四川屏边县有人结党夺取县府政权，据说用以号召的是一种"公平主义"。此中人如果有机会谈教育的最终目的，更无疑的是"公平主义"了。

第一类事物的第二种牵涉到社会组织，社会组织中一些较大的切面，或较基本的集体。唯其较大，或较基本，在许多人的心目中，便很容易变为生活的目的，而生活的目的势必包括教育的目的，因为生活包括教育。社会组织与文化活动微有不同，更不免直接牵扯到人，一切组织毕竟是人的组织。那是不错的。但就组织言组织，把组织当组织看，西文所谓 per se 所谓 as such，组织还是事物的一种。我们在上文说过，事物不宜高于人；也曾暗示过，如果在价值观念的阶梯上高于人，那事物就不免成为生命的目的，而人和人的活动，包括教育一事在内，势必成为奉承此目的的手段与工具。在此类事物中最显然的两个例子是家与国。我说显然，因家与国不宜成为目的，是许多人已经了解或正在开始了解的。以前科举教育的最终目的，理论上纵有许多不同的说法，实际上可以说只有两个，一是忠君爱国，二是耀祖光宗，而后一个尤为实际。这是我们早就公认为不妥当的了，倒不是说祖宗根本无须光耀，而是认为祖宗的光耀不应该成为教育努力的最大与最终的收获。所以别于国家主义或国家至上论的"国家工具论"，近年来也逐渐被人接受，在一部分比较开明的政治团体并且明白地把它规定在政纲的第一条里，以示它毕竟是为人所设为人而设的一种事物，因此谁也不应当伪借了它来作威作福。但接受此种看法的人究属不多，特别是在那一班曾经尝到政治权力的滋味的人，所以要教育从国家主义的掌握中解放出来，前途还需要相当时日。这当然也不是说教育的结果要人不爱国，不忠于职守和贤明官长，而依然是要说明这些决不是教育的最终目的。"民族主义"与"国家主义"是一丘之貉，无须别论。

不过还有几种与社会组织有关的事物，在许多人的心目中，却已成为一些新兴的目的以至于偶像，例如社会自身，政治党派，社会阶层。一部分社会学者认为社会有真实性，而个人没有；信仰社会主义者认为一切举措应以社会全般的福利为前提；主张社会为一有机体的人以至于一般的社会学家认为社会是一个整体，而每个人只是一个单位——这三四种人在其它方面的看法容有很大的不同，但有一点是同的，就是全部高于局部，整体重于个人；而他们所了解的教育目的也自是十足的社会的了。人的生存既为了社会，则其教育自不能例外。党派政治，特别是在一党专政或有专政的意向的情形之下，必设法使教育党化，即以党的主张的内容作为教育的内容；一个掌握政权的社会阶层亦必有意无意的将其阶层的自觉与观感灌输给下一代，使其既得的权益可以维持于不败，这些都是我们所习知的事实，无待再作说明的。

上文所论的种种第一类的事物，就教育自身言之，不妨说都是外铄的，由外缘侵入的。教育自有其园地，但此园地亦复另有其更大的文化背景与社会环境。这些事物，如果只是一些事物，一些资料，本来也就是教育的内容，是教育园地向外缘取给而来的。事物资料也自各有其重要性，在从事教育的人自亦知加以权衡，而分别与以应得的位置与分量；至于使它们由事物的身份畸形发展而成目的的身份，以至于偶像的身份，则从事教育的人大概无此志愿，也无此能力，即，更显然的是外铄的了。

不过第二类浸假成为教育目的的事物至少一半是从事教育的人自己怂恿出来的。我特别要提出来的两件事物，是专门知识的探究与职业技能的训练。这两件事物原是教育中应有的一些成分，但若把它们当做目的，一若教育专为知识而设，或专为职业而设，那也就错了。专门教育职业教育的倡导，大部分是从事于教育的人自己干的，至于推行，自更非他们自己不可了。窥测他们的用心，一若只要人人是个某方面的专家，或人人有了参加一种职业的技能，便已尽了教育的能事。这不是小看了教育，而是根本错看了教育。对此错误从事教育的人是自己必须负责任的。不过我刚才也有过"一半"的话，表示另有一半的责任还得由外缘的文化风气来负。如果在文化的环境里科学不先成为偶像，以至于一般的学术不先成为偶像，则在教育的园地里，专门知识也就不会成为一种迹近独占的目的。又如果外缘没有工商业化一类事物的恣意的鼓吹，则教育的园地里职业训练的提倡也就不至于漫无限制。无论如何，自己没有成熟而坚定的看法，以致不得不受外力的激荡，这根本的责任总是从事教育的人自己的。

上面一番展阅与评论中，我曾再三的说明，这些事物，除了一二例外有如党派与阶级，在教育中都有其应得的地位，我还进一步的提示过，它们构成了教育的大部分的内容。健全的教育自不能不各如其分的关注到它们。但关注是一事，一味的关注而浸假使任何一事物成为目的，却又是一事。然则教育的目的究属是什么呢？

教育只有一个目的，就是每一个人的人格的培养。教育究为何来，究为何而存在？那"何"字只指一个东西，就是每一个人的人格。我说一个人，而不空洞的与笼统的只说人格，因为人格原是具体的，是人与人之间互有同异的。人格基于人性，人性不是一种单纯的东西，众人相同的部分是通性，异于众人的是个性，男女的基本不同我们又统称之为性别，人人既有此三部分的人性，人人即不能无一种要求，就是此三部分的并重与协调的发展，发展的过程是教育。发展的结果是每一个人的共同中自各有其别异的人格。发展的过程是需要刺激、资料与工具的，此种刺激、资料与工具自不得不取之于社会环境与文化背景，也就不外上文所已列叙的种种事物。如此发展而成的任何一个人格，各在其可能发展的程度以内，可以有其宗教信仰，有其艺术欣赏，有其科学认识，有其政治见解，有其爱国爱家的情绪、民胞物与的意识，有其学术的兴趣，有其就业的技能，即或在若干方面，因天赋特长而宜乎略作偏重，在若干其它方面，因天赋不足而不免稍有偏枯，亦无害于生活的"以群则和，以独则足"。

古代的教育评论里有过"古之学者为己，今之学者为人"的话。又说："君子之学也，以美其身，小人之学也，以为禽犊。"所谓"为己"，所谓"以美其身"，己与身就是我在此所了解的每一个人的人格。"为人"与"以为禽犊"指的是忘记了一己人格的充实与完成，或至多只做一些装点门面的工夫，来取得别人的欢心。专讨好于人犹且不可，又何况一味在事物上做工夫呢？

教育的目的问题，古往今来，是有过一些不同的答案的。神道的喜怒做过目的，别人对我的爱憎毁誉也做过；价值标准的改动，一时风尚的转移，大概是不同的由来了。这一类目的，即在今日，也并没有完全消灭。一个人已得一个大学毕业的资格，觅取一次出洋"镀金"的荣誉，依然大有"为人"而学的臭味，资格与荣誉的说法就相当于"以为禽犊"的说法。以事物为目的，虽非近代所特创，终以近代为独盛。这当然也与文化变动，风会转移，价值观念的改易有关。科学的昌明，工业的兴起，民族国家的蔚成，社会大众的觉醒，……一时风起云涌，平添了不知多少的新的事物。事物一多，而新奇的程度又复日有增长，我们自不免于目眩神迷，应接不暇。一时教育目的的集中于若干事物之上，有如蝇蚁之附腥膻，也就是此种心理状态应有的一种表示了。

不过在略识文化史的人也知道种种变动不居之中，也还有其比较不变者在。即如人格的教育目的，中国在春秋战国的时代便有人主张，有人坚持。嗣后凡遇有其它的目的威胁到它，总有人出头说话。宋以后学者举业德业之辨，便是显著的一例，因为科举教育的"为人""为物"的臭味，愈到后来愈是浓厚了。我们该记得书院教育就是建筑在此种辨别之上的。在西洋也有相似的情形。希腊人的生活理想与教育目的只须两个简单的原则便可以赅括：一是了解你自己，二是任何事物不宜太多。了解你自己的工夫显然就是"为己之学"，而不太多的一种事物自始终只能有资料之用，工具之用，而不能有目的之用。中古神道主义畸形发展，生活理想与教育目的全盘改易，但一旦希腊文物经发见与流播以后，文艺复兴与宗教改革便接踵而至，而这两种运动都以人格的发见与发展，为其核心观念，是无待烦言的。

一个人的人格的发见与发展，是尽人而有的要求，初不分古今中外。此种要求可以受一时的掩盖，甚至于一时的埋没，但毁灭大概是不可能的；一时的窒息是有的，但永久的沦亡则不会。近年来常有人说到青年人的烦恼苦闷，青年人自己也不断的议论到此。此中的因缘自是不一而足，有的是比较自然而难以避免的，有的却是人为而可以祛除的。人格发展的要求的遭受种种事物的掩埋，便是后者之中最较基本的因素了。一种基于人性的要求至于被掩埋到窒息的境界，试问当之者又安得而不苦闷。苦闷还算是有好耐性的表示，其应有的症象是疯狂与自杀。

（原载《周论》第1卷第18期"专论"，1948年5月14日）

复仇与中国的父系氏族社会

氏族社会从母系转入父系父权，所有母系氏族社会的种种惯例多多少少的都要经过一番转变，最剧烈而显著的当然是遗产继承的从由舅而甥转变为由父而子，从而引起了私产的累积、贫富的分化、阶级的产生，这是大家都熟悉的。但此种惯例也有转变得极少的，以至于在实质上并无转变的。最好的两个例子是：同姓（氏）[①]不婚和血仇必报。

复仇是氏族社会的一大原则，其重要性可能仅次于同姓不婚，也是，有如恩格斯所说："一桩积极的事实的一个消极的表示"[②]，而显得更其是消极。氏族进入父系以后，复仇的原则是维持了很久很久的，就中国说，直至近代还偶然有为父复仇而获得社会谅解的例子。不过文明社会究与朴野社会[③]不同，公众终于替代了私家，刑法终于替代了报复，虽至今还替代得很不完全，大势是不谬的。

中国古代父系氏族社会里的报血仇也是以氏族做单位的，即族中任何人被杀害，其他任何人便有复仇的责任。张良为韩报仇，便是一例。良之先本韩人，王符、皇甫谧认为良本韩的公族。[④]韩亡，良"悉以家财求客刺秦王，为韩报仇"。《史记》说他因"五世相韩故"。其实应该说明，因良家世为韩的公族故。故明人王逢诗有"脱使子房无世仇，箕栖颍饮老则休"之句。张良不过是一例而已。《汉书·地理志》说到太原上党"多晋公族子孙，以诈力相倾，矜夸功名，报仇过直……汉兴，号为难治，常择严猛之将，或任杀伐为威，父兄被诛，子弟怨愤，至告讦刺史二千石，或报杀其亲属"。父兄因罪伏法，子弟要向执法的人当面算账，甚至把执法的人的家属杀死；杀伐为威，执法过当，固然是引起报仇的一个原因，但复仇为氏族的功能之一，即在已有国家与法律的时代，还随时可以触发，也就可以概见。此种复仇的风气并且似乎不限于韩、赵一带，也并不限于两国的公族后裔。《汉书·地理志》也说到武威以西多流徙的家属，中分三类：一是关东下贫，二是悖逆亡道，三是报怨过当。可知复仇过当是一个罪名，要受全家流徙的惩处。⑤ 而此种犯罪的例子数量上当不太少，并且不限于少数地区，否则《地理志》是不会加以记录的。至于后世，此种报族仇的例子自愈来愈少，但并不能完全绝迹，在朝代兴替之际，社会秩序大乱的时候，尤所难免；唐末张藏英仇杀孙居道，便是一例，说详《宋史·张藏英传》。三国魏左延年《秦女休行》诗有句说："始年十四五，为宗行报仇"，宗仇就是族仇。

复仇以族为单位，还可以从另一类的资料来看。《礼记·檀弓上》，子夏与孔子的一段问答是最明确的。子夏问：遇到父母、昆弟、从父昆弟被人杀害，一个人应如何的分别自处，或分别的应付。答复是：父母——"寝苫，枕干，不仕；弗与共天下，遇诸市朝，不反兵而斗"。昆弟——"仕弗与共国；衔君命而使，虽遇之不斗"。从父昆弟——"不为魁，主人能，则执兵而陪其后"。《曲礼上》与《孟子·尽心下》也有相类的说法。《大戴礼记》也说："父母之仇，不与同生；兄弟之仇，不与聚国……族人之仇，不与聚邻"；《注》，族人谓绝属者，即已不在五服之内者。⑥《周礼·地官》"调人"的唯一任务是"和难",就是调排一下,使受害的一方不复仇,而其法是暂时把凶手移到别的地方。"凡和难:父之仇,辟诸海外;兄弟之仇,辟诸千里之外;从父兄弟之仇,不同国。"唐贾公彦《疏》说:"杀人之贼,王法所当讨,即合杀之;但未杀之间,虽以会赦,犹当使离乡辟仇也。"《调人》这一节话,虽经疏释,还是费解,因为被杀的人,就甲说是父,就乙说是兄弟,就丙说是从父兄弟,究属要避多远呢?不过无论如何,复仇以族为单位,这好几段话都是很好的证据。《周礼》的官制究属实行到何种程度,我们不大知道,杀人的人,深怕被杀者的族人报仇,不得不带了自己的族人远走高飞,却是一大事实。从战国到汉代,我们至少可以找到如下的几个例子。"聂政……杀人避仇,与母姊如齐,以屠为事"[7]。"单父人吕公,善沛令,避仇从之客,因家焉",其女后即为高后。[8]"项梁杀人,与籍避仇于吴中"[9]。"扬季……汉元鼎间避仇……处岷山之阳……自季至雄五世"[10]。马武"少时避仇,客居江夏"[11]。

　　族仇历年久远,就成为世仇,世仇也终须图报。《公羊传》庄公四年在这方面有一段很长的议论,必须加以征引。"纪侯大去其国。大去者何?灭也。孰灭之?齐灭之。曷为不言齐灭之?为襄公讳也。《春秋》为贤者讳。何贤乎襄公?复仇也。何仇尔?远祖也。……远祖者,几世乎?九世矣。九世犹可以复仇乎?虽百世可也。家亦可乎?曰,不可。国何以可?国君一体也,先君之耻,犹今君之耻也。……国君以国为体,诸侯世,故国君为一体也。今纪无罪,此非怒与?曰,非也。古者有明天子,则纪侯必诛……纪侯之不诛,至今有纪者,犹无明天子也。……有明天子,则襄公得为若行乎?曰,不得也。不得,则襄公曷为为之?上无天子,

545

下无方伯，缘恩疾者可也。"

这一段议论是十分有意义的。若加归纳，可得如下的几点。一、世仇的现象是有的，一日不报，便一日存在，并且在原则上无限期的存在。二、复世仇是一桩合乎道德的举动。三、国家政治清明，刑罚中当，复仇与复世仇才没有需要，否则便得"缘恩疾"为之。四、家与国不同，复仇以至于复世仇的原则适用于国，而不适用于家。这四点之中，一、二两点是显然的原始的，而三、四两点是后起的，起在国家与法律已经演出之后。据习惯说话，如果上面没有明天子、好长官，家族复仇还不是屡见而不一见的事？而即使有明天子、好长官，社会以至于天子与长官自己对于能复仇的人，还不是设法曲予矜全？[12] 可知三、四两点虽后起，始终是受一、二两点的影响的。

公羊氏的议论全部关涉到中国人对于复仇一事的看法的演变，下文将另有详细的讨论。但在此以前，我们对于还有一路的复仇现象，理应先有一番叙述，就是亲仇，即父母兄弟之仇。这显然是族仇与世仇的范围经过了一番紧缩与限制的结果，可以分论，却并不另成一类。远祖与其他同时的族人被人杀害，后来是可以不必报仇了，但父母之仇却不能不报。这种范围的紧缩，本身就是一种进步的演化。报亲仇的例子，史志上是极多的，姑举少数如下。春秋时，伍员父伍奢，兄伍尚，为楚平王所杀，员奔吴，终于以吴国之师入楚，坏其宗庙，徙其陈器，挞平王之墓。[13] 后汉苏不韦，父谦，为李暠挟嫌掠死，不韦变姓名，尽以家财供复仇之用，掘暠父阜冢，断阜头，穷追暠，使发病呕血死；事甚曲折，富有戏剧性：时人何休、郭林宗亟称之。[14] 又，防广，为父复仇，系狱，母死，请得归家殡敛，事毕自动还狱，后得减死。[15]

三国魏，韩暨父兄被陈茂所谮，几致大辟，暨积资阴结死士，追寻茂杀之，以茂首祭父墓，由是显名。[16]唐徐元庆，"父爽，为县尉赵师韫所杀，卒能手刃父仇，束身归罪"，时臣建议，诛其人而旌其庐。[17]五代时，李璘父为陈友所杀，宋初，璘杀友以报，"按鞫得实，太祖壮而释之"。[18]下面两个是为母复仇的例子。后汉男子毋丘长，母为人所辱，长杀之，自械系狱，终伏国法，惟有司（吴祐）许其妻入狱，妻得孕生子。[19]宋甄婆儿，十岁时，母刘为同里董知政所击杀，及长，觅知政斫杀之，有司上闻，宋太宗贷其死。[20]再举一个女子复亲仇的例子。东汉末，庞淯母赵娥，父为人所杀，而娥兄弟皆早没，娥以复仇自任，阴伺十余年，终成其志，长尹欲舍之，娥坚请入狱，后仍遇赦免死。[21]以复父仇著称于史传及私家论议者，唐又有梁悦、余长安；明有何竞、张震；清有王恩荣、严廷瓒；均见清陆以湉《冷庐杂识》，卷二，《复父仇》一则。韩愈为梁悦事作《复仇状》，全祖望为王恩荣作《蓬莱王孝子传》，分别见《文公集》及《鲒埼亭集》。

至此我们可以进而讨论中国社会对于报血仇的看法的演进了。最初的看法是复仇无罪。《周礼·秋官·朝士》说："凡报仇雠者，书于士，杀之无罪。"书于士，就是须向朝士说明一下；或登记一下；在此以前，可能连登记都并不需要。上文不说到过调人的任务么？调人的任务顾名思义，是在调和，在所谓"和难"；调解原是两个氏族自己须设法的事，调解不成，始得复仇，北美印第安人中的易洛魁人（Iroquois）就是如此；至此，国家既已成立，此种任务自须转手，而司之者就是调人；以调人为官名显然是很有历史发展的意义的。但当其初期，氏族的意识始终很强，复仇的风习牢不可破，事实上调人无法"调解"，至多只能把杀人的一方，暂时"调开",一面使复仇之举难以发生,一面让国法得有行使的机会。如果杀人的一方[22],不听"调遣",坚不离去,则此事只好交给朝士,而听被害的一方复仇了。郑玄似乎也了解调人与朝士的任务是衔接的,所以在《注》里说:"同国不相辟者,将报之"。

起初,人的政治与社会地位既大致相等,复仇的权利是对等的。甲族有人被乙族所害,甲族的人便向乙族报复,反过来也是如此;甲乙两族的权利完全相同。进入阶级社会以后,地位有了高低,形势就为之一变,高的可以对低的虐杀,可以"惩罚",而低的不能报复,否则就成为"犯上作乱"。《国语·楚语》里有一节最可以代表这一层发展。"吴人之入楚,楚昭王奔郧;[23]郧公之弟怀将杀王,郧公辛止之。怀曰:'平王杀吾父;在国则君,在外则仇也;见仇弗杀,非人也。'郧公曰:'夫事君者,不为外内行,不为丰约举,苟君之尊卑一也。且夫自敌[24]以下则有仇,非是不仇;下虐上为杀,上虐下为讨,而况君乎?君而讨臣,何仇之为?若皆仇君,则何上下之有乎?吾先人以善事君成名于诸侯,自鬭伯比以来,未之失也,今尔以是殃之,不可。'怀弗听,曰:'吾思吾父,不能顾矣。'郧公以王奔随"。[25]从此,复仇有了一个新的原则:敌体之间,可以复仇,而上下之间,不适用复仇。

可能和这原则同时发展而同样的限制了复仇的范围的,还有一个原则,就是是非曲直的原则。《周礼·地官·调人》说得很清楚,"凡杀人而义者,不同国;令勿仇,仇之则死。"郑氏的《注》更明白指出复仇与家族的关系,"父母兄弟师长尝辱焉,而杀之者,如是为得其宜;虽所杀者人之父兄,不得仇也,使之不同国而已"。《公羊传》论伍子胥的复父兄之仇,所依据的就是这个原则:或"曰:事君犹事父也,此其为可以复仇奈何?曰:父不受诛，子复仇可也；父受诛，子复仇，推刃之道也，复仇不除害"[26]。受诛不受诛，就是该杀不该杀，伍奢、伍尚原是绝不该杀的，所以，照此原则，子胥的行动是对的。汉郭解不报姊子之仇，是反过来的一例，即姊子原是该杀的，所以便不该报复，说另见后。后来柳宗元在《驳复仇》一议中所力持的也不外这个原则。

在国家法律比较普遍的发生效力以前，私家的调解总是有它的地位的。《周官》调人的作用介乎公私之间，原所以济法律之所不及，暂时的不及，以至于，就个别的杀伤的案子说，长期的不及，就是只要把行凶的一方送走，近乎后世充军似的，便算了事。实际上此种官方任用的调人究属有多少效力，甚至于这种秋曹之官究属设置过没有，或只是官制计划里的一项，从未实行：本是一个问题。《周官》的官，有一部分在《春秋》三《传》《国语》《国策》，及若干《子》书里可以看到，但调人一官则似乎从未见叙及。真正而实际有效的调人还是出在私家。以下仇上的案子事实上必然越来越少，间或发生，也必很快的置于法，置于上流阶级所承认的法，双方的是非曲直是没有人细问的。但敌体之间的仇杀，例子总还比较的多；这可以分为两类，义杀与不义杀。不义之杀，势在必仇，国法总须出头，以刑罚替代报复。至于义杀，国法就很觉得为难了，尽管有"令勿仇，仇则死"一类的五申三令，被杀伤的一族总有好几分忿怒斗狠之气，需要设法平息。私家的调解在这些所在就大有作用了。后世虽无官厅的调人，却多私家的调人，和事佬即以"调人"为名，大概就从《周官》来的。汉代的侠客郭解就是一个例子，他名字中的"解"字，和同时另一侠客李调的"调"字可能不是偶然，而是有意义的。事实上，郭解一生和他的家人的行动多少就代表着我们在这里所讨论的全

549

部的演变过程。

郭解和他的亲族最初自己常常杀人，至于睚眦必报，而报必出人命，太史公至于说他"其阴贼著于心，卒发于睚眦……"。因为全家被迫移徙关中的缘故，郭解的侄子把县掾姓杨的杀了，后来又杀了县掾的父亲杨季主，最后又把杨氏上书告状的人杀了。郭氏自己喜欢报仇，这是见于本传的最具体的一例。郭解有极度发展的个人英雄主义，所以走上了游侠之路，游侠是要义气的，多少要辨别一些是非曲直；所以此种报复的行动后来就有些限制。解的外甥仗了解的气势，灌人家的酒，那人不善饮，情急，就把他杀了，解姊有意教解复仇，解不但不复仇，并且对凶手说："公杀之固当，吾儿不直"。次一步的侠义行为是打抱不平，替别人家报仇，太史公说他"以躯借交报仇"；这起初大概也是曲直不分的，后来才分些曲直，不直的被杀，他就不代出力了。再次一步就更文明了，就是一样的排难解纷，消除两方的仇怨，而根本不用暴力，这就成为真正的调人了。史迁在这方面有一段很好的记载。"洛阳人有相仇者，邑中贤豪居间[调解]者以十数，终不听。客乃见郭解，解夜见仇家；仇家曲听解。解乃谓仇家曰：'吾闻洛阳诸公在此间多不听者，今子幸而听解，解奈何乃从他县夺人邑中贤大夫权乎？'乃夜去，不使人知，曰：'且无用待我，待我去，令洛阳豪居其间。'乃听之。"由此可见在当时居间作调人的人并不太少，大抵一地方的豪绅都喜欢做这一类的事，初不必以侠义著称有如郭解一类的人，不过效力有大小，做法也有高低，有的真能解决问题，有的成为"武断乡曲"罢了。最后终以直接间接杀人太多，又以公孙弘的一言，郭解与其族接受了国法。杀人者死，这也是全部演化应有的归宿了。[27]

杀人者死，初不论是普通的杀人或报仇的杀人，更不论被杀的人的是非曲直。这原是一条极古老而单纯的原则。大抵在朴野时代的氏族社会里，以眼还眼，以牙还牙，以命抵命，一经报复，事便平息，这原则是极自然的，因而也是很容易实行的。及国家确立，法治渐臻完备，这原则也自很容易纳入法律之中。困难发生在中间的一段时期，就是国家没有确立或虽确立而法治未臻完备的一个时期。有杀伤的事件发生，是公家出来执法以绳呢？还是私家出来报复呢？就成了问题。无论刑罚或报复，又总有身份高下，事理曲直一类的考虑，于是问题就愈见复杂，有时候弄得复仇既所不许，执法也多所顾忌，广义的封建主义的中国，二三千年间，似乎始终没有能超脱这个尴尬的时期。说国法吧，当然不是完全没有。汉祖进关中，约法三章的第一章，就是重申"杀人者死"，当然包括复仇在内。东汉末建安十年曹操"令民不得复私仇……皆一之于法"。魏初，文帝黄初四年，又诏"敢有私复仇者，皆族之"[28]。自此以后，进步总是有的，仇杀的案件，总要减少很多。汉末以前，复仇的例子确乎是见得特别多，已略具上文。但是在士大夫和执政的脑筋里，总留存着好几分的不清楚，自韩愈、柳宗元以迄全祖望，似乎最进步也不过停留在《周礼》所称"义不义"与《公羊》所称"受诛不受诛"的段落，比起汉人如吴祐、钟离意等来，反而见得退步了。

中国这种情形正好和罗马的成一个对照。恩格斯论罗马的氏族组织，说："氏族中人彼此有互助的义务，在被人伤害时，并且有帮同理屈与取偿的责任。关于这条习惯法，成文的历史所记载的只是一些微薄的残余，原因是罗马的国家组织，一开始便表现着超越的威力，这种理屈或取偿的责任就毋庸私家负担了。"[29]

在中国，国家的刑法逐渐的替代了私家的复仇，大体上也有过一番进步，我们当然并不否认。不过法律的制裁只是形成此种迂缓的进步的一种力量。此外文化教育，对于复仇的心理，自也有不少消弭的力量，即多多少少的把它升华了。怨仇的情绪是一时无法根除的，但至少可以改换目标，来配合社会的发展。私仇、父兄之仇、宗族之仇，不能再复，但公仇、君仇、国家之仇，是可以复的，并且是应须复的。此外道德教育也有一两分升华的功用，这从"疾恶如仇"[30]一类的成语中可以看出来。同时，还有很值得注意的一层，即，仇如能改，可以为友。敌人是可以用道德的力量争取过来的。雠字或仇字，是一个辩证的字，它指敌人，也指敌体之人，也指正因匹敌而可以做朋友或对偶之人，所以《诗经》歌咏"公侯好仇"[31]与"与子同仇"[32]；而怨耦虽曰仇[33]，曹子建却有"结发辞严亲，来为君子仇"的诗句[34]。

注　释：

① 姓即最初的氏，在此毋庸详论。
② 《家族、私产与国家的起源》，第三章。
③ 即半开化社会。
④ 司马贞：《史记·留侯世家》《索隐》。
⑤ 《汉书·刑法志》未载。
⑥ 《曾子制言上》。
⑦ 《史记·刺客列传》。
⑧ 《汉书·高帝纪》。
⑨ 《史记·项羽本纪》。
⑩ 《汉书·扬雄传》。
⑪ 《后汉书·马武传》。
⑫ 见后。

⑬ 《谷梁传》定公四年，《公羊传》同年，《史记·伍子胥传》。
⑭ 《后汉书·苏章传》附传。
⑮ 《后汉书·钟离意传》。
⑯ 《魏志》卷二十四。
⑰ 柳宗元文：《驳复仇议》。
⑱ 《宋史·李璘传》。
⑲ 《后汉书·吴祐传》。
⑳ 《宋史·甄婆儿传》。
㉑ 《后汉书·列女传》；《三国志·魏志·庞淯传》；晋傅玄亦有乐府咏其事，题亦作《秦女休行》。张溥辑，《汉魏六朝百三名家集》中，《傅鹑觚集》。
㉒ 是一家，而不止凶手一人。
㉓ 即上文所述伍子胥复父仇之一部分结果。
㉔ 韦昭《注》，敌谓敌体。
㉕ 亦见《左传》定公四年，但无此明确。
㉖ 定公四年。
㉗ 引文均见《史记·游侠列传》。
㉘ 二事均见《三国志·魏志》。
㉙ 《家族、私产与国家的起源》，第六章。
㉚ 此语似初见《后汉书·陈蕃传》。
㉛ 《周南·兔罝》。
㉜ 《秦风·无衣》。
㉝ 《左传》桓公二年。
㉞ 《蒲生行浮萍篇》，《陈思王集》。

（原载清华大学《社会科学》第 6 卷第 2 期，1950 年 10 月）

自由导论

一 类型与自由

中国人一向看重人的地位,西洋人在古希腊时代,在文艺复兴以后,也一再有过同样的趋势。所谓看重,又有两个不同而相关的看法:一是把人当做一切事物与价值的衡量或尺度;一是把人当做一切学问的主要对象。人之所以为人,如果不先考查清楚,则其所以为其它事物的尺度者,在效用上势必有限,所以说两个不同的看法是相关的。

无论中外,二三千年来,这两个看法的分量大有不齐,尺度的看法至少要占到十分之九,而学问对象的看法至多不到十分之一。在中国,一切客观的学问比较的不发达,这看法的分量事实上怕比十分之一还要低微,而尺度的看法也就远不止十分之九了。"神而明之,存乎其人","道不远人,人为道而远人,不可以为道"一类的话全都是尺度的说法;不过因为不知道这尺度本身究属是个什么,所能"神明"到的程度就大有疑问。在西洋,情形稍有不同,一面有尺度之论,一面也未尝没有一些学问对象之论,例如英国诗人波伯(Pope)就说过"人的正当的研究是人"。到科学发达的最近一二百年里，关于人的研究也就不算太少，但是我们也得承认两点，一是人的研究在质量上远不及物的研究；二是人的研究事实上就是物的研究的一部分，是把人当做物的一种来研究的，是把人拆成若干物质的片段来研究的。因此，人究竟是什么，我们到现在还是很不了解，科学家至今还不得不承认"人是一个未知数"，好比代数里的 X 或 Y 一样。[①]

不过这并不是说，以前便完全不曾有过对于人的观察。即在中国，这种观察也是有的，并且这种观察还至少可以归纳成两路：一是等级的一路，例如上智、下愚与中才之分；二是类型的一路，例如狂狷与中行之分。这两路孔子都曾经提到过，等级的一路我们目前搁过不说，只说类型的一路，因为它和我们题目的关系比较密切。

人的类型不一，也可以有不止一种的分法。但狂狷一类的分法似乎是最基本的一个，从孔子的时代到今日，我们对它并未能有多大的损益。类型的名称可能有些变动，但观察到的类型的实质始终是一回事，即在近代心理学与社会学比较发达以后，情形也还如此。例如意国社会学家柏瑞笃（Pareto）喜欢把人分做进取与保守两类，进取一类叫做 speculatori，保守一类叫做 rentieri。前者不就近乎狂，而后者近乎狷么？又如奥国心理学家容格（Jung）把人分做内转、外转与内外转不分明等三类。三类的西文名称是 introverts, extroverts 与 ambiverts。内转近乎狷，外转近乎狂，而内外转不分明近乎中行。

这里有一小点不同，孔子认为中行的人最难得，而容格认为内外转不分明的人最多。这可能的是因为时地既大有不同，类型之分布也就很有差别；也可能容格的看法是一个客观事实的看法，根据频数的分布而言，中行是必然的数量最大的，而孔子的却是一个比较道德的看法，他把中行的人看作天生就能实行中庸之道的人，那自然是不可多得了。事隔二千五百年的两个看法，表面上虽有不同，事理上却并不冲突。狷者一味内转，狂者一味外转，是很单纯清楚的。中行者内外转不分明，即时而内转，时而外转，不拘一格，不求一致，便比较复杂，其间可能再别为两种：一是无所谓行为准则的，那就是容格所见；一是有比较严格的行为准则的，即每一次作内转或外转的反应时，必有其道德的理由，那就是孔子所见。

　　类型是天生的。类型是本性的一部分。"江山易改，本性难移"，是一句老话，近代研究遗传的人也认为类型不容易因后天环境而改变，从比较自然主义的立场看，类型的存在有它的演化的价值，正复无须改变。生物界有所谓多形现象（polymorphism）的说法，类型的存在就是此种现象的一个表示，而人类在一切生物之中便是最多形的，唯其多形，人类才最要讲求分工合作，才会有复杂的社会，才会有繁变的文明。②

　　我们不妨就狂狷两个单纯的类型举个实例。近代的英国政府便可以说是建筑在这两个类型之上的。保守党人近乎狷的一类，自由党人近乎狂的一类。近年以来，自由党的地位被工党取代，表面上好像是换了一个党，换了一批人，实际上可以说并没有换，这两个类型的人更迭掌握政权，时而保守，时而进取，时而有所不为，时而大有作为；结果是近代英国政治，在一切文明国家之中，是最稳健的，稳时不失诸静止，不妨碍进步，健而不失诸过激，不妨碍和谐。英国政治，洵如拉斯基（Laski）教授在最近的一本著作《当代革命观感集》③里所论，尚大有改良的余地，但这是一个大体比较的说法，自从第一次世界大战以后，二十余年间，英国政治的保守性大有变本加厉的趋势，而自由党的力量不足以抵制这种趋势，于是工党便日渐抬头，加以取代；这次大战一旦结束，混合内阁的局面再转而为政党内阁的局面时，如果英国民族的活力无碍，我们逆料工党是可以获胜的。总之，人的类型自有它的社会与文化的极大的效用，英国的政党政治便是最彰明较著的一例。

上文云云，只是一个比较自然主义的说法。自然主义的立场固然有它的重要性，但还不够。我们必须添上一个人文的立场，那议论才比较圆满，才比较健全。类型之分并不是绝对的，而类型的发展却很容易趋于过度，所谓畸形发展的便是。任何畸形的发展是不利的，对个人不利，对社会不利，对民族的长久维持滋长也不利。再就狂狷两个类型做例子说。如果畸形发展的是狂的一流，则第一步是个人生活趋于肆放，以至于一味的肆放，狂与狷之间既不易了解，狂与狂之间也难期合作；于是第二步便是社会生活的趋于动乱，以至于长久不得安定；第三步可能的是经由选择的途径，狂的一流的人口，在质与量上逐渐的递增，而狷的一流人口，便逐渐的递减，更使社会的动乱，由一时的现象成为累世积叶的痼疾。狷的一流如果畸形发展，结果当然相反，而其为不利亦相反。少数极端狂狷的例子可能的是两种不同的疯子，不容易结婚生子，所以就他们说，第三步的不利可以毋庸过虑，不过他们本人的影响，以至于大多数不十分狂狷的分子的本人以及后辈的影响，综合起来，已足够教一个民族社会，不是过分长期的死沉沉的保守，便是过分长期的热灶上蚂蚁似的动乱。

此外又有第三个可能，就是不狂即狷的人越来越少，而既不能狂又不能狷的人越来越多，即容格所了解的中行或内外转不分明的分子，或略有几分可狂可狷的趋向，而狂狷得不中绳墨、狂狷得不发生社会与道德的意义的分子，成为畸形发展，那结果也是极不相宜。这样一个民族社会是平凡的，庸碌的，是善于作浮面的模仿、敷衍、应付，而不能切实的有所创造与建树的。再就上文三步的弊害说，到此第一第二两步倒比较的不成问题，甚至于表面上还有几分好处，即个人之间不容易发生强烈的摩擦，而社会生活容易维持一种粗浅的和谐；最成问题的是第三步，就是人口中间敷衍将就的分子日趋于滋蔓难图。

讲品性分布的人喜欢用曲线来表示。这曲线总是两端平衍而中间坟起的。如果狂与狷或外转与内转的人，各占一端，而中行或内外转不分明的居中，我们所希望的曲线是坟起处不太高而平衍处不太短的那么一条，即两端要相对的与相当的比较多，相对是指中心说的（比中心绝对的多是不可能的），相当是指两端彼此之间说的。我们所不欢迎的曲线可以有两条，一是中间过于坟起，二是坟起处不居正中，而偏向右方，或偏向左方，越是坟起得过度，越是偏向两端之一，便越是要不得。这说法并不适用于其他品性的曲线，例如智力，但对于狂狷一类的品性是适用的。

所以狂狷一类型的过度发展是要防止的。防止的方法不出两途：一是选择，二是教育。选择属于优生学的范围，我们姑且搁过不提。就教育一途说，我们的目的是，使狂狷两流人物的态度与行为要有适度的发展，即无论狂狷，在性格的修养与表现上，要有些分寸，有些伸缩，总以不妨碍和不同类型的分子相安与合作为原则。最低限度，也要使不同类型的人能彼此了解，能设身处地，而与以同情的容忍。保守的人与进步的人，政治的主张虽有不同，虽不属于同一党派，在朝的甲至少可以容许在野的乙一个合法的地位与活动的自由，便是最低限度的一个实例了。这是一方面。在另一方面，对于大多数可狂可狷与不狂不狷的人，教育第一步应当让他们知道"进取"与"有所不为"的道德的价值，第二步应当教不狂不狷的人勉力于能操能守，教可狂可狷的人勉力于以时操，以时守，而不至于完全从俗浮沉，与时俯仰。

　　教育要做到这一点，必须有一个原则。这原则就是自由。因遗传的关系，能狂而不能狷的人，或能狷而不能狂的人，或两者都不能的人，或两者都能而自己不能作主宰、定抉择的人——都是不自由的人。但凭"天命的性"来行事的人没有一个是自由的。人类以下的一切动物之所以不自由，也就在此。教育的责任，一面固然是在发见与启发每一个人的遗传，一面却也未始不在挽回每一个人的造化，尤其是如果这个人的造化有欠缺而容易走偏锋的话。顺适自然易，挽回造化难。就目前教育的效能论，容易的一部分既还没有满意的做到，这困难的部分是更无从说起了。

　　不过教育的努力是迟早要积极应付这困难的题目的。事实上以前东西的哲人，都曾不断的努力过，可惜继起无人，到如今题目的认识还有问题，遑论一般的差强人意的解决。希腊哲人的努力是昙花一现似的过去了。中国先秦时代的一番努力，二千多年来，虽不能说已经成为明日黄花，却已经走了样，变了质，降至今日，趋向于把它当做明日黄花看的，正复大有人在。例如孔子一派所论的中庸、博约、经权等等，事实上就是这原则的另一些陈述；经与权之分虽至汉代方才流行，立与权或中与权的区别却是孔孟亲口提出的。狷者能约而不能博，能经而不能权，狂者适与此相反，真正能中庸与中行的人是极端难得的，孔子所称可与立而未可与权的人，孟子所称执中无权的人，表面上好像是中行，实际上还是狷的一流，但知守而不知操，但知有所不为而不知进取。再如孔子自称年至七十，始能从心所欲而不逾矩，从心所欲近乎狂，不逾矩近乎狷，狂而能不逾矩，能有所不为，狷而依然能从心所欲，依然能有理想，能图进取，斯其所以为中行了，这才真正进入了自由的境界。在本质上孔子可能是一个天赋特别优越，生而宜乎实践中行与自由的人，但一直到七十岁方敢自信已经踏进这个境界，可见挽回造化真是天下第一难事。能立志担当起这一件难事，才是第一流的教育家。即使有一天我们对于人的研究有了充分的收获，我们相信这种困难还是存在的。

  上文云云，始终是一番原则上的话，就中国中古以降的情形说，我们的说法还须有些变通。大体言之，二千年来，因为误解了中庸与中行的原则，就一般士大夫言，狷的一流是远超过了狂的一流，就一般民众言，不狂不狷与可狂可狷的分子自然是占绝大的多数，而因为士大夫始终执社会与文化生活的牛耳；在可狂可狷的大众不能不惟他们的马首是瞻，换言之，也就不得不趋向于狷的一途；于是，就少数领袖说，洁身自好，有所不为，成为行为的最高准则；就民众说，多一事不如少一事，一动不如一静，息事宁人，惜财忍气等等，成为普遍而不自觉的信仰。其总结果便是二千多年的静止与平凡的社会与文化生活；驯至惰性久已养成，痼疾深入腠理，即在刺激特别多而有力的今日，也大有动弹不得之势。然则为今日的教育设想，我们于讲求中行与自由的一般原则之外，更应侧重于进取、冒险，以至于多管"闲"事的精神的鼓励，因为唯有把狂的分量相对的增加，才可以教狷的分量相对的减少，因为，既枉曲于前，自非过正不足以矫之于后。这无疑的也是当代教育家的一笔责任了。林同济先生提倡狂欢[④]。闻一多先生论到冷静的可怕[⑤]，而呼吁着热闹。要提倡与呼吁发生效力，我们必须把不能狂欢与只会冷静的原因分析一番如上。

二 散漫、放纵与"自由"

人是一种会设词的动物。他会自圆其说，会"从而为之辞"；每逢有一种行动的时候，他总要有个说法。说他为什么有此行动的必要，不过所说的十有九个是好的理由，而不是真的理由，这就叫做设词。

任何社会里，总有一部分的人在行为上很放纵，很私心自用；但这种人决不自承为放纵，为私心自用；他们一定有许多掩饰自己的设词或饰词，其中很普通的一个，特别是晚近二三百年来最流行的一个，就是"自由"。

中国民族的习性里有许多人都承认的几个缺点，无组织，不守法，既不能令，又不受命，这些缺点，就其在团体方面的表现说，大概不会有人加以辩护；不过一到个人自己，说不定就会自觉的，或不自觉的，说出不少文饰的话来，而这种话里最现成的一个名词恐怕也就是"自由"。这"自由"事实上就等于上文所说的放纵与私心自用。

散漫与放纵都不是自由，而都极容易被假借为自由。然则我们是不是就因此准备废弃自由的名词与概念呢？近年以来，很有人表示过意见，认为应当废弃。我却以为不然。我们不能因噎废食。我们也不能因为世上有假仁假义的乡愿、政客、伪君子而弃绝仁义。贪官污吏，假民生之名，行自肥之实，我们就得闭口不讲民生主义么？这一类伪善的行为越多，我们对于真善究竟是什么，便越应当多说，越应当说一个清楚，到一般人都能够明了，而一部分人势不能再事假托为止。

然则自由究竟是什么？我们姑且不说自由是什么，替任何比较抽象的东西下界说是不容易的。我们先说自由的两种先决条件，一个人能先具备这两个条件，则不求自由而自由自至，别人在外表上不容许他自由，在实际上自由还是他的，剥夺不了；否则一切都是空谈。

第一个条件是自我认识。一个人如果对世间事物真有一种智识上的义务而不得不尽的话，第一个应当效忠的对象就是他自己，他自己是怎样来的，一般的强弱如何，智愚如何，有些什么特别的长处，可以发展，特别的缺陷，须加补救，如果不能补救，又如何才可以知止，可以自克，可以相安，可以不希图非分？能切实解答这些问题，一个人就可以有自知之明，古书上一个德字，一个诚字，其实就是自我，就是我之所以为我，而明德、明诚、度德量力一类的话，指的就是这自我认识的功夫。

第二个条件是自我的控制，在科学与技术发达的今日，人人都喜欢谈控制，社会的控制，环境的控制，自然的控制，甚至于自然的征服。在科学技术很不发展的中国古代，我们却早就在讲求自我的控制与自我的征服。自我应该是第一个受控制与征服的对象。我认为中国人生哲学的一大精华，就是这个。中外历史上的一切扰攘，特别是西洋近代式的大战争，可以说是控制了环境，控制了自然，而没有能控制自我的必然的结果。以前所称格物的一部分，诚意、正心、修身的大部分，所谓自胜者强，所谓无欲则刚，指的就是这一些功夫。

自我认识是第一步，自我控制是第二步。控制的过程中虽也可以增加认识，但两者大体上有个先后；知行难易，虽可容辩论，知行先后，却不容怀疑。所以一个人完成他的人格的过程中，学问的努力比较在前，而涵养与历练的功夫比较在后。教育的根本，教育的核心，应该就是这些；他如一般知识的灌输、技能的训练、职业的准备、专家的造就，有如近代学校教育所能供给的种切，都是末节，都是边际，有时候还不大着边际。

从这种学校教育出身的人，既没有认识自己，更不能控制自己，自由两字，当然是无从谈起。因为不认识自己，不能度德量力，不知诚中形外之理，便不免妄自尊大，希图非分；因为不能控制自己，便不免情欲横流，肆无忌惮。他们根本不配讲自由，不配讲而偏要讲，则末流之弊，以个人言之，势必至于放纵不羁，流连忘返，以团体言之，势必至于散漫凌乱，争攘不休。自由本不易言，在比较良好的教育之下，已自不易，何况在目前支离灭裂的学校教育之下呢？孔子自己说他"七十而从心所欲不逾矩"，"从心所欲不逾矩"就是自由，就是自由最好的注脚，最好的界说。孔子到七十岁才做到自由的境界，也可见自由之难了。白刃可蹈，而中庸不可能，我对于自由，也几乎用同样的话来说，我甚至可以说，中庸的难能，实就是自由的难能，可立可权的道理，事实上就等于从心所欲而不逾矩的道理，这在对儒家思想有心得的人自知之，在此毋庸多说。

唯难能者弥可贵。中庸虽不可能，而在三千多年的中国文化里，特别是儒家所代表的那一股主流里，不特从未放弃过，并且是一贯的被认为至精至当。在西洋文化史里，特别是最近三四百年来，自由也占一个相似的地位。我们知道我们中间事实上没有几个真正做到过中庸。我们见到的只是许多骑墙的人，模棱两可的人，与更多的平凡庸碌的大众，即，全都是假冒中庸的人，西洋史上又有过几个真正自由的人呢？也没有几个。我们见到的是许多各走极端的思想家与行动家，与更多的放纵、流浪、侵夺、争斗的大众，即，全都是假冒自由的人。中庸与自由，一个健全理想的两个方面，都做过不健全的人的护身符。在这种理想的双重掩护之下，正也不知发生过多少龌龊卑鄙与放僻邪侈的行为，但我们能因此而绝圣弃知似的把这理想放逐到文化以外么？我们断乎不能。

上文所说的也许陈义过高，不切实际。自由如此其难，岂不是谈了也等于不谈？那又不然。天下事是比较的。谈总比不谈好。按照上文的说法而加以谈论的结果，纵不能教人从心所欲不逾矩，至少可以教人对自己多认识几分，多控制几分，而其必然的趋势是，在个人可以取得比较有分寸有裁节的生活，在团体可以取得比较有组织而更协调的秩序。我们厌恶放纵，欢迎节制，应知只有讲求自由后的节制才是真节制，是内发的节制，而不是外缘的遏止。我们厌恶散漫，欢迎组织，也应知只有讲求自由后的组织才是真组织，真秩序，是自动发生而有机的秩序，而不是外铄与强制的机械的秩序。我们为促进个人生活的节制与团体生活的整饬计，近年来也下过不少的功夫，只可惜这种功夫全都是外铄的而不是内发的，强制的而不是自动的，所以各式各样的规条、法制、运动、集训，尽管一天多似一天，究有几分成效，即身历其境的人也还不能断定。

最近我们都读到当轴颁布下来的一本极端重要的新书：《中国之命运》。这本书也讨论到本文所讨论的问题，就是自由的问题。似乎书中先讨论到的那一种自由，就是我们所说的假自由[⑥]，就是散漫与放纵，而后来讨论到的那一种是真自由[⑦]。我对于这两节讨论都极赞同。不过有不关文字的一点我们竭诚希望当轴能于再版时加以更正，就是后一节讨论里的自由两字上所用的引号（""）应当移到前一节讨论里的自由两字之上。我认为真的自由无须引号，而假的自由非纳入引号之中不可。这样，真假可以划分得更清楚，黑白可以表见得更分明，而读这本书的国民得以更进一步的知所适从了。

三 说"文以载道"

（一）文与道的广狭义

"文"字的涵义有三个广狭不同的程度。

最广义的文就是近代人类学所称的文化，是对待自然而言的。前人所称文野之文，文质彬彬之文，孟子所辨别的性养之养，荀子所对举的性与伪之伪，以至于一般理学家与医学家所划分的先后天的后天，指的都是这最广义的文。《左传》昭公二十八年引《谥法》说，"经纬天地曰文"，人用他的自然的才力，把天地间所自然具备的种种事物，有的当做横线，有的当做直线，织成的东西，总名为文，这"文"字显然也是无所不包的了。

最广义的文又可以分为若干方面，每方面也同样的叫做文，那涵义就比较狭一些了，例如文字之文，最早的一本叙述文字源流的书，许氏的《说文解字》，即以文与字两字互用；就《说文》的序文言之，文是文字的一种，字是文字的又一种，但习用上文就是字，孟子说，"不以文害辞"，就是不以一字害一句之义的意思。又如一切遗文载记也叫做文，《论语》上所说"行有余力，则以学文"之文，"文献不足故也"之文，都是例子。又如一切文采，一切装饰点缀，一切足以悦目的艺术行为与作品，也叫做文，所以《礼记·乐记》说，"五色成文而不乱"。古称越人被发文身，《论语》上说，"文之以礼乐"，用的都是这样一个文字。宋金两代，宫中设文思院，专制御用工巧之物，表面上好像教人联想到"钦明文思安安"一类帝典皇谟的大气象，实际上还是文采之文，这其间不无几分取巧，是显然的。不仅悦目的文采叫做文，悦耳的音乐，也未尝不可以叫做文，所以《乐记》上又说，"文采节奏，声之饰也"。

文字艺术而外，其它文化的方面也都可用"文"字来称呼或形容。例如一般的礼法，《乐记》说，"礼自外作，故文"。《礼记·大传》说"考文章"，注说，文章就是礼法。更有趣的是比较狭义的法律，也可以叫做文，所以汉代以来就有"文罔"或"文网"之说。《史记·游侠传》称侠客"虽时扞当世之文罔，然其私义、廉洁、退让，有足称者"。道德与知识也可以总称为文，所以古代谥法关于"文"字的另一界说是"道德博闻曰文"。关于宗教，以前也有过"文"的说法。《荀子·天论篇》说到雩祭卜筮一类的行为时，说"君子以为文，百姓以为神，以为文则吉，以为神则凶"。王充在《论衡》的《明雩篇》里，所发挥的也是这层意思。儒家看宗教，始终认为是生活工具的一种，是生活的一种点缀品，既然是点缀品之一，所以也不妨叫做文了。总合上文各方面而言，一切礼乐、法度、教化之迹，也都可以并称为文，所以孔子在《论语》上说，"文王既没，文不在兹乎？"而后世因而就有"斯文在兹"之说，俨然有以文王、孔子一类圣哲作为文化的总代表的意思。这样一个文字的涵义，便和最广义的文没有多大分别了。

至于狭义的文，指的是文辞，特别是艺术化的文辞，以前所称狭义的文章，今人所称的文学，都是，那就无须多加解释了。

本文所说的文，对于三种广狭的程度，都有关涉，涵义的广狭虽有不同，适用的程度并无二致。

文以载道之道也可以有广义狭义之分，最广义之道可能超越人生以外，也许有少数人可以心领神会，而没有人能够言传。神秘主义者的道属于此类。《道德经》开头两句"道可道，非常道"之道也应当属于此类。我说这种道不能超越人生以外，因为在事实上它也未始不是人生的一部分。神秘的感觉，或所谓妙的境界，虽未必人人能领会，古往今来，确似乎有不少人领会到过。只要有人领会到过，他就成为人生的一个片段。较广义之道应当是"人生之路"。孟子说，"夫道若大路然"。推广言之，道也就是人生所遭遇的一切境界，例如时空两间的境界、情理事物的境界、精神与物质的境界、个人与社会的境界、经验与理性的境界、浪漫与古典的境界、结构与功能或所谓体用的境界等等——人生是建筑在一切这些境界之上的；也可以说，这些境界之总和造成了人生。道就是这个总和。至于狭义之道则所指便是这总和的一部分，这总和的一偏，例如说时空两间中的一间，或时间中的未来的一个段落，又如情理的境界中的情，或只是情的某一个方面等等。文可以载道之总和，也可以载道之片段，如果过于片段，一味片段，甚至于在从事于为文的人认为片段就等于总和，成为中国人所称的由偏而蔽，或西方的逻辑所称的 pars pro toto，那就不免和人生渐渐离开，甚至于可以到一个南辕北辙彼此乖违的程度，那就不成其为道了。所以《中庸》说："道不远人，人之为道而远人，不可以为道"。但如果在为文之人能客观的承认他所载之道只是一个片段，而他所见到的片段，前途可以和别人所见到的凑和起来，可以一步一步的和道的总和逐渐接近，那就不成问题。也就合着《中庸》上另外一句话，就是"道并行而不悖"了。这道字是小大由之的，广狭兼赅的，说"并行"，指道可以有不止一种，是狭义的；说"不悖"，指道虽不一而可以相通，虽万殊而可以同归，虽不同而无害于和，这就无异说到广义以至于最广义的道了。

文有广狭之分，道也有大小之别，有如上述。不过文无是非，而道有是非，或似是而实非，有不容不辩者在。这一层留待下文第三节里详细讨论。

（二）文以载道说的由来

"文以载道"的说法，就字面讲，来历并不太远，不过这说法所代表的看法是很古老的。春秋以前，我们不具论，大凡把中、正、时、礼一类的字眼用作形容词的许多说法里多少包含一个文以载道的看法，是很容易推想得到的。孔子自己就是如此。《论语》上说："诗三百，一言以蔽之，曰，思无邪"。无邪就是正。后来汉人毛苌的《诗序》多少是根据这无邪的原则写的。《论语》又说，"恶紫之夺朱也，恶郑声之乱雅乐也，恶利口之覆邦家者。"雅乐就是正乐，朱也是正色，利口者是佞人，不是信人，不是正人。这两段话的文以载道的意味是很浓厚的。一部《春秋》，无论究竟是不是孔子作的（近人有怀疑及此者），据传他的人看来，是完完全全的一部载道之文。

到了孟、荀，看法大体上和孔子的相同，说话中所含的感情的成分却要浓厚得多了。孔子的感情成分只限于厌恶，一到孟、荀，就不得不辩，不得不辟，而且不厌大费唇舌。这和时代的不同，学派的纷起，当然大有关系，但圣贤气度的大小，器识的广狭，我们于此可以窥见一斑。孟子对杨、墨之徒，对为神农之言的一班人，对其他论人性的本质的人，不肯稍留余地，是谁都熟悉的。孟子对他自己这种态度有过一个总的结论说，"我亦欲正人心，息邪说，距诐行，放淫辞。"又自称知言，说，"诐辞知其所蔽，淫辞知其所陷，邪辞知其所离，遁辞知其所穷。"荀子在《非相》与《非十二子》两篇里抱的也是这种态度，不过措辞比较心平气和一些；原因所在，似乎是荀子对于实际社会改革的情趣没有孟子那般热烈。荀子说，"君子辩言，仁也；言而非仁之中也，则其言不若其默也，其辩不若其呐也。"他又分辩有三类，小人的辩，君子的辩与圣人的辩。对于士君子的辩，于"仁之中"的一般标准而外，又提出两个标准，"文而致实，博而党正"。又说，"少言而法，君子也，多言无法而流湎然，虽辩，小人也。"对于小人之辩，荀子又有单独的几句话，"辩说譬喻，齐给便利，而不

569

顺礼义，谓之奸说。"这些话都是从《非相》与《非十二子》两篇里出来的。孟、荀而外，先秦诸子中这一类的看法当然还有，例如《吕氏春秋》上说，"至治之世，其民不好空言虚辞，不好淫学流说。"其他不具引了。

在汉人中间，我们举一个人的议论做例，就是王充的议论。《论衡·书解篇》里说到文儒与世儒的分别。"著作者为文儒，说经者为世儒。……或曰，文儒不如世儒：世儒说圣人之经，解贤者之传，义理广博，无不实见……文儒为华淫之说，于世无补。"王充对于这分法，自己并不赞成，但我们可以从此看到当时很流行的一种看法。世儒之文是载道之文，而文儒的不是。王仲任不赞成这个分法，大概是认为二者不应当划分，即不应当有两种人，也不应当有两种文。他大概主张为文应当文情并茂，华实双收，方为最有价值；如果二者不可得兼，则与其文胜，不如情胜（情指情实，而不指后世所称的情感情绪，可不待解释），与其华多，不如实多。这从好几段话里可以看出来。他在《对作篇》里说到所以作《论衡》之故，颇自比于孟子，并且学孟子的口吻说，不是他喜欢辩论，而是不得不辩论。在《量知篇》里又评论到别的文人说，"无经艺之本，有笔墨之末；大道未足，而小伎过多。"《论衡》脱稿以后，他在《自纪篇》里又说，"夫养实者不育华，调行者不饰辞，丰草多华英，茂林多枯枝。"他用这几句话来文饰他的文章的不能纯美。《论衡》的文章不能算美，是一个事实，王充也自知之，既自知之，就不能没有一种自圆的说法，这说法就是与其文胜不如情胜之说了。不过从他不赞成强分文儒世儒的话看来，我们又不得不承认他是一个文情并茂论者。无论如何，文以载道的看法，在王充的议论里是很明显的，而因为他的文才不大高明，于是他的文以载道的说法作法便更属显然。

不仅不以文重的作者如王充如此，就是以文名世、以文传后的文士也不能不偶尔发些文以载道的议论。这里我们引一个三国时代的代表，作《文赋》的陆机。《文赋》里说，"虽区分之在兹（指文章各体），亦禁邪而制放，要辞达而理举，故无取乎冗长。"又说，"苟伤廉而愆义，亦虽爱而必捐。"又说，"或寄辞于瘁音，徒靡言而弗华；……或遗理以存异，徒寻虚而逐微，言寡情而鲜爱，辞浮漂而不归。"又说，"或奔放以谐合，务嘈囋而妖冶，徒悦目而偶俗，固声高而曲下。"每一句都是富于载道的意味的话。前两段是积极的说文应载道，中一段是兼正负两面而言之的，末一段则专说不载道之文。至于说"立片言而居要，乃一篇之警策"，更无异说文以情胜，不尚虚辞浮说了。沈约在《宋书·谢灵运传》后论到建安诸子，也终于说到"以情纬文，以文被质"的原则。总之，不用情实来缀合的文字，不与情实相为表里的文字，终究不是好文字，而一言情实，则其间必有所载，而所载之物举可以用道的名称相加，至少在主观方面是不成问题的。

有几个与文以载道的看法有密切关系的名词，是值得在这个段落再加说明的。孟子提到邪说、邪辞、淫辞、诐辞、遁辞。荀子提到奸说。《吕氏春秋》提到空言虚辞，淫学流说。这些名词当然不是随便创构与运用的，它们都有供参较的标准。邪说、邪辞、奸说所参较的是一个正常或适中的原则，说话的人心目中存着一条经常而人人应当走的大路，所以孟子说，邪辞知其所离。淫辞、淫学、流说所参较的是一个度量或分寸的原则，凡属超越了相当限度而流连忘返的事物，都适用"淫"与"流"一类的形容词，包括言论在内。淫纵与流放的结果等于陷溺，其实，在淫纵与流放的过程中，其人已经陷溺了，所以孟子说，淫辞知其所陷。荀子也说，小人"多言，无法而流湎然"。诐词所参较的标准是一个完整通达与平衡的原则。只知其一不知其二的言论是畸零的、闭塞的、偏敧的，所以孟子说，诐辞知其所蔽。一派信仰，一种思想，一门学术，想以管窥蠡测之所得，来解释一切，来准绳一切，在孟子一概认为是诐辞；其窥测得对的已然是诐辞，不对的自然更是诐辞了。这几种不健全的辞，不健全到相当程度以后，也就彼此不容易分别，例如畸零的诐辞指局部的过于发展，以致掩盖到全部，而发言的人不知，以为局部就是全部，陷溺其间，无由摆脱，此种诐词岂不是就近乎淫词？又如偏敧的诐词偏到一个程度，以至于无法恢复平衡，岂不是近乎邪词？邪词与淫词之间，也有同样可以互通的情形。至于遁词、空言、虚说所参较的标准是一个实际与经验的原则；遁词即孔子所说的从而为之词的词，是心口不相应的词，是和个人的心理与经验相抵触的词，明知其抵触而犹不能不用，其目的显然是在虚晃一刀，借此为下场地步。所以孟子说，遁词知其所穷。虚词的不顾事实，不问经验，或与事实经验相乖，更是显而易见，毋庸再加说明。

上文指出自春秋前后以至六朝，我们所征引的不少议论，都有文以载道的意味，但所载的道究属是什么东西，我们始终没有说明。而说到此处，又似乎不必再多说明。所谓道，至少在这时代里一般贤者所认识与称道的道，归纳起来，也不外是上文所提出的几个原则：即中庸而不固执一端，正常而不邪慝，有分寸而不过度，完整而不畸零，通达而不偏蔽，切实而不夸诞。中庸而不固执一端的一个原则包罗最广，可以说是一个领袖的原则，一个总原则。凡是有合于这些原则的文，就是载道之文。

我们再回来就文以载道的看法的来历续加叙述。唐以前既有淫词、奸说、淫学、流说的名词，唐宋以后还更有文穷、文妖、文淫一类的称谓。韩愈在《送穷文》里说："不专一能，怪怪奇奇，不可时施，只以自嬉：其名文穷。"李肇《国史补》里有一段很有趣的文字，评论唐代晚年的文风。"近代有造谤而著书《鸡眼》《苗登》二文；有传蚁穴而称李公佐南柯太守（按即唐人小说李公佐《南柯记》）；有乐伎而工篇什者成都薛涛；有家童而善章句者郭氏奴——皆文之妖也。"唐代文学最称发达。唐文的变化最多。唐人的小说，在中国文学史上有一个特殊的地位；唐人的文章可以说是最不受文以载道的看法的限制的，但依然免不掉这一类富有文以载道的意味的议论。《送穷文》是一篇游戏的文字，游戏的文字至少有"自嬉"与嬉人的价值，而在作者已不能不有一种设词，来替自己解脱，认为文字的功用如果只限于自娱娱人，乃是文字的一条末路，一种穷极无聊的表示。李肇的看法似乎更狭窄。造谤著书，固然可议；妓女于做人之道，大有亏缺，做人不成，做诗却成，这其间也不无非议的余地，但何以蚁穴的寓言，家童的章句，也要蒙文妖之名，怕是后世一般的读者所不容易索解的。

到了宋代，文以载道的看法与说法似乎有变本加厉的趋势。这可能与北宋道家的发达，以及南宋理学家的兴起有些密切的关系。张君房在《云笈七签》里说，"人能学道，是谓真学，诸外事皆是淫学。"此文以载道之道显然只是后世道家之道。周敦颐在《通书》里说，"文所以载道也；轮辕饰，而人弗庸徒饰也，况虚车乎？"朱熹最推重《通书》，至于比之于《语孟》，又替它作注，说，"文所以载道，犹车所以载物，故为车者必饰其轮辕，为文者必善其词说，皆欲人之爱而用之。"文以载道的看法虽极古老，文以载道的说法我们到此才第一次遇见。这种说法，单单就周、朱两氏的话来说，似乎并不发生很大的问题，因为二氏对于所谓道，并没有下什么界说。不过当时一般的道家或理学家对于文以载道的看法是相当的狭隘的。程颐认为《资治通鉴》一类的书不应该读，读则不免"玩物丧志"，所以禁人勿读。又有一个理学家讲学，不设图书库藏，为的是同样的原因，即深怕学者只知读书，不知做人，只知学文，不知学道。我记得这位理学家似乎也就是小程夫子。朱熹《致汪尚书书》里论到二苏氏之学（苏洵、苏轼），认为"害天理，乱人心，妨道术，败风教"，不在王氏（王安石）之下；其徒若秦观李廌皆浮诞轻佻，士类不齿。张栻论诗，把诗分为诗人之诗与学者之诗两类，说"诗人之诗，可惜不禁咀嚼；学者之诗，读着似质，却有无限滋味，涵泳愈久，愈感深长"。所谓学者之诗大概就是载道之诗了。又说，"古诗皆是道当时实事；今人做诗，多爱装造言语，只知斗好；却不思一语不实，便是欺，这上面欺，将何往不欺？"真德秀编《文章正宗》一书，把所选的文字分做词令、议论、叙事、诗歌四类。他所谓正宗，指的是内容道理上的正宗，而不是文章风格上的正宗；他对于诗歌所用的标准也是一样，结果是一部中选的诗读去全无情趣，也许有如张南轩所说，未尝不禁咀嚼，不过嚼来不免有蜡味罢了！听说刘克庄，他的弟子，在《后村诗话》里，对他就有过一些不大客气的话。清初顾炎武对他评论得更是厉害，可惜手头无书可查，不能具引。这一类道学家的诗，后世评论家似乎一概称为"击壤派"的诗。

元明之交我们也发见一位主张文以载道的人，王彝。彝字宗常，史传上说他"有操行，为文本经术"。他与杨维桢同时，当时维桢以文章主盟天下，王彝独独瞧他不起，写了一篇以《文妖》为题目的短文章，专门骂他，大致说："文不明道，而徒以色态惑人媚人，所谓淫于文者也。"说亦见明人笔记朱国桢的《涌幢小品》。不过据清代诗人王士禛在《池北偶谈》里说，王彝自己做诗，在歌行一体上模拟唐人李贺与温庭筠，也正复不免堕入恶道，以文淫文妖责备别人的，自己也不免被人讥弹，可见此种责备，表面上虽用到文以明道的极冠冕的设词，底子里可能是别有动机。

清初顾炎武曾经评论过真德秀《文章正宗》里选诗的不当，可见他对于文以载道的看法，是与宋元以后的理学家不同的。这看法究竟如何，我们一时不能征引。不过清人笔记叶廷琯的《鸥波渔话》里引他的几句话，很足以从旁说明他的看法是比较宽大的一种。亭林先生的三位宅相，特别是最大的那一位徐乾学，都是做大官而以提倡风雅自居的。不过亭林先生时常很不客气的训诫他们，有一次说，"有体国经野之心，而后可以登山临水；有济世安民之志，而后可以考古论今。"这事实上还是文以载道的话，不过涵义却很广，决不是宋元理学家的一流。亭林而外，我们在清初还可以举一个例子，就是《广阳杂记》的作者刘献廷。他有一两段话说到戏文小说的本质与功用，值得从详征引。"余观世之小人，未有不好唱歌看戏者，此性天中之《诗》与《乐》也；未有不看小说听说书者，此性天中之《书》与《春秋》也；未有不信占卜祀鬼神者，此性天中之《易》与《礼》也。圣人六经之教，原本人情，而后之儒者，乃不能因其势而利导之，百计禁止遏抑，务以成周之刍狗，茅塞人心，是何异壅川使之不流，无怪其决裂溃败也。夫今之儒者之心，为刍狗之所塞也久矣，而以天下大器，使之为之，爰以图治，不亦难乎？"这真是一段得未曾有的大议论。继庄先生并没有离开文以载道的立场，但他与宋元以来一班主张文以载道的人不同，认为戏文小说，卜筮星相，也未尝不可以载道，这便是他的卓见了。清初而后，汉学代兴，风气为之一变，亭林、继庄这一班大师都是对于这种风气的转变极有贡献的人。从此以后，除了少数乡愿式的道学家，以及专门印发文昌帝君《功过格》与《戒淫文》的一类大善士而外，宋元以来的文以载道的看法，总算是得了一些解放。

上文一番历史的叙述是很片段的，不过个人的记忆有限，手头可能查考到的文献也少得可怜，要在个人书箧以外，再广事搜罗，时间上也实在不容许，只得姑且作一段落。我只希望从这番片段的叙述里，读者可能的得到对于文以载道说之由来的一个鸟瞰。

（三）几个可能的立场

本节全属议论，无须征引许多过去的文献。

无论狭义与广义之文，必有所载，即必有其内容，必有其用途，没有内容与没有用途的文，是不可思议的。其装载的事物可能的有四种，而事实上真有的只得三种，而三种中比较健全足以维持久远的，又只有一种，如下：

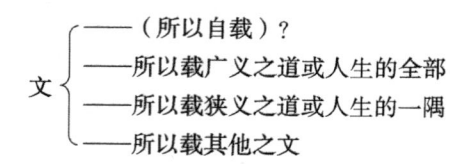

$$
文\begin{cases} ——（所以自载）？ \\ ——所以载广义之道或人生的全部 \\ ——所以载狭义之道或人生的一隅 \\ ——所以载其他之文 \end{cases}
$$

第一种是所以自载之文。这在想象上似乎可能有，但事理上不会有，经验上也从不曾有过；如果一个人没有方法把他自己抱起来举起来，世间也就不会有文以自载的道理与事实。在近代的西洋，这一路的议论诚然是甚嚣尘上，许多人喊着"为知识而讲求知识"，"为科学而发展科学"，"为艺术而创造艺术"；喊尽管喊，结果是不会有的，有了也是似是而非的。除了人生的本身可能自成目的而外，其余的一切大概全是工具，全是手段，文化与文学很难成为例外。为知识而求知识，我们所获得的不止是知识的累积，同时也是一种兴趣或欲望的满足；为艺术而创造艺术，所获得的也不止是若干美妙的作品，同时也是另一种兴趣或欲望的满足；而兴趣或欲望已经是人生的一部分，是道的一部分了。又有人说，我们求知，并不为知识的累积，我们创作并不为作品的增加，我们只问耕耘，不问收获；我们有内在的表白的要求，我们只是率直的表白而已，其结果如何，我们是不问的，至少我们并不注重。这好像是西洋人文以自载的另一种说法，是近乎浪漫主义的一个说法。我们对这个说法有两个答复：一、如果他们所重的确乎是只在表白自己，只求表白的自由，而不在表白的好坏，不求表白的结果，而同时表白的过程却又不能不假道于文，不能不聊以文为工具，则他们的立场实在是一个文以载道的立场，而不是文以自载的立场，我们姑且搁下不提。二、如果他们对于表白的过程与表白的结果事实上是十分的重视，即所争的，名为表白的自由，实则想借此摆脱在过程上与结局上种种规矩格律的束缚，那上文一番评论文以自载的话便一样适用，因为表白自己的要求，以至于不受拘束的要求，依然是人生的一部分，是道的一部分。总之，无论文以自载的说法作何解释，是不可通的，而文以载道的立场却是无可避免。

我们以为道就是人生,这在本文开始的时候已经略加说明,认为不妨这样看,并且也不无所本。如今可以再作进一步的解释,《中庸》开头的几句说,"天命之谓性,率性之谓道,修道之谓教"。性是人生的根源,道是人生的表见,教就是文化,所以帮表见的忙的;换言之,性是人生的体,道是人生的用,教是此种用的剪裁润色。人生是一种功能,这功能原是自然的,但如完全任其自然,便不免始终在一个朴野的状态之中,而与其它的动物没有多大分别,所以要剪裁润色。事实上剪裁润色的动因与力量,也就是道的一部分,所以有到人生,这种剪裁润色的努力也就自然会发生。不过剪裁润色的动力虽由自然供给,而剪裁润色的限度,除了死亡的最后一道界线而外,自然似乎并没有供给,至少并没有直接的供给,而是间接的假道于人的情理的能力来供给的。因此,就全部人类文明史看来,这剪裁与润色的权能好像是完全在人的手里,与自然很不相干;人类自己不察,也以为这权能真是他自出心裁的东西,往往不免滥用,结果,不是剪裁过度,便是润色过度,渐渐的从修道的局面,形成一个害道的局面,形成一个尾大不掉,危及人生的局面,其最终的结局是死亡,那就到达上文所说的自然所供给的最后的限度了。人类的文明史事实上只是若干民族的文化史,民族文化盛衰兴亡的数见不鲜,我认为要从这一方面来观察,来解释,方为最近情实。

中国民族,特别是先秦时代的中国民族,不能不说是一个比较聪明的民族。(这聪明究属从何而来,是从直觉来的呢,是从经验来的呢,我们姑且不问。)一部分创造民族文化的人很早就看到自然的重要,看到自然的人生是比较健全的人生,只有合乎自然的人生，才可以与天地同其长久。另一部分人又看到人生于时间的绵长而外，也宜乎有空间的发展，于自然的生长而外，也宜乎有人为的修饰，于是分而言之，主张礼教，主张文学，合而言之，主张本末并重，博约兼赅，主张文质彬彬，而彼此不相偏胜。这两种人，谁都认识前者是道家，后者是儒家，大抵道儒两家没有不赞成文以载道的看法的。老子是极端的重道而不重文的，但亦不能没有五千言的《道德经》来载他的道；儒家自不消说，至"余岂好辩"的孟子，更不消说。即如初创"文以载道"之说的周濂溪，他的看法，就字面与朱子的注解而言，也还是大致不错的。文所以载道，好比车所以载物，文是工具，道是目的，文能载道，即是教人生得所安放，得以行远。

这就已经说到所以载广义之道的文了。上文说过，我们根据秦汉前后诸家对于文以载道的看法，得到了几个原则：一是中庸而不固执一端，一是正常而不邪忒，一是有分寸而不是过或不及，一是完整而不畸零，一是通达而不偏蔽，一是切实而不夸诞；而中庸或执两用中的原则更是一个总原则，可以概括一切。道或人生，诚能把握住这些原则，便是健全的道，健全的人生，在空间上可以扩展，在时间上可以绵长，可以高明配天，博厚配地，而悠久无疆。所以《中庸》在介绍性、道、教三大本体之后，不久便说到，中为天下之大本，和为天下之达道，而实践中和的结果，便是天地位而万物育，便是一切能安所而遂生。而诚能把握住同样的原则的文，便是足以助长、推进、而发扬光大人生的文，也就是健全的文。文以载道之说，应作如是解释，秦汉以前，也确乎如是解释过。至于何以知广义的道包括这些原则，又何以知这些原则确乎对人生有利，则近代学术的进展已经逐渐加以坐实；

全部生物演化的历史，全部演化论的学说，生物统计学里常变的两大概念，近代生活过于专门化与技术化已经给我们的教训，全部优生淑种的理论，不都可以供我们的参考么？

如果在民族文化发展的过程中，至少主持文化的人都能有上文所述的看法，从而不断的向当代与后世的人提撕警觉，岂不甚好，可惜不能。（这所以不能的缘故，可能是智力降低了，直觉的能力减少了，或利用经验阅历的本领削弱了，目前也姑不论。）此种不能的表示又可能的有两个方向，而事实上都有过。一是遗漏（omission），二是错误（commission）。遗忘了中和完整与通达的原则，而只看见道的一部分，或人生的一部分，且从而主观的认为这一部分就等于全部，这就是遗漏，也叫做偏蔽。此种人而有文化或文字的活动，其活动未尝不载道，不过这道是片段的、零星的。如果活动的人自知其片段零星，又能自己明白承认，则于事无妨。先举一个最单纯的例子。昌黎作《送穷文》，自认为"不可时施，只以自嬉"，游戏虽不是人生的要求的全部，却不失为人生要求的一种，也未尝没有它的地位，即《送穷文》未尝不可做，做了本人既可以自娱，后世穷而有志之士也可以借此解嘲；一样一个穷人的生活，能寻"穷开心"的总要比不能的好些。不过如果专以游戏为事，幽默为事，讽刺为事，以小品文为文学的准则，以公安、竟陵一派为文章的正宗，那问题就多了。

再就狭义的文学方面举一个比较复杂的例子。今人论文学，说人生不脱情理事物几个境界：情理发乎内，是人性的自然，事物铄于外，是外缘的自然。事物的刺激唤起情理的反应，这反应又假托了声音、姿态、符号而表达出来，就是文。所以文有言情的，有说理的，有叙事的，有状物的。不过绝对客观的叙事文与状物文不可能，其背景中必有若干情理的成分；绝对主观的言情文与说理文也不可能，其外缘必有一些事物的烘托。情理因事物而反应，因语言、姿态、声音、符号而表白，表白而有效，即我人对于外铄的事物得以了解，得以体验，而内在的情绪得以抒展，理义得以传达，其总结果为生活得到进一步的安放，进一步的发育，这就呼应到我们在上文所提的位育之论了[⑧]。一篇好文章就是有位育价值的文章，作者本人既因写作而增进了位育的程度，有同一情理之感的读者也因阅读而获取了同样的效果。好文章的所以百读不厌，所以能流传久远，就因为这层道理；就因为他能做人生的良好工具，能载比较中和完整与通达的道。

第二三流的文章以及各式程度的坏文章就不然。即就人生情理事物的四种境界而言，或抒情而不托于物，或说理而不切于事，或叙事而不绳以理，或状物而不寄以情；绝对的专门抒情、说理、叙事、状物的文章虽不可能，而情理与事物不相配称不大呼应的文章却所在多有。感伤主义（sentimentalism）与浪漫主义的成分太浓的文章，即无病呻吟的文章，属第一类。诡辩的文章，故弄玄虚的文章，一部分形而上学的文字，属第二类。捏造事实的文字，攻讦诽谤的文字，小题大做而无意义的寄寓的文字，可以说属于第三类。近代报纸上此类文字独多，例如大部分的所谓社会新闻或黄色新闻。专门描摹光景的文字，堆砌着许多古典与成语的诗文，小品的所谓科学文字，小题的研究文字，可以说都属于第四类。小题的科学研究文字，虽有用途，究非文学，除了后来做同样研究的人加以参考而外，十之八九没有第二个人阅读，也没有人阅读第二遍，图书馆里汗牛充栋的旧的期刊里便满载着这种文字，极难得有人翻动。这四类的文字，即使论动机无可非议，于事理微有发明，于人生亦不至全无裨益，但就上文的标准看来，其所载之道终究只是一些可观而致远恐泥的小道。陷于小道的学问为害尚小，甚至于对于整个的人生还不无点缀；最可怕的是专主情的文学家，专言心或专尚理的玄学家，或专主物的哲学家，以至于历史家与社会科学家，以道之一偏为道之全部，从而著书立说，劝世垂后，认为他所见的才是大道，妄以为道之所萃，尽在一身，圣人复起，这些才是他不得不辞而辟之的对象。情理事物而外，人生当然还有许多别的境界，例如天地人三才的境界，群与己的两个人伦的境界，过去、现在、未来三个时间上的境界等等，这些都是道的部分，任何部分都可以成为"学者"的阿私，主观的成为道的全部，而构成一种偏蔽与武断的学说以至于信仰。

二是错误，即所载的东西不属于道，不是道的部分，而误以为道，亦即误以人生的其它工具为目的。上文提到只有人生自身可以成为目的，一切广义之文都只好算作工具，与狭义之文一样。如今以狭义之文装载广义之文的一种，名义上是文以载道，实际上是文以载其它之文，即成为工具之工具，那是一种错误。宋高宗尝论米芾的字为"重台"，意思说，前人论羊欣的字为"婢学夫人"，而芾又学羊欣，成为婢的婢，婢的婢叫"重台"[⑨]，如今人生是夫人，一切广狭义的文都是婢，都所以侍候夫人的。如果狭义之文所载的既不是人生，而是人生的另一工具，其地位原与狭义之文相等，那岂不也成为一种"重台"，成为一个康成诗婢之婢，一种扫地的"斯文"了么？

查考以前的文学，属于这错误一方面也正复不少，而最多的是在宗教与道德的领域以内。宗教与道德未始不是文的一两种，未始不是人生的工具，我们在篇首已经说明过了。在西洋，道德可说是宗教的一部分，包括在宗教之内，所以宗教的载道之文独多，一直要到十六世纪，文艺复兴以后，才逐渐减少；而真正的衰歇则要降至十七世纪以后，因为"唯道德论"（moralism）的打破是这世纪以内的事。这是不得不归功于当时一批所谓社会物理学家的。其在中国则因为儒家的人生哲学始终是文化的主流，而民间宗教有如释道二氏的布道的（evangelical 或 proselytizing）推动力不强，所以宗教与道德很分划得开，而唯道德论的载道之文就比较的多，特别是在宋元以后。这并不是说宗教与道德两者混合的载道之文完全没有；有的，例如民间盛行的文昌帝君《功过格》与《戒淫文》之类，不过数量总是有限罢了。宋元以后，理学大行，这当然和道德的载道之文的发达有密切关系，理学家所最看重的是理，特别是从伊川以后，所重既然是理，而载道之文所载的又不过是以理为最大的对象，则最初看去，宜若其弊之所在，为偏蔽而不为错误。上文不承认过理是人生境界的一部分，而道之一偏么？这看法是不错的。我们对情理二大境界原不容有所轩轾，而理学则显然的对情的境界大加歧视。不过这看法还不够。理学家何以歧视情的境界呢？原来他们把情与理看成两个自然有优劣高下的东西：理是义理之性，是善的，须发挥的，情是气质之性，是恶的，必须加以变换、感化以至于遏抑的；甚至于认为理是天理，情是人欲，天理必须战胜人欲，否则不能为人。如此把善恶的观念引进以后，所谓理，表面上是道或人生的一部分，是一个目的，实际上却成为文的一种，工具的一种，就是我们普通所说的道德。[⑩]

说到道德一个名词，我又忍不住在这里补充一句话。道与德原是两个为铺叙之用的名谓字，而不是两个为称誉之用的形容字。

道与德分指人生的内外两方面，德指内，等于说人是什么，道指外，等于说人做什么。道字宜乎作如此解，上文已经说过。德字的原意后世并没有完全消灭；《道德经》的作者用道德作为书名，多少还保存这两字的意思。又如前人的话说，"地丑德齐"，说"度德量力"，那德字的意义还是原来的，德字原作悳，从直从心，直心为德，至于说"内得于己，外得于人"谓之德，那"内得于己"的一半是原来的，"外得于人"的一半我相信是后来演出的。这么讲德，德就近于性，所以说"率性之谓道"，一个人是什么，才做什么。德也就等于诚，所以说"诚于中，形于外"，一个人里面是什么，外面也就表现为什么。我对于道德二字的原意，看法是这样的。这样的道与德，分言之，是人生的表里两面，从里面看，人生是德，从外面看，人生是道，合言之就是人生的全部。如此，则文以载道，或文以载道德之说的适当的解释是，用文的工具，一面从内启发，一面从外修齐润色，使人生日臻于至善之境。这就呼应到上文所说"文以载广义之道"的一段讨论了。不过我们对于道德两字的看法与用法并没有始终停留在这个段落，它们终于和社会价值的观念发生了联系。终于成为两个字缀合而成的一个形容词，或一个抽象的名词，其用途不复在陈述铺叙人生的情实，而在准绳评估人生的情实，其代表的事物不复是人生本身，而是人生的工具的一种。这变迁究属从何而来，我们姑不深究，否则不免离题太远，目前所可说的是，这种唯道德的倾向大抵是滥觞于孟子的性善论，自然之性既可断定为善，则与性在实际上是一物的德，以及率性而来的道，自无往而不是善的了。后来宋元理学家的种种议论，便是这倾向的末流，这倾向的变本加厉。

  从上文看，可知唯道德论的文学，所犯的毛病在错误而不在偏蔽，即载道之际不是把道看小了，看偏了，而是看错了。不过看小看偏的说法也不是全无理由，全无根据。理学家所见之理，或道学家所见之道，同时也未始不是理的一部分，或道的一部分，亦即未始不是人生境界的一种。上文结论先秦至六朝许多作家对于文以载道的看法时，说到他们所见到的道是从人生的经验里归纳出来的若干原则，其中尤以中庸一条为有兼容并包的地位。这些原则，或这些原则所构成的人生哲学虽也未尝不是道的工具，足以促进人生，增加位育，但因为它们来历悠远，基础深厚，包罗广大，在这一班作家看来，直不妨认为道的一个境界，理的一个境界，甚至于认为它们就是道的中坚，理的中坚。换言之，要维持人生，要提高人生的意义，非把这一类的条理弄清楚不可，非走这些从经验里归纳出来的大路不可。所谓"经，常道也"，要不外这层意思。不幸的是，道学家或理学家把道理看窄了，看板了。例如小程夫子把"中庸"二字释做"不偏之谓中，不易之谓庸"。说不偏之中，是在空间上把中字看窄了，说不易之庸，是在时间上把庸字看板了。在解释的人，一位第一流的理学家，已不免在字面上把中庸说得如此其板仄，其他自郐以下以至于不入流品的作家更不必说了。"中"并不是等于不偏，我们从《舜典》执两用中的原则里，从经权并称的说法里，从孟子对于子莫的评论里，早就可以充分的看出来。"庸"也并不是等于不易，庸字从庚从用，庚通更，更通经，所以庸就是经用，庸德庸言，就是颠扑不破而历久可用的德与言，经用的东西无疑的可以久用，但久用并不等于永远不易，这我们从《易经》上久穷变通的议论里，从鼎革的两个卦里，也都可以看出来。后世把经字看作天经地义，看作神圣不可侵犯，把权字看作虚伪奸诈，看作玩弄手段，又把中庸看作不偏不易，于是才把一切进步的动力与机缘都给抹杀了，而文以载道之道虽不失为道，终不免日即于支离破碎，偏蔽锢塞，这种责任，还得由宋元以来的理学家负之。

文必有所载，所载的事物可能的不出四种，实际的不出三种——这部分的讨论，到此可以告一结束。这四种之中，我们认为第二种，即所载为道或人生的全部，亦即比较的不离乎中庸的原则的那一种，是最配叫做载道之文；亦惟有这种文，才最能帮人生的忙，能教最大多数的人领会欣赏，最能流传久远。第三种是偏蔽的，失诸挂一漏万，它对于人生可能有几分用处，但这种用处是狭窄的，所能影响到的人也只是一小部分，并且往往是不太健全的一部分，如果偏蔽的程度极深，而成一个以偏概全之局，则对人生可以发生弊病，成为位育与进步的一大障碍。第四种是错误的，失诸张冠李戴，为了强勉的要造成一种风气，煽动一部分人的情感，掀起一种大规模的运动，它有它的效力，但这种效力总是一时的，甚至于昙花一现的。在表面上它好像教文化的生活突然整饬起来，突然迈进了一步，事实上这种整饬与迈进是不自然的、不健全的、是弯曲了人生为之的，如果延期较久，甚至于可以经由选择的途径，教人性根本上发生畸形的变化。大体说来，第三种的载道之文是紧缩的、收敛的，在历史上造成了各种的保守主义，而第四种是放纵的、泛滥无归的，在历史上造成了各式的激进主义。第一种所谓文以自载之文，我们认为字面上说得出，实际上做不到。不过它有一种很明显的功绩，就是和第三种第四种所谓载道之文抗衡。事实上，它是第三第四种的文所激发出来的反动，所以是比较的后起。不过矫枉者不免过正，文以自载之文虽不可能，在议论上终究属于另一极端，而在尝试的人也往往不免迷而忘返。

（四）文以载道的新趋势与文教的危机

上文说到，在以前中外的历史里，无论广狭义的文都曾经屈居"重台"的地位，就是"丫头的丫头"的地位。它所侍候的主人是谁呢？不是人生，而是宗教，而是道德；两个原先也就是丫头，不过后来喧宾夺主，或豪奴欺主似的变成了主人模样的东西罢了。文以自载的运动原想把它自己从重台的下贱地位解放出来，不过嚷了许久，没有成功，理论上本来也是不会成功的，上文也已经讨论到过。

有人说这解放工作是成功了的，它原先是一个重台，如今只是一个台；原先必须侍候貌似主人的其他的台，如今可以直接侍候主人，岂不是一种成功？如果这话与事实相符，则所谓成功是"文以载道"的成功，而不是"文以自载"的成功，这两种成功不容相混。不过我认为这不是事实，事实是它到如今依然是一个重台，所不同的是貌似主人已经换了一个罢了，我甚至于可以说连这个主人都没有换，所换的只是一套衣服，一副面具！宗教的作威作福是过去了，旧道德的颐指气使也已经成为明日黄花；旧主人的墓木并没有拱，这大概是永远不会的，不过他们要比从前安分了许多。至于这种安分是不是自动的，是不是自动到一个程度，肯把我们的重台都给解放了，那却是另一问题。依我看来，这安分是被动的。宗教道德之所以安分，我以为是由于别的貌似主人的兴起，而且这种主人不止一个，有的叫科学，有的叫技术，有的叫商业，有的叫经济，有的叫政治，其中以政治为最有力量；

而我们的重台，表面上好像从宗教道德的手里解放了出来，实际上，像奴隶买卖似的，却转移到了这些新主人的掌握里，而政治的掌握力尤为强大，因为它不但可以使唤我们的"重台"，并且可以左右其他貌似主人的几个"台"，如科学、技术、经济之类。这是换了主人的说法。近代的政治，特别是所谓集体的政治以至于极权的政治，面目上是政治，实际上却是政治、宗教与道德之和。它是建筑在一大套社会教条（social dogmas）之上的，根据了这些教条，它不但规定政策，发施政令，并且对于民众的思想、信仰、言语、行动，可以发生很大的颐指气使，与生杀予夺之威力。近代的这种政治表面上是政治，底子里是宗教道德。它是"政教合一"的一个崭新的方式，无怪其掌握力的强大了，而不幸的，我们的重台恰好就在它的掌握之中！这是主人并没有换，只换得一套衣服面具的说法。我们的重台虽然跳出了樊笼，终于陷入了火坑。一切所谓解放的运动，结果往往如此，又何独载"道"之文为然呢？

　　文学或其他文化的表现成为政治的工具，自古已然，于今为烈，于一切之政治为然，于近代的集体政治为尤甚。我举苏俄做例子，在苏俄，二十多年来，一切广义与狭义的文化工作，全都成为推广与宣传社会教条的工具。一九三一年上半年以前，一切小说戏曲影片必须歌颂社会主义中的平等主义，追后情形一变，不平等的社会状态，一天比一天显著，使主持教条的人不得不放弃平等主义，于是，从一九三一年上半年起，一切文艺作品，如果再歌颂平等主义，便是"反动"。平等主义，在主持教条的人看来，到此成为"布尔乔亚的一种冥顽不灵的事物"（bourgeois stupidity），说详美国合众社记者莱盎斯所著《出勤在乌托邦中》一书（Eugene Lyons, *Assignment in Utopia*, pp.419—421）。同书又有专论文化发展的一章，标题为《禁锢中的学术文化》（Culture in a Straitjacket），我如今摘录其中的一节如下：

> 我在出勤的几年里，也曾不断的注意到一部分更重要的戏曲、影片、书籍、杂志，但没有敢希望碰到什么比较自出心裁的东西。文笔的力量是有的，美也是有的，但思想的内容总是那千篇一律、教人发腻、过于单纯的一套。在科学的园地里，例如地质学的研究，北极的探险工作等，诛索异端的人比较不容易进去，所以还可以找到一点自由研究与放胆探讨的精神。但一到近乎纯粹思想的领域里，遇到凡是足以启发科学的怀疑态度的东西，或鼓励"危险的"好奇心的东西，我们便进了一个理智的富有恐怖性的专制时代了。
>
> 在苏联，所谓历史实在是一堆任情拼凑与任情修正的事实，目的在使它和克兰姆林官所发出的政令不相抵触。所以人类学一定得和一部分的政策相呼应，就是关于苏俄对于各弱小民族的关系的政策。所以心理学一定要和斯大林思想中的种种假定相符合（举一个例吧，全部弗洛伊德派的心理学是一个禁忌，倒并不是因为苏俄的心理学家曾经加以驳斥，而是因为它根本和"党的阵线"冲突）。至于哲学，如果有人对于斯大林的辩证法唯物论有什么疑问，他所遭遇的危险，比中古黑暗时代提出地球究属平不平的问题的人所遭遇的还要承受不起。就在自然科学里，我们也遇见许多奇形怪状的东西，什么"列宁主义的外科医学呀"，"斯大林主义的数学呀"，在生物学方面，也有不少所谓意识形态上的修正（例如关于后天习得性一层）。

要有真正的文化，要有真正的理智的自由，必须科学家能大无畏的作些富有创造性的研究，必须文艺家能大无畏的产生些富有创造性的作品。但在目前的苏俄，这些东西是想不得的，不可能的，除非一个人愿意自召杀身之祸。就在法国，在一七八九年的革命以后，我们多少还有得一点相对的自由，但在今日的苏俄，谁可以想象发见第二个福禄特尔，第二个迪特罗，来对苏俄的制度、标准、习惯，下一番不客气的攻击？就在帝俄的时代，我们也多少有一点同样的自由，但现在又哪里去找一个托尔斯泰，或一个涂琴尼夫，或一个萨尔蒂柯夫（Saltykov）来指摘当前的种种措施？不要说指摘，就是胆敢作一忠实与正确的叙述的人，我敢说还找不到。在帝俄，只要一个科学家或艺术家取一个中立的态度，而不谈政治，检查机关便可以不问，但是对于苏俄的检查员，中立是最罪大恶极的一种行为，每一个科学家或艺术家总得拿出凭据来证明他是积极的在拥护那一套社会的教条……（详见页 467—469）。

以文学艺术来拥护一套社会的教条，而且非拥护不可，那便是文以载"道"的最簇新的趋势了。在纳粹的德国，在不久以前泛系的意国，也有同样的情形，在其他当代的国家，也多少都有一些。不过这种趋势越强，则真正良好的文学，真正优越的文化，便根本无法产生，更不论他们的自由发展了。所以我们说这是文教的一个危机，一个厄运。

文教的所以成为一个"重台"，这其间有外铄的机缘，也有内在的原因。外铄的机缘，上文已经说过。至于内在的原因则显然是文教自身的不知振作，任人摆布。谈文说教的人怕十有八九不了解人生是什么，道是什么。或眼光狭小，坐井观天，或观察不清，指鹿为马，才造成上文所讨论到的种种结果。其他役使这重台的各个伪主人所犯的是同样的毛病，就是不了解人生，不识道为何物。然则要把文教从重台的地位解放出来，除了促进对于人生的适当认识而外，再也没有更重要的途径，文学自身要如此努力，其他文化的部分也需要在这题目上多下功夫。

四　自由、民主与教育[11]

人世间三角的局面很多，自由、民主与教育所构成的也是一个，并且是很重要的一个。除了天地人的三角，除了遗传、环境、文化的三角，大约没有比它更大更重要的了。这三角之中，自由很显然的是生命的目的，教育是达成目的的手段，民主可以说是运用这手段的环境。没有民主的政治与社会环境，自由的教育是做不到的。这至少是从事于教育而对于政治没有直接的兴趣的人不得不有的一种看法。若在一个政治家或政治学者看来，教育也未始不是造成民主环境的一个手段。综合两方面的立场看，我们不妨说，教育需要民主的环境，而这种需要的满足，一部分，以至于大部分，也得靠教育的努力；期待着民主环境的来临，再实行以自由为目的的教育手段是不可能的，是不通的。

我们先讨论三角的两边，自由与教育，然后配上第三边，民主。

一年以前，我对自由的看法，曾经有所论列[12]。消极方面，我认为我们决不能把自由与散漫混为一谈，因为散漫的人不自由，他不能随时集结；也不能与放纵混为一谈，因为放纵的人也不自由，他不能随时收敛。只会打游击战的人，只会打阵地战的人，是同样的不自由。一个拘泥的道学家，一个沉湎于声色、货利、权位的人，也是同样的不自由。积极方面，我又提出自由就是中庸，就是通达，如果我们把不偏不易的旧解释撇开，而把中庸的概念和经权的概念联系了看，甚至于当做一回事看（实际上是一回事，"中庸不可能"之理就是"可与立未可与权"之理），我们就很容易得到这样一个结论。我提出这一点来，目的端在指出自由一词所代表的看法并不是一个标新立异的看法，更不是相当于洪水猛兽的看法，我们大可不必因谈虎而色变。下文还是一贯的用自由二字，而不用中庸二字。

自由是生命的最大目的，个人要自由，社会也要自由；西方自希腊时代起，中国自先秦时代起，都有此看法。唯有自由的生命才能比较长久的保持它的活力，个人如此，社会也是如此。生命脱离了人力的控制，不再能自由收放，自由分合，自由的斟酌损益，补短截长，是迟早要陷于死亡的绝境的，个人的不能尽其天年，民族社会的昙花一现，大抵可以追溯到这一层基本的原因，特别是在民族社会一方面，因为它不比个人，以常理推之，是没有什么天年的限制的。

不过社会的自由终究建筑在个人的自由之上。一个建筑在奴隶经济上的社会，一个百分之一是独裁者，而百分之九十九是顺民所组成的国家，要维持长治久安，是不可能的，历史上既无其例，当代一二尝试的例子也正在很快的摧杀败坏之中。

个人的自由不是天赋的，是人为的，不是现成的，是争取的。以前西方的政论家认为自由是天赋人权之一；究竟有没有所谓人权,此种人权是不是由于天赋,我们姑存而不论,我们只承认人既不同于普通的飞走之伦,便不会没有自由的企求。飞走之伦,内则受制于本能,外则受制于环境,是说不上此种企求的。人也未尝没有本能,但本能可容制裁疏导;人又未尝不仰仗环境,但环境可容选择、修润,以至于开辟创制。能抑制疏导我们的本能,能选择、修润、开辟、创制我们的环境,就是自由,就是我们所以异于寻常飞走之伦的那一点"几希",去此几希,名称是人,实际是禽兽。

不过这种应付本能与应付环境的力量,在人类也不过是一种"潜能",而不是一种"动能"。要化潜能为动能,端赖教育。潜能之说,可能就近乎以前政论家的"天赋人权"之说,但要潜能变成动能,而发生实际的效用,却终须人工的培养,人工的培养就是教育。

教育不是我们一向有的么?既有教育,自由岂不是就接踵而来?这却又不尽然。教育是一个很中听的名词,因此它可以成为许多东西的代用的名称。宗教信条的责成是"教育",《圣谕广训》的宣读是"教育",社会教条的宣传是"教育",一切公式的灌输都是"教育"。如果这一类的措施是教育,北平便宜坊中填鸭子的勾当也就不失其为教育了。因为凡属经过"填"的鸭子,确乎在短期之内会有长足的发展,而可以派一种特殊的用处,就是任人宰割,快人朵颐。这些当然不是教育。近代所谓教育,正坐"填鸭子"的大病。吃是一些本能,鸭子有食必吃,不懂得适可而止的道理,于是就走上一条畸形发展的路。我们目前号称的教育又教了我们几许自动控制我们本能的理论与方法?我们名为受过教育,又有得几个能在声色、货利、权势的场合之中,周旋中节,游刃有余?

控制环境,未尝不是近代教育的一大口号。但环境不止一端,就物质环境说，这口号是多少兑了现的；但若就所谓意识环境说，教育所给予我们的，不是一种自动控制的力量，而是往往把另一些人所已控制住的环境，强制的加在我们身上，我们连评论的机会都没有，遑论抉择、修正、开辟、创造？物质环境的多少还容许我们控制，不用说，也是三百年来科学昌明的一种效用，是科学传统的一部分。至于意识环境的不容许我们控制，而只容我们接受别人所已控制住的某一种环境，接受别人的摆布，接受希特勒一类的人的摆布，那显然是西方中古时代宗教传统的一部分。别人把规定好了的意识环境交给我们接受，教我们相安，也就等于被"填"的鸭子必须被圈在一定的范围以内，不能有回旋的余地一样。在圈定的极小的范围以内，接纳与吸收一种指定的事物，而且非接纳吸收不可。在接纳与吸收的一方面，一半因天性，一半因积习，终亦安于享用现成，不识挣扎为何物——这便是被"填"的鸭子与当代"受"教育的人所有的一种共通而惨痛的经验。

　　自由的教育是与"填鸭子"的过程恰好相反的一种过程。自由的教育不是"受"的，也不应当有人"施"。自由的教育是"自求"的，从事于教育工作的人只应当有一个责任，就是在青年自求的过程中加以辅助，使自求于前，而自得于后。大抵真能自求者必能自得，而不能自求者终于不得。"自求多福"的话见于《诗》《传》《孟子》。孟子又一再说到"自得"的重要，政治之于民众如此。教育之于青年更复如此。孟子"勿揠苗助长"的政教学说也由此而来。先秦学人论教育，只言学，不大言教，更绝口不言训，也是这层道理。⑬

　　自由的教育，既着重在自求自得，必然的以自我为教育的对象。自由的教育是"为己"而不是"为人"的教育，即每一个人为了完成自我而教育自我。所谓完成自我，即用教育的方法，把自我推进到一个"至善"的境界；能否到达这个境界，到达到一个何种程度，一个人不能不因才性而有所限制，但鹄的只是一个。自由教育下的自我只是自我，自我是自我的，不是家族的、阶级的、国家的、种族的、宗教的、党派的、职业的……。这并不是说一个人不要这许多方面的关系，不要多方面生活所由寄寓的事物，乃是说教育的主要目的是在完成一个人，而不在造成家族的一员，如前代的中国；不在造成阶级的战士，如今日的俄国；不在造成一个宗教的信徒，或社会教条的拥护者，如中古的欧洲或当代的建筑在各种成套的意识形态的政治组织；也不在造成一个但知爱国不知其它的公民，如当代极权主义的国家以至于国家主义过分发展的国家；也不在造成专才与技术家，如近代一部分的教育政策。主要的目的有了着落，受了尊重，任何次要的目的我们可以不问，不论此种目的有多少，或因时地不同而有些斟酌损益，我们也可以不怕——不怕任何一个次要目的的畸形发展。

　　自由教育既以自我为主要的对象，在方法也就不出两句先秦时代的老话所指示的途径，一是自知者明，二是自胜者强。先秦思想的家数虽多而且杂，在这一方面是一致的。明强的教育是道家、儒家、法家一致的主张。更有趣的是，西洋在希腊时代所到达的教育理想也不外这两点。太阳神阿波罗的神龛上所勒的铭，一则曰"认识你自己"，那就是明，再则曰"任何事物不要太多"，如用之于一己情欲的制裁，那就是强。就今日的心理常识言之，自明是理智教育的第一步，自强是意志与情绪教育的第一步，惟有能自明与自强的人方才配得上说自由。认识了整个的世界，全部的历史，而不认识自己，一个人终究是一个愚人；征服了全世界，控制了全人群，而不能约束一己的喜怒爱憎，私情物欲，一个人终究是一个弱者：弱者与愚人怎配得上谈自由？这种愚与弱便是他们的束缚，束缚是自由的反面。话说到这里，我们口口声声说自由，实际上就讲到了中庸。说到了自知自胜，也就是等于说自由教育的结果，不但使人不受制于本能，更进而控制一己的本能，以自别于禽兽。总之，这些都是可以和上文呼应的话。至于自明自强之后，再进而了解事物，控制环境，整饬社会，创导文化，所谓明明德之后，再进而新民或亲民，那都是余事，无烦细说了。自求自得的教育，亦即以自由为目的的教育，大意不外如此。至于从事于教育的人，对青年所适用的努力，只能有侧面启迪的一法，而不容许任何正面灌输的方法，亦自显然，毋庸再赘。[14]

说了自由教育的对象与方法之后，再说几句关于实际设施的话。人生的大目的，上文说过，是自由，是通达，是中庸。三事虽不失为一事，却多少也可以分开了说。生活是人与环境缀合而成的。如果我们的论议着重在人，或人在环境中的所以自处，我们不妨说生活的目的是求自由或求中庸。如果我们比较的着重环境，或人与环境的关系，那我们就不妨说，生活的目的在求通达。一个对外比较能通达的人，必然是对于一己的生活比较真能讲求自由与中庸的人。如今说到实际而有组织的教育设施，我们的注意点当然是侧重在生活比较外缘的一方面，我们就不妨更率直的说我们的目的在求通达。目前小学、中学、大学各级的学校教育，特别是大学教育，目的应该在求各种程度的通达。但理论上的应然是一事，实际的已然又是一事。我们今日所有一切学校教育不是不通达，便是似通达其实不通达，严格言之，似乎根本不以通达为职志，一切技术与职业教育无论已，就是大学教育也无非是造就一些专才,一些高级的匠人,西洋有此情形,效颦的中国自更不免有此情形。目前实际教育的危机,最迫切需要改革的一事,我以为莫大于此。西洋把近代连一接二的大战争归咎到这种教育上的大有人在,我最近所选译的赫胥黎《自由教育论》一稿,便是一例。举世全是匠人,而没有几个通人,平时则为生计而锱铢必较,有事则操斧斤作同室之争,自然是不可避免的一个下场了。

最后我们约略提到教育应有的民主的政治与社会环境。人民两字并称互用,民即是人,也是西洋与中国的民主思想里共通的一点。无论我们对于民主一词作何解释,它的最基本的假定是:每一个社会的分子,每一个人,必须有自主与自治的能力,如果还没有,至少要从事于此种能力的培养。所谓自主与自治的能力,岂不是等于上文所说自明与自强的能力,而所谓培养,岂不是就等于教育?所以上文早就暗示过,从教育的立场看,惟有一个真正民主的政治环境,始能孕育真正自由或通达的教育,而从政治的立场看,惟有真正的自由或通达的教育才可以造成一个真正的民主国家,二者实在是互为因果的。目前此种政治与教育,即在比较先进的英美,也尚待努力;至于中国,实际的努力怕一时还谈不到,不过根据上文的议论,我们所祈求的是朝野人士有一番新的认识,知道自由教育与民主政治不但是不可分离的两个东西,而是一个健全而成国体的社会所必具的两个方面。

不过我们一面作原则上的认识,一面也正不妨着手做几件实际的措施。第一,国家的统制应尽量的轻减,特别是在大学教育一方面,政府和其它有组织的社会势力应自处于一个辅翼的地位,特别是在经济一方面,而于意识一方面应力求开放,避免干涉。第二,应辨别教育与宣传是相反的两回事,宣传工作的扩大就等于教育工作的缩小，要真心辅翼教育，就得尽量的限制宣传，小学教科书应该大大的修正，就是一例。商业的广告与宣传是一丘之貉，也应接受同样的待遇。同时，各级学校应当把所谓解析意念（dissociation of ideas）的技术教给青年与儿童，使不受宣传与广告的蒙蔽[15]。第三，大学教育应增加共同必修的科目，即不能增加，也应鼓励学生尽量的学习，此种科目应为一些自然科学、社会科学、与人文科学的基本学程，尤其重要的是人文科学。第四，技术教育也应该修正，我们必须把技术所引起的人事与社会影响一并讲授给青年学子。前两点与自由教育的方法有关，后两点与此种教育力求通达的目的相涉。诚能做到这几点，我们对于自由、民主、与教育的三角联系，就尽了一些初步的促进的力量了。

五　政治与教育（书评）

美国哲学家与教育家密克尔约翰（Alexander Meiklejohn）最近的一本著作是《青黄不接期间的教育》（一九四二）。这书名是我另外加以酌定的，原名是《两个世界之间的教育》（Education between Two Worlds）。所谓世界指的实在是时代，一是宗教管理教育的时代，一是政治管理教育的时代。第一个时代，在宗教改革以后，便成过去；第二个时代却至今还没有截止，原因是我们对于民主政治，以及此种政治对于教育的应有的关系，见解上还不很清楚，甚至于很有几分错误，结果造成了三百年来的一个青黄不接的时代。从理论说，教育总得有一个衬托的背景和管理的主脑，这主脑不是神，便是人；不是宗教，便是社会。说到社会就等于说到政治了。西方的教育既和宗教脱离关系,便应和政治发生关系,而事实上没有,三百年来,始终在彷徨犹豫的状态之中,始终没有纳入正轨,法西斯政治的兴起,大战不断的发生,据密氏看来,都不得不归咎到这一点之上。

全书分四篇,合计二十一章。第一篇论新教与资本制度下的教育。宗教改革以后,在一部分的欧洲,新教替代了旧教,教育的责任渐渐的从社会的手里转入国家的手里。一转之间,势必发生许多新的问题,这些问题到今还没有解决。历来企图解决的人倒并不是没有。属于当代以前的,密氏提出了四个代表,一是捷克宗教家苛美纽斯(Comenius),二是英国哲学家洛克(Locke),三是英国文学家与批评家安诺德(Matthew Arnold),四是卢梭。属于当代的是美国哲学家杜威。

这五个人中间,前三个属于第一篇的讨论范围。三个人对于改革的问题都未能有切实的贡献。苛美纽斯是一个宗教家,他对于教育本身的节目,有极清楚的认识和极正当的主张,即在今日,也还有很大的价值;独惜遭时不遇,未能见诸实行。苛氏始终把教育的动机安放在"神道父母与民胞物与"的基本信仰之上;他一面主张神本,一面也主张民治,人类的兄弟关系就从上帝的父亲关系产生出来,兄弟之间最适宜的一种政治方式自然是民治了。洛氏则不然。洛氏也信奉基督教,但不纯笃,当时社会与经济的变迁已经侵蚀到了他的信仰。他是一个原子论者。他的道德观和政治观都受原子论的支配,认为分散是一个自然的状态,聚合是一个强勉的状态。他的教育主张,又是贵族的而不是平民的,认为教育的效用是在文饰人生,点缀人生,而不在充实人生。他主张另设工人子弟学校。总之,他的教育论不是民治主义的,而他的原子论又不容许国家与政治干涉到教育，结果是洛氏对于改革问题，不但未能指出解决的途径，反而增加了它的严重性。至于安诺德，他根本是一位诗人，一个批评家，他的著作里，消极的评论多于积极的建议，因此，见理虽明，终于实际无甚补益。

杜威多少是步了洛克的后尘。他的思想，特别是教育的理论，支配了当代的美国，垂五十年，他是不成问题的一个人本论与民治论者，不过因为他的实验主义的哲学根本不健全，他的民治论以至于教育论，照密氏的看法，也就发生了问题。他和他的学派中人根本把知识与智慧混为一谈。知识、科学、智慧对于他们是一而二、二而一的东西，因此，做教师的人，似乎只要能搬弄灌输科学的知识，便已尽了教育的能事。这是杜氏社会教育论成问题的所在。至于政治，杜威的见解也近乎原子论或机械论一流，他认为政治社会是由若干"有压力的个人与群体"，聚集而成的，是一种彼此牵制的凑合，而不是彼此协调的融合；部分的分是常，合是变，分是本，合是末，分是主，合是宾；因此，政治的作用只是消极的防杜分歧，而不是积极的推进融洽。这又是民治论成问题的地方。这样一种政治势不会把教育的责任担当起来，即使想担当，在这种政治哲学下长大的人民也自不肯容许。不过问题是，目前英美国家的政府，一则因洛克的哲学，一则因杜威的学说，虽在理论上不应管教育，在能力上管不了教育，而实际上却又不得不管，也正在积极的管理之中，其积极的程度和极权而不民主的德意等国只有一个五十步与百步的差别；结果终于造成了一个口不应心、名不副实的局面，一个既不能令、又不能受命的局面，这是书中第三篇的主要的议论。

我们要健全的政治，也要健全的教育，健全的教育应从健全的政治发动,应由健全的政治担当。我们要做到这一点,密氏认为我们应当回到卢梭,从卢梭的学说里得到一个明确的指引。宗教改革以后,神道退居背景,西洋的人生从此就缺少一个主要以至于唯一的寄托,唯一的综合的参考点。从此我们不得不从一个神本的人生观进入一个人本的人生观。人本的人生观建筑在两个基本事实之上:一是人类都是弟兄,这在神本论之下如此,在演化论的推理之下也是如此;二是人有智慧,一切为此弟兄关系而表现的种种活动,也是智慧的活动。这两个基本事实就足够教我们产生一派比较健全的教育理论。唯其是弟兄,人们彼此便有教育的权责;唯其有智慧,也就有教育的要求与能力。到此,我们就不能不想到卢梭了。卢梭认为社会是一个有机的集体,集体当然有它的分子,但各个分子是息息相关的,并且相关到一个程度,使各个分子所企求的,不再是一些个别意志的表现,而是一个集体意志的表现。一个真能表示共同意志的社会就进而成为一个国家。在这样一个社会里,每一个人把自己的权力、身家、产业和盘托出,交给共同意志,作为一个总汇,每人再从这总汇里取回一份;如此,国家既有了权威,个人也就有了自由。这和洛克与杜威的见解便根本不同。卢梭的教育论,一面主张个性的自由发展,一面也主张此种发展要有绳墨,要有归宿,而此种绳墨与归宿也就是社会或国家的共同意志,舍此便不是自由,而是自肆。如果卢梭这一番见解是对的,密氏当然认为是对的,那末教育应自政治发动、应归政治执掌的结论,也就无可避免了。事实上,卢梭当时已经有此结论的提示,教育应当是一个社会有机体的共同意志的最大表示,所以教这有机体保护其健康,充实其生活,而绵长其寿命的,密氏在第二与第四两篇里,一面介绍卢梭的学说(政治论见于《社会契约论》或称《民约论》，教育论见于《爱弥尔》，都是读者所相当熟悉的），一面把这结论更充分的发挥出来。

密氏的见地大体上我认为是不错的。一群人既可以集合成一个国家，组织成一个政府，把一切对内对外的大权都交付给它，何以对于教育的大权，独独要保留起来，不肯交出，确乎是不容易索解。此其一。如果一个国家的成立，一个政府的组织，真以民意为依归，政府的人确乎是一时之选，在纵的一方面足以代表民族文化的精华，在横的一方面足以传达民族人口的意向，这一个大权的靳而不与，更可以教人认为出尔反尔，莫名其妙。此其二。这问题的关键自然是在民意两个字。卢梭的共同意志，究竟有没有，怕始终是一个理论的问题。大多数的民意的存在，却是一个事实，前代如此，教育比较普遍后的今日更其如此。前代有人说，"以力服人者霸，以德服人者王"；因暴力而生的服从显然的不是民意，因德意而引起的服从则显然是一种民意，至少是一种消极而不出声的民意。德既可以服人，也就可以教人，德既可以取得政治权，也就可以取得教育权。所以从逻辑方面来说，我认为密氏的结论是对的。

不过我觉得密氏此书过于就逻辑方面说话，过于就理论以至于政治理论一方面说话，而没有能充分过问到教育与政治的实际。我们可能的提出如下的一个问题来。这问题可以分为两层。第一层，国家与政府不是一事。国家的成立可能是一种共同意志的表示，而政府的组织可能的不是，事实上往往不是，甚至于绝对不能代表大多数的民意。第二层，近代英美一类国家，政治在理论上不能管理教育，作为治权之一，倒不是人民根本不许它们管理，而可能是人民觉得它们不够管理的资格，缺乏管理的能力。就是，纵面言之,加入政府的人,事实上不能充分代表民族文化所累积的精神。横面言之,他们不能充分传达民族人口所发挥的意向。由前言之,他们所病的是掌握治权的人自身的教育不够通达[16],由后言之,则病在这一班人的民意的烘托不够周遍;再约言之,他们的代表性还大有亏缺,亏缺到一个程度,教他们做官则可,做公仆则可,做师表则不可。如此则问题所在,不复是密氏所提出的政治与教育应有何种关系,而是教育自身应如何改进,与民主政治自身应如何改进了。教育果能通达到一个程度,使社会各方面的领袖人物,包括政治的领袖在内,都富有民族文化的代表性;民主政治果能恪守自由、公道、博爱一类的原则到一个程度,不受特权的限制与威胁到一个程度,使人才的选举登进,能更进若干步的代表民意,从而教凡属中选而登进的人举足以兼筹并顾到政治与教育的大权,则密氏所提出的问题岂不是就可以迎刃而解?总之,当前的问题是:一则教育不够通达,甚至于与通达背道而驰;再则政治也不够民主,甚至于与民主南辕北辙,英美犹且如此,其它的国家可以不论。教育不够通达,政治不够民主,而强调政治与教育的联系,是最危险的一种理论。殷鉴不远,在希特勒、墨索里尼分别统治下的德意两国。

六　外人评论与我之自省

一年以来,同盟国的朋友时常发表批评中国的文稿,特别是美国的记者或作家。我们见闻所及的便有鲍尔汶(Baldwin)、毕森(Bisson)、赛珍珠(Pearl Buck)、葛瑞西(Cressey)、怀特

（White）等好几位，都是一些比较长的文章，其它短篇与零星的评论大概也不在少数，我们间或看到听到，但在中国的流传极有限，因此也就不大相干。

这一类的评论的文字很有几点是共同的：一、它们都是综合性的，就是批评的方面尽管有所侧重，例如军事、政治或教育，但总是从中国的全局着眼着手，或以中国的全局做背景。二、它们都是不大客气，都想讲一些关于中国的老实话。在此一年以前，特别是在珍珠港事件以后，美国对中国的舆论，无论是口头的或纸上的，是一致恭维的，恭维得教我们出一身冷汗。中国为四强之一，就是这时期里喊出来的。但到此形势突然转变，倒不是从此便没有人恭维，而是恭维有了限度，一面有人恭维，一面也有人讥议，或同一个人的一套议论里，说好说坏的话都有。即如最近从太平洋彼岸来华的朋友说起，最近美国舆论依然很恭维中国，但恭维的对象，不是全中国，而是中国的农民。认为对于这次抗战，农民的贡献最大，牺牲最多，而最不居功。三、各篇评论中所叙的事实，十之八九是准确的，间或有形容过火的地方，那在不以文害辞、以辞害意的读者自能辨别，认为不关宏旨。四、各篇评论的动机，无疑的都希望中国走上更健全的路，换言之，都是善意的。中国是同盟国之一，同盟的休戚与中国的休戚是一而二、二而一的事；中国之于同盟，好比铁环之于铁链，在一种紧张的局面之下，一环的松弛，就等于全链的解体；所以自因推果言之，这种善意的动机是无法避免的，而各篇的措词遣意也确乎能证明这一层。再就中国的友谊或中国自身的立场言之，如果美国大量兵员武器的参加中国战场是"爱之能弗劳"的一个表示，那末这一类形诸笔墨的舆论，便是"忠焉能弗诲"的一个表示了。

我们愿意从这样一个"忠焉能弗诲"的立场与态度来接纳盟国朋友的批评，并且希望国人也能采取同样的一个立场与态度。这并不是一件容易的事。这在平时需要涵养，临事更需要运用比较强有力的意志，给别人教训一顿，而肯虚心听受，更从而在行为上作进一步的努力的人，是不可多得的。拜昌言的禹，闻过则喜的子路，历史上又有得几个？这其间的困难不止一重，必须把这几重困难打破之后，我们才能收"有则改之，无则加勉"的实效。

第一重困难是中国人最爱面子，爱到一个像基督教徒爱他的灵魂的程度；对于一个普通的中国人，什么都可以放弃，只是面子不能放弃。明恩溥牧师（Arthur Smith）论述中国人的特性，第一章就专讲"爱面子"。面子本身并不是一件坏东西，好比名望与荣誉不是坏东西一样。三代以下无有不好名，名也就是一种面子。不过面子有大小，有大我的面子，也有小我的面子，有名实相副的面子，也有名实不相符的面子。面子的哲学深入人心的结果，或专讲面子到一个爱不忍释的程度以后，特别是在一个经济困难教育落后的环境里，势必至于人人只讲小面子，小我的面子，名不副实的面子。我们中间一般人讲的就是这种面子。这种面子最经不起别人的批评，批评了可以引起骂街，可以构成堂斗，可以激动地方的公愤；如果范围更大，牵涉的人更多，在今日的情形之下，更可以酝酿为国际的交涉，至少被批评的一方面会要求批评的一方面把新闻记者撤回。读者注意，我们说范围大，人数多，并不是说面子大；所牵涉到的面子可能的还是很小的一种面子，所批评的话可能的不过是几句不大中听而离真相不太远的老实话。这是第一重困难。⑰

这样一个爱面子的国家又偏偏碰上了一个专门拍破面子的时

代。一百年来，自鸦片战争以后，东败于齐，西丧于秦，南辱于楚的一大串国际关系把我们的面子破坏得一干二净。对于我们，一部近代史简直就是一部面子毁灭史。这一种面子倒并不是小面子，而是一种再大没有的面子，因为几番挫败的结果，根本暴露了我们内在的弱点，我们政治的痼疾、文化的症结，以至于民族的种种恶劣根性，从此和盘托出，再也掩饰不来。不用说，这是谁都可以见而伤心的，百年来为此而痛哭流涕长太息的，也正复大有人在。不过如果我们肯不讳疾忌医，我们应有的看法是，面子虽亡，生命还在，只要一息尚存，此心不死，造成面子的种种条件不难恢复，面子本身也就不难恢复。不幸的是，我们并没有很切实地踏上这一条恢复的路。就绝大多数的人说，我们没有积极图谋恢复，而只是消极的想象恢复。我们迷恋过去，因为过去是比较完正的。我们希冀未来，因为未来是可能十分完正的，至于目前不完正的状态，我们但愿听而不闻，见而不睹，最好是把它按下潜意识的境界里去，如果有人提醒，那是天下第一个不识相的人。一个身体上有残缺的人，也就是面子上有缺欠的人。这样一个人的人格发展也不外这两条路：一是用努力来战胜或补偿，那是正常的；一是用想象或言词来掩饰，那是病态的，是于体格的缺陷之上又添上了精神的缺陷，那人格就越发不完全了。这种精神病态，心理学家叫做"自卑的症结"，一经养成，是不容易消除的。我们以为个人如此，国家也会如此。百年间大面子的拍破，很早就造成了一种集体的自卑的症结：我们讳疾忌医，我们深怕有人提到我们的弱点，一经提到，弱者不免面红耳赤，强者至于擦掌摩拳。我们认为一部分的症结所在，就是这个自卑的症结，这症结存在一天，识相的外国人最好避免一天雌黄中国的事。这是第二重困难。

第三重困难一半也是盟邦的舆论帮同我们造成的。上文不说一年多以前，美国的舆论一致不断的恭维我们么？这一番恭维就出了毛病。比起别的民族来，美国人似乎特别容易和别人发生感情，唯其容易，有时候就不免流为一种感情主义。从这第三重困难的立场说，我们多少是吃了这感情主义的亏的。上文说到自卑的心理，有自卑心理的人经不起旁人的冷讥热嘲，是显而易见的。但是我们似乎不大知道，这种人还有更经不起的一种刺激在，就是，旁人的喝彩与鼓掌。一向自以为不行的人，一向没有听过旁人为他而发的彩声与掌声的人，一旦突然听到突然发见旁人在对他表示欣赏，是难免不受宠若惊的。如果彩声掌声特别的响亮，超出了一种表演者分所应得的程度，在一向有自卑心理的表演者，不但不容易作一种客观的自我批判，认为奖饰逾分，愧不敢当，并且会转进另一种心理的状态，就是妄自尊大，趾高气扬的状态。从受宠若惊进一步到志满意得，进两步到妄自尊大，是心理上最容易的一个过程。不幸的是，从抗战第四年起，因缘时会我们就进入了这样的一个心理过程。抗战的第四年，民主与轴心的阵线完全明朗化了，二十六国的联系成立了，二十六国之中，A、B、C、D，以至于中、苏、英、美一类的核心关系强化了。从此，我们的地位一天比一天重要，我们为民主国家挡头阵的功绩一天比一天显著；此种地位与功绩，别人既很客气的歌颂，我们也就不客气的自居，别人越是歌颂，我们越是自居；如今采声掌声最热闹的场面虽已过去，但逢到一年一度的"七七"，这场面多少还须重演一回。三年以来，尤其是从开罗与德黑兰会议以后，"四强"的联系越发见得密切，在中国报纸上，最可以引人入胜令人陶醉的字样，无疑的是"四强"。我们既愈战愈强，成为"四强"之一，当然不会有什么弱点，强国而有弱点是不能想象的事。别人妄加指摘，显而易见不是吹毛求疵，便是责备求全，甚至于捉影捕风，任情诬蔑！在这样一个心理状态之下，试问盟邦观察家的评论，无论如何客观，如何善意，会得到我们的欢迎么？水泼在石块上，不是不但吸收不了，并且还要弹出去么？这便是第三重困难。

不过话得说回来。我们应当虚心接受盟邦友人的忠言。要真能虚心接纳，我们必须要排除上文所述的三种困难，冲破这三重心理上的障碍。障碍既除，事实上我们的收获还远不止接受旁人的忠言而已；我们从此也就能反躬自问，能作自我的观察，自我的检讨，到那时候，也就无待于旁人的越俎代谋，而旁人也就不免自以置喙为多事了。自由主义的真谛可以有许多不同的说法，其中最直截了当而发人深省的一个是：在人格或国格的发展中，我们一面要尊信自我，一面更要批评自我。就目前的国是言之，自我的尊信容或有余，自我的批评则几于无有。言论的至今不能开放，便是最显著一个证明。我们应知没有批评做配合的自我尊信是虚妄的，是不足为凭的，其最后必须付出的代价是夸大狂，是人格或国格的破裂，疯人院中，国族兴衰的历史里，尽有其例，当代的昭鉴也就不一而足。当前国是的危机虽多，无疑的这是最严重的一个。

七　沉着与自由
　　——英美人性格的一斑

《自由论坛》周刊第十七期（三十四年一月二十八日），是关于英国人的一个特辑。执笔的有英国的朋友，也有到过英国的中国人，也有没有到过英国而对于英国的国情民性有相当了解而能欣赏的中国人。

中国国家虽老，文化虽古，民族却还幼稚，至少还没有到达成年。这至少是二三十年来一部分人类学家与民族学家所得到的结论。先秦时代而后，二千多年来，民族的生命似乎是一向停滞着，形成生物学家所称中止发育的状态。至晚近百年，西洋文化的输入，与输入后所引起的种种矛盾冲突，突然给了我们一些强烈的刺激，于是停滞着的发育机能又复苏醒而活动起来。

这苏醒而活动的过程，一半虽靠境遇中的刺戟，一半也靠民族自身的努力反应，这反应的一大部分就是对于其他民族的经验的学习。只有适当而认真的学习，才足以教我们推进到成年的境界。英国人的经验我们要学，美国人的我们也要学，苏联人的我们也准备着学，甚至于我们敌人的经验，日本人与德国人的，也有不少值得我们效法。我们这次来一次关于英国人的特辑，最大的用意就在于此。将来我们至少还要分别来一两次关于美国人的或苏联人的。我们正在物色着适当的执笔的人。

关于英国人的性格风趣，这期《自由论坛》的各论文字里已经叙述得很多，不过有一点我们还要特别的申说一下，就是英国人的沉着。鉴于抗战以来我们自己的一部分痛楚的经验，这一点尤其是有申说的必要。

沉着的性格平时看不大出来。到危难的时候才可以看一个清楚。英国人真沉着。小而言之，我们见诸于一九一二年大西洋中巨轮铁达尼（Titanic）的触冰山而沉没。铁达尼越是往下沉着，船上的人沉着的精神越是表见得清楚，冰山可移可倒，朦胧巨舰可以洞穿，可以沦陷，此心只是一个屹然不动，这是何等的一种精神。泰山崩于前而色不变的人们中间，可能也有几个慷慨赴死的人，我们中间也还不乏其例，但一种集团式的临难不苟，从容赴死，有如铁达尼船上全部男子之例，是不大容易想象的。

大而言之，英国战事初期中三十万大军的从敦刻尔克（Dunkirk）渡过海峡，撤回英伦，便是最好的一例。这是近事，是谁都知道的。关于此事，英国人还写过专书，记载得非常翔实，读者之中也总有不少的人见过。三十万大军是全师而退的，是在极端危急的状态之中极有秩序撤退的。退不难，有秩序为难；局部作有秩序的撤退不难，全部作有秩序的撤退颇难，非三十万士兵尽人而有极沉着的功夫不办。

我们说沉着的功夫不易，个人不易，团体尤难；太平时节的团体不易，危险期间的群众尤难。而英国人竟能之，不但能，并且擅长，并且习惯成自然的已经变为民族性格的一部分，英国人的所以伟大，其民族生活的所以始终能化险为夷，转危为安，因素虽多，最基本的就是这个。而我们亟切应该学习的，也就是这个。如果有人认为无须学习，我们只要请他回想一下，抗战开始以来他所亲身遭遇或耳闻目睹的一些疏散、撤退，以至于逃难惨痛的光景，他就可以恍然了。苏州南京的撤退是怎样的？汉口的是怎样的？两年半以前缅北的是怎样的？最近湘桂弃守前后的光景，又是怎样的？不是漆黑一团的混乱、纷扰、拥挤、践踏，又是什么？

沉着绝对不是消极，沉着是不露声色的积极；沉着不只是忍耐，而是活泼的力量的累积，与力量的培养。孟子所称"所以动心忍性，增益其所不能"，和沉着的真义最为相近。谓予不信，只须看自从敦刻尔克以来，英国人在战事上所已发生的威力与所已获得的成就。

平时只会忍耐，临时但知手忙脚乱，各自逃生的中国人，第一应该学学英国人。

《自由论坛》周刊第二十六期（三十四年五月十二日）又是关于美国人的一个特辑。美国民族的兴起是近代史以至全部历史上的一件大事，一桩奇迹。第二次世界大战开始以来，在一般人的心目中，这大事不免见得更大，奇迹见得更奇，在近年来得到他的人力与物力的援助的其它民族看来，在应有感激的心理的支配之下，更不免竟把这桩奇迹抬高到一个神通的地位。穷乡僻壤的中国孩子，见到一个"吉普"车，初不论车中有没有美国人，一定要喊几声"顶好"，便是此种推崇心理上的好表示。"顶好"二字岂是随便用的？近代的中国人恐怕大部分做不到像《秦誓》上所说的"其心休休，其如有容，人之有技，若已有之，人之彦圣，其心好之"，而居然肯称誉别人到此地步，大概是，在他们看来，那被称誉的对象，总带有几分神通的意味。

不过美国人还是人，美国民族也只是一个民族，我们在他们身上找不出三头六臂来。美国，在一切民族或国家里，讲起最初的来历来，实在和神通最没有关系，血缘的神通关系更谈不上。华盛顿的母亲没有吞过燕子蛋，没有践踏过上帝的脚迹印，美国历史里最没有神话。不错，美国民族的起源，是有不少的宗教的因缘的。当十六世纪末年与十七世纪初年宗教门户纷争的时代，欧西一部分的少数宗派（少数二字，与少数民族的少数二字同义）特别是英国的，不胜多数宗派的压迫，于是一面唱出"信仰自由"的口号，一面开始向新大陆迁徙，终于造成了今日美国民族的核心。说到信仰自由，当然和神通不能完全没有关系。在迁徙之际，可能一部分的清净宗的信徒也做过白日梦，认为得到了神灵的启示，教他们向大西洋彼岸寻求乐园：这和神通的关系就更进了一层，但此外便没有了。

美国民族原是一批笃守信仰自由的移民所造成的，至少它的起源是如此。有人说美国民族的伟大就得力于信仰自由，这话不能算错。一般的自由，包括很基本的信仰自由在内，确乎是文明进步的一大动力。但我以为这话只说得一半，并且还是比较浮面的一半，其余更切实的一半是：美国民族的伟大，是由于他们是移民。大凡移民如果是自动移徙的，又如果所移入的环境比所移出的环境来得不现成，甚至于是一种洪荒与草昧未开的环境，而移动的过程中，又必须历经许多的苦难，以至于一部分人还须付出生命的代价，——必然是一些最有活力的人，而其所构成的民族也必然是最强毅活泼的民族。这样的一个民族也必然的渴爱自由，他们对于自由的爱好，可以说是身心天性中的不可须臾离的要求。"不自由，毋宁死"是端为这一类的人说的。所谓信仰自由或思想自由原只是一般自由的一部分罢了。我认为这是一个最切实的看法。一般的看法是有些倒果为因的，而这个看法却并不颠倒。活力的充盈是因，自由的信仰是果，此种信仰就是活力充盈的一个表示；固然，到了后来，自由的信仰也未尝不是活力的表现可以表现得更充分的一个缘由，但只是一个缘由，而不是真正的因，真正的因还是活力的原先存在。

美国的移民，大体上可以分做三四个时期，第一个时期里的移民，其所以移徙的主要原因是宗教的。到了后来的几期，主要的原因却是经济的了。第一个时期里的品质最好，原因上文已经说过。第二期次之，信仰自由虽不再成为主要的动机，那时候的交通却还困难，非富有前进与冒险精神的分子，还不敢轻于尝试。

十九世纪中叶以还的第三期又次之，中间很有一些不成材的胚子，但大部分绝不是故步自封、墨守成规的人，也是可想而知的。第四期在二十年前开始，当时美国政府通过了新移民律，目的很不客气的在限制卑劣分子的入境，效果如何，目前尚不可知。综合四期言之，美国所吸收的移民，有一个特点是共同的，就是一般的活力与好动善移的性格，要在其它国家人口以上；至于才能则无疑的第一期最高，第二期也在中上，此后入境便有许多中下以至于卑劣的分子了。第四期的新移民律便是为防止此辈的滋蔓难图而发的。就国际的情谊说，移民律是颇有问题的，但从一个国家应有它的人口政策的立场看，美国人也正复有他们的不得已的理由。

上文说信仰的自由与自由的信仰是美国民族所由强大的一个缘由，而不是原因。但缘由并非不重要。有了信仰的自由与自由的信仰便会有自由的种种制度。根据民族健康学的原理，制度是有选择的力量的。爱好自由的人既发挥了自由的信仰与创立了自由的制度，这种信仰与制度也势必经由选择的途径，转而维持与培植爱好自由的人。此种信仰与制度的总和是一个自由的人文环境，其程度远在其它民族的人文环境之上，又益之以地广人稀天惠特厚的自然环境，又益之以三百年来科学的昌明，使此种天惠得以充分发挥其利用厚生的效果；是则好缘由之上，又添上两个好缘由；民族活力的优点如彼，环境的富厚又如此。人地两宜，人文相长，几于史无先例，这样一个国家而不能自强康乐，真是没有天理了。换言之，美国的强大可以说是由于"四美"具备，四美之中，一是因，三是缘。因是民族经过提炼拣选后的品质。三个缘是：一、自由民主的典章制度；二、辽阔富裕的地理环境；三、理工极盛的时代风会。美国人的强大，自有其自然与人为的种种因素，约而言之，总不外这四个，都是可以明白的推寻而清楚的讲说的；其间并没有什么神通，什么命运，是无待烦言的了。如何能取得这四美，是别的民族国家的问题；如何能使四美维持于不败，则是美国人自己的问题了。

上文是两次写成而分别发表的，如今我并作一篇。当初写的时候，我有两个用意：一是把我所认为英美两国民族的最值得注意与欣赏之所在指明出来；二是我们要学习英美，便应学习这些地方。这两个用意是都已经交代过的。现在要补充的一层意思是，英国人的沉着原从自由中来。英国人讲自由，是多少已经到了家的，已经有些炉火纯青的，就其民族分子中少数最能代表的例子说，仿佛已经接近那种"从心所欲而不逾矩"的境界。这种成熟的自由，表面看来就是沉着。时然后言，言必有中，时然后动，动必中矩，表面上看得见是真沉着，底子里看不见的是真自由。美国人立国的年岁尚少，可以说目下正走着英国人大部分已经走过的过程，所以美国人的自由，是比较看得见的。美国人活泼有余，而沉着尚嫌不足，但我们相信，他们迟早也会到达英国人所已到达的境界，并且，根据上文"四美"的说法，他们前途所表示的成熟的自由可能别具一种新的风格，新的情趣。此种新的风格情趣究属为何，我们目前无从悬测，不过有一点是可以肯定的说的，就是：它中间一定包括相当分量的沉着。（一九四五年十二月，订正时补写——光旦。）

注　释：

① 见美国法籍生理学家 Alexis Carrel 所著，*Man, the Unknown* 一书，1939。
② 详英国前辈遗传学家 William Bateson 在不列颠科学促进会澳洲支会一九一二年年会中的演讲辞《生物事实与社会结构》(The Biological Fact and Social Structure)。
③ *Reflections upon the Revolutions of the Time*, 1943.
④ 林同济，《大公报・战国副刊》。
⑤ 闻一多：《可怕的冷静》，《自由论坛》月刊。
⑥ 蒋中正：《中国之命运》，页七二、页一二四。
⑦ 同上，页一八二—一八六、页一八九。
⑧ 《中庸》"天地位，万物育"的一段议论和西洋生物演化论中 adaptation 或 adjustment 的概念最为接近。位，注称"安其所"；育，注称"遂其生"。前者是静态的位置，后者是动态的发育，岂不是恰好相当于 adaptation 的概念。因此，十余年来，作者就用位育一词作为 adaptation 的译名，以替代"顺应""适应"一类过于消极与被动的译名，并曾草一短文加以介绍（《华年》周刊，第一卷，第二期）。
⑨ 《春秋左氏传》昭公七年："人有十等，下所以事上……也；故王臣公，公臣大夫，大夫臣士，士臣皂，皂臣舆，舆臣隶，隶臣僚，僚臣仆，仆臣台。"
⑩ 按这种把情性强分优劣的看法，严格说来，并不始于宋元理学家，专论性恶的荀子就有过性善情恶的矛盾论！他在《儒效篇》里，不说过"人无师法则隆情矣，有师法则隆性矣"么？唐李翱在《复性论》中似乎也有同样的看法。不过这一部分唯道德论的得以普遍流行，而使天理人欲成为两个相对而相反的事物，宋元以还的理学家当然要负不少的责任，是不成问题的。
⑪ 此文是用两次演讲的内容缀合而成的：第一次，"自由与教育"，是应自由论坛社之约为了纪念"五四"讲的；第二次，"民主与教育"是应云南大学政治学会之约讲的，是"民主政治系统演讲"的一讲。

⑫ 《散漫、放纵与"自由"》一文。
⑬ 参《说训教合一》一文。
⑭ 参《宣传不是教育》二文。
⑮ 参作者所译赫胥黎《自由教育论》中《暗示的抵抗力及其它》一节。
⑯ 通达教育即自由教育,即英文所称的 liberal education,详拙译赫胥黎《自由教育论》。
⑰ 参看拙著《人文生物学论丛》第三辑,《民族特性与民族卫生·第三篇》。

图书在版编目(CIP)数据

潘光旦社会学文集 / 潘光旦著；周飞舟编 . —北京：商务印书馆 ,2019.12 (2024.8 重印)
（百年中国社会学丛书）
ISBN 978-7-100-17866-2

Ⅰ.①潘⋯　Ⅱ.①潘⋯②周⋯　Ⅲ.①社会学—文集　Ⅳ.①C91-53

中国国家版本馆 CIP 数据核字（2019）第 209064 号

权利保留，侵权必究。

百年中国社会学丛书
潘光旦社会学文集
潘光旦　著
周飞舟　编

商　务　印　书　馆　出　版
（北京王府井大街 36 号　邮政编码 100710）
商　务　印　书　馆　发　行
北京虎彩文化传播有限公司印刷
ISBN 978-7-100-17866-2

2019 年 12 月第 1 版	开本 880×1240	1/32
2024 年 8 月北京第 2 次印刷	印张 20¾	

定价：96.00 元